东史郎日记

[日本] 东史郎 著
本书翻译组 译

江蘇鳳凰教育出版社
Phoenix Education Publishing, Ltd

翻译组成员

王奕红　张国仁

汪　平　汪丽影

沈　琳　陈　娟

范玉荣

（以上按姓氏笔画为序）

译文校订

苏　黎　赵博源

历史校订

朱成山　段月萍

特约编辑

杨九诠　章俊弟

装帧设计

虞　刚

责任校对

潘守华　孙　艺

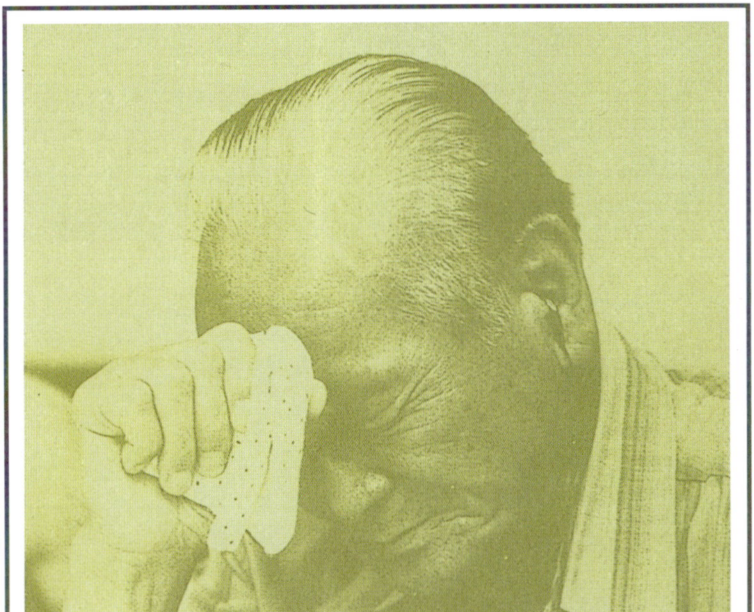

东史郎

晚年的东史郎在侵华日军南京大屠杀遇难同胞纪念馆

二十八岁时的东史郎

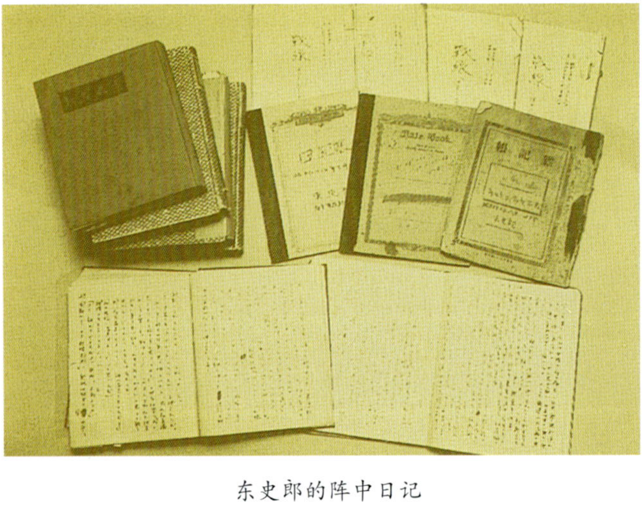

东史郎的阵中日记

一九三七年十二月十三日，福知山第二十联队攻占南京中山门

被日军砍下的中国人的头颅

日军正要用刺刀刺杀南京郊区农民

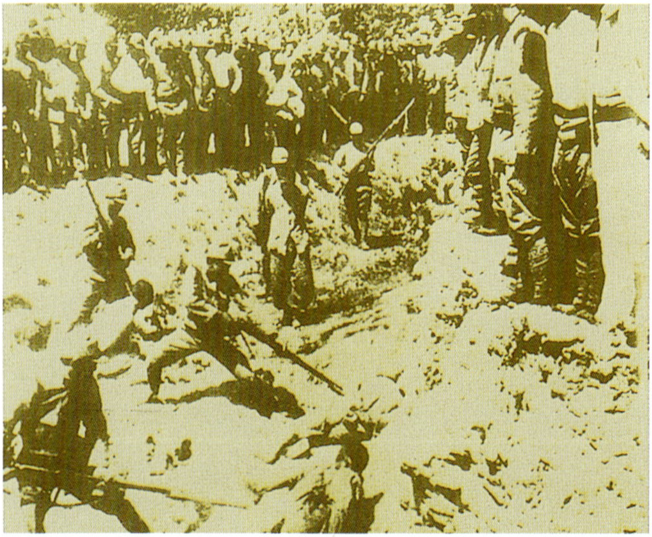

日军将中国俘虏当做活靶进行刺杀训练

目录

出版前言

这是一部特殊的、深受世人关注的日记。

这部日记的作者东史郎，一九一二年四月二十七日出生于日本京都府竹野郡丹后町。一九三七年八月，二十五岁的东史郎应召入伍，系日军第十六师团步兵第二十联队上等兵，曾参加攻占天津、上海、南京、徐州、武汉、襄东等战役，一九三九年九月因病回国。一九四四年三月，他再次应召参加侵华战争。一九四五年八月，他在上海向中国军队投降。一九四六年一月回日本。东史郎有记日记的习惯，他把侵华战争期间的所见所闻详细地记录下来，共有五卷三十七万字。

在一九三七年十二月二十一日的日记中，他记述了西本（桥本光治）在南京最高法院门前，将一个中国人装入邮袋，浇上汽油点火燃烧，最后系上手榴弹，投入池塘将其炸死的暴行：

> 二十一日奉命警戒城内，我们又离开了马群镇。
>
> 中山路上的最高法院，相当于日本的司法省，是一座灰色大建筑。法院前有一辆破烂不堪的私人轿车翻倒在地。路对面有一个池塘。不知从哪儿拉来一个支那人，

战友们像小孩玩抓来的小狗一样戏弄着他。这时,西本提出了一个残忍的提议,就是把这个支那人装入袋中,浇上那辆汽车中的汽油,然后点火。于是,大声哭喊着的支那人被装进了邮袋,袋口被扎紧,那个支那人在袋中拼命地挣扎着、哭喊着。西本像玩足球一样把袋子踢来踢去,像给蔬菜施肥一样向袋子撒尿。西本从破轿车中取出汽油,浇到袋子上,在袋子上系一根长绳子,在地上来回地拖着。

稍有一点良心的人皱着眉头盯着这个残忍的游戏,一点良心都没有的人则大声鼓励,觉得饶有兴趣。

西本点着了火。汽油刚一点燃,就从袋中冲出了令人毛骨悚然的惨叫声。袋子以浑身气力跳跃着、滚动着。有些战友面对如此残暴的玩法还觉得很有趣,袋子像火球一样满地滚,发出一阵阵地狱中的惨叫。西本拉着口袋上的绳子说:

“喂,嫌热我就给你凉快凉快吧!”

说着,在袋子上系了两颗手榴弹,随后将袋子扔进了池塘。火渐渐地灭掉了,袋子向下沉着,水的波纹也慢慢地平静下来。突然,“嘭!”手榴弹爆炸了,掀起了水花。过了一会儿,水平静下来,游戏就这样结束了。

像这样的事情在战场上算不上什么罪恶。只是西本的残忍让我们惊诧。

一会儿,这伙人便将上面的惨事统统忘记,如同没事人一样又哼起小曲走路了。

战后,东史郎回到日本,先后经营电影院、机床制造业等,生活富裕。一九八七年,东史郎出于对参加侵略战争的反省和向中国人民谢罪的愿望,在日本京都的和平展览会上,公布了他的战时日记,其中包括记录当年南京大屠杀情景的材料。他说:“对于一个退伍军人来说,战场上的事是不能磨灭的,因为我常常看到那本日记,当时的情况就常常在我的脑海中出现。半个世纪前的事情大家都忘记了,但我因为有这些日记,所以才能记得这些事。”同年十二月,东史郎以《我的南京步兵队》为题,将日记节选后交青木书店公开出版,在日本国内外产生较大反响,同时也遭到日本右翼势力的嫉恨。一九八七年十二月至一九九八年三月,东史郎先后四次来南京,诚挚地“向南京人民谢罪”。他的家里因此接到不少日本右翼分子的恐吓电话,骂他是“叛徒”、“卖国贼”、“旧军人的耻辱”、“亵渎了英灵”、“罪该万死”等,但东史郎及其家属不惧威胁。东史郎说:“我们日本人对蒙受原子弹的危害大声呼号,而对加害在中国人民身上的痛苦却沉默不语。……作为战争的经历者,讲出加害的真相以其作为反省的基础,这是参战者的义务。”

在侵华战争期间,受军国主义思想的毒害,东史郎无疑是中国人民的加害者,双手也曾沾上了我同胞的鲜血。但中国有句古话:“知耻者,近乎勇。”东史郎能在半个世纪后,不怕围攻、谩骂和威胁,勇于站出来对侵略战争反省,向中国人民谢罪,并无情地揭露日军当年的残暴行径,这需要相当的觉悟和勇气,是一个值得称道的正义行动。

东史郎在他的日记中,曾提到他的原分队长桥本光治在南京大屠杀期间的残暴行径。在日记出版后长达六年的时间里,桥本没有提出异议。一九九三年四月,在一些原日军将校的精心策划下,桥本以日记记述“不实”、“毁损名誉”为由,状告东史郎、青木书店和该书编辑下里止树,诉讼至东京地方法院,要求登报公开道歉并支付损害赔偿金两百万日元。日本右翼势力企图以为桥本恢复名誉为突破口,全盘否定南京大屠杀史实。东京地方法院经过三年的审理,迎合右翼势力的意图,鼓吹南京大屠杀“未定”论,并于一九九六年四月二十六日作出判决,认定《东史郎日记》中的有关“水塘”、“邮袋”、“手榴弹”等记述为“虚构”,判处揭露南京大屠杀暴行的东史郎等“被告”败诉,各向桥本赔偿五十万日元。

一九九六年四月二十六日,《东史郎日记》案在日本东京地方法院一审败诉后,日本友人专程来宁,主要就一审涉及的“一九三七年时的邮袋能否装下一个人”、“最高法院门前的马路对面当年是否有水塘”和“手榴弹绑在装有中国人的邮袋上扔进水塘,爆炸后是否对岸上加害者构成危害”三个问题调查取证,得到社会各界的极大支持,人们纷纷举证,为上述三个问题提供了有力的证据。侵华日军南京大屠杀遇难同胞纪念馆将这些证词证物,一一转交东史郎案律师团,成为《东史郎日记》案的佐证。

位于南京市中山北路101号的原最高法院旧址(现江苏省商业厅),就是《东史郎日记》记述的当年的惨案发生地。从一九九六年八月至今,南京市民共提供三十三种四十二件当年地图以及历史上的两张航拍照片,均证明原最高法院门前的马路对面确有水塘。

一九九六年八月十五日,江苏省和南京市邮袋调拨局出具的关于邮袋尺寸、质地和字样的证明书,证明当时的邮袋确能装下一个人。

南京理工大学徐云庚教授,是我国手榴弹研制专家。一九三九年,他曾在汉口兵工厂改制了攻防两用木柄小型手榴弹。他证明,在此之前,中国军队使用的手榴弹均为老式木柄手榴弹。其引爆时间为五秒~七秒,杀伤半径为五米~七米,并提供了当年手榴弹的构造图和技术资料。一九九八年三月六日,侵华日军南京大屠杀遇难同胞纪念馆委托南京工程爆破设计研究所,在江宁县上峰地区进行了手榴弹爆炸试验。主持这次手榴弹试验的爆破专家吴腾芳教授说:“试验的结果,完全与《东史郎日记》中的有关记述相吻合,对加害者不会构成威胁。”一九九八年七月二十日,南京工程爆破设计研究所再次为《东史郎日记》案进行手榴弹水下定点爆炸试验,试验结果验证了《东史郎日记》记载的真实性。南京市公证处公证员刘庆宁、李巧宝对手榴弹爆炸试验做现场公证,并出具《公证书》。

一九九八年十二月二十二日下午,日本东京高等法院对《东史郎日记》案作出东史郎再次败诉的判决。桥本光治的律师高池胜彦及支持者旋即举行记者招待会,并在会场上打出“南京虐杀捏造裁判胜诉”的大字标语,反动气焰十分嚣张。消息传出,全世界正义人士深表震惊。人们对东京高等法院不顾史实、颠倒黑白的不当判决表示惊讶、遗憾和强烈的愤慨。国内外新闻媒体及和平友好人士以各种方式声援东史郎的正义行动,纷纷谴责东京高等法院的无耻行径。

中国外交部新闻发言人朱邦造,于一九九八年十二月二十三日接受中央电视台记者采访,次日又在记者招待会上就《东史郎日记》案败诉发表评论:

> 中方注意到日本法院对《东史郎日记》案作出的判决,对这一不顾历史事实的判决结果感到惊讶和遗憾!日本军国主义过去发动的那场侵华战争,给中国人民带来了深重灾难,惨绝人寰的“南京大屠杀”是日军侵华战争期间犯下的滔天罪行之一。这一历史事实,铁证如山,任何企图否认这一史实的行径都是徒劳的,必将遭到包括日本人民在内的所有主持正义的人们的强烈谴责。我们要求日本方面以实际行动正视历史、尊重史实、以史为

鉴，防止历史悲剧重演。

一九九八年十二月二十八日，朱邦造再次接受记者采访时说：

> 我们注意到日本外务省发言人关于侵华日军在南京的暴行是不可否认的事实这一表态。但必须指出的是，东史郎诉讼案并不是普通的民事诉讼，其实质是极少数日本右翼势力企图借司法程序达到否认南京大屠杀的目的。日本东京高等法院无视历史事实作出错误判决，严重伤害了中国人民的感情，中方再次对此表示遗憾和义愤。历史事实是不容抹杀的，日本军国主义侵略中国犯下的罪行更是抹杀不掉的。我们要求日本方面以实际行动正视和反省历史，以史为鉴，坚持走和平发展道路。

为了把历史的真实告诉世人，一九九八年三月东史郎第四次来南京时，将他的战时日记、勋章和军旗捐赠给侵华日军南京大屠杀遇难同胞纪念馆，并授权纪念馆联系出版《东史郎日记》中文版。纪念馆遂授权江苏教育出版社出版《东史郎日记》中文版。

江苏教育出版社和侵华日军南京大屠杀遇难同胞纪念馆决定出版《东史郎日记》中文版，主要鉴于以下几点考虑。

一、是向世人全面系统地展示南京大屠杀史料的需要。近年来，虽然国内公开出版了一批有关南京大屠杀的史料书籍，比如，从受害证人角度出版的《南京大屠杀幸存者证言集》、《南京大屠杀照片集》、《南京大屠杀档案集》等；从第三国证人角度出版的《外人目睹中之日军暴行》、《拉贝日记》、《外籍人士证言集》等，但专门从加害者角度出版的史料书籍，除散见于一些书籍中的原日军官兵的阵中日记外，目前还没有一本较为完整的中文版史料书籍，《东史郎日记》正好弥补了这一缺憾。

二、是向广大读者奉献一本完整的《东史郎日记》的需要。鉴于日文版《东史郎日记》是个节选本，字数约为二十万字，而中文版《东史郎日记》则是采取直译全文的方式，试图为广大读者提供一本最为完整的《东史郎日记》，使人们除了解南京大屠杀真相外，还能够了解侵华日军在华北、华东和中原地区的侵略和屠杀暴行。

三、是进一步揭露侵华日军暴行，回击日本国内右翼势力否定侵略战争历史事实的需要。战后几十年来，日本国内总有一部分人，一直对半个世纪前发生的侵略中国战争的史实，采取遮遮掩掩、不负责任的态度，特别是从八十年代以来，又进一步发展到企图否定和抹杀历史的地步。作为亲身经历那场战争的东史郎，从加害者的心理和角度撰写的日记公开出版，既有助于人们了解历史的真相，又是对日本右翼势力的有力批驳。

四、是对东史郎先生正义行动的有力声援。一九九八年十二月二十五日，八十六岁高龄的东史郎，为了正义和维护历史事实，毅然向东京最高法院再次提起上诉。《东史郎日记》案是一起为期六年至今仍没有结束的诉讼；是一桩涉及六十多年前历史而又未能按历史真实审理的并非普通的民事诉讼；也是人类的良知、正义与坚持反动历史观的邪恶势力之间的一场持久的较量。《东史郎日记》的出版与发行，既是为关注和支持东史郎的广大读者提供一份珍贵的史料，又是对东史郎先生正义行动的肯定和支持。

当然，由于当年的东史郎受日本军国主义思想毒害，其日记中所反映的立场、观点是带有军国主义思想色彩的，这就需要我们用历史的眼光来审视和阅读这本书。

在这本日记的翻译出版过程中,得到了江苏省委宣传部、江苏省新闻出版局以及南京市委宣传部的大力支持和帮助。本着尊重作者和忠实于原著的原则,我们要求译者对作者提供的日记手写原稿全文进行直译,不作更改。只是考虑到日记中所涉及的人多数还健在,所以,我们对其中的人名做了一些技术处理。原稿中的原有人名保存在侵华日军南京大屠杀遇难同胞纪念馆中。本书正文中插图均为东史郎手绘。书中照片均为侵华日军南京大屠杀遇难同胞纪念馆提供。

本书译者多为南京大学日语专业的教师,他们的具体分工是:张国仁,序、第二卷;汪平,第一卷;汪丽影、陈娟,第三卷;王奕红、沈琳,第四卷;范玉荣,第五卷。张国仁做了组织工作。另外,曹莉、魏晓阳也翻译了部分内容。

序

東史郎

每个战场上都有战死的危险,若战死我将化为灰烬,即使还剩一口气,也不可能把我带回日本。我在战场上目睹了老百姓的一切悲惨的情景、战争的罪恶。

由于我受过很深的触动,有过非同寻常的经历,因而如实地写下了善和恶。

我们受过"中日战争是圣战"的训导。

"效忠天皇重于泰山,你们的生命轻如鸿毛。宁当护国之鬼,不受生俘之辱!"既然自己的生命轻于鸿毛,不值一提,中国人的生命岂不是更轻吗?所以就丧尽天良地屠杀了他们。

军国主义思想武装的日本军没有人类爱,没有人道主义,战斗的目的是胜利,胜利就是正义。我们士兵成了"作战的活武器"。训导我们的是:"忠于天皇,光荣战死!"

军国主义教育把我们士兵加工成作战武器,麻木不仁地盲从长官。在"活武器"心中只有为天皇尽忠。

然而,人的天性中就具有人类爱和同情心。有一次西原少尉命令我说:"明天早晨要把她们统统杀掉,要看守好,防止逃跑!"我想:"这五个女人犯了什么罪,为什么非要杀她们不可呢!"遂违抗军令把她们放跑了。她们向我叩头感谢后便消失在夜幕之中。在我的"南京战记"里有一篇写的就是这件事。另外,十二月五日凌晨,五个男青年和一个女青年被捕时,因为他们身边带着无线电发报器,被认定是特务,相继遭到了杀害。当时青年的相互友爱和女性的纯真的爱及其崇高的行为深深地打动了我,我在日记中写道:"爱的力量比死还大!"

我还记录了由于我们发动了侵略战争,使当地的老百姓失去了工作,断了生计。在邯郸有一家靠妻子和十五岁的少女卖春糊口,在饥寒交迫中挣扎。我含着眼泪在日记中记下了黄河大堤被炸后的悲惨情景。不仅是人在杀人,还有那惨不忍睹的成堆白蛆正在活活地咬死老妪的场面。我在为日本军侵略的牺牲品而落泪,然而,自己又是侵略者中的一分子。

我是忠于天皇敕谕"军人天职乃临战当敌,片刻不可忘记'武勇'二字"的盲从兵;是一个侵略中国的兵;是一个被天皇授予武功超群这一最高荣誉奖——金鵄勋章的忠实士兵。

人类爱和战士的使命感使我产生了疑惑,为此,我写了日记。每次作战结束后就着手下次进攻的准备,部队要休整。我利用休整期间把战场的情况写了下来。因为是匆忙之中写下来的,所以是一个概况。一九三九年九月我回到了日本。在一九四〇年和一九四一年,我回顾了战场的情况,并且趁还没有忘记的时候对战地日记进行了整理。

因为当时我经营了八个电影院,没有能将日记全部清稿,在清稿日记的开头我写道:

> 我要在这里记下战场上的真实。
> 要记录战场上的美与丑。
> 只以一个人的立场加以如实记录。

战争是什么?

“战争”二字就是残忍、悲惨、暴虐、放火、屠杀等等惨无人道的众恶之极的概括性代名词。

所谓战争,就是包括了一切非人道的罪恶无比的巨大的恶魔口袋,它荼毒生灵,破坏良田,摧毁房屋,恣意暴虐,毁灭文化,使人间变成地狱,导致无数的生灵成了孤魂野鬼。

战争的真实情形,……似乎是最大的痛楚,又似乎是无尽的悲痛,还似乎是对永恒怨恨的呐喊的感伤。

我第二次出征的时候,在浙江省宁波市迎来了日本战败投降。我带领部下把我们独立大队的武器弹药装上八艘帆船运往上海。当时,一位尉官以上的中国军官对我说:“南京交战时,我在下关码头遭到了日军集体屠杀,因躺在战友们的尸体下装死而死里逃生。夜里悄悄地逃脱出来后与可恨的日本军拼命到今天。一想到当时的仇恨,东军曹!我恨不得把你杀掉扔进黄浦江!但是因为上面有令‘要以德报怨’,所以今天放你一条生路。”他没有对我以牙还牙讨还血债。多亏中国军人的宽大,我才幸运地活到今天。这种“源源不断、不争先后、大江日夜悠悠流”的大陆民族中国人的宽宏大量,使我感激涕零。想到这些,我觉得日本军不但在军事上吃了败仗,而且在道德上也是败将。中国人对不共戴天的敌人日本军以德报怨饶恕了我,我要感谢感激!

人类的进步来自于学问,
学问、文化产生于文字。
汉字是中国教给日本的,
日本文化的原点是中国。
写字的纸墨也是中国教的。

火药也是中国发明的，后又传到日本，而日本却忘恩负义地就用这个火药，来恣意侵略这个火药之师——中国。十五个春秋里，中国卧薪尝胆取得了最终胜利。

应该永世不忘中国人民对我们的恩德，因为他们并没有对日本军国主义——军阀所犯下的滔天罪恶以牙还牙，而是对我们“以德报怨”。

日清战争中，日本占领了台湾，从中国索取了大量的赔款。然而这次日本战败后，中国并没有占领日本一寸土地，没要日本人赔偿一分钱，反而对我们说：“我们要永远为友好而努力！”这种恩德我们要报。

孔子曰：“过，则勿惮改。”因为我们错了，所以必须反省，切不可成为忘恩负义的卑鄙小人。我要忏悔，坦白罪过，脱胎换骨。遗憾的是至今军国主义阴魂仍然不散的那群家伙竟然控告说：“东史郎在说日本军的坏话，这是毁坏名誉。”“不光彩的侵略和残暴的日本军究竟有什么名誉？！”我义正词严地反驳了他们，六年来与他们斗了整整两千个日日夜夜。三百万人出征，而我为了洗刷自己的罪过一直在与军国主义斗争。

在原告的律师事务所里设立了“确认南京大屠杀虚构会”，这是原告的目的。因为我坦白了日本军在战争中的残暴行径，他们就威胁和攻击我，把我送上审判台。可是，铁的历史事实不容抵赖，必须反省！妄想抵赖南京大屠杀的卑鄙的军国主义分子拼死地利用审判，其靶子就是我。

“前事不忘，后事之师。”一九九八年三月八日，朱成山馆长和我一致同意将战场日记全卷赠送给侵华日军南京大屠杀遇难同胞纪念馆，并且一致同意以中文出版发行，以此使记录着战争实况的“东日记”为“后事之师”发挥应有的作用。另外，还把当年天皇颁发的金鵄勋章和瑞宝章、从军章及其证书、签名军旗赠给该馆，以表我的忏悔之心。

我参加过的主要侵略战场如附图①

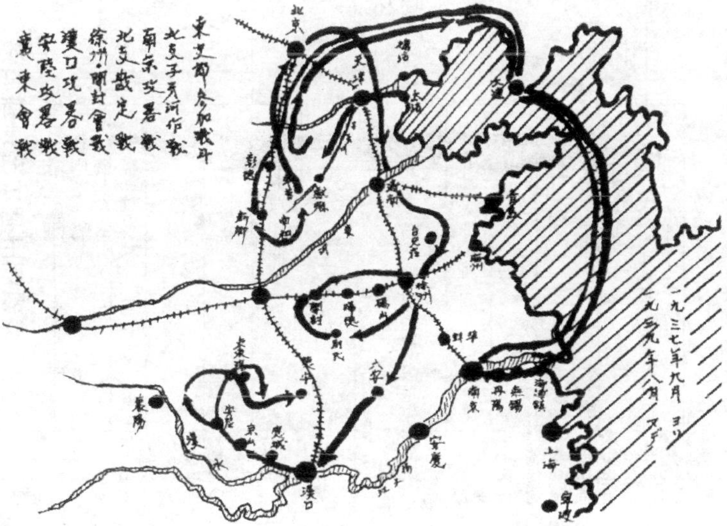

① 东史郎所在的日军第十六师团第二十联队1937年9月在中国大沽港登陆后，先后沿着天津、南和、沈阳、大连经海上到达上海、苏州、无锡等地，参加侵占南京的战斗，后又折回上海，从海上退回大连、沈阳、邯郸、北京、天津等地，相继参加侵占济南、徐州、开封、安陆、汉口、襄东的战斗，1939年9月东史郎因病回国。

参加攻打南京的日军主要部队

中支那方面军　松井石根大将

- 上海派遣军　朝香宫鸠彦王中将
  - 第九师团　吉住良辅中将
    - 步兵第六旅团　秋山义充少将
      - 步兵第七联队伊佐一男大佐
      - 步兵第三十五联队富士井末吉大佐
    - 步兵第十八旅团　进出宣时少将
      - 步兵第十九联队人见秀三大佐
      - 步兵第三十六联队胁坂次郎大佐
    - 骑兵第九、山炮兵第九、工兵第九、辎重兵第九联队
  - 第十六师团　中坞今朝吾中将
    - 步兵第十九旅团　草场辰己少将
      - 步兵第九联队　片桐护郎大佐
      - 步兵第二十联队大野宣明大佐
    - 步兵第三十旅团　佐佐木到一少将
      - 步兵第三十三联队野田谦吾大佐
      - 步兵第三十八联队助川静二大佐
    - 骑兵第二十、野炮兵第二十二、工兵第十六、辎重兵第十六联队
  - 山田支队　一部属第十三师团一山田梅二少将
    - 步兵第一百零三旅团
      - 步兵第六十五联队　两角业作大佐
  - 其他：第十三师团主力已去扬子江北岸，第三师团参加的只是先遣部队、第十一师团、第一百零一师团担任后方警备
- 第十军　柳川平助中将
  - 第六师团　谷寿夫中将
    - 步兵第十一旅团　坂井德太郎少将
      - 步兵第十三联队冈本保之大佐
      - 步兵第四十七联队　长谷川正宪大佐
    - 步兵第三十六旅团　牛岛满少将
      - 步兵第二十三联队冈本锁臣大佐
      - 步兵第四十五联队神田正种大佐
    - 骑兵第六、野炮兵第六、工兵第六、辎重兵第六联队
  - 第一百一十四师团　末松茂治中将
    - 步兵第一百二十七旅团　秋山充三郎少将
      - 步兵第六十六联队　山田常太中佐
      - 步兵第一百零二联队千叶小太郎大佐
    - 步兵第一百二十八旅团　奥保夫少将
      - 步兵第一百一十五联队　矢崎节三中佐
      - 步兵第一百五十联队山本重省中佐
    - 骑兵第十八大队、野炮兵第一百二十、工兵第一百一十四、辎重兵第一百一十四联队
  - 其他：第十八师团、国崎支队分别开赴芜湖方面和扬子江对岸浦口

日军攻占南京图

（1937 年 12 月—1938 年 2 月）

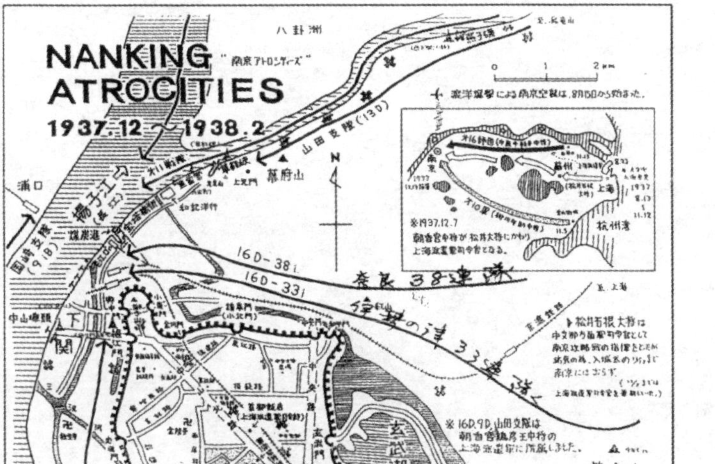

第一卷

中嶋部队(第十六师团)
大野部队(第二十联队)
西崎部队(第一大队)
森山队(第三中队)
内山小队(第三小队)
东史郎

昭和十二年[1]八月二十六日奉诏出征北支那。为进攻南京,路经大连

大概需要许多篇幅记述的这本日记,将会成为我一生中最动情、最美好的回忆。我要在这里记下战场上的真实。只有通过记述真实,才能真正明白战场上的将士们的思想和行动。既然要记录真实,那么就要记录战场上的美与丑。

虽然是日本军人,但并非个个都是军神,同样是人,是存在着正直与邪恶、美丽与丑陋的矛盾的人。在这里,我要描绘出我本人以及我们部队参加战争的真实情形,同时,按事实的本来面目描绘将士们的形象和思想。尽管受到舆论的限制和军人的矜持等内心和外界的沉重压力,但我却想摆脱这一切,只以一个人的立场加以如实记录。我相信,只有作为一个讲人道的人,一个里里外外都不受任何束缚的、完全自由的人,其脑海深处才会浮现战场上的真实情形。新闻界所报道的内容,几乎可以说都掺和了夸大与虚假的成分。而且,又是通过

① 昭和,日本年号,大正十五年(即1926年)改为昭和元年。昭和十二年即1937年。

政府的宣传机构的掩饰,真实每每被故意隐匿起来了。经过这种滤水机的过滤后,一切都变成了一汪清水呈现在人们的面前。战场断不是什么美好场景的泛滥。战争本身就是丑恶,凭什么把它描绘成一连串的美好事物呢?

战争是什么?

“战争”二字就是残忍、悲惨、暴虐、放火、屠杀等等惨无人道的众恶之极的概括性代名词。

所谓战争,就是包括了一切非人道的罪恶无比的巨大的恶魔口袋,它荼毒生灵,破坏良田,摧毁房屋,恣意暴虐,毁灭文化,使人间变成地狱,导致无数的生灵成了孤魂野鬼。——这就是战争。

正义是什么?

正义即力量,惟有力量才是正义。一切无非是弱肉强食。人道以及其他所有的美、道德、正义与强力相比,都是弱者。

神圣的屠杀究竟是什么?

以怎样的知识才可以认识多种存在的事实?

战斗在持续,胜利的捷报频频传来。可是,一点也没有胜利的喜悦。即便是有,那也就像短暂的喊叫声一样,只是暂时的。——高尔基说。

果真是这样吗?

和平之神只能与战争之神同行。——希特勒说。

那么,战争就应该被认为是和平的保护者、创造者,或者如同爱妻子的丈夫吗?

你认为战争的真实情形是存在于残酷暴虐之中,还是存在于破坏之中?不!真实情形就存在于感伤之中。但是,那种感伤断然不是缠绵的女性的感伤。它似乎是最大的痛楚,又似乎是无尽的悲痛,还似乎是对永恒怨恨的呐喊的感伤。

不管与我国敌对的人是释迦还是基督,是孔子还是孟子,或者是穆罕默德，只要处于敌对位置，我们日本人便断然击毁他。

昭和十二年七月七日北京卢沟桥事件爆发。它成了日支事变①的开端。

八月二十六日早晨七点，收到征召令。

三十一日，我若无其事地出发了。父亲尚在病中。我一面祈祷年老的父亲能健康地活下去，一面与父亲告别。九月一日，母亲和重一来与我告别。我们在旅馆楼上相见。母亲很冷静，重一也很冷静。接着，母亲说：

“这是一次千金难买的出征。你高高兴兴地去吧！如果不幸被支那兵抓住的话，你就剖腹自杀！因为我有三个儿子，死你一个没关系。”

接着，她送给我一把刻有文字的匕首。母亲的话让我多么高兴。我觉得母亲特别伟大。没有比这时更知道母亲的伟大了。于是，我在心中坚定地发誓——我要欣然赴死！

我的养母却是哭着和我分手。她希望我活着回来，她求我要活着回来。

我的生母笑着和我告别，谈话冷静，并激励我毅然赴死。

养母住在农村，生母住在都市。我觉得两个女人的感情多少有些不同。

都市人见多识广，农村人孤陋寡闻。不仅如此，恐怕还有其他的原因吧。

对这两位母亲该如何评价？

在去检查站的路上，我和母亲说着话，我恳求母亲：如果

---

① 日本对中国抗日战争的称呼。

我死了,请把重一过继给川助家①。母亲愉快地答应了。我得到母亲高兴而爽快的承诺,感到心中像一片晴空,毫无留恋与遗憾了。

终于到了九月五日。我一向坚信:最忠勇的士兵,不是上等兵,不是一等兵,也不是二等兵,只是指作为帝国的军人在赴死之时毫不犹豫地勇敢战死的士兵。因而我希望自己成为这种忠诚勇敢的士兵。这种水泡似的人生有多么大的喜悦啊!这种喜悦里又有多少过分的内容!傍晚七点,我们从营地出发了。

队伍为了与充满爱国热忱的民众相呼应,特地绕一程远路走向车站。群众拥挤着,在一片欢呼声中送我们出征。在群众中发现了熟人的士兵一一与众人惜别。我一面沉浸在沉重的对国家的赤胆忠心中,一面咬紧牙关朝前行进。

我早已明白了这一切,早已义无反顾,所以,无论出现什么样的事态,我都不会吃惊,我可以冷静地等着它们的到来。

因此,对这种群众集会、欢呼、沸腾的热情,我都泰然处之,冷静沉着地观望着,只报以温和的微笑。从列车的所有窗口伸出来的头和手,从月台的护栏伸出的像森林般密集的脑袋、胸脯、手臂,像波浪一样起伏。他们的手像是被风吹动一样,不停地上下挥舞,画着一个个圈圈。他们像蝴蝶一样,有的舞得快,有的舞得慢,有的停在那里。他们的嘴吐出像怒涛般激烈的爱情和热忱。

野口后备兵的爱妻四处奔跑,寻找她亲爱的丈夫的身影。野口也大喊了好几声,挥过好几次手,但妻子没发现丈夫。妻子深切的离别之情通过这热烈的气氛传给了她的丈夫。

---

① 指东史郎养母家。

“呜——”一声汽笛如箭一般划过天空，机车吐着白烟轰隆轰隆地响了起来。列车开动了。群众的叫喊声更加响彻夜空。

“万岁！万岁！”只有这一句话。——一首伟大的交响曲，一张感情激越的乐谱。

在爱情、离别、激励、怜爱等诸多感情高昂交织之中，列车驶出了站台，把人们激昂的“万岁”欢呼声丢在了后边。

沿途，无论是凌晨一点还是两点，人们络绎不绝，点燃红红的充满赤诚的篝火，等着列车通过的那短暂的瞬间。他们在铁路旁边点燃篝火，为的是向他们的战士送去欢腾的激励。我们以巨大的感激和必胜的誓言向他们献上了我们无言的敬礼。

在大阪的道修町①药铺住了两天。这时，一个爱我、全身心爱我的人和她的母亲一道来看我。一个星期前告别时见过她，她明显地瘦了。我觉得她很可怜。

我送她上了京阪电车，估计这次是生离死别。

九月八日，终于向第三防波堤进发了。天气热死人。我不曾长时间劳动过，所以很快就感到疲劳。脊背的疼痛一缕一缕地钻进肩头，肩胛骨发出“咔吧咔吧”的声音。路上，大阪的人们给了我药。士兵们就像嚼玻璃似的，用发出战斗呐喊声的嘴咬碎市民送来的冰，有的用冰水擦擦额头、脸颊，有的扔到脊背上冷却身体，朝前走去。

防波堤上到处是军马、士兵和铁锹。

最初，军马是由大起重机从空中吊上来的。我们乘坐的船是新建的六千五百吨级的轮船——“善洋丸”。

① 道修町，地名。町，相当于中国的镇、街道。

强壮的船员告诉我们，这艘船连这次在内是第二次出海，上一次首航时去了上海。军马和行李的装船任务结束后，我们第一大队从船舷的梯子上了船。

被挡在防波堤栅栏外的送行的人，一经允许，就一窝蜂朝船边拥过来。上上下下都在呼唤着对方的名字，又是激励，又是答话。卖带子的人在人群中钻来钻去。红蓝白三色相间的带子由下面抛向上面，无数条色彩鲜艳的彩带随风摇曳——联系着士兵和送行的人。妻子拿着给丈夫的彩带，父母握着给儿子的彩带，朋友握着给朋友的彩带。人们情绪激昂，心情兴奋。现在正是最亲爱的人就要出征的时候，现在是和最爱的人告别的时候，现在正是我们就要从他们的视野中永远地走向遥远的地方的最后一刻。

在胜过怒涛的感动、兴奋的叫喊声中，善洋丸号静静地做完了启航前的工作。

就像珍惜离别的感动和激动一样，人们手中握着的彩带环一直延伸着，直到转完最后一圈。

我没有彩带可握。我不认识他们中的任何一个人。到了现在，我有什么必要去寻找他们中的一个人呢？我静静地望着这情景。我没有任何感动和兴奋，因为我有超越感动的力量。

巨大的轮船调过头朝向战场！这是九月八日下午三点二十五分。

风雨开始肆虐起来。濑户内海的绝佳风景在深夜时分漏过去了。到了夜里，风和雨都停了，微风习习，凉爽宜人。我一登上船尾的甲板，吸着香烟，眺望着陆地上露出灯光的城市。

啊！用纸张和木头建起的日本城市，再见吧！

脚下响起推进器的声音，我感到了猛烈的旋转。令人怡然爽快的海风吹拂着脸颊，我既无悲哀，也感觉不到乡愁。我并不感到这条船在奔向战场,倒像是在一个让人心旷神怡的夜晚进行一次愉快的旅行。几千吨的巨轮在灿烂的灯光照耀下往前行进,犹如一座不夜城。魔术师一样滑稽的石田一等兵唱了一首《上海航路》。在螺旋桨的伴奏下,他用美声唱法唱出的歌曲让人哀婉感伤。雨停之后,夏日夜晚凉风习习,我站在船尾的甲板上,眺望着渐渐远去的祖国各个城市的灯火。石田一等兵演唱《上海航路》的那个夜晚,实在让人难以忘怀。

第二天是九日,凌晨五点醒来,登上甲板,洗过脸后抽了支烟。香烟多香啊。令人舒畅的濑户内海的晨风沁人心脾,让人感觉到它在净化我们的血液。太阳还没升起来,"善洋丸"在薄薄的晨曦中朝着支那奔驰,再奔驰。随着地平线泛白、染红,大小岛屿开始在视野里出现了。船行驶了一阵,左边看见的可能是四国的岛屿。与其说是个岛屿,不如说是块很大的陆地。又行驶了一阵之后,左方又看见了陆地。士兵们众口叫喊:"是四国!是九州!"在船长室用望远镜远眺的我们的大野大佐叫我:

"喂!上等兵!那边看到的是四国。你去告诉他们!"

我敬完礼,朝士兵们当中走去。

"听说那是四国。"我告诉他们。

我看见了转动的漩涡。关门海峡正浮动着几十艘五六千吨级的船只。我是第一次看见这样的风景。通知说,允许在这里最后一次寄出从内地①带来的信函。停船是在九日上午十一点。下午六点,船再次开动了引擎。

此时又逢下雨,我用油纸顶在头上站在甲板上,留恋着在

① 内地,旧时日本对相对于殖民地而言的日本本土的称呼。

祖国的最后一天。晚上,看到了一个城市,可能是八幡①,那里有许多灯火。如正义的烽火般赤红的火魂和灯火一同熊熊燃烧把夜空映得一片灿烂。火魂又宽,又大,又高,像一辆火车。那大概是炼钢厂冒出的火吧。难道真的是八幡?我暂且把它当做八幡吧,因为八幡是留给我很多回忆的地方。

我又看见了一组辉煌的灯火,那是高楼的灯火。也许是过去上初中那会儿,春子小姐给我买礼物的那家玉屋百货大楼吧。

她唱过:

东去的路途,遥远又寂寞。
春心似娇月,你可想知道?
丸山的椅子,燃烧着恋情。
恋人幸福多。

她还唱过许多恋歌,都是给我的恋歌。不管她唱得好与坏,都留在了我的记忆中,比任何人的歌都深,因为那是给我的爱之歌。

她还唱过:

同一个月亮下,你我隔海相望。
你心深处,寂寞犹如月光。
月色似水,苍白的心在激荡。
你的消息,有谁,有谁能知晓?
你可知否,少女的心把你想?
难道还要,猜你心何处彷徨?

① 八幡,日本著名钢铁基地。

可是,十八岁的青年和十七岁的少女如今天各一方。

那是青春岁月里的淡然梦想吗?不!是炽烈的热情。她完全相信我,我也相信她。她的姐姐同意我们两人,我的兄弟也赞成。当时的我每天都很开心,她也非常快乐。她比我聪明,比我富于理智。我爱她的理智和聪明,我们两人几乎每天相互写信,虽然我俩在一起的时光前后总共还不足三个小时。

啊!遥远岁月中的深沉的回忆!永远不会走出我心扉的快乐的回忆!九州的回忆太遥远了。我们虽然跨越距离,两心相印,但又不得不日渐疏远。两年之后,分手的日子来临了。分手是我提出的。

一天,有封给我的信上,我的名字"史郎"有涂改过的痕迹。我很生气,那以后就再没回信,因为我很不满意。寄给情人的信、信封之类,写错了换个新的又有什么关系呢?我认为她的做法很没礼貌。这件事使我们绝交了。

如果不为这件小事绝交,今天仍在交往的话,我会怎么样呢?

我一面眺望着八幡的灯火,一面沉浸在回忆之中,心里充满甜蜜的感伤。虽说不能再见,但我祈祷她健康而且幸福。她会想起我吗?我忘不掉她,她也同样不会忘记我吗?真想见一面!

右边山上的探照灯光来回在黑暗的空中转悠,有几座不夜城从船边经过。"善洋丸"不停地在努力奔向战场!奔向战场!

我们一直处在连朝鲜下层民众都无法过的生活环境中。我们的房间在甲板下,又矮又窄。不,大概不能叫做房间。这里不是屋子,但也不是屋外,它只是一张地板。一张榻榻米大小的地方坐着五个人,还有一些装备,连转身都困难,仅仅可以把头前后左右动那么一下。众人挤在一起，喘息、污浊刺鼻的体臭、飞在污物上的无数苍蝇、散发着汗臭的脏衣服、铺在船板上的脏兮兮的草席、用粗糙的木板赶制而成的天花板下散发出熏人恶臭的蒸汽浴室等等，这种令人厌倦的单调生活搞得人筋疲力尽，士兵们光着身子瞪着大眼，贪婪地读着从杂志上剪下的纸片。他们的身体就像船底的蛆一样在蠕动。我想起了遥远的过去把支那海搅得波浪滔天的“八幡船”①。强悍的肌肉在暑热、无聊和不洁中痛苦挣扎，就像斗犬场的栅栏一样。但是现在，军装披在身，总得发挥军人的本性。这种生活在继续。

九月十二日，船到达了大沽海面。

二十多艘军用船停泊在那里，只有我们一艘军舰。海水泛出混浊的黄色，正如黄海。

这下终于到达了支那。大陆！大陆！憧憬已久的大陆！但大陆在地平线上就像好多好多船只浮在水面上一样，在遥远的海岸那边低低地伸展。

麻雀般大小的小鸟飞来飞去，也不怕人，几乎要歇在我们的肩上、手上。

这一片茫茫的海上风景，与我们的心境不相协调。由于经度的关系，从今晨开始，这里的时间比我国迟一小时。九月十三日凌晨三点起，我们被叫醒开始做登陆的准备工作。风雨很大，估计登陆困难。“善洋丸”的位置在离海岸两里多的地方。激浪之中，辎重兵和马匹一道上了联络船，但途中绳索被风刮断，离开了拖船，开始逐浪漂流。其中有些士兵不习水

① 指日本镰仓、室町时代（约12世纪末—16世纪后半期）在中国、朝鲜沿海一带猖獗一时的日本海盗船。

性,被马匹咕哧咕哧地咬伤,但他们继续拼命进行作业。我拖着因感冒而疲倦的身体,勉强地进行着登陆的准备工作,但由于联络船很少,难于进行作业,只能延迟登陆。

十四日,终于下命令说今天登陆,凌晨两点起床。各部之间缺乏协调,缺乏组织,一会儿排队,一会儿休息,仅这就重复了许多遍,终于在七点半上了联络船。我在先遣队,必须比大部队先出发。虽说才九月十四日,但在到达新河的两个半小时之间,手都被寒流冻麻木了。尽管如此,支那人仍推着竹架鱼网在泥水中行走。推一下,提起来,看看有没有鱼。我看见一个支那人,有着蛇一样的目光和温和的脸庞,裹着几乎不能穿的破旧衣服,和他的妻子、孩子乘着一条舢板似的船,扬着尽是补丁的风帆朝下游而去。

他们使帆的技术看上去很娴熟,虽是逆风而行,可船速却一点不慢。

到底是大陆,看不见一座山,就像是在日本海上种草植树并盖了房子一样辽阔的大陆。渔夫当中,有的人高举双手用古怪的日语喊着"万岁"。我听到支那人这种"万岁"的叫喊声,突然单纯地想到:

对!正是这!我们的使命正在这里!不是日本进攻支那,而是要让支那人希望日本人对他们有用。即使支那的上层人物抵抗日本,但和下层人物携起手来是我们的使命。

今后还会有各种想法,但那种想法还将根据战争时日的延续和经验的积累而发生变化。如今我正在整理这本日记,即使发现有些想法是错的,我也要保持原貌。为什么?因为据此可以知道心灵的轨迹。

白河堤岸上建有许多支那人的民宅。他们的房子全部是用土砌成的,房顶也像日本的房子一样,倾斜度较小,形状微微鼓起。支那人一个接一个地从房子里出来望着我们。其中有一个人刚刚走出来,马上在墙边蹲下来解大便。他一面出着恭,一面悠闲地望着我们的船。女人们都在哪里?在干什么呢?

"呜——",汽笛声响起,一身雪白的法国军舰移动着它漂亮的身体朝下游驶了过来,舰身上写着军舰名"法拉切的……①",上面载着身穿漂亮水兵服的法国水兵,他们望着我们的队伍。河边人家的墙上可以看到写着"仁丹"②两个大字的广告。大沽的美、法、德各国的洋楼上都挂着各自的国旗。河岸是红色的土。左岸有很多民宅,丝毫感觉不出有文化的气氛;右岸有各国的房屋及铁路岔道口,给人一些近代化的感觉。河岸裂缝间长满了茅草。

真是一片广袤无垠的大地。

几艘五千吨级的军用船停在那里,我们的军舰英姿勃勃地停靠在右岸。就像与之对抗似的,法国军舰也飘动着国旗。河面不太宽,但是,相当大的船只也能够在河上自由航行。天空一片苍茫,树木郁郁葱葱地伸向远方,白河在一切都是那么广大而悠然之中流动,就像一幅画。有的房屋可能是支那兵的兵营,四处留有炮弹的痕迹。河水向右转弯继续上行,一直流到新河。大陆有河的风景像英语读物中的插图一样。船横浮在河边突出的木质码头边上。终于要迈出登上大陆的第一步了。

刚刚踏上大陆土地,肮脏的支那人就过来兜售葡萄。干渴的喉咙是想吃葡萄,但部队禁止从支那人手上购买任何食物,而且那种东西不干不净,实在让人无心去买。有人买了

① 原稿此处文字不全,为法文"... de Frather"。

② 中药名,今统一写作人丹。

吃,最后闹了肚子。新河车站已经有体格健壮的工兵。据他们讲,现在仍有便衣队、间谍,我方士兵不时受到袭击,就在此之前,辎重部队的士兵还被人杀了。对于过来要饭的小孩也不能大意,据说他们也和便衣队有联系。说是火车站,我们所到的是货运车站,条件很差但却有很气派的机关宿舍似的石造房屋。美丽的牵牛花和郁金香包围着这座房屋。横穿过草丛,有座高墙环绕的砖造洋楼,里面有穿军服的士兵,军服的布条上写着“水一”两个字。他们是水户的工兵。在院子的自来水管处洗饭盒,听这些在大陆的前辈们谈话,我们的心直跳。车站里面有小卖店。所谓军营小卖店,不过是机关宿舍用来存放东西的小房屋。一看就知道可能是干那种营生的三十二三岁的女人,脸长得挺漂亮,在忙着向士兵出售汽水、香烟和羊羹。她卖的支那烟很便宜,二十支装的才五钱①,便宜得有些吓人。而且,那烟的味道特别好,包装也挺漂亮。那妇人讲话也好听。虽然是个脸蛋漂亮的女人,但很虚弱,没精神,让人感觉是才生过病的。在这种地方要想见到日本女人,简直是连做梦也别想,所以,实在奇怪,我注视着她,就像看惟一的宝玉一样。她虽然给了我这么好的印象,但后来却又让我抱有一种讨厌的情绪,这实在是遗憾。最初五钱的香烟,十五钱的汽水,十钱的羊羹,随着士兵们不断去买,价钱也涨了上去。

我们第三中队这天白天没能到达目的地,所以只好搭起帐篷,一面留心着蝎子,一面在草地上躺了下来。蝎子是一种形状长得像虾子,有螃蟹夹,身长一寸左右的虫子。如果上半身的什么地方被这种虫子咬了一口,不出五分钟人就会死的。下半身被咬,也不过是十分钟的事。这是一种潮湿地区常见

① 日本当时的钱币单位,1 元等于 100 钱。

的可怕毒虫,军医拿着刚才咬了机枪队一个士兵的蝎子做样本给我们看,提醒我们要注意。

十五日早晨,我们出发离开了新河。太阳火辣辣地照着大地。这是第一次行军,我难受得不得了,一点风也没有,在我的体力早已消耗得再也不能继续行军的时候,终于到达了今天的目的地"军粮城"。要说到达军粮城时的安心,就像巨大的不安被释放后的喜悦一样,一切都被忘记,只是把全身心深深地埋在了安宁之中。但是,那种喜悦不是狂喜,而是长时间剧烈劳动之后的一次沐浴,是深深地躺在松软的毛毯上,随意地伸展身体,舒舒服服地大口大口呼吸时的喜悦。

我们分别住宿在支那人家里。支那人的房屋墙壁是用泥土造的,有两尺厚,无论如何都无法让我呼呼大睡。我们分队住宿的那家,大门里左边有一间屋,最里边也有一间屋,右侧是堆积高梁谷子的地方,泥土墙塌了些,家里很脏。我根本无意住在这么脏的人家。我倒觉得住在露天下比这还好呢。如果今后仍不得不住这样房屋的话,那就糟了。我还抱着一种奢侈的不安。那时,只要是支那人家的房子,即使是算干净一些的,我大概也根本没心思去躺下来。

野口一等兵曾是川崎造船所的工人。他在满洲驻扎过,已经习惯了这样的房屋,在这种房子里,他知道怎样去防寒防暑。他很聪明,会干裁缝活儿,又会烧饭做菜。而且,他还非常喜欢做饭。不管多么疲劳,他都是高高兴兴地去做饭。做饭对于他来说,好像是忘记疲劳的一种安慰。他就是这么个人,所以,别人轮到做饭时,和他说一句,他常常一人就承担下来。这样一来,他有时又要发火:"怎么就让我一人干!"他一发火,就让锅下面的火自燃自灭,他不会去管它的。这时,其他的士兵没办法,又顶了上去。他咕哝咕哝发牢骚,抽着烟。

但瞅准机会再说几句好话,他又过来干了。因为喜欢做饭,又是个贪嘴的人,所以,他常被胃痛搞得很烦。今晚也是他的案板功夫慰劳了我们的肠胃。

“到了夜里会转冷的。”野口得意洋洋地上了炕给我们解释说。虽然到了半夜就会冷,夜里还有阳光的余温,地面被烤着,还不冷,用不着火炕。不过自以为什么都知道的野口的鼻子已经有些不通了。但谁也没躺在那个热烘烘的炕上,只有野口一个人在尴尬地擦着汗。只要他不烧炕,屋内的厨房就不会有夜露,所以,我们故意在蝎子活跃的屋外,头顶星星看着他。

这有一个小孩和小孩的爷爷。一个女人也没见到。

我抓住爷爷,用汉语问他喜欢不喜欢共产党,但他没懂我的意思。我写下了“共产主义”四个字,但他还是没理解。墙壁四处贴着日本宣抚组写的宣传文字。小孩很可爱,我给了他一颗糖和五钱。屋子里有月份牌,是九月十五日,星期三。

十六日早上八点半,我们离开了军粮城。在肮脏的农夫和讨厌的猪以及许多飞来跑去的鸡当中,部队排好了队伍。一想到闷热、沉重、痛苦、难受的行军,我们就不由得愁眉苦脸。但是,这是在支那农夫、支那猪和支那鸡的面前,所以,我们精神抖擞,在像是从地里长出来似的泥土房屋构成的村落中行进。我们感到很气愤,有铁路通向天津却不利用,我们不理解。有的士兵这样说:“这条铁路属于英国。为了阻碍我们行军,不让我们利用。”以为这条铁路是英国的我们,在暑热难受的逼迫下喊起了“打倒英国”的口号。

路上尽是灰尘,我们的军靴就像走在黄色的面粉上一样,一脚踏下去,灰尘四起。路两侧的高粱长得高高的,完全挡住了风。太阳就像从上往下直射一样烤人。汗水不停地从我们的身体中蒸发出来,几乎要把我们蒸烤成木乃伊。遮阳帽的帽檐被不停流出的汗水湿透了,军服与背包接触的部分最先湿透,接着,扛着枪的右臂肘弯处全是黑黑的汗水,最后就是打到膝盖处的绑腿也湿透了。于是,军服不停地受到汗水的侵犯,散发出混合着汗水、灰尘、污垢的恶臭。每隔四十五分钟休息一次,但最后的五分钟如不使出全身的气力,恐怕连一步也走不了。在战场上需要体力,同时更加需要气力。到了下午,开始不停地有人倒下来。每隔一百米就有人落伍。

我们尽量在有遮阴的地方休息。话是这么说,可那些遮阴处根本无法容得下这条长龙似的队伍。由于大部分的休息命令都是在大队本部到达遮阴处的时候才下达的,那些剩下的阴凉处只有最接近本部的士兵们才可以享用一些。许多士兵都不得不横躺在炽热的阳光下,用画着太阳旗的扇子扇扇凉风。我们的大队长常在阴凉处休息。骑在马上优哉游哉行军的大队长,比我们高一个马头接近太阳,所以,他可能比我们这些徒步者更热吧。大概我们亲爱的大队长以为,士兵们走在泥土地上,地下的冷气可以不停地传到士兵的体内,士兵不会感到热。真亏他难得的体贴。士兵们感激涕零地连身体上也流出了泪。一到潮湿地带附近休息,士兵们就扔下背包,用军帽当勺舀水。湿地的水很凉,顺着脊背流到腹部的时候,士兵们都觉得世上再也没有比这更愉快开心的事了。对于我们来说,再也没有如此真切感受过"高兴"、"愉快"、"再生"这些词的含义了。由于严格禁止喝生水,有的士兵假装洗脸,偷偷地喝上几口。仅仅十五分钟的休息时间,我们想出各种办法充分彻底地加以利用。

我们必须研究这十五分钟怎样度过才能最快最好地驱散身体的疲劳。一听到"休息",有的人不管是什么地方,背着背包就仰面倒下,有的人尽量在有风的地方,有的人再往前走几步到有阴凉的地方,还有的解开背包休息,真可谓五花八门。即使有些麻烦,还是卸下背包,松开皮带,解开纽扣让风吹进身体里,试来试去,好像还是这种办法最快也最易解除疲劳。这种办法要解下背包,背上背包,解开扣子,系上扣子,会浪费时间,但它仍是最好的方法。

浑身已经湿透,行军再度开始。由于是饭后的急行军,我的胸口叽里咕噜堵得慌,就觉得血液不够,意识被人夺走一般。我赶紧含一粒在大阪的宿舍里领来的梅子精。梅子精显示出它的功效,在我快要倒下的时候救了我。远远地望去,可以看见冒着黑烟的烟囱。——天津到了!天津到了!我一面使尽力气背上背包,一面用力地踏步前进。不知是市郊还是市区,总之是到达了一个肮脏的支那人城市。这是个脏得令人呕吐的城市。喇叭声压倒一切似的响遍四方。号手像是要吹出一生之中最精彩的声音似的,拼命地吹。

队长在马上摸摸胡髭,直挺着胸膛。我们忘记了疲劳和脚痛,开始迈起有力的步伐——我们确实是日本杰出而强悍的士兵!支那人从一个个角落里群集到这里,望着我们这支英勇的部队。我们聚精会神,但只能斜着眼望着支那的街道,往前行进。过了石桥,不知是哪国人,把五六辆汽车停在那里。那不是为了看我们,是因为我们分为四行队列在旁若无人地过桥,汽车无法上桥。我们长蛇般的队伍延绵不见尽头。他们像是等得不耐烦了,不停地鸣响车喇叭。但是部队对喇叭声充耳不闻,继续傲慢地行进着,就权当听着一首蹩脚的进行曲似的。汽车里坐着一个相当漂亮的女人,美丽而且闪耀着理智的光辉。我一面想着美人,一面从她旁边走过。

陆战队正在街道上四处张设铁丝网。土袋堆中隐隐约约的黑色枪眼正对着四面八方。柏油路面让我们觉得脚底板走得很疼。

进入了日本人街,以为肯定有许多侨民会欢呼着出来迎接我们,但这种期望完全落空了。没有一个人出来欢迎,连来看稀奇的日本人也没有。这到底是怎么回事?

天津的日本人究竟为什么如此冷淡,就像与我们毫不相干一样?在内地,人们却以极大的热忱欢送我们。内地码头的人群几次欢送士兵出征。每逢有新的部队出征,他们都以新的热忱和激动欢送他们,我们也是带着沸腾的热情出发的,尽管内地的人们不能直接体会到战祸。

天津的日本人就在不远的过去还为枪炮声颤抖,而且还为军队的到来感谢上苍,可他们这么快就把士兵忘记了。

我不能不感到愤怒。殖民地的风气就是这样的吗?

拖着疼痛的双腿,忍着疲劳困乏来救援他们,他们竟以这样的冷淡来对待为他们而战的日本军队。我悲伤得几乎要落泪。

啊,他们也是日本人。他们为什么不拥有支那国籍呢?这时,在一个街角处,一位三井银行的职员在给士兵们送水,士兵们一个个把小水壶当做自己最心爱的恋人一样,他们已经一滴水也没有了。士兵们干渴的喉咙正尽情地喝着茶水的时候,响起了中队长的怒吼声:"真不像样!"我们无法理解这位二十五岁年轻的中队长的训斥。不是我们缺乏忍耐,也不是我们不守纪律,而是明天的战斗需要活力。

不知从哪里传来了《战友》的歌声,那旋律凄然惨烈,吞噬着我的心。出征以来我第一次感到了伤感。

在福岛街进行了短暂的休息,一个国防妇女会的会员忙着来回跑动,她四处喊着:"有人要寄信吗?不要邮票,我帮大家寄。"真是值得感谢的奇特妇女。

好像她是整个天津城惟一的日本妇女。常盘旅馆的女服务员给我们送来了水,我们一下就喝干了,接着又冲进旅馆的厨房拧开了自来水龙头。大多数的日本妇女，就我们所见，都是穿和服的。她们不穿轻率的支那服装和洋装，这实在是值得颂扬的。

晚上十点，我们终于到达南海中学。肚子饿，脚又痛，很是疲惫，拖着疼痛的双腿向学校走去，途中经过一个街角的馒头店时，见到蒸笼里暄腾腾的白馒头，贪婪地望个不停。如果允许买的话，恐怕马上就从支那人手上买下来了。即使是现在，也忘不掉街角那家馒头店的情景——穿着白色围裙的支那人揭开蒸笼盖，取出冒着蒸汽的热乎乎暄腾腾的白馒头。即使是现在还能想起那情景，而且，还有一种冲动，真想吃上一个。

南海中学是一所很大的设备完善的学校。在内地的中学中，还不曾见过如此豪华完备的中学。我们决定在学校宿舍的一间屋子里睡觉。就像支那的许多房屋都是砖造的那样，这一间也是在黑砖上涂了白色的石灰。但墙壁上的涂料容易脱落，会沾在衣服上。六张榻榻米大小的屋子要住进两个分队的人，所以显得拥挤不堪。

这个房间的电灯不亮，所以，聪明灵巧又对电气有些常识的野口马上进行了修理。面对这种展示自己这方面才能的机会，他会得意地忘记疲劳和不平的牢骚。他出色的技术，让电灯亮了。抬头一看，白色的天花板上，细细的电线变成了漆黑色，苍蝇围成一团一团，而且，蚊子也不停地飞下来袭击我们。蚊子和苍蝇轮流向天花板上飞。它们分别按白天与黑夜，各自严守着自己活跃的领域，轮流进攻。

十七日，早晨五点起床后开始漱洗。由于过度的疲劳，浑身懒洋洋，腿脚浮肿，关节酸痛，手也举不起，路也走不动，恐怕是到了毫无生气的状态了，但还是不想穿着发臭的衣服。

自来水放不出,只有一口井提供少量的水。井边有洗脸的洗衣服的,混杂一片。我在饭盒上系上带子,打上水来,在空罐中洗刷。打上来的水不够,我不得不利用淘米水或洗过脸的水。水非常珍贵。

我们知道,在支那必须把水当珍贵物品对待。就我们来说,水的不足完全可以与弹药不足相提并论,日后的经历也充分证明了这点。外出是禁止的。但是,我的左脚腕关节痛,我要去医务室,回来的路上我到了日本人街。医务室在远离我们宿舍的地方,这倒成了随便外出的好机会。医务室是座很豪华的房子,美丽的花园和浓绿的树阴装饰着它的院子。军医看了我的脚,说:

"啊,用垫布敷一敷就行了。事情很简单。喂,下次要……"

他极为简单地给我做了诊断,就像苍蝇从一个人的头上飞到另一个人头上那样简单。

下士井卫生员、岛田和我,三个人的目标是日本人街。但是,不知该怎么讲,车夫听不懂我们的话,我们在地上写了"日本人街"四个字,但三四个聚集在一起的车夫没一个人懂。他们互相叽里呱啦地争了一通,其中一个人离开了一会儿,带来了另外一个车夫。

那个车夫认得字。于是,我们坐上了车,跑了很远可还没到目的地,却进入了支那街。我们开始警惕起来,前面的人注视前方,中间的注意左右,后面的留意背后,我们全神戒备。看我们全神戒备,车夫吃惊地大声说了一句什么,大概是叫我们放心吧。一个支那巡警提着两尺长的警棍,站在十字路口。车夫停下车,做个手势让我们下来。

接着,他指指巡警的方向,于是我们朝巡警走去,写了"日本人街"几个字给他看。巡警笑着对车夫说了几句什么。过了十字路口,再次乘上车跑了起来。终于到了日本人街,我们下了车要给他车钱,他没收赏钱,只要回去时还用他的车。于是,我们开始了我们的活动。

我们进了一家支那人开的香烟店,里面陈列着各种各样的香烟。这家店是专卖香烟的商店,什么种类的香烟都有,好像全世界的香烟都有似的。

想给内地寄封信,向行走在路上的一个姑娘打听了邮局的地址。这位十七岁左右的姑娘静静地笑着领我们去了邮局。她说话很少,默不作声地快步走在前头。她的举止和身材让人觉得她是个城市姑娘。

"你老家是哪里的啊?"我问。

她回答说是日本,沉默了一阵。

"我不知道我的老家。"她又说。

"为什么?"

"我不了解内地。我一次也没去过那里。我出生在天津,我是在这里长大的。"

她这么说,但她也不想问问内地的情况,也不说想去看看,一句话不说就快步走了。我对作为日本人而不了解日本的少女感到吃惊。

下土井卫生员为了圆满地完成自己的任务,买下了二十日元左右的私人药物。他说:

"部队不会老给药的,想让士兵什么都自己带着。要让士兵满意,我只得自己花钱买些药带着。"

车夫怕我们走丢了,机敏地紧紧跟在我们后面。再次坐上他的车回到宿舍,给了他二十钱。前后乘车约三个小时,车钱还是很便宜的。

傍晚,听到屋外有吵吵闹闹的声音,是北海道的后备工兵在闹事。他们的怒骂声招来了一群看热闹的人。据说,我们大野部队的某个军曹在走廊训斥士兵时,一个北海道的工兵经过那里。军曹站在墙壁边上堵住了身后的通路,那个工兵无法从军曹的身后经过,没办法,就从军曹前面走过去了。正在威风地训人的二十四五岁的军曹,觉得自己的威严遭到了冒犯,就狠狠揍了那个上了年纪的老工兵一拳。事件从这开始,北海道的工兵抱成团过来要把年轻的军曹打个半死。军曹铁青着脸躲在一些遮挡物的后面,在被训斥的士兵面前丢了丑。事件扩大开了,双方都派出军官负责解决。工兵们像声援团似的团团围住担任现场处理委员的军官,双方互相争辩。

"军曹太傲慢无礼。对就要奔赴死亡之地的人,不管有什么理由,尤其是为那些鸡毛蒜皮的小事,利用军曹的职权,随意打人,简直太出人意料了。应该对滥用私刑的军曹严厉惩处!"

军曹虽然是我们部队的人,但我们都很憎恨他。

这所中学的礼堂很豪华,设备就像电影院一样。礼堂的地下室充满了水。听说是无路可逃的抗日分子逃进了地下室,所以就采用了水攻。想去看看尸体,但地下室台阶很深,所以没法找到尸体。从屋顶往市区瞭望,到处都能看到轰炸后的痕迹,那些轰炸的痕迹表明了日本飞机轰炸得多么准确。房屋周围的墙壁保留了下来,只有房屋内部完全烧毁,轰炸目标以外的房屋几乎没有遭到损失。

东南西北四个方向不见一处山。四周是一片如同汪洋大海一样的平地,弄不清哪一面是东,哪一面是西。我们在傍晚时分的昏暗中寻找着日本所在的方向,把随意认准的方向当作日本所在的方向,遥望日本——令人怀念的无法相见的日本。

我们的身体再也无法踏上日本的土地!想到这些,不知怎么的,便无法控制心中油然涌出的感伤。

而且,意识到自己已经来到了如此遥远的地方。

明日又将出发,出发去战场。
那里有无尽的残忍在等着我们,
那里有残酷的死亡在横行泛滥。
二十六个春秋的日日夜夜,
活过来就是为了今天。

就像这首歌所唱的那样,我们还能抱什么希望?

所谓忠义,就是指死。所谓武士道,就是指死。——《叶隐》[①]告诉我们说。

死!死!

只有死才是希望。

那里有希望的意义,有死亡的意义。

对于目前的我们来说,早已不需要回首如同微尘的过去。必须用走向未来——即将到来的时代的高度切迫性,用这样一种希望来武装我们的身体。

前进!枪声!炮声!轰炸!呼喊!

还有流血的呻吟!还有接下来的……

死!

超越这些并以这些为代价换取的胜利的光荣,将闪耀出灿烂的光辉。

胜利的代价是鲜血。

肉体是胜利的肥料。

大地染成一片赤红,太阳旗在我们肉体的肥料之上昂首

① 江户时期武士修养书,正式名称为《叶隐闻书》,又称《叶隐论语》。

挺胸迎风飘扬。这,才是充满光荣的希望。

下面一则通告,一时引起了不小的反响。

> 前方就是战场,战场上有敌人,便衣队出没于占领地区。明天开始行军,如落伍就意味着死亡。因为那里没有医院,也没有收容所,只有抱有敌意的当地居民、便衣队和正规军,他们全是敌人。落伍就意味着死亡,这点要牢牢记住。不能没到达第一线就因落伍而死亡。应该注意对体力的合理分配,保持绝对的忍耐,以最大的努力到达战场。到了战场之后,马上倒下或马上死去,那都没关系了。如果有人认为自己的身体无论如何也坚持不下来,就请提出来!

我们当中还没有一个人经历过战争。这个严厉的通告刺痛了我们的胸口。“落伍就意味着死亡”这种话,不是轻易能说出的。对于从没有战争经验的我们来讲,在占领地区落伍似乎不应该有什么危险,因为所谓占领地区是指把敌人全部消灭或者把他们赶走后,变成了自己人的势力范围了。但是,通告说还有敌人出没的危险。

用不着我们提出申请,准尉已经对各个士兵身体的强弱做出了鉴定。遗憾而且很不光荣的是,我被列为体弱者中的一员。但是,我的争强好胜心不允许我加入留守人员或后方运输队的行列,我断然决定参加行军。

虽然意气豪迈,但我不得不为体力之弱而烦恼。我们的小队长不在,所以我去找了第二小队的队长商量。

“如果有铁路通到战场第一线,我可以自费去那里,请让我去吧。”我说。

第二小队长打开地图,说那里没有铁路,多是湿地,行军很困难。

我毅然下定决心，如果行军途中体力不支的话，那我就扔掉背包，只要有打仗需要的枪和子弹就行了。我把这个意思报告了曹长，他说："决心去很好！如果途中出现意外的情况，在你被便衣杀死之前，我会先替你砍下你的脑袋的。"

现在想来，不禁觉得很夸张。但对于缺乏战斗经验的我们来说，那种决心是完全真实的。面对也许只有残酷、黑暗、暴力肆虐的未知世界，具有一些哪怕是夸大的决心大概也是很自然的吧。

九月十八日上午九点，我们出发离开了那所抗日分子遭到水攻后把尸体留在地下室里的学校——赤化学生的学校。

由于我体弱，决定让我乘汽车前进。所到之处，一座山也没看见。四周是一片茫茫的平原，是一片大地即天空、天空即大地的茫茫大陆。汽车就像航行在波涛万顷的大海上的船一样，一上一下地颠簸着。

一望无际的白菜地和山芋地不停地向后方移去。灰尘在酷热中疯狂地跳跃。子牙河的支流出现了又消失，消失了又出现，这样就到了晚上。月光皎洁，浸润着干涸的大地，寂寞笼罩在大地上。在青白色的寂静之中熄了车灯的一排汽车，正在漆黑的道路上起伏，在支那的土地上朝前行进。

这时，一个三岔路口立着一块光木墓碑。

"战场到了！"我敏锐地感觉到。

我默默地想，墓地主人到底是怎样勇敢地、怎样痛苦地战死的呢？他到底进行了怎样的战斗？他肯定是勇敢地战斗，勇敢地死去的。望着敌人进行抵抗的凹地、架过机枪的土地、某个敌人流血的土地、伤药散落的草丛，我再次上了车。

到独流镇有五十公里，用了十二个小时，终于在夜里九点半到达了那里。由于是乘汽车来的,所以马上就命令我们投入准备。

这个小小的村子只有几口水井,而且,这些井不是被破坏了就是被撒上了毒药,即使不是这样,也是不能打上来马上就可以使用的支那水。水在军医进行检查之前是禁止使用的,做饭是在那之后的事。由于是所有的人员用仅有的一口井,因此出现了特别混乱的情况。

下士哨位那边站立着疲惫的军马。辎重兵要照顾军马,更是忙碌。

漫长的黑夜终于泛白,北部支那的风景飞入了眼帘。下士哨位处的土房边的田地里,爬着山芋藤,牵牛花呈现出各种各样的笑脸装扮着土墙。感叹过支那竟然也有牵牛花之后,我摘下一朵夹进了怀里的笔记本中作为纪念。

独流镇的中央有条宽达十来米、水量颇大的混浊的黄色河流经过。支那的孩子们一副无所谓的样子,喝着混浊的河水。他们的肚腹难道是铁壁?下午,穿着破烂衣服的满身泥土的士兵们从前线回来了。他们说:

"友军死伤很多。尸体来不及收,就那么放在那里。或许有的已经喂了野狗了。支那兵也真够顽强,不可轻视。"

"从这条路前进很困难。由于必须赶上二十五日的总攻击,便退下来想由铁路前进。三三两两的士兵也被打得够呛。"

我们面面相觑,然后作出了悲伤的决定。不久,我们这会儿还活着的肉体也许会变成野狗的口中餐。总攻击!总攻击!这三个字不停地撞击着我们的心。

他们的服装比苦力的还破还脏。这些服装在我们的脑子里清清楚楚地描绘出了第一线战场上的惨烈情形。据说距独流镇二三里[1],残兵败将出没很多,像等着吞食落伍者的饿狼一样在等着我们。总之,得走,得走到脚底磨穿。

到了第一线即使死了也不足惜,我们都在心里用这话鞭策自己。担任大队副官的小川中尉去路上侦察,我们以为他受到了敌人的袭击,他却毫发无损,安全回来了。

死亡越来越逼近眼前。当然,尽管已经充分理解所谓战斗就是死神在大喜大悲中疯狂乱舞,但还是越发痛感到与死神为邻的可怖。

已经注定要死了。已经不能生还。

母亲！弟弟！父亲！妹妹！你们要多保重。我献上了我默默的祈祷。

终于要上前线了!

九月二十日,早晨六点从独流镇出发。我所在的中队开始前进,负责监管大队的大行李箱。一队相约明日赴死的士兵扬起灰尘,匆匆地穿过一望无际的平原,朝火线急奔。

师团的行李乘船溯流而上,落伍的马一匹接一匹地被抛弃,马背上的行李被搬到另一匹马的背上或别的车辆上。健壮的马载着越来越重的负担前进着。落伍的马在灼热的土烟中,只能耷拉着脑袋,用充满哀愁的眼神目送着士兵们从自己身旁经过。它们的无言更加让人感到动物的落伍有多么悲哀,它超过了人的落伍,超过了人的死亡。多么大的痛苦,多么大的辛劳,它们不说一句怨言,不停地走到自己筋疲力尽,直到倒下。它们倒下的时候已经意味着死了。因为它们不发一句怨言和哀叹,所以爱怜的泪水湿润了我们的眼眶。它们的背后是饥饿的野狗在磨着牙。

---

① 本书中作为计量单位的里,估计为日里,1 日里等于 8 华里。

酷热的阳光无情地照着大地,几乎烧毁地上的一切东西。大汗淋漓的一队人马呼哧呼哧喘着气,忍着痛苦,像河水一样流动着。

王思镇是个很大的村庄,但由于轰炸和炮击,已经遭到可怕的破坏。道路几乎被毁坏的房屋和砖块堵死,仅仅有一座四周有高墙的教堂完好地保留下来。教堂里有一位白发牧师,这位牧师受到村民们怎样的尊敬,对村民拥有多大的力量,只要踏进教堂一步便一目了然了。教堂里有许多支那人,就像对主一样,态度殷勤庄重。高个子的白发洋人悠然地在花园中漫步,就像不知争斗为何物的人一样,虽然不知道他胸中藏着多少政治技巧,但一见之下确实有种侍奉神灵之人的气质。进门左边的一排细长形房屋里,支那人正在卖着砂糖。一袋三十钱。日本钱(朝鲜纸币)在这种地方竟堂堂正正地通用,我们很吃惊,终于知道了日本通货的难能可贵。士兵们说砂糖一袋三十钱太贵,进行了一番还价,但因语言不通,没谈成。许多士兵一哄而上地聚集过来要买糖,其中也有人趁混乱行窃。每当这时,洋牧师便提醒这些士兵注意。不知廉耻的士兵也是有的。

晚饭是三只鸡。吃得特别香,记忆中从未吃过如此美味可口的晚饭。

我们谈今天,说明天,悠闲地吃着晚饭。这时,四处响起了枪声,我们才意识到身处战场附近。

八点左右,突然来了命令,让我们准备好枪支子弹赶快武装集合。留下野口负责看管室内,我们都去中队部集合了。中队立即朝教堂进发。第一小队包围教堂防止逃亡者,第三小队进行内部搜索。

出了一件事,对于初次参加战斗的我们来说,这是一起很大的事件。我们必须逮住犯人进行复仇!

傍晚六点半左右,三个辎重兵给自己心爱的马喂水。打完水,经过返回途中必经的狭窄道路时,他们做梦也没想到死亡正在那条路上等着他们。前方走来两个当地人。当地人面露微笑,殷勤地低下头与他们擦肩而过。辎重兵们毫无戒备地开心地说着话就走过去了。这时,突然背后响起了手枪声,一个辎重兵倒了下来。接着,第二枪,又一个倒下了。另外一个被装扮成当地人的便衣队搂住,用短刀捅穿了右肺。可憎的便衣队立刻逃走了,只有准备喂马的水和大野部队第一次牺牲的鲜血在狭窄昏暗的路上流淌。

于是,我们要拼命去搜查犯人。

紧紧关闭的天主教堂的大门没有打开。翻译高声叫喊了一气,过了一阵儿,大门像游魂飘出似的静静地打开了,穿着黑色衣服的高个子牧师静静地站在那里。翻译和牧师一同消失在门里。翻译会不会在这个黑暗的教堂里再次遭到暗算,会不会在教堂长长的走廊上又被便衣队捅上一刀?担心之余,我们都很佩服勇敢闯进去的翻译的胆量。森山中队长命令说"冲进去"。我和西本上等兵还有另外一人共三个人,摸进了黑暗的教堂,首先搜查了门内左边白天卖过砂糖的房间。

我们打着手电筒喊道:"出来!"支那人缩着身体呆在黑暗的房间里。我们让被发现的家伙举起双手,用枪刺顶住他的后背出了门。在细长形的屋子里揪出了一百二十六人。我们举枪对着他们,对每一个人搜身。我查了几个人,拿起了其中一个人的竹杖。竹杖哗啦哗啦作响,我估计竹节与竹节之间藏着什么东西。正要搜查的时候,那个人突然拿过竹杖,从里面取出一个细长形的小瓶子,在地上砸碎了。我顿觉可疑,马上捡起打碎的破玻璃片让他舔。我估计可能是什么毒药。他根本无所谓,大模大样,或者说很喜欢那东西似的舔了舔。翻译问他那是什么,他说是化妆水。

但是,像他那么肮脏的男人不可能在那种细管以及竹杖中放化妆水的。

可以很明确地判断,那不是化妆水。但是,也无法判断那是别的什么东西。只是见他无所谓地舔了那东西,我们便放心地释放了他。在他们当中没有发现一个可以处以枪毙的人。也许有,可我们没有发现。妇女和儿童在教堂对面的屋子里避难。

根据外国牧师的要求,决定只由军官对那间屋子进行搜查。那里除了见到一些惊恐万状的女人以外,没发现任何一个可疑的人。那晚的惟一"收获"是西本上等兵在教堂外用手摸着墙壁走路时被蝎子咬了一口。

这不禁让人觉得枪声大作的战争的木桩正一根接一根地在黑暗中打了下去。

二十一日,早晨六点,我们离开了王思镇。

又是在无风的酷热中的行军。

与敌人战斗的同时,我们又必须与自然斗争。背包无情地勒痛了我们的肩背。握枪的手因血液循环不畅而麻木,我们只得不停地换着手握枪。每次十五分钟的休息时间就像饥饿时的饭一样让我们盼望不已。

可憎的太阳无情地照着大地,像是专门与我们过不去。

这个发光的太阳早被当做慈爱的女神,她哺育万物,给我们白昼与黑夜,让我们活动与休息,从无限的过去走向永远的未来。世上的万物向她奉献了最大的尊敬与感谢,但对于今天的我们来说,她只能是一个最残酷的存在。

道路两侧丛生的杂草,挡住了风的高粱,无尽延伸的大地,没有阴凉、满是尘土、发疯似的奔向无限遥远的破破烂烂的灼人的道路,成群结队的野狗,腐烂发臭的支那兵尸体,像喝了一肚子水的肿胀的军马尸体,像饿鬼野狼一样贪婪吞噬着那些尸体的野狗……没有一样让人感到舒服。

当我看到支那兵肿胀的尸体成了野狗口中餐的情景时,我想:我不想死！我不想死！对于野狗来说,支那兵的尸体是再好不过的美餐,同样,我们的尸体也……啊！还是不想死！我禁不住地想。

我握着枪支的有力的手,敲着大地行走的腿,可以思念亲人的温柔的心,可以描绘故乡、描绘父母、描绘兄弟的大脑……这一切都要成为野狗的血和肉吗？一想到我的一切要成为野狗身上的一部分血与肉,然后又成为野狗疯狂而贪婪地寻求下一个目标的原动力时,我不禁陷入无尽的苦恼之中。

殷勤的枪炮声逼近了。

那声音是"战争"！

那声音是"杀戮"！

傍晚,我们终于到达了桃马头。流经桃马头的子牙河上,漂流着鲜血。据说三十三联队的队长和旗手在刚要登陆时就成了敌人子弹的靶子。身体浸在没腰身的泥沼中进行战斗的是第九联队和第三十旅团。我们大队受命给这些在第一线的部队运送弹药。我所在的分队奉命为旅团司令部做警卫。用作旅团临时司令部的民房的院子里,无线电发报机在无休无止地工作着。双耳戴着接受器的士兵正在用笔记录着传来的一份份电报。旁边的士兵拼命地转动着手摇式发电机。传达命令,接受战报,翻译……

参谋登上崩塌的屋顶,两眼对着望远镜在瞭望。高级军官们忙忙碌碌地进进出出。宽阔的河川广场上,友军的飞机低空飞行着与地面部队进行联络。

这个小小的可怜的桃马头村子,只留下了一对连走路都很困难的七十来岁的老夫妻。他们恐怕没有想到,到了这么大年纪还要看到如此的惨景吧。真可怜！三十三联队和三十八联队在进行夜间攻击时，一边称赞着对方“真顽强！真顽强”，一边进行着相互残杀，结果伤员很多。而且，三十三联队的一个中队，由于联络出问题，遭到友军飞机炸弹的洗礼，蒙受了很大损失。

这无情地表明了在战场上联络是多么重要。

战争中也有这种因偶然的不幸而导致的毫无必要的死亡。

二十二日，在炎热之中我们再次开始了行军。道路和子牙河一同向遥远的地平线延伸。惨不忍睹的支那兵尸体散乱地躺在河岸边。那些尸体发出的恶臭让我们还不熟悉战场的人感到恶心。

见到尸体就恶心的人还不能算战场上的士兵。如果有清洁感，有洁癖，就不能成为火线上的战士。早晨起来要洗脸，上了厕所要洗手，有这种念头的人是不能当火线上的战士的。

火线上的士兵应该是能够用刚刚上过厕所的手抓起碗筷就吃饭的人。

野战士兵要回归野性！

河川沙地上，辎重队在行进。军马在炎热的沙尘中一个劲地朝前走。约莫前进了一里，有个采沙场。从那里乘上水上士兵的船沿子牙河逆流而上。

这里立着三个崭新的墓碑。

大概是昨天或前天的流血之人吧，而且，还有等待火葬的两具尸体躺在担架上。战友们在旁边挖出一个宽两米、长四米的土坑，堆积着木棍。他们把死者的头发和私人物品作为遗物留了下来。坑里排放了许多圆木棍，把穿着血染的军服的尸体放在上面，尸体上面又放了些圆木，像小山堆似的。

伴着随军僧人的诵经声,战友们抑制不住因哀痛而发出的抽泣声,凄然地撞击着我们的心胸。

他们过去的一切都是为了今天的战斗。他们为了战死而活到了今天。而且,他们达到了自己的目的。

火点燃了。啊——,就这样永远不能回来的人在圣火中升天了。庄严的激动啃噬着人们的心胸。今天的他们就是明天的我们。

与支那兵的尸体相比,日本兵的尸体受到了多么庄严的礼遇啊。

日本兵的尸体在僧人的诵经声中,在战友哀悼的眼泪中,在圣火中升天了。

面对他们赴死的勇敢,人们献上最大的尊敬和感谢,他们将微笑升天。

谁会对这种饱含真情的隆重葬礼不满足呢?

死不足惜。死不足惜。

从支那兵尸体那里获得的感慨为之一变。

死是有意义的。

支那、支那北部的野坳立着五座荒凉的墓碑。他们是永远的哨兵,是永远的光荣哨兵。他们要在这里为祖国做永远的哨兵。

我对死后的处理所抱的感怀难道不是真实的吗?

如果为自己所爱的祖国而死是有意义的话,那么,我们还要担心自己的尸体吗?把这当问题不是缺乏觉悟吗?是我们的信念仍然不够吗?需要如此之多的麻烦和时间,无异于削减战斗力。

难道我们应该削减战斗力来期待着这种隆重的待遇吗?

滤水机从地底深处汲出清水。对于自登上大陆以来就没喝过一口生水的我们来说,这水是多么的难得啊。因为我们曾以为直到死恐怕也喝不上一口美如朝露的水了。我像干干的海绵一样喝了满满一肚子水,只觉得清澈的水似乎能洗净疲惫不堪的心。我让我最心爱的恋人——水壶也喝了个饱,恋人的体重会不停地给我力量和勇气。

大大小小的船只发出“嘭嘭”声,由第一大队一千余人组成的昭和八幡船队,在混浊的子牙河上向前进发了。

广袤无垠的大地上,惟一的河流悠然地流动着。除了杂草、稀疏的树木和高粱以外,四周茫茫,看不见任何一样突出来的东西。

天空依然又高又蓝,没有一丝云彩,天空的尽头落在了大地之上。激流吞噬着岩石。奇岩怪石和又一派不同的壮阔风景呈现在我们的眼前。身处这种风景之中,我们不觉得自己是在战场上,倒像是一次豪华的大陆旅行,一次壮美的浪漫之旅。现实在我们的意识之外。

碧空无限深邃、广阔,大地无限辽远、广袤。在这雄伟壮观的大自然中,我们的所作所为看上去是多么的无聊与渺小啊。人类再伟大的行动,在大自然面前也算不得什么。大自然是个真正的大怀抱,它包容互相争斗的一切民族。与自然的博大胸怀相比,民族之间的血腥争斗显得多么吝啬而渺小啊。

跑多少天、飞多少天也无法看到尽头的大自然,似乎在嘲笑民族之间的狭隘的争斗。

各个民族为了仅仅是大自然中很小的一部分争斗而故意进行着流血的惨剧。

唉,人的行为是多么无聊而渺小啊。

引擎声传来,又消失了。

约莫跑了两个小时,看见右岸的一间民房里有士兵。一见到士兵,我的思绪一下又飞回到现实里来。他们是三十八联队的士兵。由于右岸的村庄里好像有残敌，他们希望我们留下来进行扫荡。于是，船只马上停靠右岸，开始进行扫荡。

就像披着甲壳的乌龟一样，对外防御的厚厚的土墙和牢固的没有缝隙的房门，一步也不许人侵入。那些房屋的墙有一两尺厚，没有一扇窗户朝外开，房顶也是用土夯成的。不打破近两寸厚的房门是无法进去的。在我们争论着怎样攻进去的时候，屋里的居民或残敌已从后门逃走了。两个估计已过六十岁的老头被带了过来。翻译讯问了许多问题，有人对他们又是打又是踢。

他们怕得要死，瘫倒在地上，似乎被杀之前就已经失去了一半知觉。我们笑着望着这两个可怜的老人，就像顽皮的孩童逗弄着两条昆虫一样。他们在恐惧的深渊中颤抖着。

他们遭此突然且最大最坏的不幸，吓破了胆，茫然不知所措。

一个下士拔出了军刀……砍下去！一次没成，第二次杀死了。

另一个老头浑身颤抖着伏在地上。与其说伏在地上，不如说趴在地上。他的两只手扒着地面，其恐怖程度可想而知。他也绝望了。手枪响了。两个老头儿的血在地上流淌。

上游传来叫喊声，两个光着身子的二十四五岁的青年跳进了河里，拼命地游水逃走。背后传来射击的枪声，子弹射在他们身边，激起一阵水花。

两个青年拼命朝对岸游，一会儿潜入水里一会儿又浮出水面。无数的子弹追逐着他们，但没有一发击中。我也射击了。

这是我一生中第一次射出杀人的子弹。

但不知是怎么回事……我的意志的确命令我要杀他们，并射出子弹。而就在这样射击的时候，却又浮现出另外的想法,感情又命令我不能杀人。我困惑不解。

我不知道为什么感情命令我不许杀人。我害怕了吗?可我没有怕外敌。因为敌人的子弹一发也没飞过来,我的四周全是友军,遭到射击的两个敌人在毫不抵抗地逃跑。

为什么在这种没有危险的状态下,我的感情不许我杀人,而我的意志却能彻底理解应该杀了他们并命令我杀了他们呢?

难道是有生以来第一次要杀人的我,感到了杀死敌人带来的因果循环的命运?我感到了这种无形的恐怖?第一发子弹在这种犹豫之中突然射了出去,就像故意不击中似的。第二发子弹好像是瞄准了。第三、第四发子弹我觉得射得很准确。但是,没有命中。然后我想,在这种犹豫中再怎么射击也不会射中的。于是,我停止了射击。其他士兵射得很凶,但一发也没打中。眼看两个逃跑的年轻人就要到达对岸逃掉了。

我忘掉了自己的事,微微有些生气。真是一群毫无准头的射手!于是,我再度射击。两个年轻人正好登上对岸时,其中的一个就像石头一样落进了河里。我的子弹准确地夺去了那个青年的命。另外一个青年爬上了对岸。但是,没有一块石头的河对岸全是泥土,好像吸住了他的脚,拒绝让他的脚自由活动,他无法跑起来。在他拼命但很慢地跑动时,不知是谁射出的子弹穿过了他的身体。他把绝望的身体抛在了河岸泥土上,倒了下来。

船再次出发前进。我们发觉肚子饿了,嚼起了压缩饼干。我的前面是大尉军医。大尉也拿出了压缩饼干,我拿出一小把珍贵的砂糖递给了大尉。军医为这意外的美食发出了高兴的笑声。我之所以把仅有的一点珍贵的砂糖特意给军医,是因为我希望我万一负伤,他能早些给我治疗。

我还没有洗去这种卑鄙的利己之心。这是一种可耻的行为！这种拍马屁行为不是一个男子汉应有的！我为这种出自卑鄙心理的行为感到耻辱，把身体扭向了一边。

暮色降临，队伍要继续前进。军医说：

“不知道大队长到底打算前进到什么地方。前进的只有单独的一个大队，真勇敢。但是……”

军医的话里有恐怖之意。

他大概是想说，要是被敌人包围了，我们会怎样呢！

我知道军医胆小。

船终于靠近了一处河岸。帐篷很快在岸边搭好，野外宿营开始了。我搞不懂为什么要架帐篷，如果遇到敌机袭击怎么办？对此我很不解。

我们不知道我们现在所处位置是在支那的哪里，只能说是支那的某个地方。

杂草瑟瑟发抖，随着深夜的到来，寒气也越发加重。一无所知的地方，身处敌人的眼前。黑暗的世界。我感到了某种不安。由于禁止野炊，黑暗中不停地响着啃咬压缩饼干的“嘎巴嘎巴”声。没有人说话，也听不见河水流动的声音，只有步哨在草地上走动的脚步声轻轻地爬向枕边。完全是一个沉寂黑暗的世界。

夜；被太阳吞噬，天空渐渐泛出鱼肚白，天亮了，世界苏醒过来，我们开始了前进。船已经撤回了桃马头。走在沿河堤岸的斜坡上，以防被敌人发现。我的左脚腕走得很疼，但是，要继续前进。

每个村庄都长满了夏梅，但是上面命令禁止吃这些东西，所以我们无法满足自己的食欲。

这时，我们到达了一个村子。一等兵奥山违禁吃了夏梅。他是个善良的人，当兵两年了，常常被中队长盯上，认为他是个难以调教的家伙。见他吃夏梅，内山准尉揍了他一顿。

这个准尉人不坏,他在中队长面前狠狠地训斥了士兵,他是为了在二十五岁的中队长面前表示自己遵守纪律。但我们不这样想。这里是战场,不要说明天,就连今天的命还不知能不能保住呢。除了打人,也还会有其他的方法。当然,卫生情况是必须注意的,可是树上的果实怎么会有危险呢?不可能有浸了毒药的危险。它很新鲜,可以作粮食充填没吃早饭的空肚子。上司的想法太杞人忧天了。

这是一片多么轻柔、和平的风景。恬静碧绿的沼泽,繁茂的树木,湛蓝的天空,庭院宽阔的民宅,沉静的大地,没有一丝噪音的世界,还有,鸡在快乐地啄食。哪里有什么战事!哪里有可怕的残酷虐杀!

为什么必须把这个天堂弄成充满悲惨、骚乱的世界?

"和平之神只能与战争之神同行。"

是为了保证和平才扰乱和平吗?

这种平稳是小小的一部分呢,还是只是表面现象呢?

这时,命令我们赶快在村子里做饭,捉住鸡烧烧就吃了。早饭一结束,又开始前进。接近十二点,突然响起枪弹的呼啸声:有敌人!

攻击立刻开始了。我们第三中队是先头部队,是打头阵的。奇怪的是,敌人的子弹仅飞来几发便突然停了。我在的第三小队一面警戒着堤岸的左侧一面前进。虽说是战斗,但饿着肚子没法打仗,所以就吃起了夏梅。前进了两三百米,见不着敌人的影子,就在堤岸上休息了。

"第三小队散开前进!"

我们接到这个命令,空着肚子朝高粱地散开。敌人一看见我们,就向我们射出了无数的子弹。

听不见射击声,只有子弹划空而过的"嗖嗖"声在我们耳边飞过。这是我有生以来第一次被敌人子弹射击。我们紧紧地伏在地面上。

散开的士兵稀稀落落地伏在地面上,敌人的子弹带着震耳的声音从头顶上飞过。

不知怎么回事,我一点也没觉得恐怖,也没有丝毫的不安,而且,心里也没有感到太紧张。我判断出了子弹的高度。只要我们伏着身体,就会很安全的,子弹打不着。

虽然是有生以来第一次遇到这种场面,但我不知道为什么没感到恐怖。

这是因为尽管知道子弹会夺去人的性命,但由于过去没有任何悲惨的经历,在感情上还没有真正体会到子弹的残忍吗?或者是因为最初碰到的这个场面还不够残酷而悲惨吗?

有人说:"背包再重,如果有子弹飞来,就会忘记背包的重量。背包在不在背上,不用手触摸几乎感觉不出来。"但我还是感觉到背包沉重,感觉到肚子饿得慌,我的身体很疲惫。我翻个身躺下,遥望蓝天。敌人的子弹依旧在离我三四尺高的地方飞过。

我点了一支香烟。我的现役战友驹泽慢慢朝我爬过来,伸过手来说:"让我也吸一口。"我突然想,弄得不好,我也许这就没命了,这支烟也许是最后的一支。于是,我又点燃了一支。

过到哪里就算哪里吧,这种厚颜无耻的想法在我心中盘踞着。

时间过去了,没能继续前进。我依然一味地躺在那里。我拿出怀里的记事本写了起来:

九月二十二日下午两点十分。

现在,敌人的子弹正密集地飞过来。我不在乎。一点不觉得怕。背包很重,看来身体要坚持不下去了。

遭到这样突击,似乎会被敌人杀死的。子弹像一道道闪光一样从我头上飞过。我望着蓝天在书写。任凭子弹横飞,我想就这样休息一阵子。身体已经太疲劳了。疲劳比敌人的子弹更难忍受。令人怡然的风吹过我的身体。驹泽问我要香烟。子弹打得又高又远。如果站起身来,大概会被打中——一想到这,我又有些心虚了。由于敌人的密集射击,无法前进。直到重机枪和步兵炮的掩护射击开始之时,我们才又前进。藤原平太郎大哥!如果我死了,请照顾母亲!

“前进五十米!”敌人射击出现间断之时,上面发出了命令。五十米的前方是山芋地。我拔出腰刀挖了个山芋啃了起来。敌人的子弹根本没过来。于是,大队决定在一百米前方的路上集合。横穿过山芋地,前进到距道路二十米处时,出人意料地又飞来了两三发敌人的子弹。

“还有敌人!”直觉告诉我们,我们一直伏在地面上。已经上了道路的大队长也条件反射似的跳进了沟里。队伍正在集合,这下又要散开,士兵们却集中在一起趴在地上。几秒钟之后,子弹像暴雨一样从我们头上掠过。子弹打得很激烈,比刚才打得更低。敌人在近距离射击的子弹很准确。我们以为他们逃走了,没想到中了他们的计谋。

那里是棉花地。我们伏在棉花秆下。子弹冒着烟在身后五六米处落下。所有的人都尽量低地紧贴地面。头盔几乎吃进泥地里。森山中队长也和士兵们一样,不想去侦察一下战况。子弹是从前方的堤岸射来的,敌人可能藏在草丛中,但看不到他们的身影。我吸起了香烟。荒木伍长用我的火柴也点了支烟。旁边的士兵要我给他吸上一口。我往左后方一看,江岛少尉和新乡中尉单腿拄地,用望远镜看着四周的情况。

江岛少尉在怒吼：

“敌人的子弹根本没打中。狠狠地射击！”

步兵炮发出了吼声。一发、两发……

江岛少尉了不起。我从心里叹服少尉。在站起来肯定会被击中的时候，我根本就不具备江岛少尉那样的胸怀。

我们的中队长依然和我们一样趴在地上。

步兵炮不停地打。我悠然地抽完两支烟的时候，敌人终于退散了。我以为肯定有人被打中了，往四周看看，却没有一人被打死，也没有一人负伤。森山中队长正在问江岛少尉：“喂，江岛！敌人在哪儿？”

真是个糊涂蛋！作为中队长不去看敌情怎样，却和士兵一样趴在地上，这也是中队长？简直是个不可信任的上司！我不得不这么想。我对中队长没有信任感。

这位二十五岁的中队长很不可以小瞧，他似乎尤为严格，尤为趾高气扬。他的训话让我们觉得自己很惨，一讲就是很长时间，让我们很不好受。因为他缺乏把自己的思想充分诉诸语言的表达能力，说上一句话后要把脸绷上半天，咬着嘴唇沉思，然后又急着把话从喉咙里拽出来，很费时间。他每次训话，都要用牙咬着下嘴唇。但是，下嘴唇又起不到像吸了墨水的笔管那样的作用，他还是吐不出什么话来。他的训话太没劲了，让我们觉得很无聊，我们不愿听他东拉西扯，只是望着他可怜的下嘴唇。

他是个气量狭小、一点也不超脱的顽固分子。

年轻让人觉得靠不住，让人不安。这种认识，通过这次战斗，我感到已经清清楚楚地得到了证明。

我们分队担任右侧警戒，继续前进。空着肚子真受不了，背包似乎有千钧重。一在草丛中前进就碰到沟，架一根独木过了沟继续前进。草丛中跳出一个士兵叫我：

“喂!”

“什么?”

“给你梨。”真诱人的梨子。

“是哪儿来的?”

“就那边树上的。”

我忘记了战斗,盯上了梨树。对于这会儿的我来说,梨子要比战斗重要。一听说梨子,分队队员比听到分队长的集合号令还快,一起集中过来。所有人都忘记了战斗,想着采摘许多梨子大口大口吃着的情景。

揣满几乎要撑破口袋的梨子,我们上了防护堤。小队长内山准尉正坐在草丛中看着四周。

“小队长,来个梨子,怎么样?”

“嗯,真香啊。”他看了看,但没吃。

他说他吃了枣子。

该是第三小队前进了。既不知道情况,也不知道中队的位置。正当我们在棉花地里休息、抽支烟等侦察结果的时候,突然飞来了激烈的子弹。那子弹激烈得超过以前任何一次,恐怕连以后也不会有。激烈的程度简直可以用“暴雨”一词来形容。小队长吃惊地叫道:“趴下!”他还没说完,士兵们都已经趴下了。

今天和土地亲吻了多少次了,这次的接吻持续了一段时间。小队长说也许是友军把我们误认为敌人了。这样,我们必须让对方知道我们是日本军。内山准尉从棉花地里伸出绑在枪上的国旗晃了晃。

但是,这个方法实在愚蠢透顶。敌人一见到国旗,射出的子弹更多而且更加准确了。有讽刺意味的是,国旗只起到了告诉敌人我们在哪儿,让敌人得以充分射击的作用。小队长慌忙收回国旗。因为不知道敌人呆在哪儿射击,所以我们一发子弹也没射击。只知道敌人在前方。

轻机枪来到前面。这时,只听“啊”的一声,机枪手倒了下去。又换了个机枪手。是大山,差不多和我同年入伍的大山。数秒钟后,大山又捂着眼睛倒下了。敌人的子弹命中了机枪,让它发挥不了作用了。我身后两米处有块凹地,野口一个人蹲在里面。这家伙倒会选好地方!我也想躲进那块凹地里,后退了半米左右,由于前后左右落下的子弹,我最终无法做到这一点。就连这仅仅一米的距离都无法后退。没办法,又趴着慢慢朝前移,把身体藏在棉花地里。我已彻底绝望了。一切只能看运气了。太阳慢慢沉入大地,夜晚快要降临之时,敌人的射击缓和下来了。小队长叫道:“后退五十米!”

我们一哄而散地往后跑,再度往后退,到达了第四中队所在的位置。

田里四处飞动着像龙卷风一样的成群的蚊子。就像为了要掩盖丑恶的东西一样,黑暗遮住了一切。

为了寻找自己中队的位置,我们离开了第四中队。弄不清中队的位置,我们越来越感到不安,后来不得不在一个农家宽敞的院子里集中。小队长去和大队本部联系了。由于过度的疲劳和饥饿,我们东倒西歪地躺了下来,相互谈论起白天的战斗。夜九点,机枪声疯狂地响了起来,无数的子弹打在了背后的墙上,发出震耳的声音。我们像有弹簧装置般地蹦跳了起来,但中队长、小队长都不在,没有人指挥。第一分队在前,第二分队在右,第三分队在后,大家商量好这样来防备敌人袭击。

“也许是自己人打自己人!”不知谁叫道。

三十三联队和三十八联队在桃马头村子自相攻击的惨状深深地刻在我们脑子里了。

“吹喇叭试试!”

“对！吹喇叭。”

“号手！号手！”号手不在。他和中队长在一起。

“没办法。唱军歌吧！”

“好主意！”有人刚叫出口，就有人唱了起来。

“……这里是你家乡……”五六个人吼叫似的唱了起来，但是，激烈的枪声压住了歌声。

我们有心决一死战。我们早已不需要指挥官了。面临共同的危险，拥有共同的目的的我们，没有任何意见冲突，商量完人员配置后，我们等着敌人来袭击。

“要充分警惕后面的敌人啊！”

“机枪装好子弹了吗？”

“投弹手，准备！”

“大家都上好刺刀了吗？”

相互劝戒的喊声在枪声中穿梭往来。我们伏在狭窄的房屋之间等待着机会。子弹飞得很高。

不间断的枪弹声中不时地射来暴雨般的激烈子弹。野口悄悄地藏进了屋子。

混蛋！实在是混蛋！

西原少尉过来了，他靠着房屋右侧的墙壁，在黑暗中凝视着。过了三十分钟左右，响起了喊声。

“袭击！”我们握紧手里的枪。

“真狂妄，敢来夜袭！”

“他妈的，打他五六发掷弹筒，怎么样？”

“要是误伤友军可就麻烦了。”

“哪能呢？友军都在房子里。”

“好！那我打了。”

“咚——，咚——”掷弹筒在黑暗中爆炸。

我们在黑暗中寻找了一阵，想要发现敌人的踪影，但没有发现。只有激烈的子弹声震耳欲聋,一个劲地刺激着我们的神经。过了一阵,既唤不起勇气又感觉不到精神振奋的唢呐似的喇叭声响了起来,是敌人的喇叭。这让我觉得有种滑稽感。枪声、喊声和喇叭声在黑暗中相互吞噬着。估计有五六个敌人的大声说话声从黑暗中传了过来。

"喂!是敌军!小心点哟。"

我端着枪站在左边墙角处。一个敌人从前面过去了。在我这个位置用刀就能刺着他,但我心里确实害怕。这是我一生当中第一次用刀刺人。我不禁蔑视起自己的胆怯,想刺出去。这时,西原少尉说:"别刺!"我幸好没刺,停下了手。敌兵提着枪,左手拿着夺来的日本防毒面具,说着话从这里过去。

尽管提醒过了,但还是有人把防毒面具和背包放在了路边。那只防毒面具现在在敌人的手上,而且,防毒面具成了秘密武器。敌兵从西原少尉面前经过的时候,少尉用白天捡来的青龙刀砍了过去。但是,刀没有碰到敌人的身体。敌兵机灵地转了个身,用自动步枪乱射一通。我立刻开枪射击。轻机枪手也端起轻机枪扫射一气。一发也没打中,敌人在黑暗中逃跑了。

这时的我似乎处于一种勇敢与恐惧、英雄主义与虚荣心相互交织在一起的情感状态之中。所谓虚荣心,就是向战友示威。我后悔自己为什么没能更大胆一些。在这场合,虽然我杀过一个敌兵,那也不是什么了不得的事,重要而且有价值的是要具有敢于杀人的勇气和无悔的心情。毫不卑怯的回忆!——这才是最重要而且是我最想要的。

过了几天,听说西原少尉曾这样对中队长说:

"东[①]怕那个敌人,没用刀刺他。我用青龙刀砍他,距离

---

① 指东史郎。

太远没砍着。终于让他带着防毒面具逃掉了。”

我背地里抗辩说:“少尉打算自己砍,命令我别刺。他竟然这样卑鄙地为自己辩解。”

少尉和我都是贼。

有人提醒说,敌人的夜袭一般在夜里九点和凌晨三点。夜里九点的袭击已经结束了,还得等待凌晨三点的。我们拼命地挖战壕,在房屋厚厚的墙上开了枪眼,架好枪支严阵以待。

过了约一个小时,后方传来敌兵的嘈杂声。我们异常紧张起来,但敌人没那么照直过来。我们的神经为敌人即将再次进行的袭击绷得紧紧的。

黑暗的寂静中包含着某些殊死的决心。漫长的静谧在持续,草虫开始鸣叫出令人可怜的声音,那是些没被军靴踩死的虫子。它们不懂民族间的杀戮,在唱着它们和平的歌。对于我们来说,耳朵才是惟一可以依靠的东西。我们不发出一点声响,也不放过任何一点声音。我们的命运由我们的耳朵掌握着。

这时听到这样的低语声:

“我们的中队长放着我们这些部下的危险不管,自己躲在某个安全的地方了吧。这怎么可以呢?小队长出去了还没回来。大概两个人都很安全吧。”

果然,凌晨三点,不知在哪里的友军的机枪声突然打破了死一样的寂静。死一般的黑夜苏醒了,再次成了死一般争斗的世界。一犬吠百犬应,轻重机枪一个接一个地吼叫起来,好像某处的中队受到了敌人袭击。敌人没朝我们这边过来。

三十分钟后,又回到了令人窒息的寂静的黑暗中。但是,敌人夜袭,瘾犹未足。他们就像对夜袭很感兴趣似的,又像用许多棋子反复进攻被逼进角落的老将一样,约四点,敌人又来袭击了。

但是,他们闹闹哄哄的袭击没给我军带来任何伤亡,只不过是徒然消耗弹药。只是有一个士兵上厕所时,突然听到许多枪声,他跳进竖着刺刀枪的战壕里,被自己人的刺刀刺伤了大腿。但他在战况报告中说是交战中被敌人刺伤的。

拂晓,西原少尉、野口和本山三人走了出来。

东边的天空露出鱼肚白,我们舒了一口气。对,舒了一口气。我们从漫长的不能有丝毫松懈的紧张之中解放了。我们从狭小黑暗的盒子里来到了宽敞明亮的地方,饿狼一样的肚子好像一下子被填满了,窘困的心情突然变得舒坦而悠闲起来。我们从战壕中收拾起沾满被夜露浸湿的满是泥土的枪支,给枪擦上油,准备应付接下来的又一次战斗。

早晨七点,出了一件怪事。

这是个意想不到的事态。狭窄的道路上一开始是一点点像蛇一样弯弯曲曲的水,后来越流越多,混浊起来了。我们判断不出是什么水。水从道路上往田里流,不,同时也往道路上流,满满一片,越流越大。我们望着越流越大的浊水,苦于不知怎么办是好。没有人下命令。我们不知道该去哪里。眼看着水就要把地面全部给淹没了。我们选了个稍高的地方集合。我们的四周是一片混浊的汪洋。水淹的面积越来越大,水也越来越深。不一会儿,我们大概就无法动弹了。我们没有地图,也不知道该去哪里。反正是不该呆在这里。这里危险!——只有这点我们能够理解。但是,我们也理解军纪是不允许我们随便行动的,我们很困惑,不知该怎么办。

我们不能不为中队长的不负责任感到悲伤。这个不可信赖的中队长!——这个念头已深深地扎进每一个士兵的心里,我们对此也无可奈何。一种不能说出口的辱骂和蔑视涌上心头。臭骂这个卑鄙而又不负责任的中队长的人陆续出现了。

我们遭到了水攻。侦察队军官传达了敌人破堤的经过,接着说我们应该上大堤避难。我们立刻背起背包,每两人一组,相互搭着肩膀行动起来。水淹到膝盖处。在田边,我们的脚很难迈出,脚尖神经质般地探着落脚点,一点一点地移动。到处都是可以放得下一头猪大小的坑穴,我们对此必须极度地警惕。挖的不是猪圈,而是猪坑。我们在浊水中艰难地行走着。这时,中队长正漠然地站在一座房屋的角落,一副惨兮兮的模样,一种没有履行好责任的耻辱使他的身影显得很凄惨,神经质一样的小人脸更让人觉得他很可怜。

可怜的胆小鬼!卑鄙的东西!我们带着这种鄙视的心理从茫然呆立在那里的中队长面前走过去。他浑身上下都受到了我们每一个人严厉目光的责难。

也完全失去了我们的尊敬。

没有尊敬哪会有真正的统率力呢?

只依赖于权力的统率不是真正的统率。

大堤上集合了一个大队的人马。这个大堤相当宽阔。

敌人的子弹打了过来,我们在另一侧的斜坡挖起了战壕。

搭起帐篷,潜入洞穴里,我摸了摸还空着的肚子。从昨天早上起,一点东西还没进去呢。水壶也空了,一滴水也没有。我努力过滤了一些泥水,但还是白费劲。遵照命令,我们开始了危险的摘梨子行动。敌人的子弹不断地从远处朝化作一片汪洋的田里飞来。如果不能幸运地通过那里,我们就无法走到梨树跟前。

生命的粮食在死亡之地的对面。

各分队分别派出两名士兵,他们背起帐篷跳进了水里。毫无意义地严禁采摘树上果实的中队长,此刻是以怎样的心情接受大队长这项摘梨命令的呢?没有一个人不在心里蔑视这个胆小又顽固的年轻的中队长。

只穿着一条裤衩的摘梨队队员很勇敢，一会儿潜入水里，一会儿浮出水面，不停地朝梨树游去。我们有大米，只是没有时间来做饭。现在由于泥水和没有柴火的原因，我们无法把米做成饭。因泥水而不能做饭，这是因为我们尚未从思想上完全成为野战士兵。对火线上的士兵来说，不管是什么东西，只要没有毒都可以吃。必须改变对美和清洁的观念。

吃，是最大的幸福，是最大的喜悦。

炮声在远处轰隆隆地响着。

雨开始下了起来，暮色出现了，低低地笼罩在河面上，笼罩在梨树枝上，笼罩在大堤的草丛上。惟有河堤在一片大水中笔直地伸向远处。

黑沉沉的夜只在地上留下轰隆隆的炮声，把世界上的一切都覆盖起来了。

黑暗一降临，士兵们像田鼠似的从各处战壕里跳出来，开始方便起来。

黑夜使敌人的子弹变成了瞎子。

我们一边在狭窄的战壕中忍受着蚊子的袭击，一边膝对膝地挤在一起说着话。雨水从帐篷的缝隙中无声地滴落到我们的膝上。首先，我们不能不从我们现在所处的位置谈起。

位置的不明确使我们感到不安。既不能前进也不能后退，又是雨天的黑夜，还没有吃的，这种状况多少让我们觉得心中没底。谈父亲，谈母亲，谈兄弟，谈故乡的风土人情；想念父亲，想念母亲，想念兄弟，想念故乡的山河；蚊子不断地来袭击：搅得我们睡不着。

不知是谁在帐篷里唱起了流行歌，歌声爬过河堤流进了战壕里。这种时候的歌，不管是什么样的歌，都是带着一种巨大的哀愁！

炮声不停地继续响着。

河对面,争斗在雨中持续着,我们贪恋着仅有的一点点睡眠。突然,随着机枪声,河对岸响起了“万岁”的喊声……喊声击打着我们的耳膜。

“喂!起来,起来!那是胜利的呼声!”

祝福友军的胜利,我们每一个人都点上了一支香烟。

“为了他们的胜利,干一杯!”

各人高高地举起夹在手指间的一点星火,祝福他们的胜利。

哗哗流淌的河水在黑暗中奔走。

胜利的欢呼一结束,寂寞的沉默又来临了。在这个世界上活着的只有这汹涌的流水声。

迟起的太阳在雨中发出白色的光辉,我们短暂的人生中的一天过去了,人生中所剩不多的一天又来临了。昨天,两名士兵穿着裤衩被派往后方司令部联络,报告现状,所以,这会儿装甲艇来了。中午十一点,下达了前进命令,五名伤员用联络船送往后方,我们急忙背上背包整装待发。乘工兵的船渡过河堤断口处后,继续前进。敌人自前天以来在河堤上挖了战壕,而且挖得很精巧,巧得简直是我们做不出来的。

我们在那种内地常见的树木茂盛的风景中,一面吃着梨子一面前进。正行军的时候,天又黑了下来。可以看见远处燃烧的火。在黑暗中走着的我们,既搞不清方向也不知战况怎样,只是一味地朝前走。

在一个不知叫什么名字的地方开始宿营了。第二天凌晨四点,我所在的分队负责侦察,出发去搜查一个村庄。我们这些侦察人员到达村庄时,天已大亮了。

村民们拿着日本国旗,集合有二三十人。

“支那兵,有?没有?”

用生硬的支那话问了他们,但一点也没弄清楚。我向一个农民要了一支香烟。

秋风瑟瑟地吹过,吹得河堤上的柳树很可怜。看上去又有什么地方的河堤被破坏了,两边充满了混浊的河水。照我们的看法,处于这种状态的农田,今后恐怕两三年都会颗粒无收。

善良的农民太可怜了。

于是,凶神恶煞的敌人为善良的农民所憎恨。柳树阴下浮着两只木船,上面坐着难民,他们在向我们说着什么。前进了一阵儿,看见难民两男两女带着孩子坐在草丛中,正煮着黏黏糊糊的稀粥似的东西。

我们虽然空着肚子,没吃早饭也没吃午饭,但脏兮兮的锅里的粥一点也勾不起我们的食欲。河堤上堆放着花生,我们就把带着青酸味的生花生搿进了嘴里,勉强填饱了肚子。

这些饥饿、疲劳、疾病等,一切都被“前进”的命令击得粉碎,必须咬紧牙关,奔赴战场!

杨柳的枝叶在秋风中悠然摇曳。天空没有一丝云彩。清澈的碧空!清纯的无边无际的深邃的苍天!无限辽阔的覆盖大地的天空!

我们一面从这个纯粹的世界上采摘能使血液充满活力的新鲜的食物,一面迈步前进。

我们又碰到了被破坏的河堤,停留了约三个小时,光着上身,头顶装备,渡过了有五十米宽的水流很急的大河。我们到了河堤断口处,不一会儿又看见了一个河堤断口。多么执拗的断口!

就像敌人执拗地断开河堤一样,我们执拗地要割断他们的血管。他们给予我们的痛苦,他们要连本带息地予以偿还。

我们就这样到达了念祖桥镇。念祖桥也遭到了破坏,交通瘫痪,不得不等待工兵的抢修。工兵们光着上身急匆匆地在架桥。

他们的神速就意味着胜利的神速。

我在阴凉地的石头上坐着,让沉重的身体获得休息。在这里,我得到了忘记疲劳、忘记饥饿的喜悦。我这么说,是因为我看到了横山淳君的身影,他用强壮的肩膀精神抖擞地扛着用来架桥的木材。

出征以来第一次遇到这位亲爱的朋友。

他是个努力干活的人,为人诚实憨厚,有朝气。他是伍长。我拍着他宽阔的肩膀,我们相互望着对方精神的模样,抽着烟说了声“多保重”,就告别了。

一会儿,架桥作业结束,继续前进。

像一件行李似的部队充斥在念祖桥镇荒凉的村子里。他们的目光都在眺望着遥远的东西,好似某种虚无缥缈的意志在催促着他们。他们已经机械化了。上司的命令就是他们的意志。命令使他们的血肉之躯做出各种行动。房屋里也一片狼藉。军马的硕大屁股在屋檐下排成一行,半个身体堵住了屋内。马粪和人粪不分地方地散落得到处都是,不断散发出恶臭,不小心就沾满一脚。车辆、马匹和部队混在一起,一路上发出乱糟糟的嘈杂声。

这是一个除了车辆声和脚步声之外没有人声的沉重的激流。

这支激流不久大概又会在什么地方碰到岩石,又会散乱开来,又去战斗。一切障碍大概都会被这支激流冲垮荡尽。

他们都是斗士。

红红的太阳照着大地。我们的身体像滤水机一样不停地喷出汗水。大家都耷拉着脑袋,望着前面士兵的脚后跟默默地往前走。

“喂！支那的乌鸦也是黑的吗?”我看见几只乌鸦,说了一句。接着又默默地朝前走。只有这一句话是我可以带着感动之情说出的。

从沉重痛苦的队伍的激流中,不时地像淅淅沥沥的小雨一样流出一些话来,“还不休息吗”、“真热”、“真苦死了”、“坚持住”等等,可谓怨声载道,但又被坚固的军靴踏得粉碎。

太阳终于在大地的尽头沉下时,又是汗又是尘土的斗士组成的激流到达了沙河桥镇。

拾来花生煮一煮充当零食,烧好猪肉填饱了肚子。之后,便把身体深深地投进惟一的娱乐又是惟一愉快的睡觉之中,什么事也不想,就等明天的行军。

九月二十七日的行军平安结束,夜晚也平安来临了。在南谷营的一间倒塌的农家放置杂物的土屋里,我像一只丧家犬,一面望着寒冷天空中闪烁的星星一面贪婪地睡着了。

听说敌人的大本营在献县县城,约有三个师的兵力。我们明天开始发动总攻击。

我们连一点模模糊糊的大致局势也不知道,所以对这场战斗是在北部支那的什么地方进行的,怎样展开的,在什么时候结束的,一点也不清楚。

我们只了解其中的一部分。

而且我们对战争这种东西缺乏了解。即使知道战斗的技术,却不知道战争的形态。

因此,“总攻击”这句话非常沉重地撞击着我们的耳朵,让我们有一种非同寻常的感觉。其实,即使不讲到战斗的最后情况,起码也该告知我们有关战争情况的大致推测。

天亮了,在南谷营,由于遇到水攻,我们无法前进。这个村子里没有一个支那人。

一处空空荡荡的民房里堆积着许多木版印刷的旧书，都是些难觅的珍本，还有很多陶瓷器的珍品。在一家民宅的院子里还挖出了鸡蛋，吃起来就像空口嚼白盐一样难受。一想，大概是这一带居民没有冰箱，便把东西贮藏在地下的吧。

鸡很多，可以一人一只吃个饱。草丛中有清澈的小河流过，水很浅，不会游泳也没关系。我们度过了一个愉快的休息日。之后，我和内山队长一道负责去侦察道路情况，我们一身轻装出了村子。

四周到处是混浊的河水，河堤在水中笔直地延伸。大地的所有财富都浸泡在水底了。左边一千米处可以看见一片茂密的树林，树林中影影绰绰地显露出房屋，四周是一片大水，这个村子看上去就像一座岛屿。

虽然不了解威尼斯是怎样的情形，恐怕也不过这个样子吧。看到高大的白桦树耸立在水边，就像是看照片上南洋海岛上高高耸立的椰子树一样。

水覆盖着破败的景象，创造出了美。

这是一派美丽的景象。如果这一景象是天然而成，那它的美丽、和平将唤起人们多么美好的憧憬啊。在没有炮声，也没有干戈打斗之声的这会儿，这个美景简直让人想象不到它的背后还隐藏着最大的残酷杀戮。

创造出这幅美景的水本身已经成了残忍的急先锋。

我们在河堤上前进。约莫走了两里路，又有一处被断开三十米宽的口子。滔滔的河水更加速了泥土建成的河堤的崩溃。断口处不停地崩塌，口子在不断扩大，这将延缓部队前进的速度，同时也增加了前进的困难。

我们在途中见到了一种不可思议的现象。那就是一边的水向右，一边的水向左，它们平行奔流。由于被淹在水底下，无法知道大地是什么样子，但在同一个地方水向左右两边流，这种事让人觉得奇怪。回去的路上看到了难得一见的乌鸦[①]，有鸽子那么大，背部是白色，尾部是黑色，羽毛呈扇形。

敌人切断河堤，从另一方面看也是值得感谢的。为什么呢？因为这样可以使我们无法前进，可以原地休息静养。今晚又可以窝在昨晚的草地里了。我们报告完后，想在今晚也好好地睡上一觉，但由于太忙，没能睡够。冬装发了下来。从季节来讲，虽说是早了一些，但由于今后的战斗，可能没有时间分发，所以提前发了。四处生起了取暖用的火。命令我们排队领冬衣的时候，和第二分队的一等兵奥山一样，内山小队长早瞄上的M君，他仅穿一条裤衩排队，因为他白天胡闹，把衣服全弄湿了。

内山准尉目光敏锐地发现了他的服装，并责备了他。他嘴里嘟嘟囔囔，回答得不清不楚。准尉狠狠地训斥了他平素的行为，而且，今日发火尤为厉害。

准尉之所以比平常更为厉害地发火，是因为被我们瞧不起的中队长在这里。准尉想在这个缺乏勇气又无什么善行的年轻中队长面前夸耀自己的严格、守纪和忠诚。我不能不觉得这个向中队长做出如此可怜夸耀的上了岁数的准尉太悲哀了。

准尉命令竹间伍长揍M君，竹间伍长是M君的分队长。

“我不能打，他是我的战友，又是我的部下。”伍长说。准尉三令五申，伍长却拒不执行。愤怒不已的M君的脸在篝火的映照下，透出一种满不在乎的神情。

九月二十九日，我领到了四号冬衣。而且，还领到了甲等

① 疑为喜鹊。

三天粮(一升两合[①]大米)和乙等一天粮,我把这些口粮揣进背包,于早晨七点出发参加总攻击了。因河堤被断,我们不得不从后方迂回前进。

后退到沙河桥镇,再出发前进。真是不折不扣的急行军。因敌人毁坏河堤而获得的一天休息,现在是连本带息用我们的铁脚来偿还了。

但是,在我们现在前进的方向上,河堤也很难行走,因为敌人在退却时挖了深壕。我们相互拥挤在河堤中央开出的道路上,像激流一样前进。

工兵们为了能让车马通行,正挥汗如雨地用他们强壮的手臂舞动着大锹。

夜晚来临了,但还得前进,前进。我们默默地小心地走在黑暗的河堤上。好几个中队相互会合,从黑暗中流动过来又向黑暗流去。

这是战争的激流。

有的人掉进敌人挖掘的壕沟里,有的人被绊倒,有的人叹息着摔了出去,有的人为了减轻身体负担扔掉了部分物品,有的人拖着疲惫的双腿朝前走,有的人拼命地……

不知什么时候,我们看到了前方的火。

是宿营地!我们的直觉是正确的。

河堤的左侧有个村子。

“停止前进!好吧,就地宿营!”

我们心里涌出喜悦的感激。

这种时候没有比点名、拖拖拉拉地分宿舍、队长不清不楚的训话等各种杂事更让人生气、更让人打瞌睡的了。这种拖拉不仅无助于去除疲劳,倒似乎是在故意折磨人。我们经常

① 按中国旧度量衡制计算,1升米为1市斤半,2合为1升的十分之二。

是这样,到了目的地进入宿舍之前,都要为这些事花去相当多的时间,让人焦急不堪。

数了好几遍,我们第三小队还是差一人。各个分队查下来,就缺一等兵木下。我们一起带着蔑视和愤怒叫道:“那个混蛋!”

一等兵木下从外表上看似乎是个像模像样的人物,长得不差,很聪明。他的思想却与他堂堂的外表格格不入,竟没有一丝顾及他人的念头。他不是个能吃苦耐劳的人,是个满口豪言壮语的卑鄙的胆小鬼。这个尝几口瓜就想撑饱肚子的大男人,自出征以来一直是专事后方勤务的,沙河桥镇战斗是他第一次打仗。而且,今天是他第一次战斗行军。他早就落伍以拒绝参加明天的战斗了。

在谁也没有一点甜点心,甚至连一支香烟也没有的时候,他会从怀里拿出很小的糖,放在嘴里嚼碎,细细地品味着一个个小碎块。他的好处就是爱惜东西。但是,他的爱惜类似于收藏古董,不是出于对使用之时的担心,只不过是对自己所拥有的东西加以珍视而已。

我一面生气,一面不得不去找这个别人管束不住而正因此还有些可爱之处的混蛋。他的存在也算不了什么。我们只能认为他不是来打仗的,而是来添麻烦的。我在后面部队不断上来的黑暗的路上朝后走,一边还叫喊着“木下——”“木下——”。我叫他混蛋,是因为他不是个真正的混蛋,就是个太缺乏常识的人。

我终于找到了他。我的脚又痛,身体又累,想尽快地休息,肚子也咕咕叫,我的整个身体都要发怒了。我一见到他就骂了一声:“混蛋!”这时,他也吼叫着骂了一句:“你们他妈的!”我越发光火,喊道:“什么!你这个猪脑子,在干什么呢!”他也回敬道:“我能像你们那样拼命走吗?笨蛋!”

我真想踹倒他,再踢他个够。但是,他也受了不少罪吧。

分给我们第一分队的宿舍太小,睡不下十名队员。

我在室外烧开水用的火堆边和衣躺了下来。这种时候,人的胆怯的心情便会表露出来,木下可能觉得自己给人添了麻烦很对不起人,拿上一瓶藏了很久的威士忌先到分队长和嘴里啰里啰嗦的士兵们那里去了。而对直接吃了不少苦的我,只不过带来了一杯剩下的酒。

据说献县县城里的敌人由防御转为进攻,我们出发时间定在第二天凌晨两点。这种时候值夜勤简直是灾难了。睡眠时间不足两小时,因夜露浸湿而难以入睡,几乎没有消除什么疲劳,黑暗之中又开始了急行军。不一会儿,我们就踏进了一片漆黑的泥塘里。泥水顺着鞋带孔咕叽咕叽钻进鞋里,让人很难受。动作迟钝的一等兵木下几次跌倒,浑身是泥,嘴里不停地乱喊乱骂。

不久,冰冷的空气中突然升起了朝阳,耀眼的阳光在灿烂的云彩间四射。朝阳在雾气的包围下像彩虹一样现出一幅绝佳的风景。视野中不见一处高地,一望无际的原野无限地伸向远方。行军很急,吃早饭只允许用十五分钟。而且,第二次吃饭的时间也和上次吃饭的时间一样短。原来两餐的口粮,现在不得不分为三餐吃。吃完早饭后,开始出发了,一直要走到腿快断了为止。上午十点左右已极度疲劳,其他的士兵忍不住饥饿,走到路边摘梨子,而我早已没有再追赶上部队的劲头了。我想吃东西,这时正经过一个村子,我看到了一个农家的院子里梨子堆成了小山,士兵黑压压的一片。我也贪婪地把梨子塞满了防毒面罩,塞满了背包,塞满了口袋,左手拿两个,嘴里还衔着一个,快步离去,就像偷了一条鱼衔在嘴里的野猫被人追赶着一样。一面跑着,一面一个、两个……忘却一切地啃着。

好吃,好吃,好吃,实在是好吃。好吃得简直无法形容。我恐怕一辈子也没再吃过像那样香甜的梨子了。

到了下午,吃了过多梨子的肚子开始难受,拉肚子,这又使肚子更空,更加剧了疲劳。不知道拉肚子害得我多苦,因为它不仅使我的肚子空空如也,更增加了我的疲劳感,而且我每次方便时落了队还必须跑步赶上。每次方便时要花相当多的时间卸下身上的随身家伙,我不得不一边后悔着一边快快完事。

前进,前进,不知尽头在哪儿地拼命前进。目不斜视,默默无语地走着。约下午三点,一种异样色彩的云从地平线上升起来。只有在大陆才能见到的那种颜色和形状的云,在大地上扩散开来。远方电闪雷鸣,就像打开冰箱门时一样令人为之一寒的大风刮了过来。天空转暗,大滴大滴的雨砸了下来。道路眨眼之间成了一片烂泥地,粘住鞋子,步行起来很困难,但部队还得无休止地继续前进。没有一粒小石子的泥土路,与其说是烂泥地,不如说是一种剥夺我们的脚自由行走的可怕东西。腹泻使肚子空空,再加上烂泥路,更加速了我的疲劳,我已走不动了。可是,为了战斗必须朝前走。个人的痛苦在战争这个伟大的事业面前,什么也算不上,只有竭尽全力地前进。

我忍受不了肚子的饥饿想吃梨子,可是,一想到引起这种讽刺性结果的找麻烦的梨子,这话我又说不出口。可是我还是忍受不了。我想,我不吃很多,可以一点一点吃,于是,我吃一个走一里地,再吃一个又走一里地。这时要有一块压缩饼干也好啊,我动起了卑鄙的心眼。有谁能给我一块,有谁能给我一块吗?不给我就抢,我瞪着血红的眼睛望着走得歪歪倒倒的战友们。

我竟是这副模样,啊,出击的命令又像铁锤一样敲击着我的心。

“献县县城里没有敌人。敌人正在逃跑。全力追击!”我又像梦游病人一样走了起来。什么也不想。饥饿、疲劳、梨子、压缩饼干,一切的一切全忘记了。我已经成了一台机器。只有泥泞从我身边过去,只有军靴交替迈动。

这样,终于在天黑后到达了献县县城前面的一个村庄。撂下瘫软的身体是在半夜十二点。

十月一日,早晨八点半,我们踏上了献县县城的石板路。

传说献县县城建有高六米、宽三米的混凝土城墙,可原来却是崩塌的土墙。瞭望楼被空投的炸弹炸坏了,城里站着脸露疲惫之色的哨兵。县政府所在地,起先以为是个了不起的地方,其实很不起眼。带着异样的感觉走在狭窄肮脏的街市上,一户人家冒出了烟,带有谷物烧焦的气味。这是敌人逃跑时放火烧的粮仓。我们穿过市区来到城外宿营。与昨天的急行军相比,今天只走了短短的一里地,很快就宿营了。一听说宿营,我们马上忘了疲劳,忘了睡意,跳起来拼命去找粮食。首先是挖些山芋,接着是在村子里杀了头猪。我们像小孩一样开心地撵着猪四下跑,所有的苦全忘掉了。

昨天的雷阵雨今天全没有了,灿烂的阳光又返回大地。没有一样东西让人兴奋,一切都显得和平与恬静。休息和粮食可以尽情享受,真是一切都让人感到愉快的一天。山芋、猪油炸鱼、烤肉和自制的酱菜等等,这些东西稀里糊涂地塞满了一大肚子。第二天,我们捧着鼓鼓的肚子起床,又是杀猪挖山芋,像乐天派似的歌唱自己的世界。

由于头发长得很长,我便去第六中队的理发摊理了发,又洗了个澡,已有很长时间没洗澡了,接着又舒舒服服地抽起了香烟。这时,命令下来了,让我们把帐篷、衣服等私人物品打好包,要尽量轻装。哎呀呀,谢天谢地,以后的行军能让我们负担减轻了。但是,轻装不是意味着强行军吗?……这种不安又随之而来。就像要证实这种不安似的,命令说:“认为自己身体坚持不住的人请提出申请。可以去看管行李。”

“原来轻装也不值得庆幸!”人们又不得不相互议论说。但是,轻轻一提就上身的背包让我们一身轻松,脸上露出了开朗的微笑。这么轻的话,那小小的行军根本就不算回事了。到了下午,我们的开朗突然消逝了,忧愁包围了我们,因为七天的口粮发了下来。背包装不下,袜子便成了米袋,里面装满粮食,像葫芦一样系在背包上。塞得满满的沉重背包像在嘲笑我们早晨过早的高兴似的,一本正经地坐在地上。

傍晚七点,突然下令出发。

“联队现在出发。离这儿一里地处有条河。河边有工兵用船送我们,他们在等着我们。如果在乘船前进的途中遭遇敌人的袭击,不管是有人负伤还是有人战死,绝对不允许出声。死伤者就扔在那里。这次前进需要绝对的安静。”

我们把严厉的训话藏在心里,在黑暗之中开始前进。寒冷刺骨的河风吹着。一切都进行得平稳秘密,过了晚十点,我们上了用单板建成的轻便船。

士兵们想着船上哪儿安全,这都是白费心思,因为这条船只有一张薄薄的板那么厚。尽管如此,有的人挤在中间,想以战友的身体作为自己的防护墙。“如果遇到敌人袭击,或死或伤……”的训话搅乱了人们的心。

船在黑暗的河里前进。只有船破浪前进的声音和马达声在河面上传开,又在静谧的黑暗中消失。我们吃完烤山芋,打起了瞌睡。

阳光照得水面波光粼粼,和煦的河风轻抚着我们的脸,令人心情舒畅的早晨来临了。前进了一阵儿,右面的河堤上出现了敌人的骑兵,但马上被击退,他们有的跳进河里游走,有的径直逃遁而去，失去主人的军马也独自跑了。河很宽很大，因为敌人依旧在破堤，想以洪水来阻挡我们。洪水茫茫一片。河上到处是载着汽车的木船。只要看看一两只船就知道，它们都在不顾炎热地前进。在河流迂回曲折之处有一艘木船，这艘船虽然隐蔽在芦苇丛中，但正因如此，它令人怀疑，遭到了炮击。船被我们准确无误的炮弹炸坏了。藏在船里的支那兵跳进河里游了出去，终又不明就里地成了枪下鬼。

晚上十点左右，河岸上看见了一个村子，第一中队受命上岸扫荡。他们的收获是捉到了三个敌军，并立刻开枪击毙了。这时，我们第一分队的船发生碰撞，船体受损，我们不得不换乘大快艇。我们在河上继续前进，又一个黎明来临了。

我们在晨雾中看到了绝妙的景色。那美景简直令人无法描绘。

造型优雅的瞭望楼和城墙浮现在水中。长在城墙边的水中杨柳更增添了一种风情。尤其是火红的朝阳挂在树梢上，河水灿然生辉，那景致美不胜收。配备在大快艇上的步兵炮吐出火舌，击中了城墙。一发、两发、三发，但坚固的城墙纹丝不动。几分钟后，大概是害怕了炮击的衡水县城的居民们，挥着赶制出来的太阳旗一溜排开在城墙上，表明了归顺之意。停止炮击，继续前进，但我们的船很难通过架设在河上的低矮的石拱桥，不得已，决定等待工兵队炸毁这座桥。这时，传下命令让我们做饭。我们正做着饭时，一个当地居民过来，我给了他五十钱让他买糖，他只买了一点点回来，我用乱七八糟的支那语抱怨他，并让他领路，我自己去交涉。那家店在城外。在那里，我发现了可怕的事。许多士兵在那里大肆掠夺商品，商店的主人和伙计们一脸悲痛地呆立在门边望着他们。我已经没有必要再交涉什么砂糖价格的贵与贱了。

轻率盲从的我们肆无忌惮起来了——这是战胜国士兵的

权利。首先得还回我的五十钱！我打开了店主的抽屉，五十钱还在。

就像饿狼一样看了一圈，想着掠夺什么东西。首先是砂糖。葡萄干味道不错吧，又抢了一盒葡萄干。罐头也挺好的。手电筒也很需要。香烟不拿上一点也不行。扔掉献县的支那米，换上糯米吧。有了砂糖，面粉一定更好吃。哎呀，还有皮手套，到了冬天没这可不行。这东西少拿些，就拿两副吧。露宿时羊皮也是很需要的。

正当我抱着这些多得抱不下的东西要出门时，大队本部的经理部的下士过来了，他怒吼道：

“谁允许你们拿走的？”

我磨磨蹭蹭地走了过去。其他士兵大大咧咧地拿着东西出了门。我没法回答这个问题。

“钱付了吗？如果没付钱，赶快付钱，随便多少都行。”

我从怀里掏出了一枚硬币，交给了店员。那个店员可能很生气，又把那硬币掷还给我了。但我硬塞进店员的手里就势跑了出来。宽阔的河岸上，分队的战友正在等待着我这个圣诞老人。这边也喊，那边也喊，都为掠夺品之多而惊叹。两三个战友又拿着东西回来了，我们分队的食物真够多的了。我们常常因吃不上东西而大叫其苦，这次拼命弄来了食品，但又不可能吃完，最后剩下的连运也运不走。我们一直吃到想吐为止，死命往肚子里塞。吃葡萄干，吃果脯，吃罐头，吃年糕团，吃油炸饼，一直吃到我们松了裤带。我们说：

“这不是掠夺，是征收。是胜者之师必须进行的征收。”

不知怎么，“掠夺”这个词让人觉得心情黯然，而说“征收”，便不会感觉到罪恶。

突然响起“轰”的一声，工兵把桥炸毁了。

天快黑下来时，下起了瓢泼大雨，砂糖和面粉全随泥水流走了。尽量带上出发命令允许携带的食品乘上船,前行了一阵之后,装甲艇在爆炸的地方过不去,便停了下来,没办法之下又往回走,系好船开始宿营。

第二天,吃上了征收来的蘸上果酱的糯米团子,吸着香烟,手浸在水里,赞颂着美丽的风景,那心情就像乘游览船观赏风景一般。下午五点左右,到达了新河县城前面的一个地方。那里有敌人的粮草仓库,看守仓库的两个敌兵正在午睡。一个是大个子军人,一个是学生兵似的年轻人。两个人身上都带着相当数量的纸币。翻译审问了他们。士兵们充满了仇恨,又是用香烟火烫他们的脸,又是用刺刀捅他们。西原少尉举起军刀摆开架势砍了其中一个,军刀砍歪了,没有杀死敌兵。另外一个被翻译的手枪打死了。这个少尉看上去好像对杀人非常感兴趣。他至今已经砍死了不少可能是无辜的平民,尽管说是试刀。粮仓有米有点心,点心都是带糖的,特别好吃。

命令我们分队负责搬运弹药,所以脱离了中队,这下要急着赶上中队。亲爱的横山淳工兵伍长提醒我说:

“喂,东君!洪水太大,小心点!”

从上岸地点到刚才的村庄有两百多米路程全浸泡在水里。在这么大的洪水中我使出很大力气走了起来,但要走这两百米很不容易。有的地方深,有的地方泥土粘脚,更何况扛着背包和弹药箱,移动身体真是难上加难。泥水漫过腰部达到了胸口处。好不容易弄来的砂糖和香烟全浸透了泥水,但我这时已经顾不上这些事了。背着背包,左肩扛枪,右肩用棍子和前面的人扛着弹药箱。前面的人一闪,后面的人就跟着一闪;后面的人站稳了,前面的人又进退两难。脚被泥土粘住的话,脱也脱不开。好歹花了一个多小时过来了,弹药箱终于没受潮。我们嘴里说出的话都一个样——“畜生！真他妈的！”我不知道还有什么话能更好地表达此时的心情。

可是，洪水的困难并未就此结束。诺亚方舟时代的大洪水在等待着我们。横山淳的忠告成了严酷的事实。穿过村庄，出现了茫无边际的一大片洪水，简直让人怀疑是大海。看到这情景，想想刚才的辛苦，整个人就要垮了下来。暮色苍茫，弄不清部队前进的方向，我们十二个人望着洪水束手无策，无可奈何地抽起了香烟。

无边无际的洪水，沉重的弹药，方向不明，残敌的袭击，黑夜的来临，我方人数太少等等，一想到这些，就神经质似的焦躁不安起来。

好不容易征用了六个当地人，我们决定让他们扛弹药。其中一个是七十多岁的患了中风的老人，走路摇摇晃晃，看上去起不了任何作用，很可怜，但这时不是同情的时候。这样的病人扛着别国军队的沉重弹药，被迫跟着别人在黑暗的洪水中行走，而且还不知走到哪儿才是尽头。这是战败国民众的悲惨可怜之处。

老人摔倒了好几次，求我们放了他，但我们坚决不听。他终于瘫在地上，一动不动地哭了起来。我们对他又打又踢之后，又像神一样命令他背起了背包。本该让他扛弹药的，由于他是病人，就让他背了个背包。我们为他找来了一根拐杖，不是因为同情他，而是为了防止他中途死掉或者不堪痛苦而倒下。从他的病势来看，估计他会死在洪水泛滥的、漫长的跋涉途中。我们为什么如此惨无人道呢？这是因为对巨大痛苦的厌恶使我们漠视了人道，再加上扛过一次背包和弹药，我们自身也难保了。

十二名战友开始游泳前进。天已完全黑了下来。踏稳地面，浮出水面，摇摇晃晃，摸索着，我们静悄悄地走着。一寸一寸，一步一步地前进着。朝前走，再朝前走，还是看不见土地。累了也没有坐下来休息的地方。只是停下来看看方向，接着再朝前走。心里真想扔掉弹药。扛着弹药箱的人的背包由另外一个扛，其他的人也一样，扛四条枪，这样，民夫拿不动的弹药由我们轮流扛。老人的喉咙里发出“呼哧呼哧”绝望的喘息声打动了我们，但这种同情心马上又被拨开，惨然地化作一片水声。我们也想被人同情。我们也很苦。无论走到哪里，都是无边无际的水。

我们在朦朦胧胧的黑暗中发现远处有堆黑土似的东西，拼足劲一口气走了过去，原来是一片浸在水中的茂密的高粱在嘲笑我们似的随风沙沙作响，这使我们非常失望。这样的失望，我们不知尝了多少次了。老人声音嘶哑，一面不停地喘息，在寒风中颤抖，一手捧起泥水喝下，一面继续向前走。

脚酸肩痛，头像炸开一样，疯狂的疲劳重压过来，就让人觉得精力枯竭一样。啊！有火！一阵希望与狂喜袭上心头。希望之火在高粱的对面微弱地闪着光，就像罕见的宝石一样。我们不顾疲劳朝着救命之火走过去。我们终于登上了期待已久的岸上，走近火堆。但火边一个人也没有。我们没功夫去想那火是什么火，为什么一个人也没有。我们只想赶快烤烤火，一屁股先坐在地上。

这火多么让人感到像是一处乐园啊。

我们不停地添柴火，就像被火拥抱似的暖和起来。老人颤颤巍巍地把手伸向火堆，突然，“啪”的一声倒了下来。我往他痛苦地呻吟着的嘴里放进人丹和梅肉干，但他还是很痛苦，我们担心他会马上死去。真可怜，这个老人如果是我父亲……想到这，我很同情，必须帮他些什么！在他倒下之前，我给了他五支烟，他高兴地双手合十连说谢谢。

让这样的老人受这样的罪，就因为战争——这个最令人感到痛苦、令人无限哀伤、令人永远憎恨的东西。

战争的真实情形不就在这里吗?

我们还得急着往前赶路。由于疾病、疲劳和寒冷,我们不得不在没有人的被洪水包围着的宽阔而郁闷的村子火堆旁,丢下那个痛苦喘息、面对一片空虚行将死去的老人。我们再次背起了背包。幸好燃烧的火堆不是敌人的诱敌之火,而是先行部队留下的火。

“喂,这老人总归要死的,死了不白白地浪费香烟吗? 把烟带走吧。”

“不,就给他吧,死了权当烧香吧。”

“可那又没什么意义……”

“话是这么说,是死是活也还不知道……征收来的五支香烟原来就属于他们的,如果能让他轻松一些的话,那也不是毫无意义的……而且,想到刚才给他烟时他双手合十喜滋滋的样子,四十九支半香烟,我还想全给他呢。想象他活了下来,起劲地抽烟的情形,也算是对得住他了。”

抽了半支烟就倒下的老人啊,谢谢你了! 你可以诅咒蒋介石了! 我们再见吧!

穿过村子又是潮湿地带。老人背的东西全压在了我们身上。

引导我们前进的目标是先行部队通过时踩倒在水里的高粱。高粱倒伏,就像大蛇经过压出的一条道路。

我们除了痛苦的叹息外,只得默默地在黑暗的水中行走,终于在第二天凌晨一点到达了中队的所在地——王家道口,我们发出怪叫声,欣喜若狂。

中队的士兵们正浑身湿透地构筑着阵地。令人可叹的是,我竟然想向战友们夸耀我们如何如何吃了多少苦。可这时又有谁不在各自的岗位上吃苦呢。

我们吃了多少辛苦啊。应该赶紧晾干衣服，睡一觉以消除疲劳，可是，我们忘记了衣服还在滴水，忘记了过度的疲劳和睡觉，一看见宿舍里的面粉，就用没有小豆的砂糖汤做起了吃的，拍着肚子吃了个大饱。

担任分队长的上等兵西本是候补下士官，虽然不久就会当上下士，他也说出了卑鄙无聊但很有意思的话。他说让本山军曹也吃吃剩饭。他说出这话，是因为我们再也吃不下了，我们本想只管自己吃饱，不管别人的，结果饭剩下来了。

本山军曹是个爱啰嗦的人，常不给人有什么好感。“好！”众人一致同意让他吃。于是各人舀一勺放在一个碗里，西本吐了口唾沫，胡乱地搅搅，然后奸笑着端了过去，那表情似乎在说：还不谢谢我？当然，本山军曹狂喜地高呼一声，高兴地吃了起来。

“喂，西本的唾沫很香呢。如果亲嘴，女人一定高兴。因为味道不错。”

可笑的事又传到了耳朵里。

重机枪中队在切萝卜做饭，我们的森山中队长一听到切萝卜的“咚咚”声，立刻紧张起来：“哎呀，是敌人！”是他自己没有分清声音，结果反而怒斥了士兵。

有一个这么靠不住的中队长，真是我们的不幸啊。我们听说他在士官学校曾是个优等生，所以这更让人受不了。

我们在心底里暗暗地蔑视他，我们等待着发自内心地尊敬并服从他的日子早一天到来。

十月六日，早晨，由轻机枪分队和我们第一分队随同小野曹长一道去侦察道路情况，预定中午之前返回。穿过村庄时，见一棵大树上悠闲地坐着一个哨兵，他从上面丢下一句话来，说：“连一个敌人的影子也看不见。”我们经过一个村庄，刚进入另一个村庄,一群村民手持太阳旗,摆开桌子,端着茶水在迎接我们。他们预先就知道我们要来。这消息是从一个村庄传到另一个村庄的。宽阔的大路的两侧,家家户户都门窗紧闭,一个女人也看不到。

到了午饭时,村民们做好了鸡蛋汤端给我们。特别好吃,我一口气吃了四碗。光凭眼瞧,似乎这里的村民没什么歹意,甚为热情地款待了我们。这个村子的中央有一处旧泥塘,那里有棵长了不少年头的大树,这让我想起内地的某些农村来。我们用蛋汤填饱了肚子,在街道上休息着,突然在拐角处休息的士兵叫了起来:"支那兵!"

我们"呼"地跑去一看,狭窄的道路上正跑着两个穿军服的士兵和两个农民打扮的士兵。我们立刻射击,但没效果,白白让他们逃了。我们把枪架在矮土墙上开始认真射击,但敌人隐身在茂密的树林中不现身,开始有一枪无一枪地回应起来。茂密的树林中,两匹马一匹往左一匹往右跑开了。大概是军官的坐骑。过了一阵之后,敌人的子弹声小了,敌人逃了。查看了一下敌人扔下的两辆自行车,车上有些衣服,我们给了附近的农民。这时,一个女恶婆摇晃着缠足的小脚走了过来,不知为了什么事,很是愤愤不平。好像拿东西是理所应当的,她叫喊着要把所有的东西全拿走。多么蛮横的刁婆子。一副厚颜无耻、贪得无厌的嘴脸。对这种家伙,就是全给了别人也不能给她。她怒气冲冲地跑过来,一脸呆相,然后再次愤愤不平。

我们带上两辆自行车踏上归途。

在王家道口休息了几天。

有一天,西本分队长和一等兵野口突然回到了宿舍,他们的手上拿着红蓝色的宝石以及支那钱币等。他们把手伸向这些金贵的东西真是太卑鄙了,我瞧不起他们。那根本不是什么值得自豪的行为。太贪婪了,西本分队长!

“这些偏远农村大概有真宝石。”他得意地说,似乎他抢夺来的是真正的宝石。野口这样报告说:

“那家很气派的人家的三楼上有钢琴。但那里没发现什么太显眼的东西。”

我提醒他们说:“抢些食品还说得过去,抢这些东西就不行了。这是强盗行为,太卑鄙了!”发出如此高论的我,在和两三个战友散步途中顺便进了一家豪宅,看到各种各样的物品,我也忘记了高傲的自豪和矜持,和战友们一道挑挑拣拣起来了。我们就像贼一样,一面担心被上司发现,一面挑拣喜欢的物品。还把房间的门关了起来,让人以为里面没人。

抽屉里有一只手表和五六枚铸有孙文头像的一元银币。我抢走了银币。其他的战友拿了手表。桌下的盒里有食品,很诱人,还有象牙筷。突然,门“咯吱”一声开了,来人朝我们大声喝问:“你们在干什么!”我们大吃一惊,回头一看,是本山军曹站在那里。

我当现役兵的时候,本山军曹是刚入伍的新兵,被我们训斥得够呛,但他志愿当下士,现在成了现役军曹。尽管我来这里时他是我的上司,但他还是对我打了招呼:“啊,是东君。你辛苦了。”一般在这种场合,现役下士是很霸道的。大概是因为他当新兵时我已当了两年兵,由此他可能有一种潜在的自卑感,所以他这样和我打招呼。对现在是上司的他,我依然用以前看新兵的感觉看他。这也是潜在的习惯意识在作祟。

我们被他大喝了一声,他现在保持着长官意识,是以长官的身份向我们大喝一声的。我们也有一种部下意识在作怪,马上心里就有一种要服从的意识。两者之间丝毫没有新兵与老兵时的意识了,只有军曹和士兵之间的关系。本山军曹也借助这一声大喝,恢复了对我们这些士兵的长官意识,而我们被他一声大喝,也恢复了身为士兵的意识。

有了这种心情,就很难再轻易回到新兵与老兵时的状态。他不再愿意那样了。他以长官的派头来压我们,我们作为士兵被他压住了。

"我们什么也没有抢。刚刚才进来,我们没有筷子,是来找筷子的。"

"不行!你们不知道中队长说过不许征用民间物品吗?把抢的东西全放下,快走开!"

传说在衡水的掠夺,连同桥梁破坏,一共造成六十万日元的损失,这笔钱由军方向支那人支付。二十联队被证实为掠夺得较厉害的联队,以后连征用食品也被严格禁止了。严禁征用物品,使第一次在北支那的我们陷入了非常艰难的境地,因为即便没有粮食也不允许征用食品,其结果就是没吃的也要去战斗,而且不得不常常空着肚子。

我们磨磨蹭蹭地出了房间。

屋外是一派暖洋洋的悠闲景致。

一回到宿舍,我就把五块银元分给了战友。我不禁为自己卑鄙的行为后悔。

甚至带到了生死未卜的战场上!

虽然我们所有的人都知道战场上是不知谁生谁死的,但都认为自己能活下去。

于是,便产生了物欲。

人直到死亡的瞬间之前都以为自己能活。我们的小队长内山准尉经常不厌其烦地唠唠叨叨地说:"我不会死,我会活下去。你们要是死了,我会为你们扫墓的。"他是日莲宗的信徒。

他想死的时候大概就是认为死是逃脱痛苦的惟一手段的

时候吧。

希望死的时候就是走投无路的时候。只要能活一天,人还是愿意活下去的吧。在战场上希望死的时候,是因为他处在极度痛苦之中。他处在这种绝对的环境下,想从这种痛苦的境遇中逃脱出去。这种场合他能够不受耻辱就逃避开的方法,就是只有等待敌人子弹命中他了。而且,结果还能受到赞扬。但是,这种时候他不考虑赞扬的事,只考虑摆脱痛苦的事。可是,无论遇到什么样的痛苦,他不会逃亡也不会自杀的。为什么?因为他知道羞耻。有了这样的想法,那么,他在解除痛苦、回到平稳的生活之后,手上接过慰问袋,嘴里吃着肉的时候,肯定会想:"啊,活着真好!"而且,还要真真切切地体味生的欢乐。

十月十日,早晨七点,我们第三小队掩护着联队的大炮出发了,横穿过狭窄的道路和农田朝前走去,看见高粱地里和河畔的凹坑处四下藏着女孩子们。我们觉得很好玩,四下追逐她们。今天的行军是少有的快乐行军。不知走了多少里地,夜晚来临了,部队还没停止前进。部队在各个路段抓住农民和苦力,让他们做向导。但到了深夜十一点左右,,终于迷失了方向,只好决定朝某处树林前进,因为有树林的地方肯定有村庄。接着,我们到了一个村子。那里有一座豪宅。我们打算向这家人问路,让他们做向导。于是,我们敲响了这家牢固结实的大门。叫了两三次,静得就像死人家一样,没有一个人起来。我们的声音越来越大,最后用十字镐砸大门,但砸不坏,只好爬墙翻了进去。原来,我们站在门外大喊大叫时,这家的人全吓得从后门逃走了。床还温热。房间里很气派,有各种各样的家具,士兵们争抢值钱的东西。大炮队队长温厚地提醒说:"别这么抢了。"又说:"快找一家能进去的房子,抓个苦力。”我们又出其不意地闯入村子中部的一个小户人家，看见一个三十五六岁的女人，一丝不挂地在睡觉。

我们直咋舌，用好奇和充满情欲的目光贪婪地望着她。那女人慌忙哆哆嗦嗦地在床上拿破裤子遮住身体的一部分。突然谁喊了一句：

“你的，×的看看。”

她紧紧地用手抱住自己的身体，就像吞下了毒药，脸色发青，吊着眼，颤抖着，喘息着，哆哆嗦嗦地说了句什么。三只手电筒的光亮中清清楚楚浮现出来的乳房、肉体，剧烈地震动着士兵们的心。

“×的看看！”

刚才还安安稳稳睡觉的这个女人，在一个漆黑的夜晚，突然意想不到地被端着刺刀的异国士兵围住，她浑身颤抖，不知如何是好。而且，士兵们的眼睛里泛出异样的光芒，唇边透出淫笑，他们手中的刺刀枪闪着强迫的光芒。

“起来！”

女人绝望了。有人动了手。

我们再次从黑暗中走向黑暗。炮车就像用铁锤击打村庄村民一样发出“咔哒咔哒”的声音，给他们以恐怖。

过了半夜，下起了雨，道路立刻变得泥泞难行，寒气越发逼人。被雨淋透的队伍中传来了说话声。

“听说支那的女人睡觉不穿衣服？”

“省事还不好吗？”

“今晚的夜行军尽管下雨，可一点不觉得累，真是意想不到的大收获。这么久了，总算见到了女人。”

“哦，很久没见女人？确实如此。”

“谁干了？”

“不，谁也没干。只是看看。”

“是嘛？只看看，没有当个男人？”

这样的低声谈话消逝在茫茫的黑夜之中。

他们的心感觉到一种暖洋洋的东西，他们愉快，他们的脚很有劲。

早晨来临了，我们还在走。

我们开始认为，所谓战争就是走路。

邱亮庄是个很大的村庄。中队在这个村庄中央的大道上，我们回到了中队。在不像样的米饭上抹上一些酱，我们在阳光下吃起了午饭，这时，横山淳工兵伍长走了过来。

“怎么样？还好吗？”

“很好。一次也没遇见敌人。只是一个劲地走。”

“战争就是走路嘛。”

“雨淋，肚子又饿，腿都走僵了。”

“然后，还偶然也见到了光身子的女人。”

我把昨晚的奇遇向他讲了。

“哎呀，你可是眼福不浅啊。”

“你要是走，也会有的。”

“那时就满意了。好啦，打起精神走吧。”

“也保重！”

吃完午饭，挤满众多军人却没有一个邱亮庄人——不，还剩下几个四处转悠的乞丐——的村庄大道上，流出一支瀑布似的大军，村庄再次回到了空荡荡的只有乞丐在转悠的原样。我们第三小队担任联队大炮的掩护，开始了急行军。午饭前碰到一个小村子里的敌人，交上了火，可不知为什么，敌人退走了。在这个小村子，我目击了野兽般的野蛮行径和难以言表的悲惨情景。

这个小村子里的村民都颤颤抖抖地蜷缩在各家的角

落里。

据说师团长要把女人、孩子全杀了。我们挨个儿揪出村民。联队长大野大佐命令把村民全杀死。因为是敌人呆过的村子,所以就断定这里的村民在帮助敌人。

被揪出来的村民不跑,也不祈求。

“杀!”随着这一声声野蛮的吆喝,血涌如潮,临终前的呻吟和地狱般的悲吼相互交织在一起。

血从他们的胸口汩汩地流出,缓缓地在地面前行,四下一片凄惨,刺刀闪如电光,被刺中的村民眼睛闪着怨毒的目光。这里完全成了一幅地狱图。

一个老人和一个孩子被带了出来。

孩子听到他的家人被刺杀时的撕心裂肺的惨叫,看到凄惨的血,吓得直发抖。老人慌张地紧紧搂着孩子,像是要替他挨刺刀。

在这里,生命不如尘土草芥。

呀,一阵凶猛的刺杀之下,老人和孩子倒下了。

啊!这是怎么回事!老人怎么带着一副难以言表的热爱和痛苦的表情,在吸吮着他心爱的孙子或儿子的血!他不停地咕嘟咕嘟吸吮着孩子胸口涌出的血!这是为什么?为什么?

他如此爱他的孩子,他痛惜行将逝去的幼小生命。真是一种惨不忍睹的崇高!

这到底是为了建设的牺牲还是只为了破坏的牺牲?

这就是战争的本来面目!

这就是战争的感伤!

这种难言的惨痛像电击一样击痛我们的心。

孩子的鲜血被吸进老人的嘴里,就像孩子的生命要在老人的生命中存活一般。

孩子奄奄一息的生命之躯开始痉挛,迎来最后一口呼吸,死神掩没了他的肉体。

呀,老人被刺中了。

刺杀老人的那个士兵真是一个太狠毒的士兵。

老人呜呜地呻吟,他以自己的鲜血喷出了自己鲜红的老命,同时喷出了想使之存活的孩子的红色生命。

三十几具尸体惨不忍睹地叠在一起。

杀人工业!

我们是这个工业的忠实职员。

死亡到处播撒着尸骨。

播下尸骨的地方又萌出嫩芽。那嫩芽又不分昼夜,不分春夏秋冬地在成长。

残酷狰狞的杀戮结束了。我们继续前进。

晚八点左右,我们到达了百尺口。

听见了"隆隆"的枪炮声。

终于遇见了敌人,发生了战斗。但是,我们中队是预备队,依旧没参加战斗,弹药一点也没减少。微微昏暗的道路上,通讯兵不停地拨打着电话。他说,一百米前方已经开始交战,我军也有几人伤亡。我们聚在道路的一侧坐着。这里虽说是后方,但并没有片刻的安宁,当火线上友军的某处阵地出现危机时,我们必须立刻去增援。就在这等待时机的时候,上面给我们发下了一点极为珍贵的食品:

一粒奶糖和一条乌贼腿干。

这点贵重的食物由两个人分。由于太贵重,我们都没动手。一粒奶糖和一条乌贼腿干,两个人不知怎么分。

在内地恐怕不屑一顾的一粒奶糖和一条乌贼腿干,在这里却是极珍贵的。

听说这些东西还是空运来的。

我把奶糖，还有乌贼腿干放进嘴里，一面深深地感激，一面有滋有味地咀嚼着。

每天的过度疲劳要求身体补充糖分，这时正是连一粒糖也都想要的时候。

仅有的一粒奶糖既可笑但又难得。

火线上在激烈交战，天完全黑下来后，枪声渐渐低了下来，不时地响几下之后便戛然而止。

黑暗中子弹漫无目标，所以射击停止了。

这样，黑暗给战斗带来了休息，我们就决定在路上睡觉。白天的汗水沾在脊背上，随着温度的下降，我们开始感到阵阵寒冷。就在我们睡不着、阵阵发抖的时候，命令让我们做饭。我们进入屋子里。

为了不让做饭的火暴露目标，我们只能在大门紧闭的屋子里做饭。

街上有一口井。许多士兵都用这仅有的一口井，水是用一只旋转式摇柄打上来的，每次只能打一点，打水的队伍排得很长。尽管如此，我们还是坚持把粘有剩饭的饭盒洗几下，然后再用饭盒淘米，这是因为我们还留有内地生活时的习惯，或者说还有清洗的习惯。

其实，早已不是需要这种清洗习惯的时候了，我们有的人还没能完全摆脱在内地时的习惯，不适应野战生活。

腾腾烟雾之中，我们终于做完了饭。野口好像物色到了什么东西，他摸出了糖果。听了他的报告，我们电击一般地飞出去，到了一家商店一看，一个大罐子里全是茶色的糖果。

这时已经有几只肮脏的黑手伸进罐子里了。我一面把糖放进了嘴里，一面想起了孩提时代见过的一个老头儿，他把这种有些酸味的松软的糖绕在棒子上卖。这家店可能也卖香烟，地上散乱地扔着空的香烟盒，但我一支烟也没见到。烟和糖，我没福气兼而有之。

十二日，早晨七点，我们担任军旗护卫小队，出发去攻打宁晋城。和联队本部一道排成纵队在高粱地中前进着，这时，从右侧“嗖嗖”地飞来了子弹。我们立即散开队形，继续前进。飞机飞来，在我们头上盘旋，好像在寻找降落地点。盘旋了两三圈后，发出轻轻的声音漂亮地着陆了。小队长命令我们去看清是敌人的飞机还是自己人的飞机。我们走近飞机，内心在想肯定是我们自己人的，只是带着一些好奇，想知道到底乘坐的是什么人。

飞机上下来了炮兵科参谋，会见了联队长后又跳上了飞机。敌人的子弹依旧在我们的头上掠过。苦力们因害怕，拖着铁皮弹药箱在地上爬行。

子弹命中分队长竹间伍长前面的铁箱，子弹引爆了里面的几发子弹，它自己也停留在里面了。竹间伍长奇迹般地捡了一条命。

他说这个弹药箱是自己的救命恩人，要带回去作纪念。中队长也感慨万千地说：“好！我给你办手续。”

面对敌人密集的射击，步兵炮开始发威了。旗手紧紧握着军旗精神抖擞地前进。我方的炮击终于压倒了敌人的射击，联队再次排成纵队，我们小队处在本部前方三百米，顺着炮车的轮印蹒跚前进。二三十分钟后，高粱穗的前方浮现出了宁晋城的影子。

一想到靠近宁晋城了，就觉得令人高兴的休息似乎正等着我们，脚步也不由得加快。可是，敌人的子弹突然呼啸着飞过来。我们再次慌忙散开，踏倒了高粱秆。子弹好像是从三个方向交叉飞过来的，我们四面都是敌人，怎么办？我们必须尽快冲出包围圈。穿过高粱地,来到了有六间①那么宽的很气派的大路上,这里可能是敌人的军用道路。道路的两侧是深深的堑壕,多半是敌人来来去去用的。

不论敌人怎么射击,我们一枪都不还击,因为我们发现不了敌人的影子。从子弹声来判断,敌人可能是在四五百米或者更远的地方朝这里射击的。

命令让我们在宁晋城附近的一个小村子里宿营。我带着哨兵去了司令部所在的前面的房子里。本部人口处必须有一个哨兵。紧紧关上哨所入口的大门,我们一面烧着火一面吃着从分队运过来的晚饭,海阔天空地谈论起来。

"东!"这时,正在站岗的步哨带进来一个二十岁左右的支那人。在士兵之间,谁都不说某某上等兵先生,某某伍长先生,某某哨长先生。即使是现役兵也是直呼其名,如称"横山淳"。

"什么事?"

"这家伙在本部旁边的小路上转来转去的,我把他抓来了。"

"是间谍?"

"也许是的。"

"脸长得挺秀气,也许是学生军。"

步哨踢了那年轻人一脚。

"喂,关上门,别让火光漏出去。"我对哨兵说,然后在年轻人的怀里搜了搜,没发现什么可疑的东西。我随手给了他一记耳光。

"给我好好看着他。我去叫翻译官来。哨兵快站岗去!"

哨兵和我来到屋外。检查了一下年轻人转悠的小路之

① 日本的长度计量单位,1 间约合 1.8 米。

后,我去叫翻译了。

年轻人回答翻译说,他是前面四十多里地的一家当铺的掌柜。但是,我们不信四十多里地前面的当铺掌柜有什么理由来这个打仗的地方,都说他是残敌。他说他没想到这里正在打仗,他来宁晋是做生意的。

不论他怎么辩解,我们决定把他当做残敌或便衣侦探处理。不当班的哨兵们说,用粗绳子把他绑在柱子上站一夜。我说,讨厌敌兵可以理解,但有的人也是强制征来的,明天就该他见阎王了,算啦,今晚就让他坐坐吧。于是,便把他绑在柱子上。那青年闭着眼睛,一句话不说,似乎沉浸在回忆之中。他也许在想他那如明天的朝露一样的生命,想他的父母和故乡吧。他闭着的眼睛里流出了露珠一样的泪水。我想踢他,可看到他可怜的晶莹的泪光,靴子又抬不起来了。

这时,我深深地为自己不懂支那话感到悲伤。撇开这个青年不说,我们因语言不通,不知错杀了几百个无辜的良民。

语言不通会引起误解,进而恼怒,最后发展为杀人。我们在杀死的农民身上,有时撒一些冥钱,几千元不等。冥钱上印的数额都很大,商店的抽屉里多的是,上面写有"南无阿弥陀佛"。

"这家伙给我们带来了什么好处?"一个哨兵说。

"好处就是巡察来了不会骂我们。因为监视这家伙,不管怎样,得有人不睡觉。要是没这家伙,我们都会呼呼大睡。那样一来,巡察肯定会大发其火了。"

青年一夜没睡。

天一亮,十几辆轻型装甲车开了过来。这种奇形怪状的物体卷起尘土,朝宁晋城边开火边前进。第三中队在敌人背后等待机会。接到出击的命令后,我把那个青年交给本部,撤离哨所与中队会合，轻装上阵了。

今天，没有枪声。道路直通宁晋城门。我们沿着道路的右侧前进，第五中队队长从瞭望楼上俯视着下面说：

“敌人昨晚逃走了，你们的行动白费劲。”

但一直跟着本部转悠的中队长却命令我们前进，意思是至少要参加一点战斗，哪怕是一点点也好。我们浑身是汗地到达一个村子。我们立刻在各家的墙壁上开好枪眼，等待敌人逃过来。左等右等，除了两三条野狗绕来绕去之外，没见到一个像敌军的人。有许多山芋，我们煮了当午饭吃，然后踏上了归途。回去的路上遇见三十三联队正朝宁晋城行军。他们说：

“无论怎么疲劳，我们队长都不允许使用苦力。他说不能行军的人不是战场上的士兵。”

听了这话的中队长，吊起眼睛说：

“听到了吗？你们稍有不行就马上让苦力背背包。看看人家三十三联队的士兵吧。你们这样能打仗吗？”说得满嘴星沫乱飞，那口气像是在训斥人。

我们都相互小声说：

“不能打仗？究竟推进到哪里，也该说句话嘛。你年轻，胆小，没能力让人信赖，这不才落得第三中队只能护卫军旗吗？护卫军旗又不是打仗。不知趣的东西！”

回到城墙一带，大队正向某处开拔。内山小队长问第一中队长：

“朝哪里前进？”

“南和。”

“有多少里地？”

“约三十里。”

第一中队队长回答三十里，是指大约，实际是说五六十里。多亏了中队长，我们挖了不少山芋，回到村子取背包，然后急追大队。大队不停地前进，好像是说：没用的第三中队，随他们去吧。

中队长想起了什么，对大家说：

“正因为我不行，所以我们老被安排成预备队，我对不住大家。”他说到点子上了！不论是谁都在心里对他嗤之以鼻。

从大地上升起的太阳又要在西边的大地上沉落的时候，不知是谁带着感激，用力地叫了一声：“看，是山！”

一直脸朝下默默走着的士兵们，一起抬头朝前方望去。这时，远远的地方静静地浮现出来的山峦正拥抱着夕阳。

“啊，是山！是山！是我们憧憬的山……”部队立刻停了下来，士兵们远眺山峦。

昨天是平原，今天还是平原，明天还是平原，每一天的晨暮都在一片大平地上度过。看不见山吗？没有山吗？在这几十里地之间，让我们望眼欲穿的山峦正拥抱着橙色云彩下的夕阳，令我们感动不已。士兵们连声高呼：“山！山！”我们把群山看成是多么崇高的生命啊。它远离世上的一切丑恶，与太阳一道超然物外。山是神灵，是清净，是威严的正义。

自从演出了那场地狱演奏会以来，我们还不曾见过这样崇高的清净。

又凄恻，又怅惘，一种纯洁感直逼心胸。

路边长着高高的白杨。夕阳渐渐向山那边沉落。我们继续前进。

看到一条又宽又大的清水河，我们脱下了靴子，因为军靴一受潮，皮革会变硬，里面有水的话，脚上会起泡。

难得河床全是沙石。因为有山，所以才有沙石。以前的河不管哪一条河床上全都是黏土。天完全黑了下来。接着，秋风萧瑟之中，月亮皎洁地挂在空中。忧郁的月光灿烂美好。

有人吟诵起了诗：

“……渡夜晚的河川……”

朗朗的吟诵声催发英雄的感伤。我静静地走着，一步一个脚印。

这是诗的世界。战场上还有这样的诗情。

我们与自然共生，与自然同寝，与自然化为一体。自然是我们的，我们是自然的孩子。越过河岸，有一处小树林，树林里有个村庄。我正在一棵大树根边擦脚时，传来了尖厉的骂声：

“没有队长的命令，你为什么擅自留在了后面！害怕战斗吗？”

“战友负伤了，我给他包扎的。”

“你听谁的命令给他包扎的？”

“……”

“战友负伤，没有上司的命令就可以随便留下来给他包扎吗？战斗中不管出现多少伤亡者，士兵都不允许随便留下来给伤员包扎！你是害怕战斗吧！”

“不是的，战友痛苦的叫声……”

训斥士兵的是机关枪队队长。

严肃的军纪前没有人情！

我们依旧空着肚子，追上许多部队，追上许多车辆，差一点联系不上，最后急行军到达了一个大村庄。这个村庄有许多豪华的住宅。好啦，我们以为就在这个村庄宿营，可刚在一家门前的石阶上坐下来，又来命令让我们前进。这次倒是只有我们第三中队。这样看来，我们中队像是担任前卫了。顺着棉花地里狭窄的弯弯曲曲的田埂绕了一阵，到达了一里多地前面的一个肮脏的小村子。我们进入一家又小又挤的院子，烧着高粱秆露宿了。时针指着凌晨两点半。

早晨五点,队伍又朝南和进发了。

白天脱下军裤过河,晚上在湿地前进,拔些北部支那的田里长得很多的甜菜填填肚子继续前进。夜里,在高粱地中仅有的小路上前进。许多人嘴里嚼着大葱。

大葱、萝卜、甜菜成了很贵重的食品。

又碰到了一条河。这是第三次遇见河。我们又脱下了军裤。河宽五六十米,很深,河床也是沙石的。对我们这些没见过一块小石头、一粒沙子,只见过一片黏土的大地的人来说,河床的沙石实在是种不可思议的存在。北部支那的确是连一块石头也见不着的大地。

清清的河水很冷。

啊,这清冷的河水,在那天气炎热的行军中,又恰逢喉咙干得冒火之时,我们不禁喜出望外。

我们没功夫穿裤子,把裤子拎在手上便匆匆前进,就像被恐怖追赶似的。接着,我们在黑暗中看到了高高的城墙。"终于到了南和!"我们欢呼着来到了城门处。怎么回事?城门的黑砖匾额上竟写着"隆平县",三个大字正冷冷地俯视着我们。

谢天谢地,大概在这宿营吧。

进入城门,右侧有座巨大的建筑,入口处竖着一块"隆平县警察局"的牌子。在院子里,把背包往头下一枕就睡下了。寒气刺透肌肤。头顶上月亮倾泻着缕缕寒光。屋里有青龙刀等许多兵器。一个多小时后,我们进入了警察局前面的宿舍。

这里一个支那人也没有。

我们从隔壁的商店取来砂糖,很快做了冷盘。啊!久违的甜味,自从百尺口的那一粒糖果以后,再也没碰过的甜味!

不知道明天会发生什么。好吧,就算明天是参加激战,今天的日子不更应该不遗余力地好好享受,不该先一饱口福吗?

拉肚子的人吃,患胃病的人也吃,头痛的、腹痛的……都尽情地吃。

吃。吃。吃得几乎不能动弹了。不知道夜已深,不去想明天的行军,也不想睡觉。

这早已成了一种超越食欲的快乐和娱乐。拿砂糖,用手抓入容器中;拌凉菜,盛在碗里。这一切都是忘却疲劳的愉快事。

对！为了明天不饿肚子,再烤点面包！

这么一来,我们过了凌晨一点才睡下。

十五日,早晨七点,我们从吃了凉拌菜的隆平县县城出发了。我们中队依旧是军旗护卫中队。

下雨了。雨水和泥泞,关系就像士兵与饿肚子一样是一对亲密的伙伴,道路很快就泥泞不堪了。

这时,我们在一个村子遇见了第三大队。军旗改由第三大队护卫,我们归回第一大队继续前进。

天亮也走,天黑也走,一味地走。所有的人都因空肚子和吃过头而弄坏了肠胃,没想到第一线部队竟然会这样缺乏粮食。

后方部队有吃不完的粮食,而火线部队却常常饿肚子。这就是战场上的常情。

驹泽出了便血还在走。他每天为拉肚、便血痛苦不堪。

空腹、拉肚、疲劳——这些将把我们的肉体变成木乃伊。

他脸色苍白,瘦得就像在没太阳的地方长出的草茎,但必须走路,而且没有服过一次药。小队长发火说他不注意和吃过头了。他也没法向人倾诉。军医只是让他喝了小苏打。因为没有药,他喝了薄荷脑,好像那就是肠胃药。

这怎么行呢？薄荷脑是外用的伤科药。可是,他不得不

这么做。不管是什么,哪怕是外用药,只要名字上有个“药”字,不喝下去就不安心。可怜到了这地步。他说:

“要是能活着回家,我要向社会说的只有一句:在战场上,不是只有负伤的人才是病人。在战场上的不卫生、无规律的生活和最大的勉为其难的行动中,损坏内脏都是很自然的。可是连药也吃不上,除了说一句‘胡闹’还能说什么?我也是保卫我热爱着的祖国的一分子。社会应该指出军队的这种单方面缺陷,忠告他们向士兵们提供内科药物!”

晚上十点,我们到达了目的地。我们赶快挖战壕,战壕一挖好,赶紧把宿舍里的小麦粉掺上昨晚剩下的砂糖,煮了起来。我们围着院子里篝火上的铁锅,迫不及待地等着小麦粉煮成面糊。不一会儿,煮熟了,微微发出甜香味。

所有人都像小狗吮吸母狗的奶一样,急急地吮吸起来,也不认为它就是内地所看不上的面糊。不管是面糊还是什么,不客气地讲,它很香很香,好吃得不得了。

对我们来说,这是神仙食品。

“第一分队为什么连着两天都有这么好吃的?”听到这种感叹声也不是没道理的。这时,内山准尉悄悄地走了进来,他就是那个曾经训人家吃枣子的人。不管人家说头痛,还是说脚痛,他都训斥人家说是吃过头了。他认为不管是头痛还是脚痛都与吃过头有密切的关系。

刚开始,内山是个万事皆谨慎的人。死板不开窍的中队长也好,这个对什么事都感到无可奈何的准尉也好,都坚决地认为支那的一切东西都不干净,不让我们吃。但不知从何时起,每天的空肚子搅得难受,他们私下里有时也居然和士兵们一样,开始什么都吃了。

尤其是卑鄙的中队长更让当值的士兵愤慨。因为中队长嘴上说绝对不许征用别人食物,只能吃发给的食物。可是在他口还不渴之前，他就命令当值的士兵给他吃好的喝好的。

对这个言行不一的中队长，当值士兵发火、生气，也不是没道理的。

“真好吃啊。”准尉说，喉咙直咽唾沫。

我们递给他一碗，但心底暗暗地嘲笑他：哼，说得倒好听，还不是想吃嘛。

他刚吃了半碗就回去了。

“喂，小队长所在的第四分队肯定在做更好吃的呢。否则，这么好吃的，哪能不吃完再走呢。真是个馋鬼。”

传令兵来通知值勤。我去了大队当值勤兵。指定为值勤地点的那家的男主人是支那人，我吩咐他去打点干净水来，他却打来了脏水。我生气地给了他一耳光，他妻子和他一起跪在地上不停地道歉，这才打来了干净水。

大概支那人就是这样的吧。

第二天早上，我们朝着憧憬的南和前进。憧憬的——这么说是因为我们认为到达南和城，就可以弄清楚我们前进的方向了。

北部支那的大地，容易泥泞满地，也容易灰沙满天，就像忘记昨天的大雨一样，现在已无丝毫下过雨的痕迹，地面干涸得很，几乎让人怀疑昨晚是不是下过雨。

秋天的阳光和煦温暖，微风拂面，行军甚是惬意。只是心情因秋天的环境而舒畅，但脚步却仍然匆匆。

突然，有三间宽的湿地挡住了我们前进的步伐。湿地上活活陷入了十七八头驴子和骡子，像是先行部队丢下来的。

泥沼陷到脊背，它们仰着头在喘息。越仰头，它们的身体好像越往下沉。它们使出浑身的劲把身子朝上拔，但一切都是徒劳。我们部队的马同样也都陷进了泥沼中。我们用力拉起陷下去的马,马只是昂着头,一步也动不了。没办法,我们只好卸下行李,把它们扔在泥沼之中了。

有条用高粱秆铺设的路桥,可能是先行部队铺设的,但要让很多士兵通过,就很不安全了。我们这里有一个工兵小队,他们正在作业,但没什么进展,只有时间在白白地流过。大野大佐训斥工兵小队长,让他再快点干。说完,他亲自参加了架桥作业。说是架桥,其实那不是什么难事。就是在泥沼中较硬的泥地上铺上木板和草秸。见联队长在干,我们就不能袖手旁观了。我们也动手帮忙,终于在迟了两个小时后通过了那里。

下午三点终于到达了南和城。传说打下南和城,战斗就算告一段落,我们觉得空着的肚子似乎要满意了。道路上乱糟糟地躺着骑兵。我们也在路旁休息,等待司令部下命令划分宿舍区。停下来一阵后,行军中的汗水凉透了肌肤,似乎有些感冒了。

我小心地换上自内地出发以来一直带在身边的毛线衣。就是在盛夏酷暑的当口,我都没舍得扔掉它。多亏了它,我可以应付秋天的秋凉和不久将要来临的冬天的寒冷。

再说,目的地是到了,但食物的缺乏依旧老样子,下面怎么办成了问题。中队长严禁我们征用,因为在衡水的肆意掠夺,遭到了师团长的严厉训斥。

据准尉说,几名穿支那人衣服的士兵和戴着征用来的戒指的士兵,还有侵入民房的士兵,被发现后都已受到了处罚。

士兵当中不时地有几个戴戒指的。那诚然是有些招摇,但都是银制或宝石戒指,从欲望上讲可以理解,而且,从处在这样的杀伐环境中讲,戴着戒指让人有种成熟的感觉。

不管怎样禁止征用,又不可能不吃东西。我们对这种甚为矛盾的命令难以理解。中队长自己对这个既不提供食物又

严禁征用食物的命令也感到困惑。但是命令就是命令,中队长准备严格遵守。困惑的中队长说:

“绝对不允许征用食物。所有人都要付钱!”

“我也想付钱,可是没有人在,没法付。”有个人说。

“没有人收钱的话,就把差不多数额的钱留在住户家里。”

“可是,杀猪又不知猪是哪家的。猪在旷野四处乱跑。”那个士兵甚是不服气。

“随便哪里,总之征用东西的时候,要把钱留下。因为中队付给你们买食物的钱了。付钱的人可以提出来,中队会付给你们的。”

真是怪事。中队长要我们四处撒钱,也有道理——我不是征用,是买的。我们可以感到安慰。但是,这样做在现实中毫无意义,也是缺钱的日本的一种损失,真可惜。在树根边杀了猪,要把钱付给树根,这算什么事啊。

第二小队队长岩渊少尉是高等师范的教授,他对中队长说:

“中队长,关于征用东西,您说得过于厉害了,我觉得也应该有个限度。我们总不能不吃饭就去参加战斗。上级也应该很清楚这点,所以,我估计禁止征用的命令可能不是很严格的。会不会有些回旋余地呢?中队长常训斥小队的士兵征用东西,那为什么就默许指挥班去征用?指挥班可以做的事小队士兵做了,我不认为就有什么不行。指挥班只有十来个人,可常常要弄五六只鸡。”

队长难为情地笑了笑:

“好!各小队就征用三只鸡吧。指挥班征用两只。”

听了这话的第二小队队长发问说:

“为什么五十多人的小队征用三只,不足十人的指挥班却要征用两只呢?”

“嗯……嗯……那各小队中每个分队一天一只。”

无可奈何,中队长吞吞吐吐地答应一分队一只。“岩渊少尉了不起!”我们小声嘀咕道。

五十来米的前方道路上浸泡着水。五名骑兵溅着水花骑马过来。

“敌人远远地逃到了黄河边。”骑兵骑在马上说。我一愣,感叹说:“哎呀,闻名已久的黄河这么近了,我们不知不觉走了这么多路啊。”

我们出发找鸡去了。有一户脏兮兮的支那人家,有妻子和儿子。他们正在蒸馒头。掀开蒸锅盖一看,暄腾腾的馒头正往上冒着热气。我们立刻拿起来就吃。好吃极了。大伙儿的手都伸了上去,眨眼之间全吃光了。支那人嘟嘟囔囔发着牢骚,眼睛盯住我们。战败国的国民这样做是需要勇气的,因为弄不好就会被杀。我们一面对此表示称赞,一面顺便提了两只鸡走了。不久,宿舍定了下来。

北部支那盛产棉花,我们住的这户人家也尽是棉花。睡在崭新的棉花上当然要比睡在肮脏的垫被上舒服,我们胡乱地铺起了棉花。

这些天,夜里都很冷。十月十六日,我从箱柜中拿出了姑娘的裤子。姑娘的裤子是丝绸的,蓝色的料子上有刺绣。由于是棉裤,穿了睡很舒服。

十月十七日早上醒来,脱下棉裤,发现双腿间沾上了红色的东西,一阵恶心之后,我把它扔在了土屋里。这裤子大概是到了年龄的姑娘穿用的,也许是她外出或参加祭祀活动用的。

今天是神尝祭①。

① 每年10月17日在日本伊势神宫举行的丰收祭祀。

我们在广场上集合，齐向东面的天边遥拜。

命令传达下来了。

“第三十旅团返回宁晋进行守备。第十九旅团在南和守备。”

“太好了！”所有人都齐声欢呼。

一听到守备，中队长马上开始命令检查武器。

枪口已经生锈了。

把仅剩的一点米熬成水一样的稀粥，又把小麦碾碎做成团子，吃了顿饭。

粮食不足，势必需要对粮食进行统一管制。不能随便吃。因为每一粒粮食都不是个人的，而是全分队成员的力量源泉。

下午，我的好朋友横山淳工兵伍长来了。他在我们昨天通过的湿地进行作业，他说今天是为了护卫第三十旅团的旅团长，由于他们的努力，湿地早已经通卡车了。我们互相拍拍肩膀，说了声“保重”，便又分手了。

夜晚，皎洁的月光照在大地上。

月光包含着五千年的历史。她记忆着过去五千年来地上的一切变化。

从尧、舜时代直到今天。从春秋战国到秦朝统一、汉朝兴亡、隋唐文化、五代纷立、蒙古的勃兴、明朝、清朝、革命……人类争斗起伏兴亡的变化无常，她都冷冷地尽收眼底。

我们的这次争斗，也将留作她记忆的一部分，再将她的光辉洒向后世的人们。

苍白而无言的冷冷的光……充满了多少哀伤啊！那自古以来几度成诗几度成歌、沁人心脾的寂寞的光！

一见到月亮就想起家乡。月亮让人的思绪驰骋于自己所有怀念的事物上。

苍白无言又冷峻剔透的月亮，化作一曲无限寂寞的哀歌沁入我的心胸,绵绵无尽地向我讲述我的故乡。

我亲爱的人,我的父母兄妹,我的朋友,你们也在这深秋之夜,看着这悠然飘浮在清澈如洗的夜空中的月亮吗?我也在看,但我却看不到我亲爱的人们。

在远离我的祖国几千里之遥的北方看月亮,我是多么地向往我的故国啊。

月亮,请你告诉故国的人们吧。

让战友充满爱的手割下仅有的一点头发作为遗发留下,让战死者的身体在战壕上归为灰烬,怀着万分的遗憾来遥祭故国!

行将焚烧殆尽的圣火前,一面流泪一面诵读经文的随军僧侣发出颤抖而悲痛的声音。

熊熊燃烧的圣火,悲痛的诵经声,泪洒遗发追忆死者生前的战友们的哀伤和身影,还有竖在那里的荒凉而寂寞的墓标。

黑夜之中在齐腰深的沼泽地行军的劳顿人马。

忍受饥饿奔跑着的士兵们的勇敢身影。

出击!出击!奏起响彻天地的凯歌。

我还不曾对月亮抱有过如此虔诚的念头,还不曾如此与大自然融为一体地生活过。

战场上,早、中、晚都分别拥有各自不同的意义。白天不是早晨的连续,夜晚也不是白天的自然延伸。它们分别单独在各自的性格中喘息着。人类何必要永远不停地重复这样的争斗呢?那只能是人类的不幸。

破坏、死亡、伤残、暴虐、人类的不幸、对故乡的思念——哎呀,要抛弃这些想法!

现在有现在的要求。现实不是追求缠绵的感伤。需要的是充满男子汉气概的男人,是现实中的斗士,而不是梦想家。

啊!月亮最终融进了我的伤感中。

这时,传来了第四中队唱起的民谣。熊熊燃烧的烈火中,响起了佐渡岛上的歌谣。围绕在野地篝火四周的士兵们,在持续的劳顿之后,充满了喜悦和干劲,在嚷着。他们的歌声成了一种狂吼,一种叫嚷。在篝火和月光的映照下,人们在跳舞,群情激奋。

那叫声,那喊声是多么高兴啊。

十月十七日的南和之夜,是个难忘的夜晚。

皎洁的月光依旧照在广袤的大地上。

夜深了。

人命就像害虫一样,将毫无罪恶之感地被断送。富饶的大地将翻天覆地地变成一片荒野。高楼将像玩具一样崩塌。二十世纪的文明摇摇欲坠。罪恶、残忍、悲惨、暴虐、破坏,所有这些恶行居然都以正义的名义而肆意横行。

敌方和己方各自都有正义之名。

在这虚无的上面建立起来的到底是什么呢?

秋去冬来,万物凋零。然后,又是春天的气息吹醒大地。新生的绿芽跃动着成长的激情而开始新一轮生命。

春风何时吹进这人类的寒冬?又是谁吹起这春风呢?

天!它就是大东亚共荣圈!

它就是吹动春风的人!它必然是作为盟主的日本。大东亚共荣圈必须建立在破坏后的废墟之上。它严正而坚决地需要破坏。

可是,处在这个过程中的人就不得不感到痛彻心肺的伤感了。

这种感伤——它不是对月亮的哀婉和思念故乡的缠绵感伤,而是无尽的悲痛,是对一种巨大的痛苦和永远可憎之物的呐喊的感伤。

争斗——它是生者的必然选择。但是,有人无法把它当做一种必然,无法心甘情愿地领受。

人间有正义,有感伤,有人道。

那就是人与生俱来的善。

但是,现实中有出自天生之善的正义。现实中的正义是力量。惟有力量才是正义。世上一切都是弱肉强食,此外什么也不是。有力量者就是正义者。在这个力量即是正义的面前,所有的善将不再是善。在力量的面前,人道不知为何物,恶道也可成为正义。

啊,这样一来,想在现实中成为当今的正义派的话,那必须是有力量的人。何必怕后世之人称之为非正义呢?

难道只要生于现在,是现在的正义派就足够了吗?

霸者的正义——高压的正义,只要有这样的东西存在,争斗就永远不会停息。

嘿,我们日本人!

不管是释迦,是孔子,还是基督,只要与日本违抗,就必须让他流血,必须同他作战!

祖国日本有生的权利,有必须生存下去的义务。我们是她的牺牲,是有价值的牺牲。

于是,我们要前进,直至胜利的光荣来到,直至最后一口气。

日积月累的武力上的胜利,不久就会化为外交上的胜利。而且,那里又将是明天的辉煌的出发点。

夜深了。民谣声还像凯歌一样在黑夜中回响。

十八日早晨,我在城墙内侧旁边的水井边洗脏衣服,又擦了擦很久没洗过澡的疲劳的身体。这是一个多月来的头一次沐浴。脸也黑,手也黑,泥垢一块一块地掉下来。脚趾由于每天的行军肿得发痛。小池塘里游着十来只鸭子,其中的三只被蘸上盐汁满足了我们的胃。

在城里看到了敌第二十九军的《敬告各界民众书》传单,我把它抄了下来。

陆军第二十九军敬告各界民众书

各界父老同胞们:

残暴的日寇现在对我们中国已决然发动了全面的战争,地点已经不仅是冀察两地,上海张垣的战火此刻正猛烈地燃烧……敌机的行踪在上海、扬州、杭州、南昌以及我冀察各重要城镇都相继发现,这简直是要吞灭我们国家、灭亡我们民族的一种非常举动。

我们中国近几十年来到处都受着日本人的欺凌,到处吃着日本人的亏!使我们追求和平的心理不得不走上焦土抗战的道路。

这次战争开始的时间,是在七月七日深夜,日本驻丰台的部队,非法在卢沟桥附近演习,借口一士兵失踪,突向我驻防卢沟桥的军队攻击!我们二十九军为了保卫民族的生存,为了保卫华北一方千千万万父老兄弟们的生命财产,为了保卫祖国的领土主权和执行我们神圣的职责,从七月七日夜间起……一直到七月二十七日,我们是在继续不断地和日寇血肉相搏,我们以一团官兵抵抗敌人,与日军三千之众相持二十余日,英勇壮烈的牺牲。前仆后继、不怕死的精神使敌人心惊胆颤。

我们暂时放弃平津,完全是战略的变更,机会到来,立刻可以收复。不过日寇占据的地方,我们的同胞立刻要过非人的生活!现在谨以血泪向大家报告以下日寇惨无人道的兽行!日寇驻防各地,青年妇女多数被奸污!

难逃幸免。天津某水果商号店主，因向日本军举发我部队枪支掩藏处所，反被日军疑惑砍下双臂，并将全体伙计枪决，附近一带商民多被波及！

北平西部我后退步兵，毙敌巡逻队一名，余寇狼狈逃窜至派出所，将我和平警察悉数制死，原因是怪我警察事先没有通知！这几件事情不过是列举百分之几的简单魔行，此外不讲人道而违天理的行动难以尽数，可怜我们在铁蹄底下的同胞们，被其蹂躏！任其屠杀！竟有无耻之徒，报告我们藏械处所，反因此被杀，波及亲邻。这就证明了你纵然用尽如何的媚笑丑态，想去博得日寇的欢心，仍然免不了做刀下之鬼的厄运。

同胞们！时至今日，惟有军民联合起来，团结抗战，才是活路……云云。

陆军第二十九军司令部

下午，命令再次传下来。

"第十九旅团的第一〇九联队明天与第一〇七联队换防，返回宁晋城。"

我们疑惑不解。后退意味着什么呢？是战争就此结束了？我们直到今天都一直不停地在前进，为什么要后退？如果是战争就此结束的话，那也太简单了吧。后面肯定有事发生。

十月十九日，早晨七点，我们从南和出发了。不久来到了横山淳他们作业过的湿地，地已经干了，埋在泥泞中、悲伤地目送着我们通过的一头头驴子都已倒地而亡。我们先前经过这里时，它们用一种祈求同行的、希望救出它们的目光送过我们，而这会儿，它们已经断了气，化作了一具具冰冷的尸体。

一天过去了,新的一天又来临了。早晨六点二十分,我们出了村子,朝大沙漠出发。沙丘的波浪起起伏伏,一浪接一浪。一〇九、一〇七联队像条大蛇一样延绵不尽地来到。炮兵、骑兵、步兵、辎重兵一路激起阵阵沙尘。骑兵从沙丘的对面奔驰而来的模样,就像电影里勇士一样威武雄壮。

这些老兵们带着蒸熟的山芋,我们带着香烟。我们饥肠辘辘,他们却吃得饱饱的。

“喂,大叔,用烟换山芋怎么样?”

四处响起这样的叫声,换东西开始了。

太阳酷烈,沙丘被晒得蒸人。

我们在沙丘上休息,开始与老兵们搭话。我们休息的地方只有一口井。这口井大概是为经过这漫长的沙丘的旅人准备的吧。

有人在摇转水车,水车是细长形的垂吊式水车。井水碧清,像水晶一样闪光。我跑了过去。

“东! 你干什么去!”这时,准尉小队长一声大喝,我只得无望地转回身。

我很不满,沙漠里的水怎么会有毒呢。

前进! 一百来米的前方,有一处宽阔的沙丘上生长着草。草丛中有一匹军马倒在那里。因过度劳累而不能再发挥作用的军马被抛弃了,我知道它是好不容易才爬到了草上的。军马还活着,不时地抬起长长的脖颈,带着美丽动人的惜别之情目送着走过去的队伍。这匹马肯定在祈求与我们同行,肯定在为自己行将逝去的生命而悲伤。

那些看上去像是杂草的东西,却是士兵们为他们因疲劳而倒下的心爱的马用来遮阳的树枝。士兵们忘却自己的疲劳,跑向远处折来这些树枝,来表达他们的爱意。

为了祖国用尽了所有力量的军马啊！

你为你爱着的祖国日本渡过大海，来到几千里外的支那北部，你跑到铁蹄磨尽，劳作到心脏停止跳动，劳作到最后一息。你和爱你的主人天各一方，阴阳相离，你的主人不会忘记把你丢在沙漠里的沉痛，你的主人会祈祷你在天国安息。

你的主人并不逊色于你，他踏着沙浪不停地前进，又心疼你，又迫不得已。

我不禁想象起跑到远处折枝遮阳的士兵们对你恋恋不舍的情形。

我们继续前进，丢下将在充满珍贵情义的树枝阴下死去的军马。

唐山城①在左侧出现了。被野狗撕咬的死马零乱地躺在沙丘上。不一会儿，沿着长长的白杨树大道的西侧，横着一条又宽又大、河水清清的浅水河。踏着河底的沙子过了河，滚热的脚让冰凉的河水一冷却，心里有说不出的舒服。来南和城防守的后备师团陆陆续续地过来了。左侧是一片平缓的山峦，它让人想起滑雪场，让人想起雪，让人想起遥远的故乡的冬天。平缓的山峦的尽头是岩石山。呛着沙尘越过了山谷，然后休息。我奉命参加扎营，只得急行军走在部队的前头。

西原少尉是扎营指挥官，我们超过第二大队朝前走。我们很累，但仍然竭尽全力不停地朝前走。一心一意地拼命走，所有过度的疲劳都忘了。只想着走。不，连走也不想，只是一味地拼命朝前。天渐渐黑下来的时候，我们开始感到了饥饿和干渴。拔些白菜和萝卜啃着继续走。我和机关枪队的士兵忍不住饥渴，朝野地里的水井跑去，那里挂着水桶供人随时打

① 现在的隆尧县，1937年时为隆平和尧山两个县，而尧山县的治所即是唐山城。

水。我们解开绳索，打上水来，但水太脏，全是泥水，不得不把它倒掉，我们遗憾得几乎要流出眼泪。

顺着蜿蜒曲折的田间小道朝着一个村庄走去，农民挑着两桶清水过来。我们就像饥渴的婴儿吃奶一样，把脸浸在桶里喝了起来。婴儿苏醒了。我从背包里拿出从南和出发时做好的馒头，终于填饱了肚子。

上面严格禁止我们征用苦力，因为这样做有失风范，让人觉得自己没志气。但我们觉得，战斗才是根本的，行军应该配合战斗，应该让我们减少疲劳，把力量用在战斗上。

西原少尉说："还得走很久。中队长要训，也就这一次。"他同意我们征用苦力了。

这一句话对我们来说是一句名言，是一句令人高兴的话。我雇了个十八九岁的青年替我背背包。一半苦力一半士兵的队伍又拼命地走了起来。日头全黑了，我对青年喊着："快快的！"催他快点。月亮出来了，映照着广袤的大地。没有一个人说话，大家都默默地向前走。月亮把我们的身影长长地投映在地上。

十点左右，终于到达了目的地——一个村庄。我累得几乎感觉不到脚还在自己的身上，身体就像散了架。但是，我们马上又是找铁锅又是找照明用油，开始生起篝火，这与其说是扎营人员的任务，不如说是出于对战友们的深情厚谊。我一个人躺在宿舍里，烤着火等待战友的到来。一个村民也没有。他们事先知道我们要来，全逃了。怎么等也不见部队到来，没办法，只得去中队本部的宿舍。正吃着晚饭时，少尉大声叫了起来：

"失火了！"

着火的房子是分给我所在的分队做宿舍用的，是我为战友生的火烧起来了。我忘记身体的疲劳，赶紧打井水浇灭了火。

我们焦急等待着的部队过了很久还是没到。不会在什么地方宿营了吧。于是,我们也睡下了。可跳蚤爬来爬去,搅得我们翻来覆去睡不着。哪怕是有一只跳蚤,我也睡不着,简直束手无策。我们躺下来是在凌晨一点。

早晨,雾气笼罩大地,几米远的地方都看不清,大概宁晋城附近有泉水。晨雾中升起了巨大的红红的太阳。我们悠闲地走着,因为我们一直觉得自己走在大部队前头的。但晨雾散尽后,我们大吃一惊,发现大部队正前进在我们身边。

我们中队的宿营地在宁晋城附近的南楼下村。到了南楼下村,大队本部来了紧急命令:严禁征用蔬菜。因为有限的物品必须统一管制配给。师团集结在宁晋城,决定休整十天。我们分队和第二分队的宿舍一道被分配在一家大民宅里。木下不知什么时候先到了,在等着我们。每逢有战斗,他都被留在后方;一到驻屯下来,他又回归分队。不管后面有什么事,十天的休整不能不说是一件难以言表的开心事。我们不知道明天会有什么事。

我们的观念里没有明天这个概念,内心只考虑今天眼前的事。在我过去的生涯中,还不曾像在战场上这样深切地感受过休息是怎么一回事。

对于我们来说,与其考虑往后会发生什么事,还不如考虑如何把握住现在所处的情况,这样也许更明智一些吧。往后会怎样,只要我们还不是参谋,我们就无能为力。那就是不论你答应与否,该来的就会来,而且还要命令你服从。总之,既然不是自己的意志所能改变的,那还是不想它为好。

说是这么说,可我们对明天会发生什么事还是抱有好奇心的。这一好奇心并不妨碍我们享受今天的时光。

不去想接下来的瞬间可能发生的事，只体味捕捉那瞬间心情，这才是幸福的人。

我们到了宿舍，首先安排睡的地方，然后是厕所，接着制订炊事值班表，值班的人要用有限的粮食做出合乎各人不同口味的饭来。征粮组进入无人居住的民宅，哪怕是一把小麦粉也都带了回来。中队定好了睡觉、起床的时间。我们宿舍的一角有一匹支那马，大概是这家主人逃走时丢下的。夜里，奇怪的事发生了。

木下一直都很轻松，所以夜里就由他值班。我们都累得呼呼大睡了。突然，“出事了！不得了了”的叫声把我们吵醒。奔出去一看，木下正抱着门口结实又沉重的门板在叫。

“出什么事了？”

“有个怪东西。”

“那你抱着门就没事了？混蛋！”

“在哪儿？”

“那边角落里。”

“是马那边？”

“前山去看了。”

走到木下所说的可疑的角落一看，根本没什么可疑的东西。只有马在不时地动一两下。原来是木下听到马动的声音叫了起来。一个多么混账的东西。人们骂他，可他却丝毫不害臊。

我们在这里休整了十天后，听说要往上海方面去。说是上海方面的敌人使用了毒气等新式化学武器。为此，我们不得不每天进行针对性的训练。

战地邮局也开设了，开始允许我们邮寄东西。这是我自从天津出发以来第一次写信。佐佐木健一给我写来的信里夹着剪报。剪报的内容是写我出征之际母亲给我匕首的事,母亲当时嘱咐我说,假如被敌人抓住了,就用这把匕首自杀。报道的题目是《楠公今犹在》。这实在是让人难堪的事。以这种事为美德,还写进报道里,实在让人感到讨厌。

也许有人喜欢被人这样写,但我是绝对属于讨厌被这样写的那一类人,我看不起喜欢小题大做地撰写这种内容的人——瞎寻开心的人!我们的行为不是寻求劫后美谈的材料。佐佐木说:“看了这篇报道后更增添了勇气,我决心更加努力。”

他似乎是个很喜欢这类事情的人,这种事是乡下好瞎寻开心的人所喜欢的。他还知道藤原平太郎任运输队队长出征的事。柿本给我写过信,我很感谢他的友情。

他的信上说,我父亲通过报纸知道士兵奋战的情形,流着泪讲给重一和初枝他们听。

我就觉得终于遇见了久违的朋友和父亲,思绪渐渐地又从父亲身上转向了故乡的山河。

我从早到晚不停地写信,给佐佐木,给中垣德弥、柿本文男、斋藤良次,给父母、姐姐、平太郎兄,给土田三四郎、下户利三郎等等。

一天,轮到我值厨了。

我们每天每人只分给三合米。一天三合米在部队只能吃半饱。肚子饿也没办法。必须想出既能吃饱肚子又能节省粮食的办法。分队队员近来的心情很坏。粮食不足成了战友不和的根源,各人的情绪都不好。饥饿的叫嚷声,偷盗,猜疑,暴戾,轻侮,坏心眼,已经泛滥成灾。

以往用友爱、互助和微笑结合在一起的战友们,现在,由于粮食的缺乏,心里都充满了猜疑、贪婪、私心和不信任。

我没想到食物的不足竟使大家的心灵变得如此卑鄙下

流。那模样就像几匹饿狼一起贪婪地盯着仅有的一片肉似的。

一日三合粮食虽然决不至于让人饿死,但这总像用沙丁鱼去喂鲸鱼。衣食足,然后知礼节,这句话是千真万确的真理。要是让高贵的美人和说话优雅的上流社会的妇女也挨饿的话,恐怕她们也会变成这般模样的吧。

如果饿上一两天,知道第三天会吃得饱,那么饿一点也不算什么事。可他们长期饿肚子,现在也是这样,也不知道这种情况会持续到将来何时,所以,暴露出一些动物的本性,也是可以原谅的。在蔑视他们的这种行为之前,应该先给予一些同情。

话虽这么说,但身处这种令人不快的气氛中,我还是禁不住万分讨厌。这种不快的温床是既贪吃又充满猜疑和嫉妒的野口一等兵、龟口上等兵和西本分队长他们。

他们三个人几乎闹到唾沫横飞的程度。我们分队有一些征用来的小麦粉,我打算把它们做成米团子,但水放多了,没做好,我又放了些面粉想弄硬一些,可是我这个不会干活儿的人最终还是没能做好。我做菜的时候,也是不知该先放酱油还是先放菜,想想在家乡时祖母烧鱼的情景,也想不起到底是该先放哪一个。煮饭也不知放多少水。好几次,不,是经常,不是煮成硬饭就是煮成稀粥。

今天的米团子也没做好。这事使我和西本分队长发生了口角。是他随便命令我做饭的。我生气地争辩说,我是天生的,又不是故意的。

从那天起,我下决心再也不做饭了。充满不快的内务活儿简直太让人讨厌了。

那种贪婪带来了一种令人难以忍受的沉默,简直令人难以置信,它比危险的子弹和艰苦的行军更强有力地支配着身处这里的人与人之间的关系。

小队长挨个儿地跑各个分队,问有没有做什么好吃的。这时,他听谷山上等兵说头痛,便训斥说:“你吃多了!”我们每天早晚在又大又黑的大门边的狭窄过道上点名,内山小队长还经常说这种话:“我决不会死。不管你们当中的谁,如果战死的话,我一定会为你们扫墓的。我坚信我不会死。”这种老生常谈,不知说了多少次,说了多少天,几乎让人觉得已经说过头了。

在我继松坂上等兵之后去中队办公室值勤的时候,一个号手对我说:“这次我们遭遇的敌人拥有各种武器,听说我们是无法活着回去的了。现在,上海打得很惨,说是我军战死不少。虽然和我们作战的只有上海和北满的敌人,但这次我知道自己活不成了,所以我把钱全寄回国了。”

我被他带着一脸悲怆说出的话打动了,我相信他说的。我的生命也只剩下几十天了。我抱着膀子一动不动地想:二十六年的生命就要结束了!

就像是为了证实这种说法似的,我们不得不进入放了催泪瓦斯的空屋子里,检查防毒面具是不是好的。

死……死……死!一个多么令人讨厌又怕说出口的字眼。

“我不怕死!”谁都给故乡的人这样写信说。

“我已经清清楚楚地明白了死。”大家同时又这样说。

但是,他们真有这种清醒的觉悟吗?

觉悟或决心,这都是怎么回事呢?

觉而悟,知而悟,一切都已悟了!——觉悟死——决心死——决心……心里决定去死。这是期望去死?是毫不犹豫地接受死亡的心理准备?

是誓言?是期望?是伺机而动?

对死亡的恐惧是来自斗争本能的必然结果。

他们有克服本能所必需的大彻大悟吗？我们能抑制住恐惧,那是因为有外在的抑制条件和内在的抑制条件。剧烈的肉体活动和肌肉的兴奋,或者是意识的努力集中,都不会使我们与恐惧有缘。

恐惧在无事可做的时候会增大。

预计到有危险的时候,人会被神经过敏或恐惧所摆布,而当危险实际来到时,恐惧也就随同行动的开始而消失了;危险过去之后,有时又会被强烈的恐惧感所左右。

这就是他们对死的觉而悟,而不是决心。这只是暂时的现象。

所以他们不能对家乡的人说他们已经确切地明白死是怎么一回事。如此断言的权利在他们的心灵深处尚未准备好。

过去的武士为了夸耀其对部下的威严、品位、军阶,不仅在身上穿着色彩奇异的甲胄,从而在战斗中给敌人以动物般的幻觉和错觉,造成对方的恐惧心理,而且通过改变自己的外形让敌人感到威胁而给敌人以深刻的印象。基于同样的理由,我们穿上了制服。制服的单一性就是要建立和维持现代军队之铁的纪律,这是以威严的形象和节奏感震慑大众的手段。在号令之下,有秩序的群众会投入同一个大行动,会让敌人因幻觉而产生巨大的恐惧。这是震慑敌人心理的手段。

而且,声音有时也会震慑我们的心理。

野兽般的残酷、蹂躏、绝望、威吓、虐待,这些都是最大的苦闷的死亡。

面对这一切心理剥夺,他们明确地“觉悟到死,毫不畏惧死”吗?

纪律的目的必须是压制恐惧。但军队教育使谁完美无缺地达到了这个目的呢?

纪律不是训练惟命是从,而应是创造人。

生,对生物来说是一种巨大的魅力。

死,对生物来说是一种莫大的厌恶。

生的意志无论如何都太大了,人们无法轻易摆脱。

我不能断言他们已经确确实实明白死亡了。他们对家乡的人所说的不过是出于一个日本兵的矜持。

他们确实是祈求生存,讨厌死亡。但这不是恐惧。厌恶就等于恐惧吗?那里面虽然有一定的必然性,但也可认为有时并非如此。

我是这样想的,但我也越来越弄不清了。是我的智力不够呢,还是因为我没有绝对的经验?我该为自己作出结论了。

他们希望生,不希望死。总而言之,这是对死的觉悟还不够。但是,他们不是恐惧。貌似矛盾的这个结论,我认为是成立的。

因为假如他们在死的瞬间,不是希求死而是希望生,但又受绝对力量的左右而在刹那间有所觉悟地死去的话,他们就处在非常兴奋的状态中,这是抑制恐惧的思想发挥了作用,平时所不能想象的镇静就会攫住他们的心。

这个问题必须留待今后的经验来证实了。中部支那的杀戮战会给我答案的吧。

和我们一道接受征兵的乙种部队,原来作为后备兵留守在日本内地,而在我们驻屯宁晋的时候,他们也来了。他们说:“我们来是来了,但不会凯旋回国了。”我们对他们的话半信半疑,但对他们今后去哪儿抱有很大的兴趣。

十一月二日上午六点半,我们终于离开宁晋,向石家庄前进。经过敌军建起的有三间宽的公路,于四日到达了小马村。据说从小马村到石家庄只有一天半路程。由于第一军的宣抚

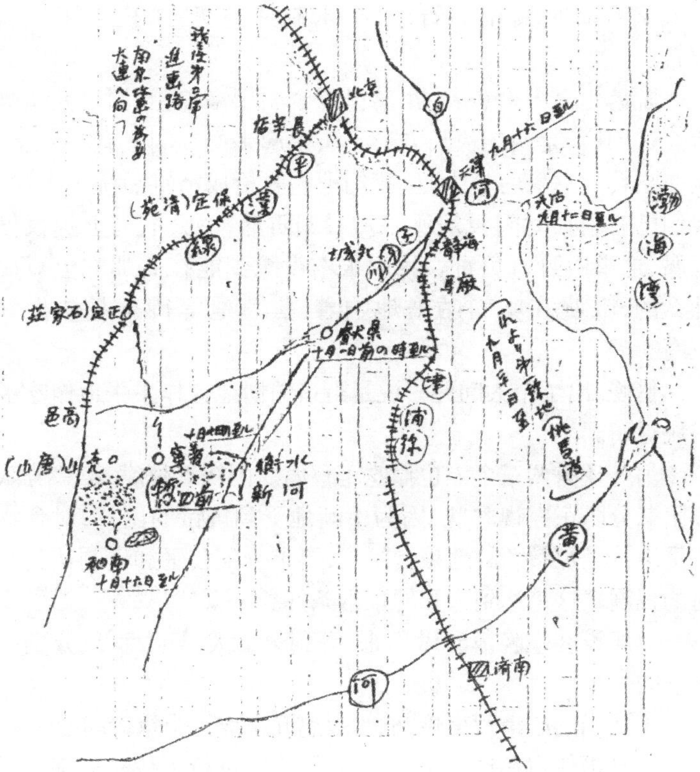

战,这一带的治安得到了确保,上面命令我们要爱护当地居民。居民们都举着太阳旗出来迎接我们。在北部支那的各个村落,我们对这种用纸做成的三角形纸中间画个红色的圆巴巴,或在长方形纸上贴一张剪下的红色圆形纸的太阳旗,都已习以为常了。北部支那的居民们,在我们进驻时,手拿着连夜赶制的太阳旗,由男人们和老母亲出来“欢迎”我们,却把年轻的女人全藏匿起来。

一个小户人家分配给第一分队和第二分队用作宿舍。这户人家有做豆腐用的石磨,有木制的纺机,纺机上正织着棉布。

院落里开着牵牛花,角落里有个洞用来养猪,洞上面是厕所。这厕所,是两三块长方形石头垒起来的。洞里有一头猪,正在吃食。这家有口大缸,我们把它收拾成浴缸后洗了个澡,我们已有很长时间没洗澡了。看到石磨,士兵们马上提议做豆腐,这事由野口负责。我们根本没想到能在支那吃上豆腐什么的,喉咙在咕噜咕噜地响着,焦急地等待着赶快做好豆腐。

傍晚,出了个大问题。说是野口悄悄地自作主张地偷吃了一块豆腐。

另外还有两三个人也偷吃了豆腐。围绕着豆腐,第一分队和第二分队正虎视眈眈,因为不断地受到饥饿的困扰,对食物严重地神经过敏。战地粮食匮乏,要求分配公平和管制达到绝对的程度。这是达到人和的根本条件。

豆腐没在吃晚饭时做出来,等到第二天早上,我只分到了剩下的一半。

士兵们的心情很可怜,偷食豆腐几乎成了个重大问题。

五日仍住宿在这个小小的村子,中队进行了战斗训练。训练过程中,听到了火车的汽笛声,我们感到了犹如回到文明世界般的喜悦。这是一种无法比拟的喜悦。

有火车就意味着要乘火车,否定只能行军。这让人感受到文明。

六日,早晨八点离开了小马村。路上,遇见了从福知山分手以来一直未见面的木之下太郎。我吃惊地听他说了岩木村的坂山在百尺口村战死的经过。

中午十二点到达了石家庄附近的一个村落，在荒凉破败的民宅院子里，我们生起火煮起了山芋，等待着晚上九点集合的命令。晚上九点列队，朝石家庄进发。

车站上亮着灯，中央银行的仓库一间挨一间。沿线哨兵端着枪，威武地站着岗，枪在灯光下闪闪发光。大队本部的下士官说把崭新的自行车扔了很可惜，但还是扔了。我们终于乘上了火车，这是在午夜十一点，说是火车要到第二天早上才开车。

货车厢里挤着五十多个全身带有许多装备的士兵，几乎动也动不了。

在货车里定下心来后，我们开始饶有兴致地谈了起来，要坐几天火车？这到底是去哪儿？是去北满还是上海？我们铺开地图，借着蜡烛光寻找起来。得出的结论是：如果我们是去上海参战，那火车应在大沽停车；如果火车过了大沽不停，那就是去北满。

这次战事被称作北支事变[1]，上海战事只被认为是局部战事，现在北支战事已经结束了，可以去上海参战了，当时，人们一般认为，战争不过仅限于此。可到了昭和十六年[2]三月的现在，南京、汉口、广东等支那的大部分重要地区被占领的现在，战事还在继续进行，这是当时做梦也想不到的。北支事变的名称如今变成了日支事变；战争一下就跑出了三年多，而且还没结束。这种局面当时不仅是人，连神灵也没有预料到。

火车终于在四点半启动了。这是十一月七日。

夜幕被火车的全速奔驰撕裂，随之展开的是一幅牧歌般

① 日本方面对“七七卢沟桥事件”的称呼。

② 1941 年。

和平的大陆风景。铁路沿线的田野恢复了秩序、和平与丰收，农民的铁锹就像教堂里宣告福音来临的撞钟木一样，敲击着丰饶的大地。

和平回来了。幸福苏醒了。战争过去了。

太阳闪耀着灿烂的光辉，羊群随处可见，农夫们洋溢着农耕的喜悦。

白杨树高高地伸向天空。孩子们在高兴地玩耍。牛在懒洋洋地哼叫着。

这就是和平与幸福。在这种牧歌般的风景中，战争就像遥远的异国之梦，而且，看不见一丝民族与民族流血战斗的痕迹。

昨天和今天的巨大变化，不知为何，让人觉得绝对而伟大的和平似乎来到了这片大地。

人类一面期望和平，一面却又在破坏和平。

中午十二点到达了保定。领了饭团填填空空的肚子，抽了一支剩下不多的香烟。

以为军车会通过北平，却在北平不到的长辛店调头了。到达长辛店是在晚上八点左右。

在长辛店吃了晚饭后继续前进。八日凌晨两点半左右到达了天津，在天津吃了一顿丰盛的饭菜。那是天津妇女会赠送的盒饭。列车就像被什么可怕的东西追逐着似的，在天津站停了一小时就开走了。

天津站的报栏上清清楚楚地现出“九国会议召开，日德意三国订立防共协议”几个大字，它们强烈地刺激了我们的眼睛。

与世界断绝了关系的我们，不知道世界上发生了什么事。我们最想看的就是报纸，因为报纸反映世界最新动态。

九日醒来,火车已经在没有一棵树木的广阔无际的大平原上飞驰。风景与北部支那的风景又有所不同。北部支那的平原虽然没有山,但有树林,有田地。而这里全是荒凉的平原。这里的房屋也不像北部支那,没有那种火柴盒似的平屋顶,也没有高高的围墙,都是些石结构的风格迥异的房屋。火车经过白河,越过大沽,在芦台附近奔驰着。

“在山海关可以寄信,快写信吧!”这时响起了曹长的声音。

山海关? 对啦! 也许是去俄满国境线。

火车一到芦台车站,就开始分发信件。

我收到了东寅藏、小谷花、小谷稔、父亲、妇女会、柿本的来信。

经过相当气派的芦台车站,下午四点半到达了山海关。山海关是秦始皇建万里长城的起点。我想看看著名的“天下第一关”,但在车站看不到。

秦始皇要维持秦国的独立,所以修筑了长城,派遣名将蒙恬讨伐匈奴,又征服了现在的广东、安南①地区,其声名远播。外国人把秦(TSIN)错叫成“支那”(CHINA)了。

支那人把 CHINA 音译成“支那”,据说此后它就成了国名。

蒙恬和匈奴在这一带打过仗吗?

由于霍乱流行,小卖店都关了门,没有一丝甜味可以满足一下我们饥饿的舌头。

车站里零星地站着肩扛枪支的独立守备兵、满人、日本满铁守备兵。山海关是满支国境线②,据说是由日、满、支三国

---

① 指越南。

② 指伪满洲国与华北的界线。

士兵守备。

山海关是个小城，日本人很少，各国人杂居于此。傍晚七点半出发，九点四十分到达了大虎山。这一带特别寒冷，水面到处结了冰。房屋都是垒石而成的，很牢固。夜里，寒气更是逼人，货车的铁皮顶棚上，人呼的气也结成了冰。我们就像在冷库里一样。太阳一照，顶棚上的冰又融化，啪哒啪哒地滴落下来。

我们到底去哪儿？我们一次又一次地展开地图。要去大连的话，应该从沟帮子往大石桥去，接着才往大连。如果是去俄满国境线的话，应该是朝奉天去。军车不知疲倦地不停地向前。

下午三点到达奉天。还是要去俄满国境线！国境线就这样逼近了吗？真让人觉得可怕。

奉天车站又大又气派。停车。我们随着下车的军号声下了车，就像从桥上拥出来的野兽一样，朝军用售货亭跑去。军用售货亭早已被士兵们挤满了。没办法，我只得折回头，这时遇见了国防妇女会的会员，她很高兴地给了我一份报纸，我请她帮我买许多东西，有威士忌、点心、羊羹、罐头、香烟等，她愉快地答应了，并快步朝车站外跑去。

在日本丰臣秀吉时代的末期，奉天是满族的一位酋长努尔哈赤（清太祖）统一邻近部族，与明神宗的军队及朝鲜军打仗获胜后建都的地方。那时，奉天称为沈阳。

那以后，满族开始统一整个支那，统治汉族，后改国号为清。清朝统治汉族一直到近代为止，最后，革命军废除了最后一个皇帝——宣统帝，现在，宣统帝成了满洲皇帝。

这个历史悠久的、我一生之中几乎不可能再次来访的奉天，我想住上个两三天好好地看一看，但下午五点出发的列车一路向大连开去。

我们以为是去国境线，结果是去大连。大连与上海隔海相连。这里天寒地冻，守备部队都穿着防寒服，在深夜经过了日俄战争的遗址，我们于十一月十日早晨八点到达了大连。七日凌晨四点半出发，十日早晨八点到达，整整用了三天零四个小时。

登上明信片上常常看到的圆形码头大楼，在大连艺妓的陪侍下美美地吃了顿午饭。

活着真幸福。正因为活着，才可以享受这些只有仙人享用的美味佳肴、娇艳美人、文明世界以及这一切，才能随心所欲地满足。被忘却的文明世界的所有东西都在欢迎着我们。

生！生！生！生存下来是一件多么令人高兴愉快的事。

死是一切的结束，生是一切的开始。

我们以为马上乘船离开这里，结果听说要在这里住两三天。

啊！多么让人高兴的消息。多么让人幸福。

又是久违的被褥，又是久违的和服。

又是久违的洗浴，又是久违的榻榻米，更是久违的发自内心的舒适快乐。

生不停地给我们以喜悦。

午饭结束，在市区行进，去参拜大连神社。

木下以为直接从码头乘船，他买了一瓶酒。他一路上挂着酒瓶子行军，中队长看见了，训斥他，不许他把酒带回宿舍去喝。

话虽这么说，扔掉毕竟可惜。木下被队长一训，就把责任推到我身上，说是我让他买，他才买的。我接过酒来，一边走一边物色路上的行人，想把酒随便送人。

这时，在一个街角处遇见一位穿西装的男人，我把酒递给了他："送给你喝吧。"西装男人一脸不解地望着我，我头也不回地继续朝前走。经过大连本愿寺、金比罗神社，我们朝静浦小波町前进。路上，小学生们列队欢迎我们，喊着："万岁！万岁！"静浦是个美丽的小镇，那里建有一排排红蓝相间的欧式住宅，右面是平缓的山峦，左面是巍峨挺拔的山峰，前面是海水浴场。住宅的颜色很美，几乎让我们觉得来到了异国他乡①。

我和竹桥健二君住宿在一个叫小石寿司氏的人家里。

竹桥君三十二岁了，是后备一等兵，性格甚为老实，经常发些牢骚表示不满，让人觉得他总有什么秘密似的。

这户人家的太太特别年轻漂亮，他们有一个叫砚的五岁小孩。主人告诉我们说他在岛津的放射科工作。

砚见我头发长，叫我"长发大兵"，还抓住我的头发转。砚是个可爱的孩子。

年轻的主妇性格开朗，很讨人喜欢。她圆圆的脸，嘴唇小巧，眼珠又黑又亮，笑起来更富魅力。她镶了银牙，张口笑时露出银牙，更添一层可爱的动人之处。

她个头一般，虽然和服有些土气，但裙子是姑娘时代的，显得很艳丽。和服和裙子虽然不太协调，但望着她裙子几乎遮住和服的后影，仿佛觉得她还是个姑娘。我最初以为她是个小姑娘，心想这下住在一个好地方了。她虽为人妻，但心无芥蒂，仍像姑娘一样年轻，让人觉得很活泼，很会待人接物。我们这些当兵的，住宿在人家的时候，谁都想住在有漂亮姑娘的人家里，即使没有好吃的。

她是个很容易接近、有话可以敞开说的人。她丈夫下午六点左右回家。她丈夫给人的第一印象不太好，年龄约三十

① 1932年9月《日满协定书》后，我国东北地区就被日本完全视为它的殖民地。此句反映了作者的殖民主义感情。

四五岁,是个说话不多、较为沉闷的人。晚上围着餐桌吃日本火锅,在和他说话的过程中,坏印象全没有了,我们与他谈起了支那国民性及共产主义等问题。关于支那人,他说:

“对支那这个国家的国民决不能松懈大意。即使彼此的关系再亲近,一旦事关钱的问题,他们马上就会成为敌人。”

我谈了共产主义。主人的理论前后矛盾,不彻底。最后我们双方都没劲了,停下话题后,我上床睡了。

上了床,手脚放开,大口地呼吸,真舒服。在此之前,我们睡觉都像野狗一样,不问讨厌不讨厌,找个地方裹着军服就睡。一旦睡着,什么绸缎被褥,什么木板稻草,一切都不知道了,所以,不管什么样的木板,都无所谓。说是这样说,毕竟还是这种松软的被褥舒服。

对于现在的我们来说,这已经是很难得的幸福了。在床上,我手舞足蹈,还把脊背在被褥上蹭来蹭去。

第二天,点名结束,我去大队本部领赏赐的香烟,还聆听了两位陛下的圣言。午饭后,我在浴池洗衣服。

年轻的夫人也许是个挺爱找人说话的人,说话时几乎身体都要碰到一起,我都有些心猿意马了。她特爱讲话。

“哎呀,东君,大连这个地方风气可乱了。有很多人都有年轻的‘燕子’作陪。胜见夫人,你知道吧……搞得真不像话。只是,胜见夫人做出了那种事社会上才闹腾起来。我认为阿定和胜见夫人根本没什么不同,只不过阿定下流一些罢了。”

“咦?大连的风气这么乱?”

“是呀。带上年轻的‘燕子’,一会儿旅顺,一会儿什么什么地方,到处兜风。”

“做丈夫的可不能安心了吧。”

“是啊。那个……隔这儿三家的那一家的夫人啊,干得还大大方方呢。真是厚脸皮。你们来之前,八月份那会儿,高射炮部队的士兵住了十九天,到处出问题。有的人家夫人和士兵发生关系,部队出发后露了馅,最后离婚。军队里有老实人,也有特别厚脸皮的人呢。有的士兵半夜三更进入隔壁夫人一人睡觉的房间,还问什么‘夫人’有没有什么可以玩的地方啊。你看,根本不该深夜里跑到夫人一个人睡的地方问这种事的。弄得那夫人惊慌失措。听说有的士兵还强奸呢……总之,十九天,几乎都成了自己家人一样了。”

“十九天都住宿在这样的地方,真是太幸福了。”

“他们每天都出海,偶尔也进行演习什么的。”

“至少也该让我们住上五天吧。”

“此前住我家的士兵也很老实,你也是个很老实的人。士兵当中也有很坏的。哪家碰到那种人,都要害怕的。在大连,绝对不能说士兵的坏话。有位夫人在电车上不小心说了一句住在自己家里士兵的坏话,被乘同一辆电车的宪兵给带走了。有的人家说自己家早上吃面包,于是,就说她不给士兵吃饭,便命她家一星期内离开这里回内地去。有的人家房子是花了两万元刚刚建起的,但连整理的时间也不给就命令人家离开,真让人家为难。那种人也不好,早上也不让人吃米饭。”

我没想到会这么严厉。我们置身在战争这个非常时期的顶点,但不像听不到枪声的人那样意识到这一点。来到听不见枪声的世界,看到严峻而紧张的情形,这才感觉到像非常时期。在火线上,对世上的事一无所知。世界怎么样了,日本现在处于什么状态,一点也不清楚。子弹爆裂的声音只会杀人,不会告诉我世界的情况。因为我们置身在非常时刻的正中间,应该比后方的人更能体会到非常时期的意义,而结果却相反。这是因为我们只深刻地了解一部分而不了解全部。又不看报纸,又听不到政府的声音,感觉不到其他国家逼近的脚步声。

夫人给我冲了第二杯咖啡。她不时地露出她的银牙笑出声来。

秋天的阳光透过双层玻璃窗柔和地照射进来。窗台上放着的盆景让人觉得很清爽。

“东君,男人和女人恋爱是什么感觉啊?我觉得对于恋爱,男人要比女人激烈。男人至死爱着女人,要是殉情的时候,恐怕都是由男人先说出口吧。好像男人有为爱而死的决心,而女人要走到这一步,似乎需要有相当的心理准备。”

“那么,如果你丈夫逼你一道殉死,那你怎么办?”我想这样问,但我没开口。

“是吗?”

“反正我是这么想的。”

“不过,都说女人比男人爱动感情,还说爱就是生命……”

“现在理智型的女人并不都这样吧。”

“但是,这种事根本不是理智或教养之类的问题。是性的问题吧。是女人与男人的问题。”

夫人没有明确地回答我。

“被称作当代型小姐的那一类人最不像话了。在大连长大的小姐一个都没有。反正又不是结婚对象。”

“为什么?”

“大连的小姐呢,爱花钱,虚荣心强,喜欢玩。”

“我对女人的心理一无所知,但我的亲戚中有一个人经历过这样的事。他也是在大连或满洲什么地方,替满铁工作的,他姓严。严君寄宿在一户人家。当时有个漂亮的女人,她正和严君的朋友谈恋爱。可严君寄宿的那户人家的儿子也恋着这个女人,有一天夜里,严君和朋友及那个女的三人玩了一阵后,半夜一个人回到了寄宿处,那家的儿子误以为严君独占了自己所爱的人,开枪射死了严君。杀了严君之后,他也自杀了。后来,严君的家人来满洲取遗骨,举行葬礼时,那女人也在场。葬礼是在满铁举行的。那女人一会儿哭一会儿又和别人说笑。从常识上讲,在这种场合,如果自己是这场悲剧的原因的话,自己应该保持一种真诚哀伤的态度。严的哥哥说,他根本无法理解那女人是种什么心情。”

“大概那女人有什么毛病吧。”

“只能这么认为了。”

夫人削了只苹果递给我。苹果真好吃。砚君依旧抓住我的头发叫我“长发大兵”。

晚上,和四五个战友约好出去玩。夫人说以前的士兵常去游廓[①]玩。“那些不检点的士兵真让人没办法。”她这么讲,像是在给我打预防针,让我觉得挺难为情的。但我们这些人连明天能不能活下来都不知道,要是放过这千载难逢的机会太可惜,加上随时会死的心情造成的及时行乐的想法,我对夫人说我要去码头执行任务。

由于严禁外出,所以不能大模大样的,便叫了一辆由女司机驾驶的出租车,朝逢坂町开去了。

来了五位艺妓。我们把帽子放在桌子上,艺妓们各人随便拿起一顶帽子,谁的帽子被哪个艺妓拿走,谁就跟哪个艺妓一起到她的房间去。据说整个满洲不仅火车时髦,暗娼也很流行。在美人馆玩到快一点,回到宿舍一看,门上了锁,打不开。这一带的民宅,白天出门也习惯上锁,晚上就更不用讲了。

我不好意思地叫醒了夫人,我把满是酒气的嘴背向夫人。

“东君！你喝酒了!”夫人说。

“嗯,刚才在码头值勤,太冷了,就喝了一点。”我一边骗

---

① 一般称为游廓,指妓院较多的地方。

她,一边赶紧逃过穿着睡衣的夫人妩媚的目光,进入自己的房里。一上床,我就想:

“夫人为什么和我这么亲近?在没人的走廊上,和一个穿着红色睡衣的女人面对着面,这不好。因为我很年轻,即使我不年轻,那也不好。”

我一面喷着酒气一面想,这时,外面有人在叫我。起身出去一看,是一道出去玩的后备兵 Y 君站在那里。

“怎么了?”

“那家人不给我开门,让我在你这里睡一夜吧。”Y 君和我钻进了一个被窝。

第二天早晨九点起床,我做好了出发的准备工作。Y 君早早起来后回到了自己的宿舍。我觉得自己什么东西都想吃,就像自己一直到昨天都在忍饥挨饿似的。发现自己食欲这么好,我自己都吃惊。

如果不用担心没吃的,那么人就会很平静,再没什么不满了。

夫人为了庆祝我的出征,另给我加了一瓶酒。

饭后,夫人说,散散步吧。于是,我们去了海边。

晨雾朦胧,挡住了大海的美丽景色。

一个多么令人神往的早晨。我的心情不像一个去参加战斗的士兵,却像一个与年轻的女友喁喁细语的年轻人。

和煦的晨风吹动着夫人的秀发,夹着缕缕馨香掠过我的脸颊,她漂亮的衣袖不停地随风飘动,不时地拂着我的手,我感到一阵窒息。

“一到夏天,很多人穿着泳装坐电车到这里来。这种事在内地连想都不敢想,警察还要干涉呢,可在这里却很随便。游客在海滨浴场真随便,你看,那边的沙滩,就是海滨浴场,只能看见一点点。浮着好多游艇。你看那边海面上的山,在它对面的两座大山特别漂亮,可今天雾太大,看不见,都被雾遮得灰蒙蒙了。"

大海退了潮,一些小孩正在海边拾贝。退了潮水的地面裸露出黑色的石块,近处的海面上漂浮着五六只小木船,与我们过去在《将军死于拂晓》的电影中见到的那种支那船一模一样,都是形状怪异的。小孩子们穿着破旧的衣服,裸露着胳膊和小腿,蹲在冰冷的水中。

"东君,你说这些孩子为什么生到这世上来?五六岁就要帮父母干活儿,又是到那连着住宅的山那边拾柴火,又要拾贝。还吃不上一点好东西,穿不上一件像样的衣服。将来也没一点希望,真可怜啊。"

夫人一脸同情地说。

靠在岸边的护栏杆上,远眺雾中的海面,这时,"呜——"响起了汽笛声。

汽笛声,尤其是雾中看不见船只的汽笛声,带着一种令人难忘的感伤。

"雾浓的时候,汽笛往往特别响。船只相互鸣笛,以免发生撞船。而且,这样的日子里,船一般都会推迟进港。记不清是什么时候了,有一次我去接应该七点到达的客人,不料睡过了头,起床后急忙去了码头。当时正好是大雾,一下等到了十一点。"

"呜——",又是一声汽笛,像是在通知人们有危险。从左侧的电车终点站到后面的山之间,架着一座桥,在桥那里有条路蜿蜒伸向山顶,山上有座洋楼飘浮在雾中,看上去很美。

"渡过那座桥,顺着道路爬上去,可以走到山后面,那里有个称作老虎潭的村子。村民们捕捞蛤蜊,卖菜,卖苹果。东君,在电车上看见那座大洋楼了吧,那边已经不是大连了,虽然同是静浦区。那是一个大富豪的别墅。听说有人发牢骚，为什么那边不让军队住。结果，让军队住了，竟然还是什么部队的总部呢。”离十一点出发只有三十分钟了，我们改变了预定的散步线路，朝那座别墅山走去。

从别墅的边门往回走，我说：“有了钱，在这种地方建个别墅住住，那多么开心啊！”

“你还年轻，大有希望。将来干什么都可能。拼命攒钱，建自己的别墅，那挺开心的。你攒钱盖房子、舒舒服服的时候，我已成了个老太婆了，真伤心。我喜欢年轻，而不是钱。”

这是一次快乐的散步，一次印象深刻的散步，一次抱怨时间不够的散步，因时间紧迫，我们无奈地早早返回了。

上电车时，我离开队伍与夫人告别，让她向砚君问好。

令人留恋的大连，印象深刻的大连，还想多住一两天的大连。祝愿年轻开朗的夫人幸福。

我们的电车中午时分到达码头。码头上有许多苦力在挑行李，满洲人在那里开了一些店，就像内地的通宵小店一样，那些店大概就是为苦力们开的吧。作为部队到达和出发的中转据点的码头，里面有这么多的满洲人，真让人担心怎样保守秘密。宪兵们带着一副锐利的目光，就像狼寻猎物一般在货物和人丛中走来走去。

据说轮船在下午三点出发。上船之前还有一些时间，大家都在码头的大仓库旁边休息。

森山中尉凭军衔压制我们，但我们在内心里却很看不起他，他像往常一样虚张声势，想显示自己的威严——他所显示的威严，大家只当做全然没有实力的人所夸耀的空虚。他又做了一件不得不让士兵激愤并让大家看不起的蠢事。他命令在码头小卖店买了啤酒、汽水、苹果等饮料和食品的士兵把东西扔掉。还摆出一副神经质似的面孔，瞪着狐狸般的眼睛大喊大叫。

士兵们想,为什么不能在码头小卖店买东西?码头里早就有那么多宪兵步哨,不经他们许可,一般人是进不来的。不管码头小卖店的主人是满洲人还是日本人,肯定都经过了相当严格的审查。在那店里买的东西为什么不能吃?这些食品里有毒药,有间谍捣鬼——这种想法只能是侦探小说中的做法,是滑稽的胆小鬼的恐惧病。

士兵们很愤怒,越来越瞧不起中队长。森山中尉站在一堆铁轨的旁边。有一个人先把啤酒朝铁轨上扔了过去。于是,一个接着一个把啤酒和汽水朝森山中队长身边的铁轨上扔去,泡沫在他身边四处飞溅。玻璃片和液体从中队长身边溅起。扔瓶子的士兵们就像憎恶啤酒和汽水似的,带着满腔憎恨,而且好像故意要让玻璃碎片打到中队长身上。中队长愤然地站在那里一动不动。尽管飞沫和碎片溅到自己的军服上,但他没有退却,碎片不时危险地在他眼前飞过。

士兵们开心地嘲笑中队长,他愤然而又神经质的脸像个滑稽的木偶。但是,这些士兵的态度只能是弱者无谓而徒然的抗议,是可悲的自我满足。

这时候,中队长应该知道士兵们是在表示憎恨和反抗,尽管这是徒然的。中队长一面为这种大喝一声便会散去的反抗而愤恨,一面默默不作声地忍住了。他没有行使大声喝斥的权利,这到底又是为什么呢?

这次很有意思。在军队里,对上级军官采取这种态度的下级被上级军官如此简单地训一顿就可完事,这是不可想象的。

今天为什么会这样呢?

中队长有性格弱点:他在过去、现在和将来对足以让士兵们心悦诚服的手腕和性格都缺乏自信;他的神经质般的精神被多数人的憎恶和反抗精神压垮了;或许是他自作聪明,把多数士兵看作是愚蠢的大众而不屑一顾。

心眼坏、性格阴损的中队长,有时清醒地看着什么人表现出什么样的态度,并依此评估士兵们的成绩。

他这样做的理由无非以上这些。

但我认为最大的理由也许是第二条。

因为他胆小,过去和现在都缺乏作为指挥官的威仪,屡屡暴露出自己的无能,这样下去,将来也是让人担心的。他应该有正直的良心。即使他想夸耀自己的地位所带来的表面上的权利、体面和妄自尊大的能干精神,但正直的良心使他做不到这一点,良心让他感觉到自己内心的偏执和无力。

十三日下午四点,我们乘上了六千吨级的新兴丸号船。上船前领到了分发的“月桂冠”酒。

船内狭窄,两张榻榻米坐七个人。夜里十一点离港——奔向新的战场。战场在哪儿呢?我们的话题打开了:在哪儿登陆呢?

是山东省?是杭州湾?

船刚开始向东航行,接着又向南前进。指南针一直指着南方。“新兴丸”的后面跟着五艘运输船,驱逐舰白波号在护卫着我们。

海水污浊昏黑,水面上漂浮着大海蜇。

大海一望无际,海浪静静地随风荡漾,只有机器的震动声不断地在波涛之间远远散开。这是一个除此以外什么声音也没有的令人心情舒畅的世界。

身处四周都是大海的船上,就觉得自己呆在一个圆形的器皿中。不管从船上的什么地方望去,都是一片圆。船无论怎样前进,仍然是在圆里。船永远是圆的中心。船似乎不断地努力突破这个圆,但是,不论是昨天还是今天,再怎么往前走,船还是在圆的中心。

无论消耗多少燃料,磨损多少机器,经过多少时间,那圆弧总像一个无限遥远的梦。

我身边坐着一位满腹牢骚的人,他的名字叫川谷庄市。

我入伍时,他是二年兵,分队长命我和他成为一对好战友,但我断然拒绝了。因为我的头上吃过他毫无理由的铁拳,要是我脑袋软一点的话,也许会被他打碎的。不仅是我一个人这样,许多新兵都知道他拳头的滋味。

他对新兵的态度完全可以用“胡来”这个词形容。我见他带的东西,几乎厌恶得要呕吐。我暗暗地下定决心要向这个人报仇,我在等待着机会。

这会儿和他简直是吴越同舟。我的胸中燃烧着憎恨。但也奇怪,看到他的傻面孔,我对残忍而可怜的他只感到一种蔑视,发现自己无意挥拳与之一战。

我的教养只能让我嘲笑他,笑死他。

第二卷

从战上海到攻南京

十一月十五日。

清晨五点半,“新兴丸”不知为什么突然停航。船还在一片汪洋之中哩。停航两个多小时后,又继续前进。航行一个多小时后,海水混浊起来,达到了黄浊的程度。啊,原来是扬子江!船已经在逆流而上了。最初停航的地方不是在大海中,而是在扬子江的入海口。远处,几十艘大船吐着浓烟,犹如在海上一样。虽说船在江上逆行,但是前后左右,既不见岸,也不见山,好像仍然在大海之中。

啊！伟大的扬子江！大海的儿子扬子江啊！

扬子江的雄伟真是令人惊叹不已。继续航行了三个多小时以后,右侧依稀出现了一条江岸。四十分钟后,又可以遥遥望见左侧的江岸了,一艘驱逐舰正掀起层层白浪从我们船的右方通过。江水黄浊,水质之差令人想起白河。如果让支那的孩子画山水画,他们是会把水画成黄色的,因为他们生下来看到的只是泥浆水,而且,如果水土一体的话,要让孩子们把江河画好,那就困难了。我想,眼神不好、稀里糊涂的人远望时,会把混浊的江水当成宽广平坦的大道。

我们正七嘴八舌地议论把自己运到何处去的时候,不知不觉地已来到了上海战场。据说友军正在与以河沟为防线的敌军展开激战。

汪洋大海的儿子——长江,包蕴了支那几千年的兴亡盛衰,而如今吸血鬼的赤化[1]魔爪想操纵它;老奸巨猾的英国

---

① 赤化,对国际共产主义运动的蔑称。

想吞食它;傀儡蒋介石毁坏了大好河山。人民生活在水深火热之中,挣扎在亡国的途中。然而,伟大的长江依然悠悠东去,与大地同在。看到它的水平线,就令人有身处大海之感。

随着船的上行,右岸已清楚地映入了眼帘。还看到了大约六十艘军用船,船上满载身着土黄色军装的友军。到处停泊着军舰,可能是在和水上飞机协同守卫长江。但是,我觉得与其说是军舰和飞机护卫着长江,倒不如说是长江拥抱着它们。

船过吴淞口,又遇上了一支大约有五十艘船的队伍,这一支大型的船队应该是运送部队的吧。

船员对我们说:"士兵们! 到了夜间这里就像观赏两国焰火一样啦!"

在甲板上,身旁的船员告诉我:"轰炸声后肯定是火灾。"

正如船员所说,不知从什么地方飞来了飞机,接着听到了爆炸声,上海方向燃起了熊熊大火,不由得使人感到这里是一场现代化战争。北支那的战争还没有达到现代化战争的程度,应该说只是旧式的战斗。

通常,外国船只应该在江上川流不息,可是现在,外国船只惟有一艘,飘着英国国旗,满载着英国的难民,正顺流而下。

据新闻报道,我军已占领了敌军的第一道防线。支那政府的财政收入九成来自海关关税,主要的关税基地上海已归我军所有,海上长达一千海里的航行权已掌握在我军手中。为此,英国对我军采取了敌对行为,暗中援助支那方面,从香港和广东,经粤汉铁路向他们提供武器弹药和其他物品。

蒋介石以允许苏联在新疆和外蒙古推行赤化为条件,期待他们的援助。驻上海的外国武官在《泰晤士报》上断言:日支事变将在两三个月内结束,原因是支那军在训练和指挥方面不熟练,武器不完备等,其中致命的是经济已陷入困境。蒋介石在叫喊:“中国之生命在西部内地!”

这次事变预计从七月到第二年一月二十日,耗资二十五亿日元,日平均耗资一千万日元。日清战争费用总额为两亿日元,日平均耗资四十五万日元。日俄战争总费用是十八亿日元,日平均耗资二百万日元。理所当然的,现代化战争开支巨大。

这次事变把各阶层的人都送上了战场,连电影演员中田弘二、中山贞雄,话剧演员友田恭介等都活跃在前线。其中友田阵亡时年仅三十八岁,他毕业于早稻田大学德文专业,献身于话剧事业,出征时是工兵伍长。连他这样的人都当了炮灰,我等不学无术、无家无业的无名之辈,送死又何足挂齿呢!

最近,我经常梦见父亲。昨夜梦见了母亲,母亲正在银幕上唱歌跳舞,台下座无虚席。这时,我满脸胡子拉碴地坐在二楼席位上,二楼观众说:“胡子长得真长啊!”眼睛总盯着我的脸。母亲只顾在舞台上兴致盎然地跳舞。

十一月十六日,我舰开始猛烈炮击,右岸两三处一片火海。烟雨弥漫,看不清楚。夜里十点接到了登陆的命令。可是,不一会儿又取消了命令。

十一月十七日上午八点,混乱中载着水上运输队的工兵船再次登陆。行驶三十分钟后靠近江岸,数不清的运输船把大批物资和部队送上了岸。一片混乱。

扬子江岸边打着四五排木桩,船只无法靠岸,堤岸上挖了战壕,射击孔对着水面,一条支流的上游约十米处的左侧建造着碉堡。面对这种地形和防御,登陆之难可想而知。我们登陆的时候,听说三天前曾经有一支部队登陆成功了。

这里是浒浦镇,房屋几乎全遭破坏,看不见一个支那人。

这里有在北支那很少遇见的电灯，有的人家还有收音机，使我感到“现代化”的气氛。在狭窄的石板路上，马匹、部队、车辆和粮草不断通过，混乱不堪。阴雨绵绵，镇子尽头的大路上，士兵们正冒雨奔赴战场。从外表看像打翻了玩具盒一样混乱，是一群盲人瞎马。其实不然，而是目标明确，井然有序。

拉炮的马车陷入了泥坑。这时，赶马车的炮兵吆喝道：“前进！”在雨中“啪”地一挥鞭，六匹马拼命地将左右摇晃的炮车向坑外拉，别的炮兵们像支撑杆似的齐心协力向前推。雨不停地下着。马、士兵、炮车好像刚出泥潭，雨中就又响起凄厉的扬鞭催马的声音和吆喝声。中队长、小队长也不例外，都在推着炮车前进。人人都在与大自然拼搏，与敌人拼搏。

炮兵们带着如此沉重的炮车，一天能前进多远呢？拼死拼活每天前进不到一百米，步兵们指望不上辎重兵粮草补给和炮兵掩护，只得靠自己前进。

十一月十八日，各中队都对士兵作了区分，有的开赴前线，有的留在原地看守器材。我很幸运，让我去前线，挽回了在天津丢掉的面子。那时我没有同其他的伙伴一起前进，被当做体弱者编入了留守兵。我们中队的留守兵多达五十名。

这一次战役中，我求生无望，决心赴死了。现在我想：上了战场而能生还的人简直是奇迹中的奇迹！虽然做好了死的充分的思想准备，但决心争取死得有价值。临出发前宣布留下十七人来担任后方勤务，我也是其中一员。命令要我们在中队出发两天之后出发，任务结束后火速赶上部队。勤务队队长是第一小队队长西原少尉，从我们分队留下来的只有我和野口两人。我曾想要求跟中队上前线，让别人留下来担任后勤，但后来一想，不去也行，何必勉强呢？！听天由命，顺乎自然吧。在这种情况下坚持去前线可能会碰上死神向我招手。还是服从命令吧！生死由命，不可逆转。服从命令而死，或者服从命令而生，都是自然而然的。最后我还是服从命令，留守执勤。

三十三、三十八联队已投入前线战斗，用小船送回来了两批伤员。今天，不知是哪个联队的五十多名伤员坐船顺流而下。看来前线仗打得很激烈。

在这里，我遇上了几个士兵模样的人在进行装卸作业，他们身着日本军用作业服，头戴钢盔，长相却是支那人。本以为他们是投诚兵或是俘虏，让他们穿上了日本军服。一打听才知是属于台湾军的"生番"[①]。通常人一听"生番"这个词，马上想到凶猛野蛮。但是，他们都是温顺的普通人。

听说他们每月工资四十日元，是随军军属。他们向我们打听了日本兵的津贴，发现自己的比我们的高，都感到很吃惊。

中支那的风景与北支那截然不同，和内地相差无几，有竹林，有松柏，还有各种各样的杂树，还看得到山。房屋的结构也和内地没有多大差别，"人"字形的屋顶上盖着薄饼式的瓦片，这在北支那却未见过。面对这种风景，我们并没有远离内地、身处支那之感。据说这浒浦镇附近一带曾经是弘法大师[②]游历过的地方。镇子里到处都散发着人粪、马粪的恶臭。突然，从一间破屋里传出严厉的叱责声：

"你害怕上火线吗？"

"……"

"你怕打仗！你给日本人丢脸！给日本军队丢脸！孬种！

① 生番，野蛮人（日本统治台湾时对高山族之蔑称）。

② 弘法大师（774—835），即空海，平安初期僧侣，日本真言宗始祖。804年（唐贞元二十年）同最澄等人一起随遣唐使到中国。806年（唐元和元年）归国。

胆小鬼!”

“……”

“你死在医院里吧!”

“我去!一起去!我不怕战争!”

“得了!去医院吧!”

痛苦呻吟和低声抽泣声,从低矮潮湿的土屋里传来。原来是小队长在训斥一个因患下痢而要住院的新兵,怀疑他怕上战场而给了他两个耳光。因为在战场上,除了负伤以外都不能算病。我们只有战死。战死,这个最高明的医生在等待着我们;敌人的子弹,这种最伟大的注射在等待着我们;还有战场,这所规模最大的医院,这里所有的医疗器械都填满了火药。那个新兵应该拖着沉重的腿去让敌人的子弹来进行注射,以作彻底的治疗。你犯了见不得人的过错,可怜的新兵啊!

终于决定,我们这些勤务人员在第二天早上急赴前线。我乘船去联系有关伙食方面的事。这次战斗,我做好了牺牲的准备,给父母亲写了最后一封信,并且把从北支那抢来的一块银元给了船员,托他将信寄出。

我在信中对父亲说:

> 这次战斗中我将成为一堆白骨,这是我的最后一封信。我若阵亡,请把重一给川助作养子……
>
> 向全家问安!

十一月十九日。早晨,原计划带着二十二个人一天的口粮上岸。可是,从昨夜刮起的大风现在已转成了暴风雨,扬子江里掀起了大浪,无法行船。我非常同情岸上二十多人,他们现在断了粮食和饮水,我面前是一大排盛满饭的饭盒和装满水的水壶,只好在"新兴丸"船上度过一天。空荡荡的大船舱里,辎重兵们正在三五成群地打扑克牌或摆弄着纸牌。他们总是抱怨吃不饱,什么时候都感到肚子饿。真是因祸得福,我这里剩下了一大堆大米饭,足够我一个人吃二十二天。我可以用饭来换香烟抽,每盒饭换一包金蝙蝠牌香烟。

扬子江真不愧是条大河,汹涌的波涛不亚于大海,数不清的军用船的桅杆林立在迷漫的烟雨中。

晚上,空荡荡的船舱里冷得无法入睡,我从船员那儿买来威士忌和俄国奶糖,洗了个热水澡。身上盖了四五条席子,喝着威士忌,嚼着俄国糖,思念家乡的人们。

十一月二十日。今天,暴风雨一刻都未停过,反而越下越大了。一个去过西伯利亚战场的老船员给我讲述了当年的情况,并且还说:"上海这一仗非常难打,不像南京那样三面有山围住。要有当年攻打旅顺那样的思想准备。"

最近,我经常梦见养母。

十一月二十一日。今天,江面上依然风大浪高,无法行船。但是雨停后天空放晴,好歹搭便船上了岸。陆地上混乱不堪,遍地人粪,无处落脚。最可恨的是日本商人竟在浒浦镇干着缺德卖国的勾当。在已遭毁坏的屋子的墙角里,一群犹太式利己主义分子正在用征收来的赤豆制造劣质羊羹。他们不知从谁家拿来五六只抽屉,把赤豆、卷心菜和砂糖混合煮成的东西都倒了进去。那些嘴里断了甜味的士兵们犹如在沙漠中发现了绿洲一样,蜂拥而至,于是这家伪劣商店的门前居然人头攒动,人们争相购买。一个士兵挤进人群伸出手大声喊道:"给我拿五十钱!"一个可恶的家伙用海军小刀切下了通常十钱就能买到的量,包在肯定是征收来的笔记本纸里递了过去。不论你买一元还是一元五十钱,给的量都是相差无几。店主右手操刀,左手大把大把地将朝鲜银行发行的纸币塞进腰兜里。他的肚子里面为满足食欲,塞满了食物,外面腰围子里又为满足钱欲,装满了钱:眼看那硕大的肚子几乎动弹不得了。

尽管如此暴利,士兵们却不惜用卖命得来的钱竞相抢购。再贵士兵们也要买。买的人愈来愈多,价格也愈抬愈高,价格抬得再高都有人买。

在战场上,货币与物相比,物是第一。或许士兵们明天就阵亡,况且战场上也无物可买,所以,还是把手头的钱花光为好。平常,人们为了攒钱而节衣缩食,这不是贪钱,而是持家之道。因此,我看到这个日本商人的所作所为,深感义愤。这是地地道道的卖国,是犹太式利己主义。强盗般地赚这些明天可能上西天的士兵们的钱,真是令人发指。地地道道的卖国贼!虽然当时我也很想饱一下口福,但是看到它实在太脏而未敢伸手,另外,我恨透了商人,同时也恨那些像饿狼一样的士兵们没有出息和志气,不能不投以愤怒的目光。

为什么这些士兵不憎恨和唾弃这个卖国的强盗商人呢?这个无孔不入的商人,来到战场的目的是挖空心思掠夺士兵的钱,是个令人憎恶的家伙。

恶有恶报。几个钟头以后,商人被宪兵拘捕了。

阴雨中,从上游"咿咿呀呀"摇来一只篷船,装着三十名伤员。

十一月二十二日。今天,我们奔赴前线。在泥泞的道路上,炮兵们急得像一群无头苍蝇推着炮前进,一路怨声载道。马已止步不前,哀鸣不已。士兵们气愤地叹息道:"浑身沾满了泥，费了一天的劲才前进五十米！”按这样的速度他们根本赶不上攻打南京。要知道，步兵是每天前进四十公里。

梅李是个大镇子，已经被轰炸得满目疮痍。这个镇子里也安了电灯。还有两层的楼房，这在北支那是绝对见不到的。两层楼房显得有些文化气息，而电灯又与一个文化城市相般配，但是中国在文化上终究是落后的。家家户户的两侧墙壁是薄砖砌成的。镇子处处瓦砾成堆，破败不堪，没有可以立足的地方。镇子的尽头有一座高高的塔楼，顶部已被炸毁，任凭晚秋的枯枝吹打，钟声已喑，摇摇欲坠。原计划我们在梅李住一宿，因无房可住，只得继续前进。天黑后，露营在一个小村子。夜间，山羊像婴儿一样可怜地叫唤，令人生悲的“咩咩”声使深秋的夜晚更加凄惨，令人伤感。村子里不见村民人影，走进一间即将倒塌的房子一看，两个患重病而无法逃脱的支那人，躺着呻吟，样子看上去让人生厌。

打扫得很干净的院子里高高地堆着几百斤稻谷，粒粒都是善良农民们勤劳的结晶。眼下逼得他们离家外逃，连把自己一年苦出来的稻谷出售换钱的机会都丢弃了。

我们在这里做饭烧水不必拾柴，在稻谷堆上放一把火，烧水、煮饭、烤火全部解决。稻谷通宵达旦在燃烧，造成了极大的浪费。

当天夜里，我做了一个这样的梦：

老家的人带来了一部电影，留下预告的海报就回去了。我让母亲把它挂起来，可是她没有做，我气得火冒三丈。母亲说：“店员说他来挂，所以我不挂！”

我和父亲同在室井成□[①]家里，东喜代三郎来我家向父亲借钱。早晨七点我走进正屋一看，他很不耐烦地坐在那里。

---

① 原稿此字不清。

这时母亲也在一旁，因为借钱双方都觉得不好开口，沉默不语相对而坐。

深夜十二点左右，去了静子那里，在场的好像还有一名艺妓。

十一月二十三日。

昨晚做了梦，今天早晨很晚才起床。九点出发。天空阴暗下来了。泥泞的道路寸步难行。台湾籍辎重兵掉了队，他们走在一起，气喘吁吁地往前赶路。在辎重兵的责备声中，生番们在泥泞的道路上向前推车。

时已深秋，秋风萧瑟，落叶飘零。小鸟在树梢上啾啾哀鸣。含恨而死的敌军的尸体像馅饼一样被抛弃在泥水里，怒目而视。辎重兵一个一个地从尸体上踩过，辎重车一辆一辆地从尸体上碾过。河道里涨满了水，潺潺流淌。河畔的树上，有的叶子染成红黄，有的依然青绿，繁茂而有生气。有一根枝条倒挂在水流中，轻拂起波纹，那情景让我难以忘怀。

伸手试了一下河水，冰凉刺骨。这时，五六只运送伤员的篷船从上游顺流而下。头、手、胸缠着绷带的伤员们无精打采地瞅着水面发愣，心里到底在想什么呢？有一个伤员抬起了头，我向他点了一下头以示感谢，他也向我微微点头示意。篷船犹如一片折起的竹叶，无声无息地从我们面前漂过。树丛中传来了小鸟觅食的鸣叫声。

我们顺着河前进。载着伤员的船只接连不断地顺流而下，真令人心疼。

支那兵在路边扔下了十门重炮，都是些出色的炮，弹药也撒了不少。可能是道路不好，加之日军追击，他们无法带走吧。

很远处有座山，听说常熟城就在山脚下。我们在泥泞的大道上加快了行军速度。下午在一个小村子里宿营,村子周围是小河,河里有几十只鸭子在戏水,水面上漂浮着寒风吹落的树叶,还有那河面上倒挂的枫叶,一派金秋景象。

晚上杀猪美餐了一顿。

十一月二十四日,早晨七点半向常熟进军。常熟为县府所在地,是一座漂亮的城市。宽敞的石板路,鳞次栉比的商店和旅馆。进入中支那以来,特别引人注目的是,墙上到处都写着抗日宣传文字,这在北支那很少看到。由此可见,这里抗日训练何等坚决,老百姓抗日热情何等高涨。大家议论说:中支那的抗日思想非常坚决,对他们不能手软,想杀就杀,想抢就抢!北支那是我们控制的势力范围,不能擅自烧杀抢掠。

相机店和钟表店等一切商店已被我们洗劫一空。这是一个电灯电话齐备的县城。第十二中队驻扎在那里。在那里,偶然遇到了浪人出身的木户君,他给了我一些砂糖。出了常熟城后的路很好走,和内地不相上下,路上有好几门野战重炮。卡车拉着这些加农炮,巨大的炮身从我们身边雄赳赳地驶过。道路上的敌军尸体被汽车、辎重车压得内脏四处流出,令人目不忍睹。

民用电话线路已被我军占有,照明线路已被割断。我军的卡车在五间宽的道路上川流不息。第二天行军途中,我抓了一个少年替我背包。远处传来了隆隆炮声,犹如雷鸣。火线临近了。于是,我们加快了脚步,少年也背着背包默默地跟在后面。快步前进的途中,突然发现分队长西本用手捂着左腹呆在路旁。我感到纳闷,为什么西本一个人在这儿?

“你在这里干什么?”

“挂彩了! 前方约一里的山头上有敌军,进攻时腹部挨了一枪。”

“就你一个人吗?”

“前山已经阵亡,竹桥君腹部也受伤去了后方。小队长内山准尉也阵亡了。其他小队和分队伤亡也很大。小野曹长腿部也被子弹穿透了,他和其他伤员被收容在那边村子里。”

说着,西本分队长指向离这里两百米左右的树林。听到这里,我们都吓了一跳。在浒浦镇分手时还精神抖擞的前山牺牲了,竹桥和西本受了重伤,连内山准尉都牺牲了。分别才几天,竟发生这么大的变故,我们非常吃惊。据说第一大队已奉命为先头部队,乘卡车赶到火线。二十三日上午十点与敌军遭遇。可怕的是我军既没有带炮,也没有带重机枪。我们小队长疏忽大意,让掷弹筒[1]装弹手留在后方做勤务,结果,掷弹筒成了哑巴。按原计划后方勤务几个小时就能完成,小队长就不假考虑地把装弹手留了下来。不料刮起了大风,勤务工作被耽误,发生了意外。我们第三小队值勤的是佐琢伍长。

我们小队长内山准尉是个絮絮叨叨的人,平日里经常挂在嘴边的是:“别人死,我可不会死。回国以后,我要挨家挨户地去慰问中队阵亡官兵的家属。我自己可不能死!”不清楚小队长为什么信心如此坚定。据我想来,可能是出于对某种宗教的盲目信仰。例如法华教的信徒们,自古以来就迷信不测之死是不存在的。这位准尉的温和善良的形象和他那句名言——“脚痛也是因为吃多了”,将使我永远难以忘怀。对于小队长之死,我们是很悲痛的。准尉牺牲后,剩下了森崎曹长和小野曹长,不由得使我感到甘甜的果子已经没有了,剩下的只是又苦又酸难以下咽的果子。前山于昭和五年入伍,他也是一个温厚的人。现在,我的这位战友已成为残酷杀戮的牺

① 一种发射炮弹的小型武器,炮弹从筒口装入,射程较近。

牲品,他将永远保佑我们。

我们,是的,我们将控诉杀害他们的敌人。我们决心已定,战友之死只能使我们更加坚定自己的意志,且永远铭记在心。我们群情激昂。今晚,我们决定在战友阵亡的山脚下的村子里宿营。村子附近倒着两三具年仅十二三岁的敌人正规军尸体,那是些可爱的少年战士的尸体。真不敢想象这么小的少年也扛枪打仗……

女孩子们见我们进了村子,一个个吓得都在发抖。士兵中有的一看到妇女就起淫念。这时我们急需的是大米。由于粮食供应不上,全靠就地征收。我走进一家农户一看,七个女人正畏缩在墙角里,男人被我们的人捆绑在一旁,束手待毙。一个十七八岁的姑娘在脸上抹了黑灰,显得特别脏,躲在母亲和祖母的背后。尽管我想对因恐怖而颤栗着的她们说,可以放心,不会伤害你们。可是语言不通,只好面带笑容以示善意,让她们把稻谷拿出来加工成大米。她们家的大米全被支那兵征收去了,一粒都没有,剩下的全是谷子。她们把稻谷放进石臼里用木棍直捣,简直是最笨的原始捣法。正当我吸烟等大米的时候,西原少尉闯进来了。他翻着眼挨个打量了她们一番,发现姑娘把脸抹得漆黑,怒吼道:"这个畜生为什么故意弄成这副脏相?叫她在我们日本兵面前要打扮得漂亮一些!"

少尉在屋子里搜查了一番,没有发现可疑的人。他抬腿正要出门的时候恶狠狠地说:"这个村子的人和邻村的一样,统统杀掉!邻村三岁孩子都没有留下。这里的事完了以后,严防她们逃跑,明天早晨把她们全部收拾掉!""咔嚓"一声,军刀入鞘,少尉扬长而去。

为什么非杀这些女人和孩子不可呢?把嗷嗷待哺的婴儿

和心惊胆战怀抱着婴儿的妇女们杀掉,这又能得到什么呢?刚才,看到捆绑在树上的男人被刺刀捅得惨叫、鲜血淋淋的时候,七八岁的孩子像被火烧着一样,吓得拼命哭喊发抖。不用说,她们大概憎恨我们日本军队。但是,那又怎么样呢?这些柔弱的乡下妇女能做什么?不能因为她们生的孩子在抗日前线扛枪作战就怨恨她们,说什么"你们居然生下这样的儿子"!

仇视敌国的军队是天经地义的。然而放她们一条生路,这对我军稳操胜券毫无影响。于是,我打算让她们逃走。我之所以产生这样的念头,是由于我有回报她们为我捣米的心意,相见以诚,于我为善。我掏出笔记本在上面写了"你等十二点逃"的字样,她们拿在手里轮流看了一下,但结果谁都没有看懂。无奈中,我只得拔出了腰刀,抓住一个妇女,对她说:"明天,你的这样!"说着,把刀抵住她的胸口,她吓了一跳,以为我真的要杀她。这一下,她们总算明白明晨就没有命了,顿时惊恐万状。我把她们带到后门,在我手表上指着十二点,嘱咐她们:"你的,这个!"于是她们完全明白了我的意思,感激得眼泪夺眶而出,跪在地上三拜九叩地感谢我。

太阳终于下山了。我觉得自己做了一件善事,拿着两升米回到了分队。宿舍前面的晒场上,三个刚被杀死的支那人倒在血泊里。说是几分钟之前才被杀的,鲜血像舔动着的蛇舌一样在地上流淌。我意识到在我们睡觉之前,那少年苦力是无法逃跑的,就把他带到一间黑洞洞的空屋子里捆绑起来,绳子绑得很松。这之后,顺便去瞅了一下白天的那帮女人是否已经逃走了,一看已是人走房空,她们是不到十二点就逃脱的,一个都没留下。可是,正当我心安理得走过第二分队宿舍门前的时候,屋子里传出了淫乱的喧嚣声。进屋一看,一个姑娘战战兢兢地坐在那里,六个士兵正在围着火炉酗酒寻开心。她就是我放跑的姑娘们中的一个。竹间伍长得意洋洋地对我说：

“东君！你挺好！老酒、姑娘的，统统的有了！下面，性交性交！好了，好了！”说着干了一杯。所有人的淫荡的目光都聚到了姑娘的身上。

“哪里抓到的？”我问。

“这些家伙刚才正向后面逃跑被我们逮住了。就这样杀掉太可惜了，我们想尽量满足后再杀！”竹间回答说，又“嘿嘿”笑起来。她还是被抓住了。我想，她的命真不好。算了吧，我也就没再提放了她的事。

“你说尽量满足？是让谁满足？”我问。

“是想给这个姑娘满足啰！”

“姑娘同意了！哈！哈！哈……”

“喂！谁先干？奥山！你怎么样？”

“谢谢！喂！姑娘！来，来，来！”

奥山拉着姑娘消失在黑夜之中，她就像被带进了酒天童子[①]岩洞的姑娘。过了一会儿，我们出于好奇去瞅了一下。接着，两三个士兵又去接替奥山，消失在黑暗中。

第二天上午八点，像放火烧麦秸一样烧了村子，我们就出发前进了！

通往南京的大道上，车马人流如潮，不断涌向前线。空中飘浮着两只氢气球，气球下面停着几辆汽车，正在与重炮兵联络。

大型重炮像跃起的公牛一样竖起尖角，残忍的子弹和火药装载着死神飞向目标。

① 应为酒吞童子或酒颠童子，为日本古代的盗贼，扮成鬼的样子，专门偷盗财物，掠抢妇女、儿童。

我们终于迈进了凶残无道的地狱。道路旁边的田野里，人和马的尸体随处可见。一群饥寒交迫的少年像苍蝇一般围住死马，挥着大菜刀砍马肉。在我们的眼里，他们就像一群饥饿的狼。

不久我们已浑身是汗，疲惫不堪。这时遇上了一大批精神焕发的官兵。听说他们攻克了无锡，准备整队入城。我们总算在这里和中队会合了。我正坐在路边，横山淳来到我的身边，他说::“东，你到哪里去啦？战斗可激烈呢！我们用爆破筒摧毁了铁丝网，给步兵打开了冲锋之路。我们小队长被击中了，本人现在是代理小队长。”听了这番话我觉得挺不是滋味。战友们打了胜仗得意洋洋，神气十足。我们却没有赶上，觉得比人矮了一截，不由得产生了自卑感，实在没有资格和横山淳继续谈论有关战斗一事，只得洗耳恭听，衷心为他的战绩和幸存而高兴。

“横山淳！战斗还有的是呢！还远远没有结束。还不知道南京在哪里，而且还没有占领呢！”我一面这样说，一面祈祷着能有比他们昨夜更加激烈的战斗。只有这样，我才能和他们平起平坐，否则只能为他们评功摆好了。亲爱的老乡工兵军曹横山淳在这次战斗中立了特等功，成了我军的模范士兵。

中队全体官兵在田边整好队，我们按顺序绕过工兵小心挖出的一个个煎饼式的地雷，到达了中队的位置。战友们浑身沾满了泥土，编成了无锡入城式队形。不知是哪支部队排在了我们的前头。这时，三四个战士起哄，“喂！喂！喂”地叫喊起来。

“为什么不让我们第一大队先入城？攻城的是我们！卖命的是我们！打了胜仗的也是我们！最先进城的应该是我们！耀武扬威地走在前头的小子们是哪个部队的？”

“大队长太老实了，尽受窝囊气！”又一个士兵说。

“他妈的！可能报纸要报道其他部队的入城了。消息只是想骗骗国内的王八蛋。我们都是无名英雄！”另一个愤愤不平地说。

“吃大亏的是我们，倒大霉的是我们，出血的是我们！而最先入城，占据好宿舍，征得丰富粮草的却是那些按兵不动、没流过血的家伙！算他们厉害，搞不过他们！”

他们不停地肆无忌惮地发牢骚。此类不满，每逢这种场合必定出现。因为士兵们总觉得只有自己才是枪林弹雨中闯过来的劳苦功高之臣。他们只看到眼前的事情，视野狭窄。

无锡是个大城市。我们一到住处就赶忙四处征收，士兵们像一群搬运工，急匆匆地从面粉仓库里背出白袋子面粉。商店里挤满了士兵，黑压压一片，砂糖、水果、罐头等应有尽有，哪一个商店里都原封不动地放着。民众早就应该带着这些商品逃跑了，而现在居然还有那么多放在那里，大概因为他们受了支那兵“我军捷报频传”谎言的欺骗。

我们首先动手做甜年糕小豆粥，灌饱了肚子。关于征收一事，中队长莫名其妙地把我们臭骂了一顿。按他所言，除大米以外，征收其他东西的行为都是罪恶。他指责我们征收面粉，对我们征收砂糖大发雷霆，然而，对指挥班的士兵却说：“有的小队和分队还做面条和甜年糕小豆粥，大饱口福，指挥班难道就是懒汉吗？”一副垂涎三尺的腔调。

中队长的原则是：严禁征收。但是，可以吃甜年糕小豆粥和面条。

这种自相矛盾而又别扭的话，使我们听了以后丈二和尚摸不着头脑。所以，干脆当成耳边风，不予理睬。

把一大堆雪白的精制白面做成了甜年糕小豆粥、面条等等。士兵们在路边赶做面条，身上沾满了白面。马从这条狭窄的道路通过时,拉下了许多粪便,士兵们顺手就将手里的软面团掷向马屁股。反正面粉有的是。结果,马粪上就像被撒了一层石灰一样。

大家开始在城边的湖里洗衣服,洗澡。那些狼吞虎咽的人,吃得躺下来连呼吸都感到困难。

我的背包里塞满了征收来的点心、砂糖,此外还有名人字画、两把有姓名落款的折扇、一罐备用糖精和一罐奶粉等,这就增加了行军的负荷。只要有了砂糖就能做好吃的,所以我们尽可能多带些砂糖。

贪吃的野口终于吃坏了肚子,成了病号。他把自己的胃当做糖袋,装了一肚子甜食。第二天,我捡了一辆没有外胎、咯吱咯吱作响的人力车,满载粮食和野口的背包便出发了。沿途火灾四起,老太婆们哭得死去活来,痛不欲生。她们的怒骂、诅咒,在我们听来,不过是又一群鸟儿在鸣叫。这就是战败,这就是战争。成千上万的部队洪水般地从无锡城里涌了出来。

沿着铁路向武进进发。我们分队因为一边护理野口,一边前进,所以不得不落在大部队的后头。野口一个人的不小心,给我们大家添了麻烦,掉在大部队后面一百多米。我们这伙人就像搬家一样,嘴里哼着小调,拉着被粮食和背包压得几乎快散架的人力车。

突然,不知从什么地方传来了枪声。心想,一旦战斗打响,这一车东西怎么办?战斗并不只在公路上打响,人力车并非处处能够通行,况且,更不可能拉着它在枪林弹雨中四处奔跑。

于是,我们想抓一个苦力。午饭刚过,我们抓来了一个正在田间挥锄翻土的老头,让他替我们背行李。这个老人看来已是年过六旬,出于我们的需要,不能可怜他。我们尽可能多地背上粮食,剩下的粮食也让老头尽量多背些。我们的背包实在太重了,如果这时跌倒在地,就会像翻了身的乌龟一样,若无人相助,就不用想再站起来。但是因为我们的贪婪,尽管很苦,终究没有舍得扔掉一点。

我军一弹未发便占领了常州,看来敌人放弃了常州,撤退到丹阳准备死守。各家的墙上都用粉笔写着"丹阳集合"。由此便可准确地判断出敌人所逃之地。原来是敌人已溃不成军,指挥失灵,无奈只好依靠"丹阳集合"的形式传达命令。

十二月二日。正午刚过就抵达丹阳附近。第一大队沿着小河前进,我第三中队担任尖兵中队,并且还给我们配备了一个重机枪小队。右边铁道上为第四中队,河的左岸上为第二中队,两队齐头并进。战斗阵形部署完毕,只等发令开炮了。我中队第一、第二小队为一线部队,我所在的第三小队为预备队。我所在的分队只留下了野口和苦力,其他人员全部加入了战斗行列。

战斗中伤亡很大。西原少尉受到已经出现的死伤情况的刺激,十分紧张。他率领第一小队奋战前进。第三中队对面竹林里有两三户人家,竹林中捷克式机枪正在吐出火舌。

西原少尉已将生死置之度外,冲在前头,高喊:"前进!攻击!"奋不顾身地向敌人冲去。可是,对这一有勇无谋的行为,子弹并没有留情,毫不客气地打中了西原少尉的肚子,少尉应声倒下了。第一小队失去指挥后,成了预备队,决定由我们第三小队接替他们上火线继续战斗。

我们散开队形前进。进入洼地后,卸下背包准备出击。左边有一条低洼的路,臭水河的对面是竹林。

为了减少我方伤亡,我们从低洼道路逼近敌人。因为前方的敌人没有发现我们,我们能毫不费力地前进。不料,左后方遭到了敌人猛烈的射击,突如其来的射击使我们措手不及。其火力点设在臭水河对面的竹林里。捷克式机枪正在猛烈地向我们射击,严重地威胁着我们。没有任何东西可以掩蔽身子,我们只能爬上山脊卧倒。这样处理实在得当。因为敌人子弹从低处向这里射来,而我们却卧倒在山脊,恰好成了射击的死角。

山脊上是一个个土馒头式的坟堆,我们正好加以利用,各自前进。重机枪从后方猛烈射击,掩护我们。出击之际,我们要首先击退左后方竹林里的敌人,于是,向竹林里发射了几枚掷弹筒,把敌人的机枪打哑了。这时,正面敌人的捷克式机枪疯狂地向我们扫射。每隔几秒钟,子弹就像一阵风向我们飞来。我们在坟堆后面隐蔽向前接近敌人。子弹射在地上,震耳欲聋。但是,我们并不害怕。“畜生!”我们只感到怒火在胸中燃烧。此时此刻,我们的一切行动,好像魔鬼附体一般。然而,并非丧失理智,盲目行动。我们的大脑极度冷静,仍不乏敏锐,在这种极度的亢奋中,淹没了其他所有的感情,冷静的大脑只保持着敏锐的观察和大胆的判断。与其说我们是考虑敌我关系、与友军的关系以及敌人的状况,不如说是凭自己的实际感觉和判断,采取有效的行动。友军掩护我们的重机枪子弹犹如飞沙走石,在敌军头上撒下。但是,敌人丝毫不买账,继续疯狂地向我们扫射。还不是出击的时候。中队长手持军刀等待时机。敌人的子弹射在坟堆上,零零星星的坟堆一个接一个地成了射击的目标。士兵们利用敌人转移目标和装子弹的空隙,不断向他们逼进。

“中队长阁下,发射掷弹筒怎么样?”不知是谁建议。

“行!喂!射击手!先打两发看看!”中队长回答。

一会儿,射击手在隐蔽处打了两发。掷弹的爆炸声很大,听起来让人以为是炮弹。仅仅是两发掷弹就使敌人丧魂落魄，敌人的机枪顿时成了哑巴。见此状，荒木伍长一跃而出，大家心领神会，无须吹冲锋号，也不用下命令，都知道冲锋的时刻到了！大家不约而同地手握闪闪发光的刺刀步枪，一鼓作气向敌人冲去。七十米！六十米！五十米！跑得气喘吁吁。这时，八田一等兵倒下了。其他几个也“扑通”、“扑通”……接二连三地中弹倒下了。“是活？还是死？”闪电般地在我的脑海里明灭。

我们一边“哇！哇！哇！……”喊着，一边冲进了敌人阵地。我扔出一颗老式的麦秸把手榴弹，可是没有响。在这生死关头，手榴弹不爆炸简直是要命。敌人趁我们逼近他们的同时，丢下阵地，逃之夭夭。对于我们来讲，这是第一次突击。

太阳已经挂在白塔的顶上，微有寒意的树枝飘零着黄叶。敌人盘踞的竹林里，架机枪的地点落满了弹壳，还有几百发子弹在弹药箱里原封未动。竹林里的房子已成废墟，院墙和屋墙上开有可以通过人的大洞。太阳从白塔的顶端逐级下降，战斗淹没在这宁静的夜幕之中。

突然接到了紧急命令：“火速做饭！”到处燃起了篝火，士兵们在黑暗里像鬼怪一样浮现出来，忙成一团。

做完饭就出发了。

第二天我们行军在宽广的大道上，下午一点左右到达了白兔镇。在这里，我们接到了令人喜出望外的命令——中队将在这个村子驻扎一周左右，各宿舍务必打扫干净！这真是大喜过望，令人鼓舞。

我们立刻去找来了面粉、赤豆，还杀了猪，准备美餐，张罗睡处。听说中队长将亲自到每个宿舍检查卫生情况，所以大家修建厕所、进行打扫，忙得不亦乐乎。

我们开始动手做甜小豆粥。忙了一阵后，总算扫清地方、搭好了枪架、铺好床、宰了猪。我们在锅里煮着小豆,倒在铺上抽着烟议论:攻打首都南京正处在最关键的时候,却为何让我们驻扎在这里按兵不动。对其原因,我们交换着各自的推测。

正当我们闲聊了约一个小时的时候,传令兵带来了令人愤慨的命令:

“立即准备出发!”

不满、牢骚、愤慨之声四处响起:

“这是世界上最短的一个星期!”

“一星期只有四小时!”

“赶快请中队长来检查厕所!”

“还要检查枪架和清洁状况!”

“还有更重要的呢!请爱检查的中队长快来,看看我的屁股眼是否干净!”

“妈的!如果不嚷嚷检查检查,老子可以美美地睡上四小时,这一来泡汤了!”

我们气得一边骂街,一边不得不赶紧整装待发。

野口带来了三个苦力。一个是十六七岁的可爱的少年,一个是三十岁左右的青年,另一个是年过六旬的老头。

其他分队把粮食驮在牛背上,还有人把半生不熟的赤豆装在篓子里带走。

短暂的“一周”驻扎就这样过去了,我们行进在一片辽阔的丘陵地带。越过不长草木、一片红土的丘陵,迈上了通往南京的大道。

傍晚到了一个村子,据说从这里到南京只有十五里。南京的敌人正在撤退,有一部分部队已在句容布下了阵地,我大队是联队右翼先遣部队,任务是向这里的敌人发起攻击。

我们在这个村子里做晚饭。我们走进了一户人家,房子很大，二楼有许多书籍，看来主人和儿子很爱学习。

十二月四日。

天气寒冷。行军路上，寒风刺骨。呆在屋子里的时候，大家都想围着火堆尽量暖和一下身子，恨不得把火堆抱在怀里。宁静而又严寒的夜越来越深了。总觉得心情也随之沉重和紧张起来了。

还有最后的五分钟就要开始攻打南京了。死神在我们前方，露出贪婪的冷嘲，等待着。我的二十六岁只剩下最后几天了。不！也许只有几小时了。父老乡亲们不时地浮现在我的脑海里，父亲在我的面前，母亲在微笑，弟弟默默地守着我，妹妹在呼唤我。

“列队！”终于出发了，时针指向整九点。

在黑暗中，香烟火一个个掐灭了。“一，二，三，四……”响着低微的报数声。

第四中队在前面带路，一会儿走的是羊肠小道，一会儿走的是田埂。时间一分一分地过去，寒气也越来越逼人，我们仿佛走在高原上，周围一片漆黑。疲劳、寒冷和瞌睡在折磨着我们。突然，前方传来枪声。

枪声连续“啪啪啪”作响，犹如将一把蒲扇贴着飞快转动的自行车轮子发出的声音。敌军和友军四中队的机枪声交织在一起，打破了黑夜的宁静。先头部队与敌人交战时，我们停止了前进。

前进一停止，就感到寒气开始从四面八方吞噬我们的身体，肉体受着寒气的折磨，睡意使得我们很紧张。手触摸到枪机等金属物体时，甚至会冷得发痛。不一会儿，部队折向了一条岔道。

敌人还在向黑暗处射击。到处都可以看见篝火，大概都是冻得打颤的敌人点燃的。

部队绕开敌人阵地前进着,好像是怕和敌人遭遇。

我们的任务是避开小股敌人,直驱南京。黑暗中,在那弯弯曲曲、七高八低的田埂上走了很久。寒气越来越重,让人感到至少是摄氏零下十度。严寒之苦我实在难以忍受,不由得掉下了眼泪。手脚都冻得不听使唤,仿佛四肢要离开身体一样。恐怕这是我从未体验过的寒冷,我流着泪,咬着牙。

部队穿过竹林,上了大道后,停止了前进。黑夜里,有几户人家隐约可见,上级命令我们警戒这条大道,在路边的凹地里摆开了阵势。严寒冻得我们心脏几乎停止了跳动,肺像是已经冻结在冰冷的空气里。狭窄的沟里无法躺下,只好坐等天亮。我把从内地带来的紧腿裤穿上以后仍然觉得很冷。夏天在北支那,为了减轻背包重量,曾经想把羊毛衫和羊毛裤扔掉,因为没有舍得而一直带在身边,现在派上用场了。当时由于炎热、疲劳和辛苦,即使扔掉一页纸都会感到一阵轻松,但我在行军途中一直背着它们从九月、十月到十一月,整整背着它们走了三个月。这种贪欲是我独有的呢,还是人之共性呢?

每当我感到睡意像绳子一般用力牵动我身体的时候,而寒气又从绳子的另一端拼命地将我往回拉。多么寒冷的夜晚!令人困倦的夜晚!

我在黑暗中散步的时候,在地上拣了一捆稻草,分给好几个战友,每人屁股下不过垫了十五六根。仅此一点儿,大家都觉得像坐在暖气上一样暖和。

屈着腿的膝盖头像是裸露在外碰着冰冷的东西一样,冻得发痛。我靠着斜坡坐在十几根稻草上,蜷缩着身体等待天明。然而,这个连血管都快要冻结的寒夜,竟是个漫漫长夜,好像永远不会天亮似的。

夜空渐渐泛白，我也苏醒了过来，不由得觉得浑身的血发热了，我要舒舒服服地吸支烟。别说背包，其他随身携带的所有物品上，都降满了霜，遍地都是刺刀般的霜柱。幸亏没有刮风，天气虽冷但是还能挺得住，否则，那就挡不住寒冷了。

天亮后一看，感到非常遗憾的是，黑夜似乎使我们瞎了眼睛，近在两间前面的路上，老百姓逃跑时扔下了许多衣服和被褥。早知如此，昨天夜里我们就不会挨冻了。

我们立即扫荡了村子，抓来了五男一女。先将五个男人绑在树上，另一个因为是女人，把她放了。可是这个女人紧紧抱住一个二十六七岁皮肤白净的男子不肯离去。她看上去二十二三岁，可能是这个男人的恋人或爱妻，因而不忍离去，表达了她对这个男人炽烈的爱。那情景惨不忍睹。这时，有人拉开她，让她赶快独自逃命，可是她却死死地抱住那个男子不放手。在他们家里搜出了两台敌人的无线电发报机。不是他们进行了间谍活动，就是敌兵在他们家里进行了活动。总之，物证俱在，那是必死无疑了。这个男人只会讲一句日语："谢谢！"或许他以为他所说的日语"谢谢"就是"请原谅我"的意思。即使我们对他说"把你杀了"，问他"这个女人是你的老婆吗"，问他"村子里的敌人什么时候逃跑的"，"你是不是在搞间谍活动"，他都只用一句日语来回答："谢谢！"虽然他并非故意这样，但是我们总觉得这是在耍弄我们，令人恼火。

被绑在树上的人，有的被刺死，有的被砍死，有的被击毙。我们对这一对青年男女很感兴趣，所以把他们放在最后处死。

"把这女人从男人身边拉开！"中队长下令道。

一个士兵扳开女人的手，使劲地把她拖开了。另一个士兵"嗨"的一声用刺刀扎进了男人的胸膛。女人一声大叫："啊……"发疯似的冲过去，紧紧抱住男人哭了起来。她嚎啕大哭，好像要吐出血来。真是个非常动人的戏剧性场面。不一会儿,她把紧紧地埋在男人胸口的、满是泪水的脸抬了起来,冲着我们怒目而视。她怀着对倒在血泊中奄奄一息、即将失去生命的男人的深深的爱,怀着对我们的刻骨仇恨,用手指着自己的胸膛说:"刺吧!"不,应该说是她严厉地命令着我们。一个普通女人俨然像将军一样以其巨大的威严命令我们!

"刺吧!"

"嗨!"

"呜——"她倒下了,像保护恋人一样倒在男人的胸膛上。这是殉难!是为爱而殉难!从她那丰满的胸膛里流出的赤红的爱与恨的鲜血在男人的身上流淌着,似乎还在保护着他。这一出悲剧的确打动了我们,我们纷纷议论:

"支那也有了不起的女人!"

"原来爱的力量比死更强大。"

我们当即在村子里放了火,接着便向另一个村子进发了。最近,对于我们来说,放火已成了家常便饭,觉得比孩子的玩火还要有趣。

"喂!今天真冷啊!"

"那要不要烧一幢房子暖和暖和?"

这就是今天的我们。我们变成了杀人魔王,纵火魔王!当太阳升到竹竿尖头的时候,命令我们开早饭。我们分队走进一户支那人家吃了起来。但支那人家的米饭冻得像冰碴一样,嚼在嘴里如同生米。幸好还有山芋,让苦力煮熟,填饱了肚子。支那的山芋和萝卜一样雪白。

吃完早饭,正在昏昏沉沉地打瞌睡的时候,远处响起了"出发"的叫声。一望无际的丘陵几乎是不毛之地,层层叠叠,像波浪此起彼伏。前方起伏处的顶点是敌人的阵地。我军第二、第三大队是先锋部队,我们第一大队是预备队。

我担任侦察兵,随中队长去了前线部队的所在地。我中队的小队长已经全部阵亡,眼下各小队的召集人第一小队是军曹,第二小队是军曹,第三小队是伍长。所以,所谓军官侦察兵,必须是中队长亲自出马。说到中队干部,准尉战死,曹长负伤,少尉也战死,另一名少尉负重伤,剩下惟一的干部就是中队长了。

我们三个侦察兵顺小路前进。前面走来了一个穿长袍的支那人,他摆出支那人特有的抱手方式——两手插在藏青色的长袖筒里。中队长怀疑此人手里拿着手枪,有些胆小,停止了脚步。我想怎么可能有这种事呢?于是上前搜了他的身。没有发现任何可疑的东西,把他放了。

但是,事后我们很后悔,这个支那人为什么单身一人在战场上四处游荡呢?应该把那家伙杀掉。

我们到达的地方是第二大队的伏击地,大部分士兵躺在敌人射击死角的斜坡上,少数士兵在阵地的前沿用重型武器向敌人射击。敌人也在猛烈地还击,他们的身影清晰可见。

联队的火炮一轰,随着剧烈的爆炸声,敌人如波纹一样四处散开。他们惊慌失措、抱头鼠窜的丑态,我们看得一清二楚。我在这里遇到了丸山四郎君,他给我喝了些支那酒,还给了我三支香烟。

近来,要七点过后天才亮。十二月六日早晨六点,天还未亮就出发了。只见前方层峦叠嶂。穿过一条据说是通往南京的大道再前进,不远处有一幢四周围着栏杆的石结构房屋。有人说这里是军官学校,也有的说是兵营。广场上还有用苇席搭成的简易仓库,里面存放着马具等军用器材。马具、水壶以及饭盒等几乎所有的器材和日本的军用品一模一样,还有一部《步兵操典》,其内容也几乎和我们的相同。

我在这里了解到,当这次战争开始时,敌军是如何调查我军内情,如何准备同我军作战的。可惜的是,这本书当时被准尉烧掉了。这本书对日军今后来说,有某种程度的参考意义。

蓝色的封面上写着“极机密文件”五个红字。

《日本陆军秘密扩充兵力之判断》 二十六年四月
《日本战时陆军兵员及编组之判断》 二十五年三月
《日本陆军新编制装备之判断》 二十六年四月①

从下午开始,我们第一大队编为右翼第一线部队,分散前进。敌人在前面高地一带布好阵,依靠火力进行顽强抵抗。白天的战斗几乎在步兵炮和重机枪的攻击声中结束了,而我们却听着炮击和机枪的射击声迷迷糊糊地睡了。夜里,敌人开始盲目射击,我们又继续前进,冒着无法忍受的严寒,在黑暗中的田埂上东倒西歪地行军。冷,太冷了!手脚的末梢神经似乎已失去了知觉。因为晚饭吃了糯米饭吧,我觉得胃里难受,隐隐作痛。我想吃药,将水壶放到嘴边时,水却倒不出来,已经结冰了。但是,水并没有全部冻结,只是表面一层结冰,所以“哗啷哗啷”使劲一摇,就冰破水出。

凌晨两点左右,第二大队队长派人来和我们商定宿营地点,所以我们大队也决定找个村子住宿,我们真是欢天喜地。此时此刻逃脱严寒之苦,实在是莫大的幸福。我们发现了一个村子。农民们见我们进了村子,惊慌不已。我们首先抢了他们盖的棉被,他们像壁虱一样拼命地抱住不撒手。有一个妇女气冲冲地赶来大声地喊叫,要把被子夺回去。这个女人气焰嚣张,对于我们这些日本军太无礼。我们一怒之下一脚把她踢翻在地,于是这个撒泼的中年妇女就像不倒翁那样转

① 以上三个文件日期均系民国纪年,分别指 1937 年、1936 年、1937 年。

起身来,一声不吭地呆了一会儿以后,嘟嚷着气急败坏地溜进了黑夜之中。

我们每当宿营时,都是首先扫荡村子,杀掉农民,然后睡觉。农民们之死可以保障我们睡眠的安全。

我们往往仅仅为了天亮之前平安地睡上三个小时而让许多农民去死。这也是战场上的一大悲惨情景。

十二月七日,早晨七点一起床就出发了。第一大队是联队预备队,第二、第三大队是前线部队。从村子出来前进了大约一百五十米时,遭到了敌人的顽强抵抗,战斗在激烈进行,火线上重机枪子弹已经不足,步兵炮弹也仅剩下六发了,而我们预备队却是非常轻松愉快地得到了充分的休息。战线丝毫未能向前推进。

据说三十五联队夜袭了敌人,占领了他们的阵地。我们预备队因一线部队未能向前推进,所以得到了充分休息的时间。这真是因祸得福。但是,迟迟不能冲上去夺取敌人阵地,实在令人焦急。第二、第三大队都是些窝囊废!我们边抽烟边议论。

"如果子弹打光了的话,也得像三十五联队一样,发起冲锋!"我们说。"若是我们的话,一定冲锋,两小时就拿下敌人阵地,给他们看看!"有的人还逞强地说。

野战部队的士兵们总觉得只有自己打的是恶仗,什么苦都吃过,只有自己才是真正的王牌军。连在同一个中队的人都觉得自己的小队比其他小队要强——这种夜郎自大的想法普遍存在于中队士兵中。

"听说,三十五联队的伙计们骂第二、第三大队'你们这些小子知道不知道什么叫出击'!你猜怎么着,他们听了居然不生气。"还有人煞有介事地说。

有个大水塘,上百只鸭子在水面上游来游去。自从在中支那登陆以来,我们从未得到辎重兵的粮食补给,粮食全靠征收来解决。这是因为道路恶劣,辎重兵前进困难。我们每到一处宿营,首先必须把第二天吃的大米搞到手。一看到鸭子,大家高兴得提高了嗓门在追赶。火线上正在追击敌人,而在这个离火线两百米的后方,却在拼命抢掠鸭子。我们枪击棒打,弄到二十五只鸭子,肥嫩的鸭子加上盐和糖烹调,饱餐一顿,其味道美不可言。

士兵们把仅有的五六所房子挤得满满的,挤不下的士兵钻进屋外的草垛里御寒睡觉。我也钻进了草垛里。十二月的气候,天寒地冻。虽然我们感到寒冷,但却没点篝火,因为篝火会把我们的位置告诉给敌人的炮兵吧。我们在草垛里过了一夜。

八日,第一大队从火线上换下了第二、第三大队。第二、第四中队为火线部队,第一、第三中队为预备队。我们中队是预备队,倒也逍遥自在。

中午,我倒在草垛里睡觉,木之下太郎躺在担架上被抬了过来。据说他在做饭的时候被流弹打伤了右大腿,子弹穿透了肉,当时剧痛难忍,现在已经不太痛,好多了。他的伤口没有敷药,问我有没有什么好药,我给了他一种叫"阿斯达姆"的外用药,还给他做了鸭汤。他一边表示感谢,一边大口大口地喝得很香。

"你加入生命保险了吗?"我问。

"嗯。所以去住院。我挨了子弹,觉得很走运。这点伤没啥!虽然现在你还没有受伤,但是更激烈的仗还在后面。听说南京附近的阵地很大,从今天的情况来看,正因为你没有受伤,所以危险性更大。我受伤了,反而安全,因为医院是安全地带。你一定要多留神。”

“谢谢。我身上还没有伤,还得前进。我不知子弹是穿过我大腿还是穿过我心脏,一切听天由命！命运这神秘莫测的力量在支配着我,所以,用不着小心,也用不着留神。把生命托付给命运,向南京前进!”

“那么,多保重!”

“再见!”

有个士兵来取担架,说火线上已有四五个人阵亡。随着向南京推进,战斗到了白热化。生死大权操纵在上帝手里。我想,这次命是保不住了！但是,我总想在死前,充分发挥我的作用。要是不能如愿,必将留下千载遗恨,死不瞑目。

能否冲出最后的死亡线呢？我已经没有丝毫恐惧了。心中只有一个念头,只想精神抖擞,勇往直前。我们已经被战神附体了。不怕千难万险,不怕任何牺牲。

我们力大无穷,士气冲天,所向无敌。

忽然传来了激烈的枪声,机枪在盲目地扫射,炮声隆隆。枪声像波浪一样,忽高忽低。大约三十分钟后,接到了前进的命令。刚才一阵激烈的枪战,夺下了敌人阵地。我们冒着敌人雨点般的子弹,以迅雷不及掩耳之势冲进敌人第二道防线。第二中队冲锋时伤亡二十多人,只不过占领了敌人一个火力点。战斗又处于对峙状态。

寒天中没有一丝暖意的太阳即将西沉,我们挖掘壕沟准备睡觉。夜幕降临时,命令我们到后方征粮。我们搜查了村子里家家户户的各个角落,连一粒米也不放过。接着不得不火速做饭,送给第二中队的伤员和正在战斗的官兵们。在填饱了他们的肚子之后,再做我们的。然后还得找米。结果,弄到的只是山芋。因为时间紧迫,没煮就带回阵地,像老鼠一样啃起生的来。

每次冲锋都使许多人送了命。冲锋是我们最有力的武器。它比大炮飞机以及任何现代武器都伟大。战斗愈激烈,冲锋愈果断。

我的一生或许就此结束。应该是赴死攻击的时候了。我要冲锋陷阵！我要把我为攻打南京所拥有的激情力量当做我终生的骄傲和荣誉。为爱国而赴死之前,我将抛弃一切私心杂念。一个优秀的士兵必须视死如归,毫不犹豫。我决心成为这样的士兵。

我分别给母亲、兄妹写了遗书。

此时此刻,我怀着悲怆的心情,已完全决心赴死。傍晚,森崎部队总算抵达。辎重部队也到了,给我们每人分配了十二支响牌香烟和少量的酒。

十二月九日。早晨七点,我们攻占了敌人的阵地。敌人已逃进山里,留下了坚固的钢筋水泥碉堡,上面用土和草进行了伪装。前面有高七寸、宽两尺的射击孔。碉堡的后侧安着一扇厚铁门,里外都上了锁,加了装置,为了与其他的碉堡联系,挖有交通沟。万不得已的情况下才封闭射击孔和铁门,只要碉堡安全,人呆在里面就安然无恙。我们急行军追击敌人,穿过平原、越过山峦,发现三十五联队正在前方大道上大摇大摆地前进。

中队长喊道:“加快步伐！不能让三十五联队抢先占领南京!”这一喊激起了我们争先恐后的情绪,一心要第一个冲进南京城。

我们的热血在沸腾,气力旺盛,不怕苦不怕累,心里燃烧着希望,挺身大步向前。

我们爬上一座满是石头的山,上面只有杂草。我们在山顶上俯视着刚才走过来的高地,犹如海洋一般辽阔,又如山的起伏一样伸向无限的远方。巨大赤红的朝阳从东方升起,色彩斑斓,光耀夺目,蔚为壮观。群山延绵,层峦叠嶂。我们下了山又上山,上了山又下山,翻过了三座山顶。这时,遭到了右侧山上机枪的扫射,行走在我前面的一名士兵当场牺牲,三名重伤。

南京在哪里?我手搭凉棚,踮脚极目四望。但是视野里没有一处像南京。只听到从远处云层下传来友军飞机的轰炸声,猛烈可怕,接连不断。

南京总攻击开始了!

我们把死和痛苦抛到九霄云外,向前奔跑,犹如饿狼扑食。

在最后一个山顶上休息的时候,发现三十五联队依旧在通过山下小路。看来他们要抢在我们前面进南京了。

"可是……"荒木伍长说,"也许这帮家伙先到南京,但是南京是敌人最后的防御阵地,规模最大。防线不会轻易突破,将有一场激战,等他们和敌人交战,打得差不多的时候,我们出其不意地杀进城里,岂不是更好吗?所以,还不定谁先进南京城呢!"

我们开始下山,从狭窄的石子小道像猴子似的滑下去。当下到平地的时候,几名遭到我们突然袭击的残兵败卒,如惊弓之鸟从山麓的两三间破屋子里逃了出来,被我们当场击毙。两三个战友从尸体怀里摸出香烟贪婪地吸了起来,好像在说:"好久没抽了!"有人甚至还搜钱。我很讨厌从死人身上找烟抽,总觉得抽了他们的烟就意味着死亡,所以碰也不去碰。前进了大约两里路,看到在石头路标上写着"南京市"三个字。我们就像碰上追踪了五年甚至十年的敌人一样,精神为之一振,情不自禁地高呼:"万岁!"这尺把长的石头路标,简直是我们的辛苦、死亡和鲜血的结晶。

我们走得更欢了。右边有座大山,中队长查了地图,说是紫金山。

紫金山下有一座雄伟的白塔。后来才知道,那是孙文的墓。从远古尧舜开始,拥有四千多年历史的世界第一大国——富饶昌盛的支那,在清朝道光皇帝时代和英国之间发生了鸦片战争,英军进攻并封锁了广东、厦门、宁波、上海等地,逼至南京。就这样,香港被英国占领了。第二次是英法等八国联军发起侵略战争,北京文化被毁,古代文化珍品惨遭洗劫,九龙地区割让给英国,基督教传教士取得了居住权,扩展势力,渗透到支那的边边角角,阻碍了圣战。英法侵略亚洲实在令人憎恨。英国人侵略印度,改朝换代,维多利亚女皇成了印度的皇帝,还征服了巴基斯坦,吞并了缅甸。法国灭掉了越南,将安南、东京、交趾支那合并起来,称作法属印度支那。俄国占领了西伯利亚,并利用《瑷珲条约》占据了黑龙江以北和乌苏里江以东地区。列强为了欺压清国,相继发动日清战争、北清事变、日俄战争等,清朝在宣统年间灭亡。忧国之士孙逸仙为建立理想国家发起革命运动,联合张作霖、段祺瑞打败了直系军阀曹锟、吴佩孚等,取得了革命的成功。孙文临终前留下遗嘱:

> 余致力国民革命凡四十年,其目的在求中国之自由平等。积四十年之经验,深知欲达到此目的,必须唤起民众及联合世界上以平等待我之民族,共同奋斗。现在革命尚未成功,凡我同志,务须依照余所著建国方略、建国大纲、三民主义及第一次全国代表大会宣言,继续努力,以求贯彻。最近主张开国民会议及废除不平等条约,尤须于最短期间促其实现。是所至嘱。

而今他长眠于紫金山下，若他九泉有知，定会痛斥蒋介石的所作所为，并大声疾呼："革命尚未成功！"蒋介石正在破坏革命。明治四十五年二月，清朝在宣统时灭亡。民国建立二十六年之后，蒋将再次毁掉国家。具有讽刺意味的是，就在中山陵下，正进行着最后一场激烈的攻守战，这是一场划时代的激战。

南京历史悠久。一千六百年前，也就是我国一千年前神武功时代，孙权建吴，立南京为都，与曹丕所建魏国、刘备所建蜀国鼎立，后东晋、南朝都相继定都南京，而今蒋又占据此地。

南京正在变成地狱演奏场，正在变成天昏地暗、尸横遍野的巨大坟场。炮弹哼着黄泉曲，灭绝人性、惨不忍睹的屠杀情景就要在我们面前展现。

"白塔右下方有敌人，第三中队进攻！"传令已到。大队长正猫着腰在矮树阴下用双筒望远镜瞭望。第一、二小队火线作战，我们是预备队，我就在大队长身旁。猛烈的子弹在空中呼啸，火线的士兵们忽而匍匐，忽而卧倒，忽而冲锋，努力地前进着。不知是不是因为敌人的火力太密集了，前进的速度很慢。大队长透过望远镜看到这种情况，高喊道："第三中队前进！冲锋！"

联络兵冒着呼啸的子弹向中队长跑去。中队仍然按兵不动。

"第三中队前进！冲啊！"大队长愤愤地喊着，又下了命令，可中队还是踯躅不前。

大队长咬牙切齿地又怒吼道："传令兵，传了命令没有？"命令再次传了过去。

敌人的捷克式机枪正对着他们扫射，但没有出现伤亡。

"喂！呆在那里的是什么人？"大队长冲着我们怒声问道。

"我们是第三中队的预备队。"

“赶紧增援！立即进攻！”

我们“咕嘟”喝了一口军用水壶里的水，跃身向前冲去。子弹铺天盖地地飞落到我们身边。高坡上的敌人把我们看得一清二楚，疯狂地扫射过来。我越过田垄，以田埂作掩体，一点点地前进。我分队的两个惟命是从的苦力，一个是可爱的少年欧姆逊[1]，一个是三十五六岁的男子，他们也和我们一样，为了避开子弹，不时地卧倒、匍匐向前。除他俩外，我们一开始还用过其他苦力，可都是些懒虫，最后只留了这两个。这些苦力干完活回家之前都向我们讨一份类似“身份证”的东西，这对他们来说就是护身符。

对忠厚老实的苦力，我们就给写上“该苦力乃忠厚老实的良民，为此望各部队放行。东部队长㊞”。虽然没有“东部队”这样一个编制，但后方来的士兵不知道前面都是些什么部队，都能认可这种“身份证”。这些苦力都是我们自作主张从田间地头或是躲藏的地方抓来的，并没得到中队的认可，所以不可能让中队长出证明，于是我们只得签上各自的部队姓名。但是，如果苦力偷懒、不老实，便写上：“此苦力乃偷懒耍滑之徒，是死是活，听凭各队战士自由发落！”反正这些支那人看不懂日文。他们以为盖了印才是真的，就硬缠着我盖上三文印。这枚图章是我领薪水时用的，有时也当做部队长印章。我曾经遇到过一个苦力，将另部出具的“让其生让其死悉听尊便”的证书当个命根子似的揣在怀里，就像捧了个宝贝护身符。见此状，我捧腹大笑，给了他一个耳光，又让下一个士兵接着扇他，直到最后一个士兵。这个苦力挨了每人一个耳光后愣在那儿，哭了起来。

我们那两个忠诚的苦力惟恐掉队，直喊着：“大人！大

① 人名，此处为音译。

人!”跟了过来。

我们终于到了铁路路基的斜坡。铁路这边有一条小河,蹚过小河,上了斜坡,先抽了一支烟。铁路前方是一片长满了卷心菜的平地,卷心菜整齐地排开它们的圆脑袋。敌人在卷心菜地尽头的高坡上向我们狂射。过了铁路,敌弹肆无忌惮地吞咽着我们的鲜血,封锁了我们前进的道路,像是在警告我们铁路这边是他们的地盘。第二小队首先从铁路跃入卷心菜地里,个个像得了狂热病似的,发疯地冲了过去。弹声更加激烈了。接着是我们第三小队。担任小队长的荒木伍长如一阵风冲了过去。随后,又有两个士兵越过了铁路。这时,我们接到了第三中队的预备队到左边村里集合的命令。这一来,我们就无须闯入铁路对面的子弹地狱了,也就没跟在小队长后面。也许这是贪生怕死吧!但这是遵守大队长的命令,天经地义。大队长的命令对我们来说不啻为天大的喜讯,我们嘴上虽然不说,心里却暗自庆幸自己在冲出去之前就接到了他天使般的命令。此时此刻,再没人去关心冲出去的小队长和那两个士兵的死活,只顾自己的安危。西本分队长跳出来,为了通知第二小队和第三小队的三个人到左边村子集合,他顺着铁路斜坡跑过去。我们向村里走去。大家都若有所思,可都一言不发,默默地往前走。

村里只有十来户人家,惨遭炮击,百孔千疮。在激烈的子弹声中,太阳战战兢兢,直往大地后面躲。就在这时,荒木伍长和两名士兵随着西本一起回来了。荒木伍长在哭,气愤、窝火的泪水从他脸上止不住地往下淌。

“你们怎么不听我这个小队长的命令!贪生怕死!”他吼着,像吐什么脏东西似的,说完咬着牙,强忍着眼泪。寒风飕飕,吹透了我们的心。

“跟我冲过去的只有两个人!”伍长长叹道。

大家心里空荡荡的。枪炮声在我们前后左右疯狂地咆哮着。

有人辩解道:“小队长冲上去之后,我们接到大队长的命令,所以没有跟上。在我们进攻前,大队长就因我们没执行好他的命令而大发雷霆。若是这次,明明接到他的命令,又不服从,他岂不又要火冒三丈?”

这并不是托词,在一定程度上是我们的心里话。前一次,大队长在下了“第三中队冲锋”的命令后,不知什么原因,没被及时执行,致使大队长大发雷霆。我们尝到了苦头,所以这次才派出传令兵去通知小队长返回。

小队长伍长说:“大队长的命令是下达给中队长的,不是直接冲你们发的!”

听了这话,我们只好沉默不语。

我们走进一所被炮弹炸飞屋顶的房子。屋子四周墙壁坍塌,里面满是断木头、炸飞了腿的桌椅,还有露出破布片的藤条行李箱。我们就在堆满了杂物的屋子里坐下休息。有四个大坛子,里面满是可口的腌菜,这一发现让我们喜出望外。

我们把第二天的午饭都做好了,烘干衣服后,躺在断木旁睡着了。在这种地方生篝火会暴露目标,只好裹上破布片,躲在碎木板里挡风御寒。时针指向深夜十二点。

寒冷的夜空繁星闪烁,敌军的照明弹像流星一般不时闪过。机枪子弹就像索命鬼般在啾啾作响。追击炮在寒冷的夜空中轰鸣。这枪炮声不同平日,它犹如庞大的动物濒死瞬间耗尽全身气力、垂死挣扎时发出的狂吼声。

夜色更深了,枪炮声也越来越大,就像是人在害怕时发出的颤抖一样。

敌人的枪炮声并非进攻,而是消极防御的恐怖的哀鸣。夜色愈浓,敌人心中的不安、恐怖与疑惑也变得越来越深。

友军几乎一枪未发,因为他们深谙“无的放矢”的含义,不虚发一枪。看来这又加深了敌方的不安与疑惑,他们就像闭着眼睛打水仗的孩子把水到处乱泼一般,在黑夜里向四面八方放空枪。

在我们眼里,子弹像金币般值钱,而敌人却视如垃圾废物,四处泼洒。

多么猛烈、刺耳的枪炮声啊!炮弹的爆炸声在黑暗中回荡。

这简直是地狱里的大合奏,是残酷而狰狞的杀戮,是充满破坏欲的狂吠。在这野蛮的吼声中,繁星冷静而安详地闪烁着。这多么具有讽刺意味啊!

我是一个极端懦弱的自私小人,只有当生命面临危险时才意识到生命的可爱与美好。

我们应该豁出去,将自己的一切乃至生命,奉献给亲爱的祖国。

现在难道是叹息自己软弱的时刻吗?应该做一个能慷慨赴死的人。在这儿,在可称之为“屠杀人类重工业”的战场上,生命甚至不抵一粒尘埃。

野蛮与惨无人道,在各处嘲弄着我们,在等着吸食我们的鲜血。

荒芜、废墟与混沌就是恶魔的安息处。

有一首歌叫《人们鼓励我牺牲战场》,这歌词听来,死亡简直成了我们的目的了。果真如此吗?

《叶隐》上写道:“所谓忠义,就是指死。所谓武士道,就是指死。”

死!死!死!

啊!还是想活下去?我们不能够泰然赴死的苦闷心情中,甚至产生了自己一个人不死,战争也能打胜的卑鄙心理!

但转念又会想到,如果确实需要捐躯,自己也能含笑面对。

活着的人想生存下去。生者求生,这难道不是人之常情吗?

但作为一个日本人是不能因为这个理由而采取胆怯的行,动的。

决不能苟且偷生!也不要胆怯而死!

要在日本人的自然中生,在日本人的自然中死!

对了!渴望生存并非怯懦,而是自然情感的流露。但是,如果死得有重大意义,也就是非死不可的时候,就应大义凛然,慷慨就义。

最优秀的士兵既不是上等兵,也不是二等兵,而是指那些作为一个日本人,作为一个日本士兵在他该献身的时候,义无反顾、毫不犹豫的人。

寒气逼人,苍白而混沌的星星以它永恒的冷澈闪烁着皎洁清辉。

死神片刻不停地演奏着地狱之曲,唱着死亡之歌。

我不知不觉进入了沉沉的梦乡。

十二月十日。多么猛烈的炮声与爆炸声啊!

拂晓,友军万炮齐鸣,猛烈的炮声把我从梦中惊醒。天刚放亮,友军的野战重炮、野炮、山炮、步兵炮齐声发出了怒吼,像是对敌人昨夜的炮击进行变本加厉的还击。顿时炮火连天,轰隆的炮声几乎要使地轴开裂。从后方射来的炮弹像特快列车般,从我们头顶呼啸而过。

敌人也在拼命还击。友军的飞机开始了轰炸。敌人的高射炮对着飞机开火。但炮弹还没打到飞机,就在飞机下方爆炸,腾起一团白烟,突然闪现在青空。轰隆隆的炮声愈演愈烈。炮弹在轰鸣、呻吟、咆哮、狂叫,跳着死亡之舞。在这严酷的战场上，没有任何妥协的余地，它是一场生与死、胜与负、你死我活的惨无人道的较量。

整个上午都是炮兵进攻。我们去征收粮食。每个分队派出了两三个士兵。

我们来到一个村庄。这个村庄在建房时可能考虑到了战争，家家都砌有很高的石头围墙，使得外人无法侵入半步。我们砸破石墙翻了进去。只见一头白毛驴竖着长长的耳朵温顺地站在那儿，看样子好久没人喂它饲料了，它把长长的脸凑近我们，像要讨点吃的。在它旁边的士兵大骂一声“混蛋”，“砰”地朝它肚子踢了一脚。驴子蹦了起来，默默逃走了。不知为何，我看到这些东西时，总觉得它们很可怜。

昏暗的室内除了一张床，没有什么值钱的家具。床相当气派，肮脏的室内、粗糙的房间布局以及家具简直没法儿跟它比。这种床在中支那随处可见。

虽说已到了十二月，床四周漆成朱红色的细柱子上还悬挂着蚊帐。蚊帐的开口处挂着流苏，就像是神社门口的幕布。看来像一年到头都挂蚊帐的。床上还挂着各种各样红漆的饰物。泥地房间里也摆着一个漆得火红的木桶。这种厚重美观的桶，如果在日本只是结婚仪式上使用。但在这儿，据说是受火红色刺激，兴奋后的夫妇用的尿桶。我们并不知道这些，用来打水烧饭，直到烧出别有异味的饭后方知就里。不幸中的万幸是米饭尚未进口。有的士兵归罪于饭盒，把饭盒重重地扔了出去。

我征了三四合大米后，来到了另一家。这个人家的晒场上蜷缩着十二三个女人和孩子，她们的脸上浮现着难以言状的忧愁、怨艾和悲叹。她们的眼里满是敌意、恐怖和绝望，就像广漠的夜空中闪烁着的一两颗星星。她们用纤弱苍老的双臂紧紧搂着自己可爱的孙子、儿子。她们像是四面受敌般地尽量靠在一起，瑟瑟发抖，煞是可怜。幼儿俨然把母亲和祖母的怀里当成最安全的地方，当成了天堂，安稳而香甜地睡着。有的孩子紧紧抓住母亲或祖母的一只胳膊，低着小脸；有的孩子紧躲在大人身后，时不时向我们投以好奇与恐惧的目光。有的母亲像母鸡护小鸡似的，把三个爱儿搂在左、右方与胸前。等他们长大成人后，今天的痛苦经历将会给他们留下什么样的回忆呢？那时，他们该会对日本采取什么态度呢？

幼年时期横遭敌军蹂躏，将给他们留下深深的痛苦、血和泪的记忆。

到任何时代日本的孩子都不会有如此羞耻的记忆，这是何等幸福啊！战争必须打赢！战胜国国民吃麦饭和栗子饭，而战败国国民只能过吃稗子和野草的生活。

战争，是为了什么？人类发动战争就是为了争夺土地。这种悲惨将不断地重复直至地球毁灭为止。战争是一个国家的人民为维持生存而采取的最高手段。难道人类最终要为分配月球上的土地而斗争吗？

柔弱的支那妇女们，生命的余日无多。她们把命根子一般所剩无几的救命粮，挖空心思在破烂堆里藏了又藏，而我的战友一声断喝："要恨去恨你们蒋介石吧！"他的一记耳光便将她们恐怖而憎恶的反抗、将她们对这点救命粮的疯狂般的不舍之情，打到九霄云外。

她们有什么罪过呢？

那个战友懂得爱和同情吗？

难道这就是男子汉的勇敢吗？

我悲哀地走过那里，来到另一户人家时看到了更令人心痛的场景。

我像叫花子寻找垃圾箱似的，用怀疑的目光在屋里到处翻腾、寻找。我打开一个藤条箱，吓了一跳。微暗的箱子里躺着一个出生不久、一声不吭的婴儿，我慌忙从这家跑出。

在这空荡荡的房子里，在这阴暗的箱子中居然有刚出生的婴儿。婴儿的母亲已经被杀害了吗？他的哥哥都被拉上了抗日前线吗？他就这样饿死在这里吗？他那尚未发育完全的神经，那上帝给他的惟一觅食本能是寻找母亲的乳房吧？他会在藤条箱里饿得啼哭吧？被自家人扔掉的孩子难道仅此一个吗？被自家人扔掉的孩子，被抛弃在街头的孩子处处可见。

母亲留给他的血红的珍贵绸缎将原封不动地成为他的裹尸布，藤条箱将一如原样成为他的棺材。

到处都是残酷和悲惨。

这就是战场。

我总算找到了大约两升米，踏上了归途。

中队还没有前进。午饭后，步兵终于开始攻击。

枪声、炮声一直持续着。

不破坏殆尽，不斩尽杀绝，便不停止的子弹的狂吠。

敌人的子弹猛烈地飞过来。我们快步冲向前方。当我们进入一片凹地树林时，发现七个敌人已被刺死，其中一个被砍了头，他的头滚在离我约有三尺远的地方。我跑过去把它踢开。这时，看到前面有一幢房子，敌人的轻机枪从里边向我们扫射。我军的步兵炮和重机枪从后方掩护着我们前进。我们爬出草丛，来到低洼的道路，在坡顶架上轻机枪猛烈射击。前方五十米处，两三个敌人隐蔽在豆秆后面向友军的机枪射击，我充分地瞄准后放响了枪，我想一定打中了。左边有一幢洋房，代理小队长荒木伍长爬上去从窗口狙击逃敌。我和其他两三个士兵从高坡上用机枪扫射。不知为什么中队长一下子来到坡下有树阴的路上。已商定前线阵地要挂起国旗以通知我方友军，于是受中队长之命，把破烂不堪的国旗挂在树枝上。敌人开始在五间宽的道路上抱头逃窜。我们不慌不忙地消灭了从树林里逃出来的一个个敌人。狙击逃敌是相当有趣的开心事。

小队长命令我去破坏铁丝网,我挥起锛子砸开个口子,和小队长一起穿过铁丝网。左边有间五颜六色的漂亮房屋,我们闯了进去,原来是游泳池的更衣室。大大的游泳池里注满了水。再往左边去是一个很大的运动场。我们横穿敌人逃过的道路,摇晃着国旗向前奔跑,沉甸甸的背包累得我苦不堪言,可我们拼死拼活地闯过旱田。我喘着粗气,此情此景,真像电影里的壮观场面啊!

我率先穿过一片约有两米高的小松林来到高地,高地上有敌人的战壕,却看不到一个敌人的影子。在没有竣工的建筑中有一幢洋房。占领洋房后小队长命令我爬上洋房去挂国旗。我放下背包和枪,拿着一面国旗登上楼梯。我想,这么多的房间,如果有隐藏的敌人,我就冲上去和他们搏斗,将他们的脑袋拧掉!我暗暗地给自己壮胆。挂起的国旗迎风招展,心里非常的畅快。此时展现在自己面前的仿佛是在看战争电影,又好像在演习,炮弹的声音也好像演习弹一样。不一会儿,大队长带着部队到达这里。

我向大队本部喊道:“前面有两挺机关枪,冲不过去!”

中队长大声问道:“东!就你一个人?”他也上了屋顶。人在高处时的心情总是愉快的。现在就体会到这点,好像这里是自己一个人攻下来的,我情不自禁地摇晃着国旗,兴奋地自言自语道:“搞报道的摄影班那帮混蛋,这时候为什么不来采访啊!”

这幢钢筋水泥结构的房子变成了我们的碉堡。我们以坚固的厚墙为盾,架起机枪向外扫射。

夜幕降临。今夜就在这里安营扎寨。我们分队和第二分队住在一间约六张榻榻米大的屋子里,我负责去安排岗哨。

房前漂亮的院子里有一片草坪，绿树成荫。我让步哨站在房子旁的树阴下。听侦察兵报告，十米前方有条路，路的对面是凹地，凹地对面的高地上盘踞着敌人，敌我双方相距一百米左右。岗哨安排就绪后我回到宿舍。我们“咯吱咯吱”地吃着硬邦邦拌了酱的支那米饭。房间的一个门正对着敌人的阵地，岗哨在门外面。本来一有敌情，哨兵便会立即跑进屋里，但是为了防止敌人向屋里扔手榴弹，大门紧闭不开，哨兵也只好从外面绕进屋里。为了取暖，我们拾柴在屋内烤火。可是，门关得严严的，搞得满屋烟雾弥漫，直到炭冒红火才好了些。我们一个个被呛得直咳嗽。夜深了，枪声更加激烈。“喀哒喀哒”的机枪声，“哐哐”的迫击炮声，撒娇、滑稽而悠闲的“砰砰叭叭”的步枪声，还有黑暗中对方的喊叫声、士兵的军靴声、刀剑声以及“叽叽喳喳”的说话声，与宁静的黑夜演奏出一曲交响乐。

指挥者是死神。敌人的枪炮声打破了黑夜的宁静，闹得鸡犬不宁；他们孤注一掷，在黑夜里没完没了地盲目射击。好像在告诉人们，夜晚本来不是宁静的，而是喧闹的。难道说敌人的子弹是无穷无尽的吗？他们好像在想方设法把自己这份子弹彻底打光，好像敌哨在站岗时有义务要不停地扫射。

我觉得敌人这种愚蠢、得不偿失的射击，好像在对我们说：“老子们通宵达旦不睡觉，严密地警戒呢！你们可不要夜袭啊！”夜间只要没有必要我们始终一枪不放，所以敌人更加恐慌不安。

黑暗已过去，皎洁的月牙儿伴着繁星，星星和平而又安静地闪烁着光辉。下岗的哨兵说：“喂！山上着火啦！”

后面的山和左边大约是紫金山的地方燃起了火焰。一条火焰宛如蛇一样在高低不平处画出了许多圆，熊熊烈火在燃烧，不一会儿，火势向山麓弯弯曲曲地延伸。

有人说:“是什么火呢? 难道是炮火引起的吗?”

“这火烧得如此壮观,真痛快!”

“或许是敌人为了逃跑而设下的圈套吧。”

我和驹泽在站岗,与其说是保卫我军的战线,还不如说是为了我们自己的生命安全。为此,我们明确规定要严守交接岗制度,公平合理地取消了布岗员这一轻松的差使,所以,今天我既排岗又站岗。我和驹泽背靠背站在车库前盛开的延龄草旁边,监视着前方。凌晨三点左右,我发现有个黑影正在延龄草的对面断断续续地爬着。我的神经像触电似的紧张起来,全神贯注地盯着目标。突然又出现了一个黑影,我轻轻地弯下腰,紧紧地握着枪。这时,又出现一个黑影,像蛴螬一样在蠕动。是敌人! 我小声地对驹泽说:“喂! 是敌人! 注意!”驹泽还没发现这一情况,他吓得直打哆嗦,忙问道:“在哪里? 在哪里?”他的声音都在颤抖。我说:“在那里,正在动呢。你悄悄地回去报告!”驹泽撒腿就跑。他敲着与车库相通的房门,大声喊道:“偷袭了! 偷袭了!”门反扣着,打不开。他太慌张了,也可能是害怕,不敢绕房大半个圈跑进屋,而是大叫大喊地敲门。他只知道隔一层门板的屋子里睡着许多战友,却忘记了大声呼喊带来的危险,把我嘱咐他的话全忘到了脑后。他没有按照我“悄悄地回去”的嘱咐去做,还在惊慌失措地大喊大叫。“糟糕!”我感到危险就在眼前,情急之中向黑影开了一枪。敌人盘踞在右侧,重机枪“笃! 笃! 笃! ……”吐出了火焰。黑影跑了。太危险! 我拔腿就跑。还在紧闭大门前叫喊的驹泽看到我跑,也随后跟了上来。我跳进屋里喊道:“敌袭!”全体紧急武装。

我军重机枪也开始了猛烈射击,敌人更加疯狂地还击,顿时响起了一片机枪声。刚才向我方爬过来的几个黑影或许是敌人的侦察兵,看来这一小股敌人已经撤离了。一处枪响,敌人的机枪立即射击,邻近的机枪像接上了电源一样,全都响了起来,就连远处的捷克式机枪也在狂吠。这真是一犬叫,百犬吠。他们不管自己是否遭到袭击,只要枪声一响,立刻就用机枪扫射,就像在恐惧地惊叫。看来,他们束手无策了,只有一个劲地消耗弹药。

我们返回到屋里,围着火堆继续取暖,大家七嘴八舌地谈论着。

“今天有没有人被打死?”

“第二小队死了一个人,三个重伤。”

“明天不知轮到谁。”

“一定是倒霉鬼吧!”

“眼看就到南京了。真不想死啊!”

我们迷迷糊糊地睡着了。

十二月十一日。东方破晓,炮击在晨雾中开始了。我们到中队本部集合。

这里是一户有钱人家,房屋豪华气派。宽敞的庭院里有一片整洁漂亮的草坪,草坪旁绿树成行。后院里有一眼泉水,光滑的石头上长满了青苔。庭院的小径旁边安放着一尊古朴的金佛。琉璃瓦屋顶,朱红色圆柱,相映生辉。漂亮的室内装饰还很有一些现代气息。天花板上画着春、夏、秋、冬花鸟风景。地板上铺着华丽的地毯,我们穿着沾满泥浆的皮鞋毫不怜惜地在上面走动。右边屋子的玻璃书柜里,有看来很珍贵的古籍和轴画。左边屋子的玻璃柜里,珍藏着价值连城的支那陶器。这些陶器外表裹着真丝并逐个标着编号,上面印有“乾隆年”、“康熙年”、“道光年”的字样。

我国的德川家纲时代,正值支那的康熙皇帝、雍正皇帝、乾隆皇帝在位的清朝最兴旺时期,涌现了钱大昕、黄宗羲等有名的学者,考据学非常发达,完成了《四库全书》、《康熙字典》等巨著,这是文化繁荣的时代。

自称对文物有眼力的田中一等兵说:“这些珍品在我国从未见过,它的价值简直就是天文数字。”这番话,让我看出他已是物欲熏心。他忘掉了这是战场而在物色值钱的东西。本来我对这些不感兴趣,但是在田中古董热的影响下,我在无锡征收了名人字画和署名的两把扇子,还有在武进征收了挂轴。扇子两面分别有左右相反的诗,画着蝴蝶和花草。挂轴上画的是皇帝坐在大象背上,落款是道光元年。

田中垂涎三尺地看着这些陶器,置身体而不顾,贪婪地把这些东西塞进自己的背包。田中虽然年方三十七岁,但已是未老先衰的后备兵。可能是干过木匠活的缘故,他的背驼着,脸色憔悴,步履蹒跚,老态龙钟,他比谁都好色贪财。我们都受他古董迷的影响,把房间里的陶器洗劫一空。我拿了五件香炉之类的东西和几个碟子。带不动的大件物品统统砸烂。田中悔恨自己不是辎重兵,否则就把他眼馋的横卧大佛像也搬走了。里屋挂着一幅镶在玻璃框里的裸体女人油画,不知是谁在腿裆处画上了阴毛,又在腿裆处戳了一个洞,并且,另外再画了一个男裸体像,把好端端的一幅画糟蹋成了淫秽图。

天气寒冷,我们拆下豪华椅子上的包装布系在腰间,围在脖子上。这幢房子里凡是带不走的物品无一完好,统统被我们砸得稀巴烂。

炮兵射击时,我们得到了充分自由,随心所欲,为所欲为。睡在院子前面第二分队的士兵,忽然“哇”地叫了一声,他的右脚出血了。血染红了裤腿。

“喂!你命挺大的,还活着呢!子弹飞不进医院的。攻下南京后你再回来吧!”虽然他伤势不轻,但还是很开朗地去了后方。

炮击一直持续到下午两点。步兵开始发起进攻。我们转移到了另一幢洋房。因为步兵炮从空地猛烈射击,所以敌人在瞄准这里打迫击炮。这幢洋房的院墙是水泥结构,院门口有值班室。我们必须通过这个一间宽的院门到路对面的沟里,穿过凹地攻击高地上的敌人。敌人集中火力封锁了大门。子弹打在门柱上向四处飞窜。若想通过这个大门,就得冒着雨点般的子弹穿过去。我们贴着墙向前移动,趁敌人子弹间歇时冲了出去。在猛烈的火力封锁中,我们凭着高度集中的注意力和极端谨慎的判断,一闪而过冲出了大门,无一伤亡,奇迹般地穿过这生死关。我们到了凹坑,卧伏在草丛中。敌人又集中火力,压得我们进退不得。我们看不见躲在高地树丛后的敌人,敌人大概也看不见我们,他们仅仅凭着自己的判断进行射击。我想,这回可没命了!子弹铺天盖地地从四处飞了过来。迫击炮弹"嗖嗖"地从我们头上飞过,就在我们后面不远处爆炸。我们第一分队成一列趴在草丛里。西本分队长没有和我在一起。他在哪儿?是在前面吧?我是代理分队长,等待其他队员到这里集合。田中吓得发抖。我们个个像石头似的一动不动。我们知道,这种情况下,哪怕稍微一动,都是非常危险的。我贴着地面说:"好厉害的子弹啊!"接着又嘟囔道:"大家都到齐了吗?"熊野一等兵轻声答道:"好像都到齐了。"

"喂!小队长负伤了!"不知是谁叫了一声。

代理小队长荒木伍长的手被子弹打穿了。我命令本间一等兵护理荒木伍长下了火线。现在由西本伍长担任第三小队队长。"第三小队前进!"这时从前面树林里传来了命令。敌我双方的炮弹在我们的头上来回穿梭,发出狂风一般的吼叫。机关枪子弹、步枪子弹四处飞窜。我甚至奇怪,双方炮弹为什么不在空中碰撞呢?

这是死神乱舞。

我相信自己不会死，深信子弹打不进自己的肉体，所以我一点都不害怕。自己也说不清为什么会有这种心理，总觉得子弹对我是客气的。我下定决心准备冲出去。

我吩咐士兵们说："喂！我先冲出去，找到隐蔽的地方通知你们，你们再冲过去！"我拼着命一口气冲了七十余米，来到了大树林的下面。这是敌人火力射击的死角，比较安全。

我怒吼道："第一分队前进！前进！前——进——"结果不见动静，大概分队队员们都在犹豫。我卧在草丛里塞了点压缩饼干填了一下肚子。集合之后，大家把背包堆在竹林边上，做好突击准备，然后渡过小河，登上山坡待命。

看来这一带是南京市郊外，漂亮的洋房稀稀落落。我们爬上了道路，前面像是桑田，桑田左边树林里有一幢洋房，敌人像是赌气似的接二连三地向外扔手榴弹。不知固守洋房的敌人究竟有多少，即便仅有两三个，也比平地上几十个敌人难对付。这些亡命之徒对我们构成了极大的威胁，这幢洋房已经被当成了碉堡。

我在部队的右侧。我右边大约十米远的道路上倒着一棵大树，是敌人设的障碍。右边大约一百米处着了火的房子冒着浓浓的黑烟。夜幕正在降临，笼罩着地上的残杀。黑暗中摇曳的火焰就像烂醉如泥的醉汉，我发现敌人正在火光中像纸影①一样晃动，就借倒在路上的大树以防身，向纸影开了枪。虽然我在黑暗中来到离部队十米远的大树旁，但这一举动并不能说明我真的勇敢，我仅仅想在缩成一团的战友面前表现一下而已。

夜战中稍许离开一下部队，都会让人觉得害怕。

---

① 纸影，类似于中国皮影戏里的皮影。

不知是谁在说:“向那里射击,敌人会从右边冲过来的,不准乱放枪!”我们埋伏在草丛中,伺机待发。前面洋房里不断扔出的手榴弹,在空旷的黑夜里频频爆炸。在我们埋伏的时候,第九联队的军官来到这里和中队长交谈。据少尉讲,昨天夜里的山火是敌军放的。第三十三联队士兵们是从半山腰进攻的,遇到了很大的困难。他们被困在大火圈里,把重机枪拆卸后逃了出来。途中遭到狙击,伤亡惨重。第九联队的某部队十二名士兵踩到地雷,被炸得粉身碎骨。

中队长迟迟不下突击命令,最后叫我们停止突击,撤退到后面十米的洋房里过夜。洋房非常漂亮,周围是差不多一人高的石头院墙。大门旁有车库,院子很大,还有地下室。第一、第二分队驻守在门旁的另一间屋里,关牢窗户后,在灶里生火取暖,让值夜班的守着火,大家躺了下来。我打着手电从楼梯走上二楼巡查了房间。

二楼房间里有宽大的办公桌和书橱,各种书籍和文件零乱不堪。从二楼环视,四面八方都是机枪射击的火光,照明弹像流星似的拖着长长的亮光。有的地方是火灾,有的地方是通明的篝火。

我想起了故乡夏夜的海。仿佛是星星落在水面一样,渔夫捕获乌贼的煤气灯光在波浪间时隐时现。

我坐下来,点着了仅剩的两支烟中的一支,在寒风里静静地看着周围。突然间闪念出:“我什么时候死呢?是明天吗?”不由得感到一种冷酷的东西向我扑来,心慌意乱地下了楼梯。中队长呆在地下室最安全的地方。我们都嘲笑说:“中队长都讲了,太可怕了!”

整个晚上,捷克式机枪的射击声就像节日的焰火一样,通宵达旦,一刻不停。

十二日，早晨七点左右，还没做早饭就出发了。昨夜不断扔手榴弹的敌人，今天早晨早已不见了踪影。我们进了一所说是大学但不像学校的宫殿式的建筑。学校里挂有胡乱写着“女教员”的黑板和标有“拥护民族领袖蒋中正先生”的肖像。肖像被扯了下来，踩在沾了泥的军靴下。

重机枪从宽大房间的窗口对外猛烈射击，其中的一名射手中弹而亡。

可能是辎重兵到了，每人分了二十五支朝日牌香烟，真是雪中送炭。

开始从学校左边灌木丛前进，快速跑了五十多米后匍匐前进。荆棘刺手，我戴上了在北支那衡水征收来的手套，像蛴螬似的爬着。敌人的子弹从头上呼啸而过。道路上，隆隆前行的四辆轻型坦克机枪扫射，炮弹连发。我们跟在坦克后面奔跑，躲避敌人的子弹。奔跑中赶上了最前面的坦克。坦克停了，我们跳进了凹地。这里有一条小河，河上有座石头桥。石桥上设着障碍，扔满了圆木和大石头。桥墩旁挖有一米宽的壕沟。坦克遇到了障碍，无法前进，停在那里放炮。我们立刻隐蔽到河边的安全地带，以防飞来的子弹。二十三岁的西本分队长是现役下士伍长，我们应征入伍时，他是上等兵。虽然刚从步兵学校毕业，但因为是下士志愿兵，很快就被提升为我们的分队长。他是个蛮干的冒失鬼，说了一句“让坦克通过”，便上桥搬撤障碍。我们认为这样做毫无意义，所以没有伸手帮忙。任凭他怎么使力，那硕大的石头纹丝不动。敌人的子弹飞了过来。他大声吼道：“我在这里干，你们在干什么？是害怕子弹吗?”我愤然而上，做起了这种无用功。这时，我和桥本完全暴露在桥上，非常危险。正当我们干到一半的时候，小队已经过河开始前进了。我停下活追赶小队去了，西本也跟着我离开了桥。我是被说了“害怕子弹吗”后不服，才冒险干了这种蠢事的。幸运的是没有白送命。事后回想起来,觉得在这种情况下,还是和其他人一样忍一下为好。

第一小队占领了张学良的家。到张学良家之前,有一道高达七尺左右的土墙,土墙内外,到处都挖有战壕。战壕里刚断气的敌人还在流血。土墙枪眼下散乱着许多弹药。战壕里到处都是装着手榴弹的蓝布袋。

身穿棉衣、缠着裹腿、脚穿低口布鞋的抗日英雄蹲着死在那里。蛮漂亮的房子里堆积着有各种图案的布料,士兵们把红布料围在腰和脖子上,感到有一种春意盎然的气氛,精神多了,似乎有一种遇见了女人,被她那柔软的带有香味的纤手摸了一下的感觉。红色很容易让人热血上涌。张学良的房子建在草坪覆盖着的缓坡上,是一座豪宅。草绿色瓦屋顶上被炮弹炸了一个洞,机枪从洞里正在咔哒咔哒地对外射击。我们走进豪华的大门,穿过宽敞的走廊,在客厅里集合。大厅正对着敌人阵地,厅中央摆着大圆桌。坐在豪华的弹簧椅上就像在轿车里一样,挺胸腆肚,给人一种了不起的感觉。我们浑身泥土,坐在松软的椅子上,围着桌子,叼着刚刚分发的朝日牌香烟,抚摸着好久没洗的沾满灰尘的胡子,仿佛是参加重大作战会议的军官。两脚并拢,正襟危坐,倒真派头。我呢,两腿交叉,仰着脸吐着烟,左手搭在头上,摆出一副有功之臣的样子。可爱的孩子们啊！战士就是孩子。

驹泽像发表重大宣言一样,郑重其事地说:“可以说啦！各位！关于进攻南京这一件事——”接着又说:“依我看,兵站部的家伙们没有完全履行自己的职责,自从登陆以来,他们没给我们补给过一次粮草,搞得我们一边打仗一边担心粮食问题。我们连一袋面粉和酱都没有领到过,副食品天天都是咸菜叶。战壕里到处都扔着手榴弹,可惜不能吃啊!”

大胡子、翘鼻子的熊野也瞪着眼睛说:“可是,兵站的小子们肯定是吃香的喝辣的!”

我吐了一口烟圈,说:“不用愁!进了南京就和无锡一样,应有尽有。”

田中看上去老态龙钟已没有什么性欲的样子,但却依然惦记着女人的事。他说:“女人也会有的吧。”

“另外,古董也会有的吧。”

“是啊,老东,如果我能多带一些回国的话,就开古董店啦。”

“我进了南京城后首先要冲进点心店!”

“岛田,你去什么店?”

“我去照相机店和钟表店。”

“你小子不是有表了吗?”

“我最近在收集这些东西玩。”

“我想要照相机,你小子给我也搞一份。我会给你搞点点心的。”

驹泽带着讽刺口吻说:“在我们分队,野口是干这种事的老手,无论什么事,只要托他,几乎都能搞到手。可是,说来也奇怪,也许是甜年糕小豆粥吃得太多,打起仗来数他是孬种。”

“每次战斗一打响,这小子就留在后方,顶不上事。可是一到驻扎地,他就派大用场了。征收物品,全中队他拿头号。”

“他又卑劣,又自私,是让人讨厌,但这小子也就这点上还确实能干,他还算不错了。木下更没治了,他从未上过战场,是个没听过子弹声的勇士,真了不起。可他干什么都振振有词,其实不过是个丝毫不起作用的野猫、吝啬鬼。打下南京的话,他肯定说是他打下的。到时候肯定还要再回分队,真拿他没有办法。”

“哎呀,别扯了。说什么只要把南京打下来,我们就可以凯旋回国,又可以想吃什么有什么了。让我们再加把劲。可是,也许说话之间活着的人中就会有死掉的。”岛田又压低了声音说,“我们中队长阁下丝毫不可信赖,这才是最可怕的,整天耀武扬威,一看他脸就知道他是个神经质。”

“因为他还是个二十五岁的毛孩子。”我也轻蔑地加上了一句。

“可你再看看江岛。这个少尉年龄虽小,可是多勇敢!”

“我们中队长那小子,正因为自己没有信心又没有本事,所以装腔作势,狂妄自大。惟恐别人瞧不起,反而更让人瞧不起。”

“那小子当中队长似乎一点儿不称职!”岛田嘲笑着说,这时,传来了喊叫声:“大山给打中了!”

大山是在通过走廊时被打中的。

我们刚才还像军官似的悠然地抽着烟,这时赶紧把身体靠在墙上,因为敌人的子弹可能还会从窗户外飞进来。坐在远离窗户的人感到不安全,也拔腿跑到靠窗的墙壁边。就在我们聊天的时候,第二小队没打招呼就出发了。我们急急忙忙跨过竹栅栏,在凹地里拼命向前奔跑。来到安全的农田后,把背包卸了下来。命令苦力看守背包,我们进入了突击状态。在我们前方一百多米处有一个高坡,上面有幢豪华的建筑物。据说今天夜里要袭击那里。子弹雨点般地打在了地里和树上。我们卧倒在土坟堆后,等待着分队长前进的命令。可是过了很久也没见他回来。第二分队卧倒在我们前面,在分队长的指挥下向前移动。第三分队和我们一样,俯卧在后面。我和田中、竹桥、熊野、下坂、驹泽卧倒在矮得头一抬就暴露在外的坟堆后面。敌人的子弹非常准确,打在土坟的四周。我们像席子一样紧紧地贴在地上,钢盔沿已插进了地里。太阳把她最后的光芒从地平线转向了空中,夜晚临近了。我们趴在地下近两个小时,感到发闷。于是,大家把脸贴在地上抽起烟来了。突然,敌人的子弹暴雨般打了过来。大概是敌人发现了我们吐出的烟。我们即刻灭掉香烟,继续俯卧着不出声。最后的光亮越来越弱,黑暗爬上了农田。西本赶回来了,并且骂道:

“你们这帮家伙在干什么?说是要冲锋的,你们为什么不冲上去!”

大家都很愤懑。

“什么!不是你小子对我们讲,叫我们在这里卧倒等你回来通知我们的吗?我们等得腿都麻了,你就这么当分队长啊?还说我们干什么,这是什么意思!你这个混蛋!你有什么资格当队长?”我一边在心里直骂一边越过竹丛中的土埂。

越过土埂,前面有条狭窄的交通壕,第三小队在这里,大家紧握上了刺刀的枪,屏住呼吸,气氛异常紧张。我们紧跟在第三小队队长小野曹长后面,猫着腰等待光亮被黑暗吞噬。卫生兵下土井小声喊着“第三小队!第三小队”来到了这里。曹长并没专指谁,训斥说:“卫生兵一个人走到这里都不害怕,你们害怕什么?”对!有什么可怕的,我们一点也没有犹豫和恐惧。

有人轻声走了过来。原来是第九联队的下士。

“命令我们占领那个高地,情况怎么样?”他问道。

“白天,重炮已对它进行了轰击,那里很坚固,很难攻下。”我回答说。

“你们也马上行动吗?”

“是的。”

说完,下士又消失在薄暮之中。

友军的飞机在高空像老鹰一样飞行。我们在堑壕里悄悄地匍匐前进。说好是出动中队所有人员夜袭四方城,所以必须保持联络。“中队长!中队长!”我喊了两三次,但没有一点回音。

曹长精神抖擞，果断地命令道："时间已到，其他小队已经出击了，我们出击！"

周围已全黑了下来。神秘、紧张、严峻使夜色显得更加浓重，我们感到连气都喘不过来。

我们一步一步地悄悄前进。天黑下来以后，枪声像是告一段落，四周静了下来，远处的枪声不过像敌人自己在发生口角一样。

曹长的日本刀在我的眼前发出清冷的寒光。出了堑壕的尽头，来到了草地。杂草缠在鞋子上，一下子被拉断了。大约前进到一百米的时候，我们听到了潺潺的流水声。小河发出哀怜的声音，静静流淌。鞋子里灌满了水，走路时发出"扑嗤扑嗤"的声音。白天轻易就可过去的小河，现在也不行了。过了小河，是一个斜坡，草长得更茂盛。

我们这支敢死队必须上斜坡。这时我心里只有一个念头："我一定要爬在最前面！"我跟在曹长的身后前进着。斜坡的上面有敌人。

我想超过曹长走在前头。曹长还是静悄悄地走在我的前头。走在前面就意味着死。走在前面很困难，而跟在人后则很简单。我不止一次想过：我要冲到最前面！但恐惧的巨大引力使我怎么也无法做到。我的神经集中在眼睛和耳朵上，耳朵像马的耳朵一样非常警觉，眼睛大概也像野兽一般闪闪发光。手中的枪紧贴在腰间，遇到敌人，就上去拼刺刀。

爬了三十米左右的时候，小队长"刷"地高高举起日本刀，大声喊道："哇！哇呀呀——"我胸口像被人踢了一脚一样，跟着也"哇呀哇呀"地喊起来。喊声激发起我的情绪，我就像是疯了似的。紧前面有条壕沟，我发现前面有一个敌人，他正要往右边跑，突然，小队长一刀砍过去，就差一点，没能砍到。千钧一发之际,我打开保险栓,从背后开了一枪,清清楚楚地看见敌人倒了下去。迈过堑壕,继续向前,枪紧贴腰间,不管三七二十一,只管朝前放枪。我的脑海里只交错着"生""死"两个字。心里虽然什么都不怕,但总感到闪电划过一样,脑子里闪现出是生是死的疑虑。

我们出其不意的喊声像群犬狂吠一样冲破了黑夜。遭到突然袭击的敌人,狼狈不堪,机枪就像弹药库着了火似的一齐吼叫起来。敌人的射击声和我们的射击声相互交织在一起,惊天动地,打破了夜晚的宁静。他们遭到了我们台风般的袭击。乍一看,我们是妖魔附体、精神错乱、军纪混乱而又粗野的人。其实我们是处在高度敏锐和紧张的战斗气氛中,洞察和直感一切,无需命令和号召,互相配合,默契无间。我们是在刹那间凭着直觉果断地确定敌我双方的位置、敌情、速度、与战友之间的关系、地形等,绝非是忘乎所以的无思想状态。我们射击并非为了杀死敌人,完全是一种威吓。最重要的是声音。威吓和扰乱人心的声音,在战场上能发挥举足轻重的作用。

我紧握贴在腰间的枪,机械地扣动着扳机。我越过了第二道堑壕,边行进边射击。第五次装子弹时卡壳了,子弹卡得很紧,我越是慌越是退不出来。我万分焦急,一面要注视敌人动向,一面又得捣通枪膛,大声喊叫着跟上去,生怕掉队。我心里不断地鼓励自己,不能慌,要沉着,一边小步急行,一边往外取子弹。可是,枪膛里的子弹怎么也取不出来。我心里想:"算了!不能射击就拼刺刀!"精神振奋地跟着曹长跨过了第三道堑壕。在这里,敌人构造了两三层工事。

眼前是狂人怒号的巨大地狱。子弹在唱着死亡之歌,人发出虐杀的吼叫跳着地狱之舞。我们在"哇呀呀!哇呀呀!"歇斯底里般狂吠,扯得嗓子都快出血。现在,我们已经不是人，而是一头狂吼的野兽。

我们就像一群穷凶极恶的饿狼争夺一头被杀死的野兽一样，步步逼近四方城。糟糕的是我的枪现在出了故障，我想停下脚步再试试修一下卡壳的子弹夹。这时，战友们一个个从我身边走过。我摘下帽子，一面在心里催自己："快！快！沉着！沉着！"一面把枪搁在帽子上动手修理。好歹把两发子弹取了出来，赶紧从口袋里取出弹夹并装入枪膛。

装好子弹后，拼命赶上了部队。但是没有发现曹长，战友们正匍匐在最后一道斜坡上。我不管三七二十一，爬了上去。我抬眼看了一下高地，猛烈的子弹向我们飞来。黑夜中的四方城在我们面前若隐若现。从我这里到大门足足有七十米。敌人从四方城出来后正在东张西望时，吃了我们一排子弹。

敌人被我们出其不意的夜袭吓得闻风丧胆，四处逃窜。我们的左侧也在向他们射击。我们以为第一、第二小队也参加了这次夜袭，于是，就和他们联络，喊了他们的名字，可连一点回音都没有。我们感觉这不像是夜袭。

小野曹长高声喊道："其他小队怎么样？在吗？"但无人答应，这才知道他们没有按计划行动。白天重炮配合都没有拿下来这座坚固的四方城，现在竟让我们第三小队单独攻击，我们惊讶得无话可说。我们担心如攻不下来反而会被敌人消灭，于是，向设在后方张学良家的中队本部派出了传令兵。

不一会儿，右侧下面的松林处开始了激烈的枪战。第九联队的下属部队展开了进攻，真是雪中送炭。若没有他们，我们将前后受敌，说不定会全军覆没。突然，我发现城的右侧出现了一个人影。我开了一枪，人影消失了。我以为给打倒了，可松树下面又出来一个人影，大摇大摆地向这里走来。我很奇怪，莫非是战友从城那边回来了？不可能！我奇怪地注视着他。

“是谁？是谁？”我紧握子弹已经上了膛的枪，问道。

“日本！日本！”影子边走近边回答。

怎么会有回答“日本，日本”的战友呢？难道是谁在故意开玩笑吗？怎么办？正当我下不了决心的时候，人影已到了离我两米的地方。借着月光一看，他头上戴的是支那军钢盔，这可把我搞糊涂了，真是急死人。战友们把自己的钢盔弄丢以后，戴支那军钢盔的很多。况且，夜间又分不清衣服的颜色。是敌人！但万一不是敌人怎么办？

我在犹豫，又一想，是战友也没有什么了不起，就扣动扳机，“砰——”打了一枪，影子“啪”地倒了下去。他挨了一枪倒下后我还不放心，若是战友怎么办？提心吊胆地细看正在痛苦呻吟的人。啊！果然是支那兵。总算一块石头落了地，这一下放心了。这个莽撞无谋的大胆狂徒真是太可恨了，我又补了一枪送他上了西天。我感到纳闷的是这个人为什么会这样大胆妄为。另外我想，夜间战斗中判断敌我是困难的，必须规定个口令。

在高地上，我再次抬起头来瞭望，几分钟之后，十几个敌人在右侧出现了，在我们一阵射击下，敌人逃跑了。然而，从右边松林里又有一个人影在向这里靠近。一等兵居仓也纳闷，人影是敌人还是战友呢？居仓一等兵是个开朗而滑稽的新兵，他向走近的人影问道：“喂！你们是谁？”听居仓的口气，我判断这个人影肯定是战友。

“喂！谁？怎么不答话？”居仓又问对方。

“日本！日本！”人影回答说。

我一听，“哎呀”一声，非常怀疑回答“日本！日本”的人。

居仓似乎信以为真地说：“日本！是友军就说友军！别怪里怪气说什么日本，蠢货！”

居仓又说：“那么，你究竟是谁？”他们已经是面对面地站着了。说时迟,那时快,我还没有来得及喊:“不行!是敌人!”居仓就捅了一刺刀,“啊”的一声,人影“呜——”倒下了。

“唉!笨蛋!”听到居仓在喊。他把刺刀捅向已死的人影。我从高地跑了下来。

他喘着粗气对我说:“东君!是敌人,是个支那兵!”接着又刺了一刀。敌人就倒在了我们的脚下。

居仓对我说:“本来我就觉得奇怪。但是听到讲‘日本!日本’后,以为他是战友,便让他向这里靠近。仔细一看,这小子用的是捷克式枪,所以,肯定是敌人,我就把他刺死了。好险啊!差一点上他的当。”

“亏你对捷克式的枪认得很准啊。”

“捷克式比三八式短。长度一样的话,就难分清了。说不定今天我就被他干掉啦!”居仓气呼呼地踢了尸体一脚。

曹长怒吼道:“分队长把队员集合起来,右边的分队警戒右边,左边的分队警戒左边!”

我喊道:“第一分队集合!”把队伍集合在中间的松树下。月亮高高地挂在空中,青色的月光洒在地上。我们喊:“分队长!西本!西本!”可是,不见分队长的人影。

虽然曹长只是命令警戒左右两边,但是我认为下面第九联队正在战斗,中间很危险,所以决定把第一分队移到中间。高地上早看不见一个敌人了。下面第九联队正在激战。右下方不远处,敌人的捷克式枪正在吐着火舌。

“难道西本被打死了吗?没人答话,又不在小队。也许已经死了。”

“不知跑到哪里啦!这个胆小鬼!”我们正在议论的时候,他回来了。

小队长训斥我们说:“你们在干什么?”

“报告!因为后面打过来许多子弹,所以,我们正在把向这里突击的事与第九联队进行联络。”

“谁的命令？突击最关键的时候不能随便行动！大家拼死突击的时候,你小子竟然为了联络而往后撤退！混蛋!”

据说熊野一等兵一边冲锋一边还得承担救护伤员的任务。在这种时候,没有命令是绝对不准擅自行动的。

第一、第二小队和中队长赶来了。他们为什么没有参加突击？又为什么没有联络就向后方撤退了呢？

右侧下方有一条路,路边有间小屋子,敌人的机关枪就从这小屋子向第九联队猛烈射击。我们原打算从侧面向敌人猛烈开火的,但是因不清楚第九联队的进展情况,所以只能就地待命。我打算用手榴弹消灭这个机枪火力点,于是从列队在高地上的第二小队士兵那儿拿了手榴弹,在松阴下向敌人匍匐过去。估计与敌人相距四十五米左右。我曾想:“算了吧！现在面前就是南京,没有必要的事还是不干为好,否则死了也白搭。”但是又一想:“有什么好怕的!”同时,我也一边反躬自问:“我的勇敢行为中难道没掺杂着出风头的意思?”一边爬着,我向敌人扔出一颗手榴弹,遗憾的是它在十米左右的地方开花了,没有奏效。当我正要沿着松阴爬回分队的时候,发现有个可疑的敌影在走动。我卧倒在地,借着月光瞄准射击,可是敌人毫无反抗地消失在黑暗中了。我心想,这里还有敌人。

我们警戒时,从下面上来了三个人,又是谁呢？来做什么?

“友军!”根据我们以往的经验,光回答说“友军”不行。必须报联队番号和姓名。自我们突击以来,内部规定了“山、川……”等联络口令。

来的三人是第九联队的士兵,他们送来了伤员。伤员肚子中了子弹。我一听肚子中了弹,心想这小子已经没救了。

几乎没有人肚子中弹后被救活过。胸部中弹,只要不是心脏的话,哪怕打穿了,一般也都能救活。

伤员疼痛难忍,他的喉咙发出笛子似的嘶叫,暴风般的叫喊,在哭嚎、诅咒般地呻吟。

他在声嘶力竭地叫喊着,痛苦地挣扎着:“给我一枪!啊!难受!给我一枪!”声声刺透了我们的心。

他在悲痛地叫喊:“小子们!小子们!平常都说咱们是战友,为什么现在不听我的?喂!喂!求求你们!给我一枪!给我一枪!”战友们都同情他,守护在一旁,爱莫能助。他们的战友在痛苦地挣扎,请求杀死他。一声声“为什么不给我一枪?为什么不杀死我?你们整我吗?你们还算战友吗”的呼喊,揪心的痛苦哭喊,犹如地狱中的咆哮,寒夜中,像冰一样刺在我们的心上。我们虽然在生死关头是非常单纯的,但他那痛苦的悲鸣打动着我们每个人的心。他发疯般痛苦呻吟,叫喊“给我一枪”,一直到他最后一口气。他这年轻的生命就要结束了。

子弹穿过了他的腹部,年轻的热血折磨着他,流到冰冷的地面。

突然间,“哐!哐”几声,传来了迫击炮弹的爆炸声,他的悲鸣消失了。

“喂!又一个被打中啦。腿被炮弹炸飞了。”

他妈的,又一个负伤了。中队长飞奔过去。我们已是火冒三丈。

这是后来才知道的事,我们都很钦佩并赞赏那个双腿被炮弹炸掉的中队士兵。

他还显得很精神的样子。他说:“这没什么大不了的,一点都不痛,把血止住就没事了。不是还没死吗!以后我还要上战场。”据说在被送往有军医的后方的途中,他也没显露出一丝惧色。尽管军医尽力抢救,最终还是因出血过多死了。但是一直到流尽最后一滴血,只剩最后一口气的临终时刻,他都还神情安详,面带笑容。军医都衷心感叹,说从没有见过如此坚强的士兵。

迫击炮又开始攻击了。

我们第三小队把防守的任务交给另一个小队后,回到突击前的地方去取背包。

我们取了背包再回来时,在路旁垂死挣扎的最后一个团也逃走了。从十日开始持续了三天的这场激烈到极点的地狱大演奏,也突然停止了。这是一场不分昼夜,混杂着炮声、枪声、爆炸声、叫喊声的大演奏。如此激烈的声音,不用说在过去,可能将来我再也听不到了吧。

不知怎么了,突然远近都听不到一声枪响了,就好像突然停电似的,敌人全都逃跑了吧?一种令人难以置信的宁静。这是一个月光如水的静谧夜晚。我们进了城[①]。皎洁的月光从被炮击坏的窗户的缺口射了进来,照在楼梯上,楼梯一片狼藉。钢筋混凝土的柱子倒了,屋顶也被掀掉了,到处都是碎片,连下脚的地方都没有。清寒的月光照在这片废墟上,落下斑驳的黑影。我沐浴在这寂静废墟中的月光下,俯视着这片大地。凛冽的寒风从军服的破洞钻了进来。此时,狂怒后的大地已筋疲力尽,安静地躺着。如同猛兽一般疯狂的敌我双方,这时都沉寂下来了。

在这屠宰人类的工厂突然停止运转的寂静中,有的战友已经长眠,再也不知道明天;有的战友因重伤,还在痛苦地呻吟。

死对我们来说随时都可能发生,但我还在呼吸,我还

① 指四方城。

活着。

快到南京了,我还能活着回去吧!

地下室里燃着红红的篝火。我本想躲在二楼角上一个围栏里睡觉,但难耐逼人的寒气,只好下楼进了地下室。

地下室里,我们围着篝火,一起做饭,畅谈战争情况和有关南京的事。地下室深处有一根自来水管,当然从自来水管流出来的水不可能来自水源地,是积存在管子里的水。我把水装进水壶,烧水,做饭。烧水的柴火是桌子、椅子之类的家具。

中队长向我问了有关突击的情况。据士兵们说,第一、第二小分队已整装待发,准备夜袭,但中队长不知是害怕,还是怀疑不能成功,竟然下了撤退的命令。指挥班的士兵也不知中队长在哪儿,怎么找也找不到。当然中队长并没躲起来,但士兵们很是怀疑。我在冰冷坚硬的混凝土地上躺着。

十二月十三日。

上午七点,我们列队出发。此时中队长宣布:“南京已于昨晚陷落,即刻入城!”

啊!终于占领了南京,我们都低声交谈,相互庆贺。我们的努力终于得到了回报。这多么令人欢欣鼓舞,振奋人心啊!我们恍然大悟,原来昨天夜里十点左右敌人的枪声突然停止,正意味着敌人逃跑了。如果那时中队长有勇气乘胜追击的话,我们将会立头功,获得更大的荣誉啊!真遗憾!之所以能彻底攻占南京,是因为我们的夜袭瓦解了敌人的最后一道防线。我们都很后悔,如果中队长下达前进的命令,我们的手将最早把日本国旗高挂在城楼上;我们勇敢的夜袭也将更加辉煌。但是我们有了遗憾。尽管如此,我们也很自豪,无论谁先到达城里,都是为夜袭立功,所以我们都觉得自己无愧于那些溢美之词。

第一分队奉命保护和收容伤员。我临时代理分队长，带领七名队员留在城里。为了防备残敌袭击，我们将三名伤员转入地下室，命令队员们轮流上屋顶监视，我四处巡查。手脚受伤的伤员从昨夜起流血不止，护理工作非常棘手。军医和卫生员都不在，我们除了说些安慰的话以外别无他法。在这空旷的大楼地下室里，我们围着篝火，一边为南京的陷落而高兴，一边却为战友们痛苦的呻吟而心痛。室内什么家具也没有，全然像个怪物，冷飕飕，空荡荡。柱子东倒西歪，屋顶毁坏，这破败的景象在诉说着炮击的残酷。地下室深处放着一台切纸机。

我走出屋外去看战迹。和暖的阳光普照大地，金光灿烂，这是一个小阳春的天气，很难想象昨晚激烈的屠杀场面。但是当我散步来到斜坡上时，看到从那沙包叠成的“Y”形掩体枪座边散落着无数的弹药，敌人逃跑时未能带走的弹药箱，被染黑的泥土以及昨晚刚死的敌人的尸体，我仿佛看到了灭绝人寰的大屠杀，听到野兽的咆哮。我从那儿爬上去，在那儿杀死了敌人，在那儿呐喊过。我觉得在哪儿都杀死过敌人，不禁感慨万千。昨晚我去投了手榴弹，在有火药扫帚、子弹扫帚及机枪的地方投了手榴弹，那是在距这里一百米远或者更远的地方。战壕里支那兵的尸体像脱下随便乱扔的军服一样，横七竖八地躺着。看来敌人是狼狈而逃，数千发没开封的弹药丢弃下来，建筑用的十字铁镐也乱扔在地上。正对着中山门的铁丝网在朝阳下闪闪发光，给人很坚固的假象。

突然，我发现了一个奄奄一息的敌人。正准备把他刺死，他无力地睁开双眼，举起黑黑的手，用他那嘶哑的声音嘟囔着什么，一边从怀中拿出小笔记本，写了什么递给我。他为什么要这样做？写了什么？是遗书吧。我拿过来一看，只是五个莫名其妙的汉字。

他可能以为自己都写好了,但不知是因为他的意识不清,还是昨晚出血过多,不能握紧钢笔,他的字很轻并且断断续续,歪歪扭扭,很难辨认。他写完后脸上露出一丝微笑,他竭尽全力写了这五个字,似乎用尽了他最后所有的力气。他的脸已完全是一张死人的脸,呈死灰色,这种颜色我在临死的战友脸上经常看到。深灰色之死浸透着他的皮肤。他似乎一点都不痛苦,只是在安静地等死。他像在做梦似的脸上露出微笑。也许眼前浮现着和自己的爱妻一起满身泥土在田间耕地的情景;或者梦见自己抱着可爱的孩子;或者眼前展现出这样一幅温馨的图画:小鸡在宽敞的院子里欢快地玩耍,鸭子在院旁的小溪里尽情地戏水。他那沾满泥土、血和污垢的脸上又浮现出一丝笑容。

我不禁对他产生了怜悯之心,他也是为国捐躯的英雄,他也没有罪,他只是执行祖国的命令。我真不忍心下手刺死他。这时,一等兵大森问道:"东,杀吗?""嗯……"我敷衍道。"反正都要死的,杀吧!"大森端起了手枪。"那么就不刺,开枪吧……"大森的枪声宣告了他的死。

我从他的怀中找出一本红色封面的小册子,封面写着:"蒋委员长训示,秘密。"为了让他的灵魂安息,我把他写的纸片、钢笔以及这本小册子又放回他怀里。

在后方的战壕里散乱着装有白粉的瓶子、女人的红手帕和鞋子,娘子军一个也没死,全都逃走了。

上午十点左右,重炮观测班来了。他们爬上屋顶,安装了电话。炮兵少佐爬上屋顶,用望远镜观察情况,向通讯兵下达命令。因为包扎所收容伤员的担架兵还没来,我们只得请炮兵大队长把野战重炮队的军医叫来看病,他很痛快地答应,并打了电话。残敌随时都可能来袭击,而我们还带着三名伤员,心里很不安,炮兵的到来仿佛让我们吃了颗定心丸。但是军医还没来时,却来了转移的命令,炮兵们又不知跑到哪儿去了,突然降临的福星什么都没留下。

我们必须加强戒备。伤员的痛苦和出血在增多,我们不能坐视不管,必须与外界取得联络。后方张学良的家里还留着我们中队的伤亡人员,我顺着冲锋过来的路走回去。

那儿有四具尸体正在火化,火焰熊熊地燃烧着。另外一间屋里有两名伤员,担架兵把伤员抬走了。

其中一个伤员叹息着伤感地问:"那个死掉的家伙已经火化了吧?"

"已经烧得差不多了,再过两小时就全变成灰了。"

"是吗?"他的声音冷峻而悲哀,"我得救了,不会被烧了。"他声音颤抖地说,拼命否定死的可能性,但嘴好像被什么粘住似的,战战兢兢的,声音发抖。然后他用外套把头蒙起来,长长地叹了一口气,抽泣起来。

"是啊,你的伤没什么大不了的,不要担心,到包扎所呆上十天就会痊愈而归的,放心!"他脑袋似乎受了伤,什么也没回答,只是起身半躺着。室外的木头在劈里啪啦地燃烧着,他在外套里嘟囔着:"我昨天排在第四号,一、二、三、四,是第四号,我的心里很难受,从那时起我就一直很胆小,虽然处处都很小心,但还是受伤了。"①

我说:"这是迷信啊!列队在第四号并不意味着要死或是负伤。"但这时我突然想起,我也曾因为列队是第四号而心情不好过。想起我们出征时,在兵营走廊遇到的领取金属编号牌吵架的事。有一个士兵的认尸牌编号是十四,另外一个士兵看了他的编号说:"你一定是第一个死。"十四号的士兵听了

---

① 在日语中,"四"与"死"同音,所以日本人常有"四"即"死"的迷信。

以后非常生气，和那个士兵大吵了一架。接着又发生了另外一场争吵，这次是领了四十四号的士兵。“死就是死。”这个士兵被别人取笑道。

这种认尸牌是金属制的，椭圆形，用细绳斜挂在背上，如果谁战死沙场，尸体变得支离破碎，已经无法辨认的时候，这块认尸牌就派上用场了。

相信这毫无根据的迷信其实质是拒绝科学，应该受到嘲笑，但日本人却不能不信。把“四”和“死”联系在一起，就觉得厌恶和不安。心里偷偷地占卜吉凶，如果占卜的结果是吉利的，他不会把这好的结果跟别人说，只是深深地藏在心底，惟恐说了以后吉利会从体内逃走。如果占卜的结果是坏的，他会把这结果说出来，试图减少它的功效，认为只要说出来，它就不会留在体内，而会从嘴里逃出去，所以总是喋喋不休地说。但这时他不说：“我占卜了一下，结果不好。”而是说：“今天总觉得不大对劲，是不是我要死了？”之所以这样说，是因为如果把“占卜了一下”说出来，就等于在告诉人们：“我已经做好死的准备了。”

人对生存的欲望是非常强烈的啊！即使嘴上能平静地说已经做好了死的准备，但多数人却是言不由衷的。

我们总是在面临死亡的时候，越发强烈地感觉到生的宝贵和美丽，越发对它强烈地向往，也越发羡慕能在山野里四处奔跑的健康。

总而言之，人是软弱的。

我们也清楚地认识到，心里充满胆小、不安、猜疑、恐惧的人更容易受到诱惑。

在什么地方都有死的可能，子弹扫帚在贪婪地吸着血。人在极度软弱、不安、猜疑的时候，如果神宣布“在五点三十二分三十秒放屁一定会死”，这个士兵一定不会在五点三十二分三十秒放屁的。对于这种芝麻绿豆大的小事,他可能会信以为真,或者即使不相信,他也肯定会认为不能干坏事。

但是这种实际上很无聊的迷信,也只限于战争爆发之前。一旦战争开始后,置身于枪林弹雨中,恐惧、不安、猜疑全都抛到九霄云外,只相信生死命中注定,这“生死”二字犹如灯光,不知在脑海里闪现过多少次了。在战场上谁都必须认命,这是最后的哲理。

在最后关头,不管是躲开子弹,还是迎着子弹,都没有安全的地方,哪儿都有危险,哪儿都可能死,那时必须认定生死由命。

即使把小事放在心上,相信迷信,怀疑占卜结果而恐惧的时候,只要去一个地方躲开死亡,时间仍然绰绰有余。

认为生死命中注定,确信自己绝对不会死,这在战场上是非常重要的事。确信子弹打不中自己,是因为心中在想:经历了这么多次战斗,一点都没受伤。这样的确信,或许是因为自己像内山准尉一样信仰日莲宗,相信神会为自己特别祈祷;或许是因为今天占卜的结果是好的;或许因为今天自己带了护身符。我虽然没有这些根据,但我却确信子弹不会打中我。我不由得心潮起伏,想起了大阪的姐姐曾为我参拜日夜神,向神祈祷。她给我来信说:不管多么可怕的子弹向你袭来,你也决不会死。我一直相信这句话。

我们每个人都希望活着,不想死。虽说如此,我们打仗的时候并没有胆怯、退缩。这是因为我们既想活,又相信生死命中注定。命运到底是什么?对此我不能做出诠释,但我们却感到了它的神奇莫测的力量。现在有一个负伤的士兵正面对着死亡,极度地恐惧,留恋着生的美好。他裹在外套里,扭动着,挣扎着。他这种心情谁都会有。

空中弥漫着烧死人的臭味,屋外传来火焰燃烧的声音。

“喂！不要难过，卫生队马上就来了，你很快就会痊愈回中队的。再见。”

我一路上沉思着，离开那蓝色的房子越来越远了。突然传来汽车“咔嗒咔嗒”的声音，抬头一看，原来是辎重兵装着粮食和弹药的车子，是第一大队的小件行李队。因为路不好，他们登陆后没赶上大部队，慢腾腾的，到现在才到这里。

他们当中有一个姓中口的，是我的老乡。

“听说第一大队全军覆没，是吗？”他问。“没这么严重。”我忧郁地答道。“是吗？那就好了。南京陷落了，我们胜利了！”他兴奋地大声说道。我像被抽了一鞭的马一样跳了起来：“是啊！南京陷落了，我们胜利了！我们胜利了。”并且说：“是啊，金藏君，我们胜利啦！”我边跑边喊着。

大家都在等我回来。他们刺刀上枪，在严密警戒以防敌人袭击，他们说想尽快安置伤员，因为伤口没有治疗非常疼痛。下午，好容易来了两名担架兵。

我们把伤员移交给卫生队时，夜幕快要降临了，我们决定今晚在此住宿，但是没有粮食，必须自己解决。

傍晚，炮兵队、辎重队也来到了这里，我穿着小船似的硬得作痛的鞋，在柏油路上咔嚓咔嚓地走着。路旁立着一块牌子，写着“四方城路”四个字，郁郁葱葱的树木整齐地排列着，树的下面放着白色的长凳，是姑娘们散步、情侣们谈情说爱的地方。但是把视线移至左边的斜坡，那里有一条难看的战壕，在挖出来的黄土上面，散乱地放着娘子军的化妆用品，支那兵抗日英雄的尸体横七竖八地躺着。

我走近炮兵队。炮兵们把马拴在路边树上，整理车辆，正准备做晚饭。我向其中的一个士兵恳求要一点米，他说他想给我，但是因为他们也很少，而且也不允许给其他队的士兵。

我像化缘的和尚一样，到处乞讨。突然发现了佐世保的辎重队,他们驻扎在一所遗族学校里。我跟哨兵讲了从昨晚夜袭到现在带着伤员的所有情况,问他能否给一点米让伤员吃。哨兵似乎非常同情我,他让我稍等一下,跑到里面去了,过了一会儿出来了,把我带到了少尉那里。少尉很同情我,给了我四升米。哨兵又详细地跟少尉讲了我们的情况,于是少尉把豆酱作为副食品给了我。我没想到还能弄到豆酱,连声道谢,敬礼后刚准备走,少尉说:"稍等一下,还有好东西给你吃,不要跟别人讲。"少尉边说边从里面走出来,手里拿了个纸包。"这是干萝卜丝,很好吃。可别跟别人讲啊,我部队也很少有,这是特等餐,特地给你的。"少尉低声说着,像把宝石递给我一样。

我千恩万谢后离开了那里。途中有一个像是自来水水源的四方形水池,很多士兵在那儿淘米,我也把水壶装满后回到了四方城。

我们睡在地下室的一个角落里,哨兵站在地下室的楼梯口放哨,不管来多少敌人也能对付。我们把木板拼起来当床,铺上外套,就成了一间卧室。

十四日,上午十点半,我们在阳光的照耀下,精神抖擞地走在四方城路上。佐世保的辎重队还在遗族学校里。我非常感激给我干萝卜丝的那个少尉。这所遗族学校,据说是孙文革命军遗族子弟的学校。校内堆放着十几架日军飞机的残骸。这条路和正道相交叉向右拐,在斜坡草地上,有几个石头镶成的字,写着"新生活运动"。路旁躺着已经发黑浮肿的尸体。高高的城墙终于展现在我们眼前,城墙外侧是护城河,里面的水很深。桥已被破坏,只能通过一个人。中央有三扇大门,这就是我们梦寐以求的城门。为了占领这扇门,死伤了许多战友,而我们却顺利地到达了终点。这是多么的幸运啊!

开在城墙中的三个城门，构成隧道形据点，没有装饰，异常坚固。两旁土包内侧的铁门关着，只有中间的一扇门半开着，铁门上有一些对历史表示感慨的白色文字：

大野部队十三日凌晨三点十分占领。

啊！大野部队是第一个占领的！是第一个占领南京的！记者“咔嚓咔嚓”地拍照。胡子拉碴的士兵们面带笑容，连车马声都仿佛表示了欢笑，大家都沉浸在胜利的喜悦中，激动而兴奋。万里无云，太阳好像洒下了明媚的春光。

“喂，记者，你们有没有向内地报道是大野部队第一个占领的？”

“报道啦！今天一大早就发过电报了，现在内地一定是一片欢腾。”

我们如释重负，一身轻松，心里满足，喜悦而踏实。走进被炮击坏的城门，展现在我们眼前的是宽广的南京市街，宽广的道路两旁，排列着红、黄、蓝三色的美术广告牌，向前几步，右侧有一幢用青瓷大瓦和朱红圆柱建成的宫殿般的房子，左侧是一个旧货市场。我们在旧货市场的广场上吃了午饭，寻找回中队的路。前天敌人还四处奔跑的大街，今天我们的士兵已经毫无危险，佩着刀在上面行走了。

南京的街道几乎没有遭到破坏，几乎看不到炮击或轰炸的痕迹，家家户户的门都紧闭着，看不到一个市民。

暖洋洋的太阳照在身上，我们吹着口哨走着。中央饭店门前有很多大野部队的士兵。听说这里是联队本部。我向联队副官询问中队去了哪里，那个面目可憎的副官不作声，没有回答。这时来了一位第一大队的副官，他非常热情地告诉我，第三中队过不了多久就会回来，现在正在城内守卫。我行了个军礼,走出了副官室。在我参军成为现役军人时,联队副官中西已经是少佐了,而现在还是少佐。他是一个好色又好酒的冷酷的军官。士兵在他眼里只是傻瓜,死一个士兵就像他军服上掉一颗纽扣那样毫不在意。饭店前通讯班的士兵正忙着架线。

没过多久,中队回来了。“向右看齐!”我让队员整好队,向中队长举枪敬礼。

“放下!”

“我们把伤员送到了卫生队,一切顺利,现在到达。”

中队长询问了伤员情况后,就去了本部,第三中队向城门行进。

中队士兵有很多点心,据说他们昨晚在点心店住了一宿。我已经很久没有用点心塞饱肚子了。野口不知何时带了两个苦力回到了中队,他真有本领,竟然塞满了一口袋巧克力。

“昨天[①]举行了入城仪式,第一大队作为大野部队的代表参加了,你们不在,但是大家都参加了。”战友对我说。

“这是理所当然的事,我们一直战斗到最后,为了执行命令,才留下来负责收容伤员工作的。”

我们在广场集合,正在安排哨兵和分配宿舍时,突然来了要我们去收容俘虏的命令。据说俘虏约有两万人,我们轻装急行军。

暮色在我们脚下弥漫,不久夜幕降临了。虽然四周一片漆黑,星光闪烁,我们仍然马不停蹄地行走,走了三四里路时,看见了无数时隐时现的香烟火光,听到蛙声般的嘈杂声,大约七千名俘虏解除了武装,在田间坐着。他们的长官早已扔下他们逃跑了,只留下一个军医上尉。他们坐的那块田比路低,

---

① 这里的“昨天”指12月17日。

所以一目了然。

系在枯枝上的两面白旗在夜风中飘扬。围旗而坐的七千名俘虏煞是壮观。

把现成的白布系在树枝上,然后大摇大摆地走来投降,想象一下这样的情景,真可笑可悲。

他们居然做得出,拥有两个联队以上的兵力,却毫不抵抗地成了俘虏,而这么多的兵力里一定有相应数目的长官,谁知一个不剩全都逃跑了,真让人佩服!我们只有两个中队,他们七千人如果炸营暴乱,恐怕我们两个中队的兵力也早已被全歼。

我们把他们排成四纵队,白旗在前面拿着,我们开始和他们并排行进。

有穿着浅蓝色棉军衣,外面套着浅蓝色棉大衣,戴着浅蓝色帽子的;有背着棉被的;有从头裹着毛毯的;有拿着豆沙面包的;有脱下军服换成便装的;有戴帽子的,也有不戴帽子的;有十二三岁的小兵,也有四十岁左右的老兵;有戴着礼帽穿着军服的;有把烟分给大家一起抽的,也有谁都不给只顾自己抽的。他们像蚂蚁爬行似的慢腾腾地走着,像一伙游民似的满脸痴呆的表情。他们不守纪律,也没有秩序,像一群痴呆的绵羊边窃窃私语,边向前走去。

怎么也难以想象,这群禽兽就是直到昨天还向我们开炮、令我们憋气窝火的敌人。

我似乎怎么也无法相信这就是敌兵。

以这些愚笨的奴隶为对手,以为自己在赴死而与之殊死奋战,想想简直是太傻了。何况,他们中间还有十二三岁的小孩。

他们不停地喊口渴。没有办法,我把水壶里的水倒给了他们,因为看到他们实在可怜。休息时,他们再三这样问我:

“我的——死啦死啦？（是不是要杀我？）”

对于他们来说，最重要的就是以后将被怎样处置。他们的表情看上去不安到了极点。

我给了这些可怜的羔羊一点安慰。

夜深了，寒气更加逼人，我们来到下麒麟村的一座大宅子前。他们全部被撵进了宅内。走进宅子的时候，他们非常不安，俨然那里是屠杀场，但最后也只能无奈地，拖拖拉拉地进去了。进门后，有个战友想从他们那里抢走毛毯和盖被，俘虏们竭力不让他拿走，他们争夺了起来。

完成了收容俘虏的任务后，我们在一个已烧得只剩水泥柱和水泥地的人家宿营。

第二天早晨，我们接到去马群镇警戒的命令。在马群镇警戒的时候，我们听说俘虏们被分配给各个中队，每一中队两三百人，已自行处死。据说他们中间惟一的军官军医因为知道支那军藏粮食的地方，上面命令把他养了起来。我们不清楚为什么杀掉这么多的俘虏。但是总觉得这太不人道，太残酷了。我觉得简直难以理解，好像很不应当。七千人的生命转眼之间就从地球上消失，这是个不争的事实。

我想，在战场上，生命这个东西还不值一个饭团。

我们的生命也会被战争这把巨大的扫帚轻而易举地扫掉吗？想到这点，我就万分憎恨战争。

二十一日奉命警戒城内，我们又离开了马群镇。

中山路上的最高法院，相当于日本的司法省，是一座灰色大建筑。法院前有一辆破烂不堪的私人轿车翻倒在地。路对面有一个池塘。不知从哪儿拉来一个支那人，战友们像小孩玩抓来的小狗一样戏弄着他。这时，西本提出了一个残忍的提议，就是把这个支那人装入袋中，浇上那辆汽车中的汽油，然后点火。于是，大声哭喊着的支那人被装进了邮袋，袋口被扎紧，那个支那人在袋中拼命地挣扎着、哭喊着。西本像玩足球一样把袋子踢来踢去，像给蔬菜施肥一样向袋子撒尿。西本从破轿车中取出汽油，浇到袋子上，在袋子上系一根长绳子，在地上来回地拖着。

稍有一点良心的人皱着眉头盯着这个残忍的游戏，一点良心都没有的人则大声鼓励，觉得饶有兴趣。

西本点着了火。汽油刚一点燃，就从袋中冲出了令人毛骨悚然的惨叫声。袋子以浑身气力跳跃着、滚动着。有些战友面对如此残暴的玩法还觉得很有趣，袋子像火球一样满地滚，发出一阵阵地狱中的惨叫。西本拉着口袋上的绳子说：

“喂，嫌热我就给你凉快凉快吧！”

说着，在袋子上系了两颗手榴弹，随后将袋子扔进了池塘。火渐渐地灭掉了，袋子向下沉着，水的波纹也慢慢地平静下来。突然，“嘭！”手榴弹爆炸了，掀起了水花。过了一会儿，水平静下来，游戏就这样结束了。

像这样的事情在战场上算不上什么罪恶。只是西本的残忍让我们惊诧。

一会儿，这伙人便将上面的惨事统统忘记，如同没事人一样又哼起小曲走路了。

我们被安排住宿在一幢西洋式的公寓里。

我们在这空荡荡的大都市挨家挨户地寻找粮食。

书画、窗帘、花瓶被征用来装饰着我们的房间。我们每天什么事都不做，享受着没有辛苦只有快乐的生活。每天做的事除了早晚点名、做操、打牌、下棋之外，别无其他。话题呢，就是什么时候能回国。南京陷落后的现在，谁都在心中做着凯旋的美梦。

我们联队在国民会馆举行了追悼亡灵的仪式,我们怀念着从开战以来度过的日日夜夜,含泪缅怀永远离开我们的战友。

我们又得另换地方宿营了。

军政部是我们来南京后驻扎的第二处宿舍,它离下关不远。也许是为了防备我军空袭而进行的伪装,军政部也成了灰色的。首都饭店等一些大饭店也都是灰色的。主要的建筑几乎全涂成灰色。一进高大的军政部,是一个宽阔的院子。院子内栽成圆形的树木之间,是一条铺着碎石的小道,从小道走过去就到了正门。我们的房子在左侧的楼上,很大。夜晚睡觉时,铺上征用来的被子和毛毯,再裹上大衣和军用毛毯。为了防寒,再在装压缩饼干的空洋铁桶里生起火。在南京的最后一个月,我们就是这样度过的。

各分队使用的苦力集中好以后,开始让他们动手给中队做饭、烧洗澡水。

一进门左侧有很多平房,里面有两百零八个敌军的伤员。有个晚上轮到我站岗,和村下少尉一起巡逻。因为在夜里,看不清他们的表情,只见他们裹着淡蓝色的棉军服,乱糟糟地滚在一起。他们中间有一个少尉军医,我用笔和他交谈,知道了他原本是上海的地方医生,是被征入伍的。交谈中,他始终笑着,一点都不觉得耻辱。他向我打听现在去上海的火车通了没有,费用多少,还说想早点回上海。

刚把粥给他们送去,就有人拿着洗脸盆,有人拿着空罐子,有人就在桶里抢着吃了起来。身体不能移动的伤员们,只能忍气吞声地吃一点残羹。

这些伤员由我们大队的军医治疗。每天下午三点,有四名年轻女护士坐着汽车来,她们都是美人,哨兵们非常高兴。

现在的我们没有任何不满,精力旺盛,充满了喜悦。我们围坐成一圈，掏出慰问袋里的香烟，从早到晚打一种名叫“炒股”的扑克赌博，每天都充满了快乐。我们意气风发，自豪地认为，我们，惟有我们才是劳苦功高，身经百战，打下南京的头功勇士。我们谈论着：在内地，为攻陷敌都南京一定在狂热地庆贺，现在倘使我们回去，一定会被当成上帝般尊敬吧！早晨乐、白天乐、晚上也乐，日子就这样在感激、兴奋和自负中度过。

一般的士兵不知为什么都有强行征用来的东西，我也有七件古董。行军途中，背包已经很重了，可我们还是不断地往里面塞入征用品，这是为什么呢？

我们每天都站在死亡的边缘。明天的性命，总在危险中，没有丝毫保证。我们今天身在枪林弹雨中，瞬间可能成为支那土地上的一抔黄土，但却带着对明天的生的期望，背负着征用来的沉重负荷，死到临头还不忘物欲，浅薄而愚蠢的人啊！

人就是这样，即使在死亡的瞬间也不忘物欲。

有的战友，带着征用品人却死了。但是，就征用的劲头而言，并没有任何变化。只有支那的钱，我们不会拿，因为那是死后的耻辱。话虽如此，我们还是太卑鄙无耻了。

接下来，我们就开始计算各自物品的价值了。

天气像春天一样的暖和。我们分队上街去拣砖时，我拣到了一匹脚部受伤的瘸马。这匹马拉着一辆没有轮胎、“嘎哒嘎哒”作响的破旧的人力车。只要拆下随便哪一家的围墙，砖就应有尽有。

我们现在最想看的就是报纸。

爱看新闻报道的我，趁休息，赶起了这辆临时赶制的“老爷”马车。瘸腿马一拐一拐地在柏油马路上跑着，我满脸胡子拉碴，又脏又黑，却像将军一样神气十足地坐在上面。“吱嘎嘎”响的人力车好像马上就要散架子似的。有一个不太英俊的年轻外国人骑着自行车经过这里。他盯着我笑,好像觉得我很滑稽可笑,又好像带着一种亲切感向我骑过来。我却对他嗤之以鼻,眼睛朝上,装聋作哑。他在骑过我的身边时,像被什么东西弹了一下似的,笑也没笑一下,把车骑过去了。我赶着车往前走,觉得这里路挺好,便慢慢地过去。一幢房子门口挂着一块像是黑板的牌子。原来是《读卖新闻》社,张贴报纸的地方吵吵嚷嚷地站着很多士兵。

报纸上刊登的重大新闻是帕奈号事件。说是我军炸沉了美国的帕奈号军舰。我军承认自己的过失,立刻表示了谢罪之意。那些英美教会的牧师猖狂地叫嚣,好像要说如果挂了英国国旗或美国国旗的话,我们的炸弹会躲开军舰落下的。这类人我在支那北部和支那中部常常见到。帕奈号闯入交战区域是有其意图的,我认为,进入危险区因而遇到了危险,我们根本不需要谢罪。我们对在战乱中每天还在装腔作势、摆弄花草的英美人来说,是个麻烦。他们在自己喜欢的地方画上或竖起他们的国旗。士兵们谈到,对美国可能参战抱有很大的顾虑和恐惧。到后来,连我国的小学生都为此谢罪了,事件总算平息了下来。可我对此结果却不能理解。

砖头也搬好了,做饭用的炉灶也砌好了,所有准备工作都做好后,除了每天大吃大喝,五天去值一次勤之外,就无所事事了。

晚秋早已过去,南京的街头已经是一派冬天的景象。我一点都不觉得南京是现代化的都市,建筑物多是粗糙的木结构。支那人的审美观简直是太原始了。无论看哪一幢房屋,哪一种颜色,都是那种刺眼的原色,红色、蓝色、黄色到处乱涂。一切颜色都是那么浓厚、强烈。南京的街道宽敞,所以让人觉得通风良好。这里没有电车,人力车却多如蚂蚁,满街奔跑。马路两旁的屋子里一只猫都没有,而枪眼却无精打采地张着嘴。无论谁的命令,也都无法使这里的人们迁移一空,倒是大炮的轰鸣下的命令,叫人们胆战心惊,弄得如今街上空无一人。冬天悄悄地来到了这座空荡荡的城市。

中队长说:“今天扫荡难民区。要搜出所有的嫌疑者和隐藏的武器。”我们顶着寒风,哼着歌曲轻装出发了。这次大扫荡是由设在最高法院的军司令部执行的。最高法院附近的中山路的一条后街上,有一个国际委员会建立的难民区。我们彻底地搜查了每户支那人。已经变得空荡荡的南京,在这一个街角,竟聚集了如此多的支那人。但据说,聚集在这里的人大都是中下阶层。上层社会的那些人早就跑掉了。

我满脸胡须,像个耀武扬威的将军一样,搜起他们的身来。在一家二楼的一个房间内有六个男子,其中一个面相不太善,我便开始搜他的身。这时,他掏出了二十元的纸币,向我递过来。他到底是要我的钱呢,还是想用钱来收买我?他以为我们日本军人都是见钱眼开的,和支那的士兵一样。“他妈的!”我的心里骂了一声,把钱扔到地上,随手“啪”地给他一记耳光。他非常吃惊,圆睁着眼瞪着我。我又打了他一记耳光,走出了房间,那神态像对他说:日本军人可是很正派的,一副伟大的形象。在一个大的西式建筑里,混杂住着一些男女,我们的刺刀冷冷地攫住他们的心。我们就像突然闯入羊群的狼,狼拥有绝对的权力,可在羊群中昂首阔步。他们像怕触着火药一样躲着我们。我如果盯着谁的脸,谁就会不知所措地转移开视线,像一只被打败了的狗。

楼梯下有一个房间,推开一看,里面有一个四十岁左右的女子。房间旁边有一个厕所,门被反锁着,打不开。我想:真是奇怪。我从厨房里拿来一把菜刀使劲砸锁,但无论怎么拉还是不开,里面有人在反方向拼命地拉着门。我觉得更奇怪了,便使劲一拉,门终于被拉开了,连滚带爬出来一个女孩。

这时,那个四十多岁的女子神色惊恐地冲了出来,从架势上可以判断她可能是这个女孩的妈妈。这个女孩二十多岁,短发,长得非常漂亮。我非常生气,心想:为什么要这么拼命躲藏?我检查了她的衣服。她那柔软的身体让我的指头都快醉了。被遗忘的青春又重新在我的体内燃烧起来。满肚子的怒气,不知为什么,一下子烟消云散。她合着两手向我哀求。我的指头碰到了她柔软的、丰满的乳房。我在心中骂了句“混蛋”。这不是在骂她,也不是在骂我,而是责备自己的心。然后,离开了那里。

搜出十枚手榴弹和七个可疑男子。

我们决定枪毙这七个男子。这时来了一个会说日语的男子,他曾经在大阪开过一家理发店,因事变撤回南京,他恳求我们说:“他们都是善良的居民,放了他们吧。”在那样的地方,没想到会碰上能说日语的支那人,我们都吃了一惊。

由于语言不通的缘故,不知有多少良民被当做化装的敌人或有坏心的居民死在我们的手下。

我们只没收了手榴弹就撤了。天气一天天地变冷了,要下雪的样子。寒风凛冽,狂风呼啸。无论早晚,乌云下总有几千只乌鸦飞舞。很少见到这样庞大的乌鸦群。天越来越阴,雨夹雪下了起来。

三十一日晚,首批补充的军官来了。其中,有一名叫江津间多喜郎的少尉。他给我带来了妈妈的慰问袋和某女的慰问袋。收到了鱿鱼干、冰糖、二十五块巧克力、“晓”烟三十盒、“朝”烟十盒、奶糖二十五粒……

从大阪出发时,同宿舍的河村也给我带来了一个漂亮的慰问袋。京都的阿久姐姐也捎来了怀炉、丝绵、纱布汗衫、肥皂、奶糖、兜裆布。

明天是新年。

昭和十三年元旦。我在支那大陆迎来了二十七岁的新年。这是我做梦也没有想过的事情。

一大早,我们就集中在广场,面对着从紫金山灿烂升起的红红的、圆圆的朝阳,我们默默祈祷,三呼天皇陛下万岁。

火红的太阳从晨雾中射出耀眼的光芒。虽然是战场,我们的饭菜还是很丰盛的,有冰冻的小鲷鱼,各色菜肴,还有两块长方形的煮年糕。

雪花纷纷落地。一个月前,估计敌军政部要人还在这里举行过会议,而现在是我们在这里陶醉于胜利中,豪情满怀。

内地来的报纸上画有华丽壮观的战争场面,记载着战果。然而,现在的战况,却是何等的凄惨!

战场上没有任何华丽壮观可言。只有无言的出生入死的战斗而已。

不能简单地断言突击是在忘我的状态中进行的,突击中的瞬间,人有时在仅有十分之一秒的刹那间处于毫无思想活动的状态。然而,那是极为短暂的瞬间,并不是始终保持这种状态。陷入忘我的状态,是在发生了意想不到的事情的时候,而不是在预先料到的事发生时。

要预料到敌人的子弹会更猛烈地飞来,敌人的刺刀会刺向我们的胸膛,在此时刻来进行突击,这就需要有心理准备,要采取与预期相应的行为。——因此,人不可能始终处于忘我的状态。

但为什么会在一瞬间处在无我的状态呢?这里指的一瞬间无我,是指无论在突击,还是在其他的任何场合都会发生的情形,并不特指突击时才产生的,也不可能只是突击时才产生的。无论任何场合产生的这种一般的无思维状态,是指如子弹"嗖嗖"地飞来时下意识地低下了头,或因某种事情而喊叫,或在高低不平的土地上跳下时大脑的状态。

如果观察一下突击时士兵的样子,可能会觉得他像被魔鬼附身了一样。其实这并非魔鬼附体般的粗暴的胡来,因为当时高度统一的理智在最敏锐地发挥着作用。即使是异常兴奋时,也在克制感情地进行着敏锐的观察和大胆的判断。这样一种状态不能说是无我的状态。这里没有任何感情因素,这种状态不能适用于胆小如鼠的人,因为他们还都有感情因素,自然也不能充分作出敏锐的观察和大胆的判断。结果,他们不能判断出敌人的子弹从何处飞来,往何处落下,敌我的位置及其关系,同友军的关系——友军的机枪向敌军的何处扫射,敌人处于何种状态,友军的炮弹落在何方,敌人又是如何反应的,地形如何,如何前进才是最适宜的,手榴弹因地势在何处爆炸等等。对以上各种现象,不能做准确得当的观察,从而不能采取恰当的防御、攻击、杀敌,就会使伤亡多起来。但这也不是绝对的。这里还有一个运气的问题。因为人有"命"这一说,如果命中注定,那么无论多么敏锐的理智,多么大胆的判断都是无能为力的。那是人力所不能及的。至于人力可及的生死,正如上所述。但若照此说法,叫人听来似乎是除了命运的裁夺外,死伤者要么是运气太坏,要么就是弱智的胆小鬼了,但实际并非如此,我只是说这种情况也是有的。

当然还应该认识到有很多人把命运置之度外,勇敢地投身死亡之中。相反,我们也应记住,也不能说所有没有受伤而幸存的人都是怯懦者。

另外,除了某些特殊的人,如果要说突击时一般的心理状态的话,并没有无我之情况,而是抛弃全部个人的感情,使理性、观察力达到高度统一,能够进行恰当的判断。在异常兴奋状态下突击时,他们看上去像是横冲直撞,但实际上那里有统一的方向和冷静的理智,并服从基于冷静客观指示的命令。

武士道的两大要素是：

牺牲精神——即乐于把生命献给君主的精神，它以孔子即儒教学说为基础，之后，孟子、王阳明又发展了它；

轻视生命——即佛教，特别是禅宗所倡导的人生观。

杀人这种事，如果光是说因为有非杀不可的理由，那很难杀人。杀人并不是那么简单的事情。如果所有的行为只有理性而不伴随感情的话，就很难称作行为。

如果要杀某人的话，除了有正当的理由之外，还要对他有强烈的憎恨之感。但即使没有正当的理由，仅凭感情，也可以杀他；而如果只靠理性，杀人是很难做的。

我每每对在痛苦的深渊中人们为什么要相互痛苦地残杀，感到疑惑不解。虽然我知道这是为了东洋和平，为了建立新秩序，但我仍不能理解，我仍感到人类的某种无法说清的悲哀。

A：你害怕了吗？

B：混蛋！我是在小心提防！

A：害怕和小心可是相隔咫尺呀！

B：但害怕和小心有时又像美国与日本一样遥远。

所谓勇敢的士兵，是指最有责任感的士兵，而决不是醉鬼、吵架能手，不是吹牛家，更不是惨无人道者。

既有残忍而又勇敢的人，也有残忍却胆小如鼠的人。

在战斗中，天黑了。夜晚，钻入麦秆铺成的“被窝”时，可以反省一天的作战，我没有胆怯，不愧对自身，那这一天就是我最快乐的。

我没有落在谁的后面，我冲在最前头。一想到这儿，我就会油然生起一种优越感。为了得到这种优越感，我要跑在最前头。谁都不想死，谁都想活。战场上，生、死都是命中注定——虽然害怕子弹，但一定要确信：该挨子弹一定会挨，不该挨的人总不会挨。这点绝对必要。

想突击时的心情和押上巨资赌博时的心情有相似之处。

赌博输了,钱全输了之后想要一口气捞回来,把可怜兮兮借来的钱再一次押上,想一次就把过去输掉的捞回来,为此而赌劲十足,一本正经,出神地凝视着赌具。赌徒的这种心理使他暗暗地祈盼能赢,哪怕是一点微小的事,他都会留意,有一种在此一搏的心理,结果,在最后翻牌时,要么极其亢奋,要么心静如水,在这样的心情中感到即将欢欣雀跃的兴致,同时又感到一丝惟恐万一失败的不安。我觉得战斗的心情与此相似。

一个月以后,南京街上恢复了照明。占领的同时加速实施复兴工程,首先恢复的是照明。一月份小雨夹雪的某一天,来了一个通知说:“欲去慰安所者即可申请!”“慰安所”这个陌生的字眼就是有人常常提到的搽着口红白粉的卖笑妓女呆的地方。这是从“日本妓女乘五辆卡车在大街游行,士兵欣喜若狂”的消息公开后出现的事。

战场竟出现这等女人,我觉得非常奇怪,不由感到实在是可悲至极。

这种棺材里伸手的商人令人“佩服”。不,应该说是缺德!不能不对赶到这里——支那内地前线出卖肉体的如此下贱的日本女人感到反感,尽管她们都是生活很困难的女子。她们来到这种地方,我并不感到高兴,而是感到耻辱。自古以来,浓妆艳抹的女人都是些不惜出卖一切的人。

“喂,中山路拐角沙包堆后面的空房子里有十二个人呢!”

“那算什么!这边的洋房里有三十人!”

“既有支那×!”

“也有朝鲜×!”

士兵们谈得眉飞色舞。

妓女们一声嗲气十足的“兵哥哥”，一下就把勇士们的骨头给叫酥了。

我们分队的后备兵田中准备去。

部队本来是用朝鲜银票发津贴，这次要买×的人，第一次领了军票。

田中一等兵带上军票和“保险套”，冒着寒冷，兴致勃勃地去了。

傍晚，他得意洋洋地回来了，把铺在板上征用来的毛毯往身上一裹，就像记录什么值得纪念的重大经历一样，把自己去过的女人房间用铅笔画在笔记本上。他还工工整整地在倾斜的楼梯下画上床，又把花子①的名牌、睡姿都画下来了。他边画边给我介绍说：“讲给你听听吧，老东！”

“女人呆的房子是一所支那人跑得空荡荡的房子，门口站着宪兵，好多当兵的都在排队等着，非常拥挤！所以，既没有时间脱光衣服，动作也不能从容，但还是蛮过瘾的！我买的年轻女人挺不错，美中不足的是每个房间都不严密，从外面看得清清楚楚，不过谁都不在乎。”

前五个多月，我们过的是用煤油灯和蜡烛的原始生活，现在用上了电灯，我们甚至觉得很稀奇了。电灯只有南京市区用，城外一里路的农民仍然在点蜡烛。因为敌机不时地来袭击，所以，夜间必须进行灯火管制。我们占领下的南京，在支那军眼里已是敌占区。我们现在需要的不是成千上万的克娄巴特拉②、入江高子③和什么美女，而是回自己的祖国。每三天

---

① 日本女人名字。

② 指克娄巴特拉七世（公元前69—公元前30年），古埃及女王，以其美貌著称于世。

③ 当时日本女电影明星。

去给住在首都饭店的朝香官大人站一次岗，除此以外，回国成了每天的中心话题。即使是遇到了芝麻绿豆大的事情，也把它看成是“归国之前兆”并自得其乐。哪怕出了一些小的变故就又认为“好像不是”而加以否定，处在时喜时忧的状态。

有一天，军医在礼堂举行了关于摄氏零下三四十度的卫生保健讲座。

听了讲座后，我们知道我们将开赴日俄战场。但是日俄之间尚未进入战争状态。所以，去北满的是现役兵。

召集兵要从大连回国！人们议论纷纷。

有个人煞有介事地说：“规定昭和九年入伍的去北满，其余的可以在大连整编回国。”绝大多数人都是这种看法，我们信以为真了。

正在修理征收来的收音机的野口公布说：“最新消息！外务省对外宣布，尽管已给蒋和平谈判的时间，但他仍扬言长期抗日，今后日本帝国将不以蒋为对手，而拟与新政府交往。并且出了小册子，弄到妇孺皆知的程度。”

听了这条消息，我们可以断言：“日支事变已如此接近尾声！”回国的信念更坚定了。并且，把配给的御寒冬装等当成了累赘。

一月二十日。

这是一个严寒的夜晚，冷得无法入睡。我拿出久子姐姐的来信读着，屋外的雪花在静静地飘落。然而，五十个人的体温使这间大屋子得到了温暖。忧郁的夜，杂志不想读了，做什么都觉得乏味。田中用饭盒买来了酒，但是冷酒无味。登陆前一天夜里，我在交通班船上给父亲写了一封信并寄掉了。信中说：“这次战斗中我将成为一堆白骨，这是我的最后一封信。我若阵亡，请把重一给川助作养子。如果无人赡养川助母亲,我即使阵亡了,也无法瞑目。我一定要对川助尽到责任。”姐姐看了这封信后,来信写道:“来信已阅,心中甚闷,产后七十五天里,我不便出入神社的牌坊,但是,读了你的来信后,我坐立不安,立即去参拜神社,在牌坊前我为你祈祷武运长久。现在,街上的人们都温暖地熟睡了,而我冒着十二月凛冽的寒风,衷心地为你祈祷,上帝也会保佑你的。”我非常感谢姐姐对我温暖的爱。

我最亲爱的弟弟该是一月十日入伍,眼下正在寒冷的山区接受紧张的训练吧!希望我们能早日相逢。

田中还在咕嘟咕嘟地喝着冷酒。巡夜的人在地板上悄悄地移动着脚步。门外正下着雪,寒气逼人。

一月二十三日。

告别南京的日子即将来临——一月二十三日。

自攻打无锡至今,一直使用着的苦力——一个我给起了外号叫欧姆逊的少年和一个为我出了力的三十五六岁的苦力,现在和他们分别的时候到了。我不想和他们分别,若允许的话,我真想把少年带走。我把船上吃剩下的冰糖、点心给了他们。临走时,他们高兴得连连向我鞠躬。我对少年说:“到日本来!”他点点头“嗯”了一声。当我问他:“到日本来,你有旅费吗?”他回答说:“把房地产卖掉去日本。”真是个可爱的少年。父母因战祸双亡,他孤苦伶仃的,很能干活,笑的时候特别有魅力。他长得很可爱,细高身材,一张透着粉色的瓜子脸,眼睛圆圆的,像个胡桃。穿一身藏青色支那服装,典型的支那少年绅士的风度。当我说:“战争结束后到日本来!”并给欧姆逊名片。虽然他是个目不识丁的少年,但三十五岁左右的苦力看了名片后说了句什么,并对我伸出大拇指。他或许是因为把名片上的职务“剧场主”理解成“主人”而伸出大拇指的吧。

三十五六岁的苦力是无锡人,家有妻小。他提出:“请让我早日回去!”但因我们的需要,一直被留到今天。他非常机灵,干活实在。他们担心各自在回家的路上是否会被杀害。

分别的时候到了。临别时,他们依依不舍几次鞠躬,紧紧地握着我的手,眨巴着眼睛。看来人的感情没有什么两样。亲爱的少年!苦力!

外面一片漆黑,我提前来到码头担任现场指挥。

“南京啊!留给我激动回忆的、终生难以忘怀的南京啊!再会!”

城外的蓝色的房子,红色的房子,坍塌的城门,通风良好的宽阔街道,中山陵,四方城……难忘的南京。无数战友为攻占南京长眠在地下。我留下了一条命,现将离别南京。在这天寒地冻的夜里,我们脚穿军用鞋,“咯吱咯吱”地走在柏油路上。脚步声中充满了感激之情,脚步声中饱含着生的激情。是寒冷使我们在柏油路上永远留下了对幸存的感激的足迹。我脚踏陌生的支那大地,眼看这就离开首都南京,或许有生之年不会再次踏上这片土地。想到这里,心潮起伏,在柏油路上迈开了步伐。经过海军部的旁边,可能是交通巡查岗,有个方水泥台。道路正中央的高台上有枪眼,是个碉堡。不一会儿到了城门,其右侧有一座坡度平缓的小山逼近城门。城墙上悬挂着许多绳子,可能是先逃走的敌军部队关闭了城门,后卫部队越墙逃去时留下的。出城门过了护城河上的石桥,右边发电厂在给市区送电。天亮了,晨光闪耀在好久没见的江面上,朝阳下出现了许多排着队形的大运输船和灰色的军舰。偌大的生灵——大海之子——扬子江沐浴在熹微晨光之中。在交通班船的起重机“嘎啦嘎啦”的作业声中,天已大亮。天一亮,展现在我们面前的是一幅令人目不忍睹的情景——沿江岩壁，牛猪般惨遭屠杀的敌军尸体——司空见惯的黑尸体，好像被充了气，膨胀得几乎快要破裂的尸体犹如一堆大肥猪在水边堆积如山。混浊的黄水无情地冲刷到肮脏的黑尸体上。有的尸体像圆木在水面上晃动，有的尸体被压在渡轮下面。士兵们穿着掌铁钉的军靴，踏着腐烂得发臭的内脏都要涌出来的浮肿的尸体，俨如踏过垫脚石一般，咚咚咚地登上了渡轮。

蒋介石的忠勇士兵，抗日的英雄，枪口面对我们的英勇抗战的战士们，结果都成了粪土。水上工兵过来吃力地在小船上用长杆铁钩像钩腐臭的萝卜一样地把这些尸体钩到船上再放到江水里冲走。工兵们把钩子扎进已经浮肿的尸体，每个士兵拉一个，一条船一次可以拉五个。

站在江岸上的一个战士翘着下巴说："每天在这里把整卡车的败兵成排地推进江里，会游泳的开枪打死。这就是我每天的工作啊！"讨厌的工作。我看着他那红下巴的脸，"呸"地吐了一口唾沫。血像流水一样流过山间和土地，河水带着这些将成为肥料的尸体开始旅行。两千六百年前的春秋时代，在这一带，吴王夫差通过会稽一战打败了越王勾践。越王勾践与名相范蠡谋划报了会稽之辱。

今天，蒋军没有范蠡，怎么能洗却会稽之耻！

码头的仓库里有一个小店，我想买东西，便去了那里。俘虏们身穿浅黄色棉衣，在工兵们的叫骂声中搬运着东西，就像奴隶一样干着活。我无法恨他们。我正吃着蜜橘罐头时，发现一个被日本兵使唤的俘虏，带着饥饿的目光盯着我的嘴和我手中的罐头。开始我没注意到他，后来发现他眼睛总是盯着我的罐头。在他那用语言无法表达的目光中，我感到一种冰冷的悲哀。他的表情专注，眼睛发光，连嘴、鼻子都充满着对食物的渴望。他那种无神的目光、绝望而又欲哭无泪的表情,使我深深地感到战争带来的凄惨和悲哀,感到人生命之虚无,感到了无法憎恨的同情。我干脆不吃,把蜜橘罐头和三支香烟给了这个可怜的俘虏。他突然兴奋起来,脸上浮起了卑微的笑容,连声说:"谢谢大人!谢谢大人!"并鞠躬感谢我。他和他的败兵朋友一道,吃起罐头。接着,我又去了小店。

日本军舰悠然地停泊在江面上。清晨,天空万里无云,一片晴朗。江对面连绵起伏的秃山上,白雪皑皑。是哪里的部队?说是到对岸去的,一批批士兵乘着小船渡江而去。难道又要去什么地方打仗?我们归心似箭,大声叫喊:"回国喽!回国喽!"上了六千吨位的新兴丸号,钻进了底舱。

终日在嘎啦嘎啦地往船上装马匹和车辆,马被起重机吊起来,活蹦乱跳地用脚踢。

七个人住一坪①的拥挤不堪的生活开始了。船舱里匆忙搭起来的士兵宿舍,士兵们像一堆涌出来的蛆一样,挤得连气都喘不过来。悬挂在低矮的天棚上满是泥土的鞋子在晃荡,到处都是堆得高高的背包。想躺下来,但脚都无处可伸。小腿肚疼,屁股也疼,还有那毫不留情的阵阵寒风。斗室里烟雾腾腾,空气混浊。士兵们在喧哗,船底发动机昼夜不停的隆隆声从肛门传入五脏六腑。两尺宽的走廊被士兵们挤得无法通行。

然而,对面的屋子里,军官们却盘着腿,捻着胡须。他们吃的是西餐。

尽管这样,因为想到能回国了,所以,士兵们仍然生气勃勃,谈笑风生。说什么和女人同床啦、妻子寂寞啦等等,尽是一些女人的事。在嘈杂和拥挤中不时地发出喜悦和明朗的笑声。

---

① 坪,日本计算面积单位,1 坪约 3.3 平方米。

赌博开始了。士兵与赌博是天生的一对。喝着威士忌哼着小曲，开始划拳，开始为占地盘吵起架来……

装载着一千八百人、几百匹马和大量物资的军舰，二十四日早晨起锚朝下游驶去。一想到再也来不了南京，就觉得恋恋不舍。

第一天过去了。突然，船嘎啦嘎啦地抛锚停泊，江岸笼罩在夜幕之中。左边江岸上的绿色田野隐约可见。

"敌人布设了水雷，所以停止前进。即使船搁浅在沙滩上也不要叫嚷。"传来长官大声训斥人的声音。大家心里都在祈祷着上帝保佑别碰上水雷。

"他妈的，谁敢在这里布雷！"这声音大得似乎要吃掉水雷。

"海军在干什么？为什么不排雷？"有人嚷着海军无能，而且嚷得很凶。

天亮以后，极目四望，船又出发了。船只时而像是在沙滩上行驶，时而又紧贴岸边行进，它忽左忽右，竭力避开危险。大概是到了镇江一带，左岸边上浮出一艘漂亮军舰的前半身，后半个舰体沉在江草之中。那情景明显让人感到它是被飞机追逐，左右逃遁，最后触岸沉没的。

"那就是闹得沸沸扬扬的帕奈号！"有人说。

"不，是支那的军舰。"有人说。

"支那怎么会有那么豪华的军舰！"也有人这样说。说什么的都有。不管怎么说，它是一艘很气派的军舰。

开始下雪了，甲板上结起了冰。随着船只的不断前行，寒冷也与时俱增。左岸和右岸都看不清了。船的四周尽是浑水。扬子江，多么壮观的江河啊！与其说是条江河，不如说是洪水。上面零零散散地浮着的许多军用船和卖货官船，与这条河流的伟大相比，简直如同微不足道的尘埃。不知何时，船只开始剧烈地晃动起来。大海之子——扬子江！再见了！我恐怕再也不会见到你了。

雪越下越大,波浪也越来越大,这让我们很不安。

赌博停止了,俗曲小调停止了,吵闹也停止了,惟有喉咙里的哽咽隐约可辨。

冬天的黄海怒涛汹涌。随着船只向北行进,寒气越来越甚,冷得似乎要刺透肌肤。水箱里的水结成了白色的冰。强劲的风使船的前行步履维艰。昨天还一直航行在一起的卖货官船,这会儿已看不见踪影了。

艰难的几天过去之后,二十八日早晨,我觉得船颠簸得不厉害,便爬上了甲板,整个大海结起一大片冰。这是在哪儿?

寒气丝丝地侵入肌肤。静静的大海,就像没有一丝波动的油在流动。雾中浮现出一轮巨大的红日。四处都是竖起的桅杆,海面上结着一层薄薄的冰。前方看得见山,雾中隐约现出一座城市,青砖赤瓦在朝阳中闪着光辉。这情景就像一幅美丽的油画。大连——一座令人怀念的城市。冰冷的海风吹得我脸色通红,我心跳不已地望着我怀念已久的大连。

不一会儿,船靠岸了,我们登上了码头,因为我们一直盼望着要再一次踏上这片土地。码头上,穿着漂亮的和服、化了妆的妇人们,身上散发出一种让人陶醉的香气,她们一面用银铃般的声音说着话,一面快乐而幸福地走着。小卖店里摆放着各色物品,应有尽有。电灯发着光亮,露天艺人在演奏着音乐。几十个身穿华丽和服的艺妓们特别惹人注目,她们乱哄哄地发出一片淫荡的笑声。这里有一家理发店,设备很现代化。还有一家咖啡店,里面的少女很可爱。有各种洋酒和点心,还有各种水果和想要的一切……可谓无所不有。

漂亮的女人们身上散发出来的香味径直流入我们的血液。我的眼睛看到了所有的美、所有的欢乐,我醉了。我的耳朵听到了快乐的音乐、美人的喘息和一切令人心动的喜悦之声。我的鼻子沉浸在美味佳肴和异性的体香之中。

这是极乐世界，是别样的世界。我感到自己一夜之间从亚当和夏娃的原始时代飞进了二十一世纪的文明世界。我们过去的生活——睡的是泥土地，是草，是远离豪奢的麦秸；吃的是除了米就只有豆浆和生拌野菜；穿的是沾满泥土和血污的仅有的一套旧军装；看到的只有破坏、虐杀、死亡和满目疮痍；听到的只有悲惨的吼叫和破灭的声音；所触摸的，皆是破坏后的残迹。

如今，我们必须找回忘却了的常识，站在文明世界的立场上。这就是真正的文明世界的形象。我们为生的欢乐而震颤，感动得几乎要流泪。只要我们还活着……

在楼顶上吃完午饭，参拜了大连神社后朝宿舍走去。每逢分宿舍的时候，我们经常都这么想，并相互争执——没好吃的不要紧，我们要去有姑娘的人家。

在我们分队，谁都讨厌与木下住在一起。一见之下，木下长得相貌堂堂，无可挑剔，像个了不起的士兵，让人觉得是个勇敢而又爱动脑筋的男人。但是，他一开口说话，人们都为他的天真幼稚而吃惊。他脑袋大，额头宽，大眼睛，高鼻子，五尺六的身材可谓仪表不凡。尤其是他蓄着一副凯撒式的胡子，简直像个将军。其实，他非常吝啬，胆小怕事，毫无力气，卑怯而不识常理，恬不知耻，是个地地道道的懦弱的人。他的脑袋肯定是发育迟缓。虽不至于称傻瓜，但总有什么地方有违常理。到今天为止，他连一次战斗也没参加过，战斗一开始，他总是留在后方。他这样的人也有三样事最拿手，那就是下围棋、下象棋和赌博。

他在分队中是个万人嫌，属害群之马。但他迟钝得对此一向不作反应。他一次也没参加过战斗，但和人聊起打仗，他老练得也足以蒙骗那些外行人。

由于大家都讨厌他，所以，就让从大阪出发时和他一起住过的我又和他住在一起了。

我和木下住在一家小小的半西半日式的房子里，房主叫佐藤武夫。我接到命令去码头负责警卫，在这千载难遇的时候，我竟穿着军服深更半夜里去当什么站岗的卫兵？这真荒谬。我们首先最希望的是，穿上小短裤在松软的被窝里舒舒服服地睡上一觉。这几个月来，我们不曾穿过和服，不曾光溜过身子睡在被窝里，所以，四肢舒展在松软的被窝里快快活活地做个梦，那才是最理想的。想到这些，再穿着充满体臭的汗衫和满是泥浆的军服在外过夜，并因此而失去享受的机会，心里怎么也接受不了。

我住的这户人家有两个儿子上商业学校。洗脸间的牙刷架上还写着女儿的名字，但在家里没看见她，不知是不是因我们来了，父母把她送到了什么地方，还是在这之前就去了哪里。主人是个三十岁左右的瘦高个，夫人很年轻，能做一手好菜。室外的温度已到摄氏零下，但在有两层玻璃窗的屋内，客厅里生着火炉，所以室内很暖和。一到屋外，马上就感到寒气逼人。这种巨大的温差，使我们这些尚不习惯的人很快在身体上有所反应，不戴口罩，马上就会感冒。

看《大连日日新闻》报，上面有对日活[1]拍摄的电影《五个侦察兵》的评论。

> 这部电影的成功，与其归功于一个导演和几个演员，不如归功于底层的全体国民的思想意识。因为制作人、演员、观众所有的期待在影片中得到了突出的反映。所以，这部电影成功了，这部电影所给予人的感动不仅巨

---

① 日本影片制作公司。

大,而且将深深地刻进观众的心里……但是,就整部电影而言,我想说的是,应捕捉一个个士兵作为人而具有的脆弱的感情。这是不能,还是不为?

我读了这篇评论,觉得它说得恰到好处。这种人——有生命的人、活生生的人所具有的脆弱的感情恰恰为什么没有加以表现呢?为什么禁止在电影、文学作品以及所有的传播媒体中表现它呢?还有,我们自己也是,直接面对死亡线事实,我们为什么不能向我们以外的人吐露呢?对表现活生生的人的真实心理,我们可以用“卑怯”这个词加以鄙视吗?

在面对死亡的种种心理中,日本武士道也许会把求生的愿望谩骂成卑怯或胆小。我们既然是活着的人,那我们自然盼望生存。求生难道不是自然之情?人因外力而不得不面对死亡之时对生尤其向往,这难道又不合情理?

人在自己想要的东西被人夺走时会对它更加执着。相恋的情人在不得不离别时会更加感觉到爱意。身在国外的日本人要比国内的日本人更能感受到“祖国”的意义,仅仅看看国旗也会流泪。

对生的憧憬,于人何其大矣!生之尊严和美好,只有在生命处于危险之时才会明白。

事实上,我们想感受生命的美好,如果能活,我们愿意活下去。但是,这种意愿决没让我们采取卑怯的行动。

在最后决战的瞬间,我们忘却了所有的一切,只看到被“不能死”这惟一的念头所控制的自己。在这一瞬间我们的头脑一片空白。

自接受生命以来,我们又铭记了什么叫羞耻。这种思想根深蒂固,它不会让我们苟活。即使我们对生的渴望再炽烈,它也不允许我们偷生。

这样,无论在什么场合,——尽管我们感受到对生的憧憬以及由这种憧憬而引发出种种感情——我们都不会苟且偷生。

人是功利性的,所以,都有抢在他人之前建立功名的愿望。正因如此,我们都愿挺身战斗。这虽是可卑的功利心,但却是不争的事实。

可是,这种功利心,与知耻相比,则弱得多了,与外力致死前对生的渴求相比,它也弱得多了。所以,它不是绝对的勇敢,只是功利性的勇敢。

所谓的武士道,就是指死;所谓的忠义,也是指死。——《叶隐》这样告诉我们。武士道是日本精神。然而,武士道却是死,即,日本精神就是死。

难道我们对生死的觉悟还很不够吗?我们这几百号缺乏修养的人有着人天生的弱点。说到底,可能的话,我们还是不想死。这就是我们俗人的真实坦白。并且,这也是真实生命的坦白。不过,尽管如此,我们决不会为此而采取不知廉耻和怯懦的行动。

这仅仅是因为我们不愿苟且偷生。

第三卷

中嶋部队(第十六师团)
大野部队(第二十联队)
西崎部队(第一大队)
森山队(第三中队)
村下小队(第三小队)

自昭和十三年一月从大连出发第二次讨伐北支军队至四月二十一日出发赴徐州战场

一月三十一日。

从大连回国的梦想被无情地打碎了。下午四点,我们从宿舍出发,坐上闷罐车再一次奔赴战场。

今天是旧历年。到处是满人燃放爆竹欢庆新年的身影。我的故乡有没有下雪?大家一定在白雪纷飞中欢度新年吧!

我们的铁罐货车已被临时改成上下两层。为的是最大限度地运送士兵。在狭小昏暗的车厢里,我们就像关在铁笼里的猴子一般无法动弹。我睡在上层。木下和我隔着一张床,正在闹腾。只要不打仗,他就格外来劲。

军用列车不停地向北方驶去。每节车厢里都塞了七十多名士兵。我们裹在从南京征用来的被褥里抵御着刺骨的寒气。河上结了冰,变成了冰河。

荒漠的大地,无垠的大地。到了大陆后,我们对土地这个概念有了更深的体会。从火车的缝隙间,只见大地不断地向后退去。已经过了奉天。本以为会再往北开,罗盘却指向了西面。

难道是再次奔赴北支那?

正如我所料,列车到达了山海关。广漠的大地上散落着一些石头房子。巍峨的大山层峦叠嶂。它们呈锐角形,在内地是见不到这种形状的山的。在同一条铁路上,我们曾经士气高昂地奔赴中支那,如今却满怀惆怅坐火车北上。

列车靠站时,木下想抓紧这几分钟上厕所,不料,慌忙中从货车上滚到结了冻的铁轨上。他像是折了腰,躺在地上直哼哼。最后在两三位士兵的帮助下,总算哼哼唧唧站了起来。木下平时就爱使性子,跌痛了就借题发挥,大吵大闹起来。甚至破口大骂那些扶他起来的士兵。

终于,那些士兵也火冒三丈了,纷纷撒手而去。这样,他就得冒着再次跌倒的危险,独自爬回火车。但木下却像个爱撒娇的孩子坐在原地大喊大叫。“哪有那么疼?”战友们都投以不信任的眼光,没人同情他。最后,他索性赖在地上哭叫起来。战友们这下束手无策了,只好把他抬到他的上层铺位上。在被抬往床铺的途中,他仍然骂骂咧咧的,好像是战友们把他推下火车的。

躺上床后,木下一直没有停止呻吟。其间,若是谁的手或脚不小心碰了他,他就会扯着嗓子大骂。战友们忍不住与他争吵起来。木下原来就爱无理取闹,这下越骂越来劲,丝毫不示弱。后来大伙儿都觉得与他理论是白费口舌,便住了嘴。他就像个被冷落的孩子,为了引起别人的注意,时而踢踢这个,时而骂骂那个,他的一言一行招来的是更多的责骂。在狭小的闷罐车里,时不时会有人碰到他,哪怕是碰了他的指头,他也会像个任性的孩子尖叫起来。最后木下拿出了缝衣针,谁碰到他,他就戳谁。大伙对此瞠目结舌。在这期间,他又开始在车上随地小便,真是一个不知羞耻的家伙。

但他这种荒唐的举动也为郁闷的长途旅行带来了一丝乐趣。

穿过天津，绕过长辛店，展现在我们眼前的是北支那辽阔的大地。火车向南疾驰，车厢里也越来越暖和起来。铁路沿线可以看到像火柴盒般的土房子。铁道两边的土地，就像内地的田地一般被仔仔细细耕作过了。我们的列车通过时，农夫们停下了手中的锄头远眺，孩子们高举双手呼喊。列车一靠站，脏兮兮的孩子们就围上来讨剩食，喊着："给一点吧！给一点吧！"

这种枯燥的日子持续了四天，第五天下午六点左右，列车到达了一个车站。据说这是邯郸站。奇怪的是这个车站居然开着灯。我们下车后才发现站内有士兵用两台马达发电。

部队先向驻地营盘出发，留下我们几个搬运兵。搬运完行李后，我们就沿着昏暗的道路急奔营盘。忽然，从前方暗处传来了放肆的娇笑声与醉汉口齿不清的嘟囔声。而且他们说的都是日语，我们做梦都没想到居然能在北支那的边远地区碰到会说日语的女人。

一到达目的地我们就被派遣去搬运行李，时间已经很晚了，我们才肩背沉重的背包，拖着疲惫的身躯赶往营盘。本来心里就有点窝火，一听到这淫荡的谈笑声，更是气不打一处来。

从他们身边走过时，我们打开手电筒，想看看究竟是些什么人。手电筒的光照中，只见一个喝得醉醺醺的军官和一个身穿刺眼的红和服、浓妆艳抹的女人踉踉跄跄地走着。不断有污言秽语从他们嘴中吐出。他们喝的酒或许是后方①的人们满怀热情送来的军需品。

真是不堪入目的一幕。不知廉耻的女人居然跟随来战地卖淫。我非常蔑视这个军官。

① 这里的后方指日本国内。

卖淫女的娇笑声与醉汉的嘟囔声，从黑暗中传来又消失在黑暗中。

我“呸”地吐了一口口水，大踏步向营盘走去。

说是营盘，依旧是战地肮脏的宿舍。走进破旧不堪的大门，房间呈“凹”字形排开。我们分队的房间在左侧，门口挂着一张草席。

房间里空荡荡的，只有屋顶和墙壁。简陋得像是山崎街道上定九郎的住所①。邯郸——这可是当年鲁生梦见王侯将相们，住在金碧辉煌的宫殿里，酒池肉林，大肆挥霍的地方呀②。

今晚我是不是也会做一个饱食一顿、身裹锦缎的美梦呢？我把外套裹裹紧，就躺在地上。房间里到处是寒气，地面刺骨的冷气冻得人直打哆嗦。我根本无法入睡，三番五次起身去烤火。

从大连刚刚出发时，我们呼出的热气在闷罐车的铁门上结起了一层白冰。列车南下后，虽说越来越暖和，但这仅限于白天，夜晚依旧很冷。白天的温度没有超过摄氏零度，只是没有风，倒也不觉得冷。

次日早晨，我往水壶里倒了些河水，不到三分钟就冻住了，连塞子都拔不出来了。饭盒里的水也结起了冰，打开盖子时冰块窸窣作响。

今天又是万里无云。越往南，天晴的日子越多。

我觉得身上奇痒无比，脱掉衣服一看，刚穿上身没几天的白汗衫上，有几只虱子爬来爬去到处产卵。这是我平生第一

① 日本的民间文艺和歌舞伎里有一段叫《山崎街道》，定九郎是该剧中的角色，头发蓬乱，住在非常简陋的房子里。

② 这里是用的“黄粱一梦”的典故，鲁生，应为卢生。

次看到虱子,吓得我赶紧扔掉这件崭新的白汗衫。

今天是二月五日,全队休息一天,我就走着到城里参观。

邯郸城里有很多古庙,给人一种历史悠久、古色古香的感觉。城门的建筑很有特色:干涸的外护城河上架着一座一丈多长的石头桥,过桥往左拐进入第一道城门,再往右拐才能进入第二道城门。这个让你左拐右拐的城门,建得古朴凝重。城墙内侧长满的青苔像在诉说着几百年的历史。

我和田中走在这静谧而又古趣盎然的街道上,时不时能看到制作精细的青瓦和瓦上的动物雕像。田中平常就爱摆弄古董,这会儿更是看得目不转睛。他很想要这些古董,但看看墙上到处张贴着“不准随意破坏寺庙　宪兵队”的告示,只得作罢。

这街道和支那其他街道一样,没有一块石子儿,但厚厚的尘土几乎快埋住人的双脚了。

忽然看到前面一个街角上挂着“朝鲜菜青鸟馆”的牌子。

我走进去想吃点东西,不料里面根本没有什么像样的菜,只传来妓女的尖叫声。

这家店铺,原来卖的是“性欲菜”。我被好奇心驱使往里屋一探头,只见里面摆着床,士兵抱着朝鲜女人躺在上面。床边没有门,用白门帘简单地隔开。离他们不到两米处,也挂着白帘子,一对男女躺在里面的床上。只要轻挑一下帘子,他们的身体就完全暴露出来了。我们一个一个房间顺着看下去,映入眼帘的是女人们放荡的裸体和男女淫乱的场面。这些男女毫不在乎我们的窥视。外面,还有不少士兵吐着烟圈排队等候。这是多么不堪入目的一幕啊!

我们走出来绕到城外,这儿有一个叫大乘寺的古刹。庙顶覆盖着古式青瓦,在屋顶最高处和四边飞檐上都装饰着很多狐狸和兵卒的雕像。这个古寺已摇摇欲坠,只有屋顶还保存着寺庙古朴静穆之风。墙壁是黑砖,更映衬出青瓦的庄严气派来。这青瓦可能是古寺最值钱的东西了。

寺庙里面根本看不到佛像的影子,空荡荡的,就像个马棚。大乘寺——听起来就像是内地的寺庙名。

这附近(北支那一带)没有树木,搜集烤火用的木头也就成了个大难题。最后,我们用铁锹和锄头砸倒房屋,拣出木头烤火。我们做这一切时,支那人站在一旁惶恐万分地看着。

七日,我们向磁县出发。

昨晚我几乎一夜没睡,到天快亮时才迷迷糊糊睡了两三个小时。醒来直打呵欠,但部队不会因我一人犯困而推迟出发的。我们背着沉重的背包,走在足有五六寸厚浮土的路上。走过之处,掀起一阵尘土。这时,有五六个肩挂国防妇女会字样的女人站在路边。

"多保重!"

"注意身体啊!"

"我们马上也会跟过来的! 嘻嘻……"

她们边叫边笑。

这种地方居然有国防妇女会的日本女人? 真让人不可思议。但一想到她们是日本人,就不由得高兴起来。我朝她们望了几眼,有一个女人引起了我的注意。她不就是我们刚刚到达邯郸的夜里碰上的那个喝得醉醺醺的,与军官走在一起的女人吗? 她们原来是卖淫女!

白天是国防妇女会的会员,晚上就成了卖淫会的成员。她们配当国防妇女会的会员吗? 真是些不知廉耻的女人。

她们中有两三个人扭过头,垂下了双眼。是因为自己卑贱的身份呢,还是舍不得与情人分手?

她们里面还夹杂着两个年轻的朝鲜妓女,她们穿着黑白交叉的朝鲜服,胸前的白色领结随风飘动。有一个日本女人已近四十了,一直喋喋不休。

与其说她们在欢送我们全体队员,不如说她们是在送别那些军官,那些昨天晚上、前天晚上、大前天晚上都与她们共度良宵,慷慨付钱的军官。

我很蔑视这些女人,但一想到有女人为我们送行,倒也不反感。

你们这些应遭唾弃的女人!爱怎么赚钱就怎么赚吧!

这条路还没有通火车,好像火车只通到邯郸,所以我们只好沿着平汉铁路步行前进。越走肩上的背包就越沉,脚上也疼痛难忍。我们一个个弯起了身子,拖着沉重的双腿气喘吁吁地往前赶。不断有落伍者滚倒在铁路上。我们不是靠体力,而是靠意志在行军,完全是钢铁般的意志在支撑着我们前行。脚底不断地磨出水泡,水泡踩破之后疼痛难忍。我就尝试用脚跟走,或是右脚用劲歇歇左脚,或是左脚用劲歇歇右脚。

好多次,我都想一屁股坐到地上,或是躺在铁轨上,但一想到这是对意志的锻炼,就打消了这些念头。

夜幕降临,冬天的夜空中,半圆形的月亮静静地闪着寒光。

滴水成冰的严寒中,壶里的水早就冻了起来。休息的时候,汗津津的背上一阵寒气,真让人担心背上也会结起冰来。

从磁县车站,沿着两边栽着柳树的坑坑洼洼的道路,走了快一公里,才到达磁县县城。

二月八日。

我们进入一个空无一物的大屋子,据说原来是所学校。

说是学校,远没有日本的学校那样设备齐全,只是有三四间空房子而已。

泥土房间内铺上了崭新的地板,可能是建筑班的人铺的。说是我们将在这儿驻扎一个月,曹长甚至通知我们,要订阅《朝日新闻》或是《每日新闻》的人,一律到他那儿登记。想到能驻扎一个月,我们个个兴奋无比。

我上了战场后,嗓子老是出问题,不是疼痛难忍,就是嘶哑得说不出话来。不知是因为空气太干燥,还是因为空气中的尘土过多。

因为没有风,气温再低也不觉得冷。这种温度下,再刮阵风,就会觉得寒气逼人了。白天,阳光普照如温暖的四月。也很少下雨。说到雨,我来支那后只遇到过两场:一场是十月份进攻北支那时,另一场是十一月份刚刚到中支那时。

部队发给每人菠萝罐头和苹果。打开罐头一看,果汁早就结了冻,我们只好嚼果汁而不是吸果汁。苹果也冻住了,一点甜味都没有。

磁县的支那人对我们没有丝毫的敬畏、害怕之意,相反倒抱着一种轻视的态度。我们都觉得这里的安抚工作是不是做得过于周全了。

看来不让他们先尝尝拳头的滋味,是达不到安抚的真正目的的。这块土地上居民的态度,我们还是第一次碰到。他们张嘴就是钱。洗一件汗衫要五钱,十根一尺左右的木条要十钱。自己跑来说帮我们忙,干完活就伸手要钱。挑一下行李也要报酬。总之,只要劳他们动了手,你就得付钱。他们张口闭口都是钱,不由得令人生厌。从他们身上丝毫找不到战败国国民所特有的羞辱感。只要给他们好脸色,他们就会得寸进尺。

街市热闹依旧,根本不受我们部队进驻的影响。道路上满是尘土,让人怀疑要是下一场雨的话,会不会比水田还泥泞。支那人就在这样的道路上卖着不知从何处弄来的奶糖等。他们似乎认定这是一个不可多得的赚钱机会,趁机漫天要价。

独轮车“吱吱咯咯”地通过尘土飞扬的道路。

街市人来人往,充满生机。新开张的小吃部、五金店,像内地的夜市一样,在道路的两边排开。

我们宿舍旁边有座孔庙。占地面积大得惊人,但并无庄严感。外形和小学课本插图上的孔庙毫无差异,庙门口挂着一块金色的匾,上面写着“孔庙”两个大字。有着三重屋顶的大门上挂着“道贯今古”、“德配天下”两块匾。孔庙的屋顶覆盖着青色和黄色的瓦,上面装饰着狐狸与兵卒的石像,非常精美。田中半夜爬上屋顶,偷下狐狸与兵卒的石像。这之后,田中常常会出神地盯着那些古董,满脸陶醉的神情。

我们中队在后面的空地上设了一个相扑场。

二月十一日。

我必须到北门去站岗。

北门建得巍峨而雄壮,过北门得像走迷宫似的,绕过三道关。可以想见要攻打这个城门是多么的不易。城墙有日本的三层楼房那么高。走出城门就能看到贮满水的护城河。

苍天下,茫茫的大地上只见城墙逶迤。手拿警棍的保安队巡警和我们部队的哨兵,两人一起检查进出城门的支那人。这些巡警一查到支那银行的纸币就全部没收。根本不补发给他们朝鲜银行的纸币。但在邯郸的时候,那儿的居民就不愿意要朝鲜银行的纸币,而要我们手中的支那银行发行的纸钞。

磁县的居民毫不吝惜地扔掉支那银行的纸钞,用起了朝鲜银行或是日本银行的纸币,似乎觉得这才是自己一直在使用的货币。

城门上面宽的地方有九米，窄的地方也有五米多，足够人骑着马驰骋。城墙也有五米多宽。

保安队的巡警们就住在第一、第二道门之间，那儿就是他们的家。

磁县可能是这一带的中心地，白天人如潮涌，不比京都的京极[①]少。但人人都穿着藏青色或是黑色的肮脏的支那服。

有的人赶着驴子拉独轮车，有的人吆喝两头毛驴拉着满载棉花的两轮车。在满是灰尘的街上，有人在卖馒头、糖果、肉包、杂货等物，还有人在买这些东西，真是人山人海。夹杂在里面的还有一间挂着“甜点俱乐部”的日本人经营的年糕赤豆汤馆和一间军用小卖部。

二月十六日。

有一天，我被派往旅团司令部当警卫。司令部设在城墙附近一个大民房内。我们住在旁边的民房里待命。这户人家有主妇、孩子和一个年轻姑娘。姑娘有十七八到二十岁的样子，长得并不算十分出色，但在我们这些好久没见过年轻姑娘的人看来，已是相当俊俏了。主妇白天主要是为孩子们做做肉包子什么的。

晚上轮到我站岗。清冷的月光照在逶迤的城墙上。城墙边有一潭湖水。能从笼罩着湖面的水汽中隐约望见对面矮小的城门。我站岗的地方有一棵光秃秃的树，我靠在树上眺望着月光、湖水和城墙。步枪顶端的刺刀在月光下泛着青白色的光。马棚里传来马的嘶鸣声。多么明亮的月亮，多么幽美的景色啊！浮云像丝绵一般从月亮旁飘过。

---

① 京极，地名，日本京都的繁华地带。

我的思绪也随着浮云飘往了我的故乡。

一想到这月亮也照着我的故乡，我故乡的人们也在眺望着这月亮时，就觉得这是多么神秘而不可思议啊！同时也感觉到了宇宙的空渺无垠。相对于宇宙，我们做的事情是多么微不足道啊！

月亮总会引人伤感，看着月亮，我不由得想起了很多事情，淡淡的哀伤渐渐浮上心头。

湖面的水蒸气袅袅升起，又消失在空中。月亮穿过水汽倒映在湖面。远处野狗的吠叫声，更加深了寂寞的感觉。

黑色的小猪像老鼠一样窸窸窣窣穿过湖边。

我站在那儿望着这寂静的景色，不由得触景生情，怀念起了故乡。

二月十七日。

站完岗回宿舍后，又去参观了寺庙。

今天不比往日，刮起了大风，风卷着沙土迎面扑来，让人无法睁眼。

寺庙建得很古朴，上面有“清朝道光”的字样。庙门的屋顶又宽又重，穿过庙门，走过圆形石桥，就来到了正殿。正殿里面安放着支那特有的与真人一样大小的雕像。

不知为何，今天一整天都觉得坐立不安，心神不定。把席子铺在向阳处，躺在上面继续我的故乡梦，昨晚的月亮至今还留在我的心坎上。

一想到不知何时才能重归故国，我就陷入深深的乡愁之中。啊！无法排遣的乡愁。

特别想家的时候，我常常会有这种冲动：想一刀挑死支那人，听他们的惨叫声，或是一枪打进支那人的身体。那样心里或许会舒服些。

原定要在磁县驻扎一个月的，但随着战线的扩大，我们也不得不向前进军。

应该是下午两点出发的，临时改成下午七点乘火车出发。不用步行，真是太妙了。

今晚月亮没出来，四处一片漆黑。车站上，压缩饼干、大米、酱油堆成了小山。宇都宫联队的哨兵站在一旁看守，抓到前来偷窃的支那人，就绑在树上拳打脚踢。支那人满脸鲜血，痛苦地哀叫、求饶。

在昏暗的空地上，一些戴着白色臂章的苦力，一、二、三、四、五……按顺序用日文编上了号，好像共有四十八人。

从守卫营那边又传来了“哼！混蛋”的责骂声和殴打声，紧接着的是支那人的哭喊声。看来这些宇都宫的士兵相当憎恶偷东西的支那人。

我们看到黑乎乎的火车开始喷蒸汽了，靠蒸汽居然能推动这么沉重的车身，真是一项了不起的发明啊！

两个半小时后，火车停靠在彰德车站。这个地方看来不小，车站也很大。车站前有一个日彰宾馆，很显然是临时改造的。一个穿着日本和服的女人下了火车就走进宾馆，看来勇敢的日本市民也跟随到彰德了。

我们从车站出发走了五六百米，来到城内找宿舍。在一条巷子的两旁排列着很多砖瓦房。我们中队就要宿在这儿。我们挨家挨户地敲门，用中文喊着：“开门！开门！”却无一人给我们开门。最后我们就用十字镐砸门，结实的门却纹丝不动。费了好大劲冲进去一看，只见一个老头吓得哆嗦成一团，其他人早不见了踪影。

可能我们在门外大喊“开门”的时候，女人和孩子趁机溜了。但这家的房子没有后门，他们是怎么逃走的呢？难道从屋顶上逃走不成？

我们大骂了老头子一通:“你这死老头子！我们没想害你们,你倒让我们费这么多功夫!”随后就走进房间躺了下来。

最近供给的食品、日用品,用都用不完。在警卫队的话,可一直都是这样的。

我们各自吃得饱饱后外出。

二月十八日。

彰德很大,特别是白天,人多得像在赶集。我们乘的人力车从后城门出了城。广漠悠久的大地上绵延着高高的城墙,这是在大陆才能看到的风景,像电影上的画面一般雄伟、壮观。

城外的火车站前妓院林立,可能有三四十家。大都是朝鲜妓女。不知为何今天特别想找个妓女。我们五人看中了一个妓院,觉得那儿可能有美貌的妓女。谁知进去一问,一下子找不出五个妓女,我们只好返程。坐在人力车上,想想幸好没找到妓女。

二月十九日。

但这一天外出的时候,我还是走进了妓院。

最近可能是太轻松了,晚上常常难以入眠,我想是不是该找个地方发泄一下了。

我找的朝鲜妓女长得很漂亮,但显得很无知。

一小时三日元。

她有一个手提收音机,随着音乐给我跳起舞来。欣赏着熟悉的音乐和舞蹈,我觉得很愉快。

但是,一想到自己的嫖妓行为,我就后悔不已,那感觉如同身体被淤泥玷污了一般。我的体内生出一种无法抑制的厌恶,真想往自己肮脏的身体上狠狠唾一口唾沫。

现在士兵的心境和当时他们在南京军政部时的相差甚远。在南京的时候,人人都认为取得了胜利,个个兴高采烈,充满活力。现在的士兵们已失去了往日的朝气,每天唉声叹气,士兵内部弥漫开一种自暴自弃的情绪,早就失去了原来那种紧张感。

要想让士兵们恢复原来的干劲是不可能的了。失去那种热切的期待后,他们现在陷入了沮丧的情绪中。

但这只是心理历程的一个过渡期而已。过了这个过渡期,我们会静下心来,全力以赴,为下一个军事目标做好准备。

今天有酒供应,我们已经好久没有喝酒了。还没到满月的时候,但天空中的月亮像幻灯一般清亮,无数的星星银河般璀璨。即便在这寒冷的冬夜,我们也嗅出了春天的气息。过不了多久,迎面拂过的春风就该带来一股刚挤出的牛奶般的浓香了。

院子里,熊熊燃烧的火堆上,架着石油罐热酒。我们围着火堆坐成一圈,边喝酒边引吭高歌,唱了很多曲子,有沙诺沙曲①、袈裟曲②、矶曲、小原曲等。

我们意气风发的歌声,打破了冬夜的寂静,回荡在夜空中;我们打的拍子,也与歌声应和,在夜空中回响。

这所房子的主人,也就是先前的老头子,笼着两手,脸上交织着不安和好奇,诧异地瞧着我们不同寻常的举动,竖耳听我们奇怪的曲调。

我们尽情地喝酒、高歌。直到拍得手发疼,喝得酩酊大醉为止。但我们高亢的歌声里隐含着一丝不知何时才能返回故

① 沙诺沙曲,为1897年前后日本流行起来的歌谣,因每句结尾加上沙诺沙的音调得名。

② 日本新漏县一带流行的民谣。

乡的忧愁。

今天也允许外出,但因为昨天外出时做了该遭唾弃的事,我准备一人在房间里度过。

战友们都出去了,不知为什么,我今天特别想一人安安静静地呆着。我早已习惯了纪律森严的部队生活,像昨天那样放松一下,当时感觉很兴奋,但过后只会觉得无聊。

门外传来了如泣如诉的二胡声。我大踏步走到门口,把卖唱的盲人叫了进来。他吃力地登上石阶,拉起了二胡。细弱而颤抖的弦声沁入我寂寞的心灵。春风轻轻地拂过我的脸颊。我的心颤抖起来,像是因为自己找回了哀怨,又像是因为找到了真实的自我。盲人眨巴着什么也看不见的眼睛,静静地拉着二胡。昨晚,我们在这儿意气风发地唱歌、喝酒。现在,瞎眼的乞丐在同样的地方拉着凄凉的曲调。嘶哑的二胡声直接传到我的心灵深处,我恨不得让这音乐永远留在我的心里。拉了几段曲子后,二胡停了下来。我给了他十钱和一些米。

卖淫女失去姿色就当鸨母,赌徒变成了骗子,浪荡子沦落为乞丐,这就是贯穿人一生的不可逆转的法则。即将步入老年的盲人垂下了头,好像已屈服于这个人生的法则,慢吞吞走下台阶。

过了一会儿,又来了一个衣衫褴楼的老太太,她带着一个三岁左右的幼儿,拄一根细细的拐杖,拎着个圆筒状的空罐子。那孩子一个劲儿地往她怀里钻,瞪大双眼看着我。她或许就是抗日战争的受害者吧?我拿一些食品把她打发走了。

我们中队跟在第三大队后面出发了。我们中队的第一小队充当磁县与彰德间的警备力量,第二大队负责彰德的警备。

我们走到城外，踩着厚厚的尘土向广阔的大地前进。在去汤阴的路上，我看到五六个朝鲜妓女搭坐在部队的卡车里。看来她们也和部队同步调前行。

日本军人老是说支那兵把妇女和孩子带到战壕，可如今为什么自己也带着这种不洁之身行军呢？

第一个晚上是在肮脏的汤阴城宿营的，我们的目的地是新乡。村下少尉在我们分队领取给养，和我们一起吃住。少尉拿出了随身携带的酒，我们杀了鸡，饱餐了一顿。

放眼四望，到处是大地，绵延的平地上甚至找不到一个石子儿，我们的部队在这土地上像成群的蚂蚁缓慢前行。

半路上无法补给水，所以早上出发前把水壶装满后，得一直靠它撑到晚上到达宿营地为止。走过平地，越过丘陵，第二天晚上，我们在后石桥一个非常贫苦的农家宿营。我看他们实在穷得可怜，就拿了一些点心给他们家脏兮兮的孩子。

北支那的人家再穷也有大门，这个人家也不例外。他们家没有一扇朝外的窗户，要想从外部攻打进来是不可能的。里面的房间呈“凹”字形排开。

这个人家养鸡，对他们来说鸡也算是笔不小的财产了。我们四处追着逮鸡，没想到北支那的鸡居然像鸟似的，能飞到半空中，根本抓不着。鸡飞上高高的白桦树顶，在白桦树之间跳来跳去。但到了晚上，鸡还是乖乖地回窝睡觉。我们等它们进窝时，抓住两只宰了吃。

我们又踩着天空般无垠、浮云般柔软的土地行军。天空和大地在远方相接，大地向我们展现它的伟大和宽阔，我们机器一般走在这土地上。

在这片土地的海洋里，时不时能看到树林。有树林的地方就一定有村庄。除了偶尔能看到这些树林外，映在我们眼里的只有土地和天空。连麻雀也见不到。

在北支那这片见不到小鸟的土地上，对那些偏僻落后的村庄来说，惟一能与外界交往的就是这尘土飞扬的道路了。道路成了惟一的交通手段。这里的农民世世代代受苛捐杂税之苦，麦子收成不好时，就只有哀叹的份了。这块土地上出生的人们，不知道外面的世界，也接触不到文明，就这么忍受着重重剥削，默默地劳动，最后又被埋在这片土地上。

太阳从地平线上升起，又消失在地平线上。我们日出时分就出发了，被这急行军弄得筋疲力尽。我曾几次想让农民帮我背背包，但转念想到这是对意志的锻炼，一直没开口。我浑身汗水和泥水，拖着沉重的脚步，慢慢地跟在队伍两百多米后。辎重兵们骑着马轻轻松松过来了，他们大声说笑来到我身边时，我已累得说不出话来了。

一想到我们步兵这么累，他们却骑在马上有说有笑，就像在骑马散心，我就气不打一处来。心中暗想，只要他们敢对我说一句话，我就逮住他们，狠狠骂一通，发泄一下心中的怒气。谁知他们根本没跟我搭腔，只顾和自己人谈笑风生，轻快的马蹄声渐渐远去。我瞪了马屁股一眼，又迈开步子，军靴像雨珠般无精打采地落在地上。

不一会儿，我们就到达道口镇了。本来平汉铁路是有支线延伸到道口镇的，现在铁路的枕木被抽走，铁轨也被卸掉了。据守卫的士兵说，铁轨是敌军为了不让我们用而卸掉的，枕木则被居民偷去当柴火烧了。

在这块不长树木的地方，柴火一直是个问题。麦秆算是惟一的柴火了，这里的人还把马粪晒干当柴烧。

道口镇不大，很肮脏，没有什么大的建筑物，看来不是一个富裕的城镇，跟繁华的彰德简直没法比。我们的分队进入一户又脏又狭小的人家。这家有一个老人。

村下少尉让我们杀了头猪，又买了瓶支那酒来。我们在屋外围着火堆开起了晚宴,大家一醉方休。最近我们几乎每天晚上都开开这种晚宴,引吭高歌,开怀畅饮。

人人都喝醉休息了,就剩我和田中两人围着火堆谈心。夜空里闪烁着无数的星星。田中说:“我要是回去就会好好干活。”我答道:“我也会拼命干活的。”他今年三十七岁,原来是当木匠的。到后来我们都不吭声了,看着天上的星星眨巴着眼睛。田中也去睡了,我一人躺在火堆旁,闭上了眼睛。

往事走马灯似的从我脑海里闪过,一想到家,一想到故乡,我就特别想回国。最近为什么会这么恋家呢?

第二天休息,我早上九点起床,去了一趟澡堂。洗一次是十钱,我们大队已包下了这个澡堂,所以个人就不用一一付钱了。澡堂在二楼,里面挤满了士兵。他们身上的灰尘和污垢把洗澡水都染成黄泥浆了,看上去就像是在酱汤里上下浮动的圆子。即使这样,想到能痛痛快快地洗澡,还是令人高兴的。

下午本想好好歇一下的,谁知上面又命令我去南门当哨兵队长。我只好带上士兵往南门赶,考虑到明天一早要从南门继续行军,我们就穿着军装出发了。

道口镇狭窄而肮脏的道路上,挤满了乞丐,满耳是他们的乞讨声。这些乞丐衣衫褴褛,再加上灰尘与污垢,整个人都变成黑乎乎的了。他们手里拿着碗,悲哀地乞讨,就像野狗一样四处徘徊。

和我们一起前进的安抚队的支那人身穿日本军服,头戴日本军帽,忙着散各种传单,到处贴布告。我们以前就经常看到居民捡起日军飞机从空中散发的招降单,当作命根子似的往怀里塞。那种招降单上画着日支两国的国旗(不过那上面的支那国旗是清国的国旗①,而不是革命政府的国旗),上面还写明“持此传单投降者一律饶命”。

他们现在散发的传单上画着一幅画——刑场上,蒋介石被接二连三的败仗弄得心惊肉跳,一屁股跌坐在地上,歇斯底里地下令枪杀李宗仁、冯玉祥、宋哲元、韩复榘等人。

南门有手持达姆弹枪站岗的保安队哨兵,他们纯粹是摆摆样子的,根本起不了守卫的作用。

半路上看到一棵有几百年树龄的苍木,白色的布条像婴

① 此处清国的国旗,指伪满洲国的国旗。

儿的围嘴从树上垂挂下来,上书“心诚则灵”,这和日本农村的求神拜佛非常相似。

二月二十三日。

阳光普照着广阔的大地,我们像蚂蚁般缓慢行军。一马平川,一望千里,看不到一棵树、一座山,脚底下也找不到一颗石子儿。

虽说才二月二十三日,却相当于内地四五月份的气候。强烈的阳光照得人睁不开眼,不一会儿,我们就走得汗水直淌,可一停下来脊背就凉飕飕的。

过了正午,在我们前往今晚的宿营地——高宋村的途中,突然发现前方五六百米处有清泉,还有树林和村庄。我们欢呼起来:“啊,前面有水!”继续朝西行进,准备过桥喝水。在阳光照耀下,可以看见那一汪泉水呈弧形。先头部队也在往泉水处前行,他们该过了桥了吧?那儿有村庄和树林,树和人看上去像在水中,折成两半,就如同映在泉水里的倒影。

我们满以为泉就在前面,但不管走多长时间,泉还是离我们那么远,根本无法走近它。原来这是错觉,是由地面蒸发的水汽形成的。这大概就是人们常说的海市蜃楼吧!

我是第一次看到这种奇怪的现象。可能是天气晴朗时,地面的阳气在空旷的大地上形成的幻影吧?

小小的高宋村里,没有一个村民,他们可能看到部队后全都吓跑了。

行军本身是一件苦差事,但考虑到没有敌人,也不用打仗,这次行军还算是轻松的。中队征用了一辆板车来装落伍者的背包。

二十四日,我把背包全部装上中队的板车后,自己就去征用了一头毛驴。跨上毛驴，像堂吉诃德当年那样，开始了驴背上的旅行。骑在驴背上，沐浴着灿烂的阳光，这样行军可真舒适。

偶尔，毛驴会发出一种嘶鸣声，听上去像是在哀叹，又像是在为亡国而泣。毛驴在我的屁股下“的哒的哒”地慢步前行。在北支那经常能看到路旁竖着一些石碑，上面写着“芳名千古留”或是“节妇”的字样，下面再用小字细细地刻上具体内容。我一路浏览着这些石碑，不经意就到了汲县(卫辉)。

汲县的城墙建得牢固而雄伟。护城河河水清澈，有一部分水都漫到路上了。我们在水淹的大路上拣着干处走，好不容易走进城。我们来到一户宽敞的民宅。这家的主人长得器宇轩昂，他的脸让人联想起宋太祖的画像，给人一种威风凛凛、不可一世的感觉。

我们宿舍前有一个大教堂，听说有三四百名姑娘在那儿避难。支那任何一个偏僻的角落，都能看到这些外国人的足迹。我们权力再大，不经允许还是不能进入这个高挂着法国国旗的教堂的。所以，在支那人想来，天主教堂是最安全的地方了。

走来一位气质高雅的外国人，他头戴黑帽，身穿黑衣，所有的随身物品都是黑的。他可能是个牧师吧？想到他们远离故土，在渺无人烟的异地默默无闻，奉献一生，我不由得肃然起敬。

我们在这儿也找不到柴火，就顾不得主人满脸不乐意，把桌子、椅子等家具劈了当柴烧。支那人的房子都是中看不中用。这一家外观气派，像个豪宅，里面却是灰尘密布，另外，房间的布局也很不合理。

今天要出发去新乡，我们中队的任务是扛军旗。这个人家有一匹好马，它不同于一般的支那马，长得膘肥体壮，让人挑不出一点刺儿来。我们十六个掉队的有一辆毛驴拖的板车，就准备把这匹马也用来拉车。我们向主人保证到新乡就还马，他这才把他的马连同仆人借给我们。

支那的马车很结实，车轮也相当大，就是车身太沉。苦力把马鞭甩得“噼啪”作响，吆喝三头毛驴和一匹马赶路。

今天不同往日，风呼呼地刮着，卷起的尘埃形成了一道黄雾。我们就像走进了风沙肆虐的沙漠，有时都看不清人的身影。无奈之下，我们只好戴上防尘眼镜。艰难的行军途中，戴上口罩只会觉得呼吸困难，所以没有一人戴口罩，大家一边吸着灰尘一边往前走。这灰尘扫过原野，穿过村庄，狂风刮到哪儿，它就卷到哪儿。

几乎所有村庄的村民都逃走了，当然他们没忘了给自家的门加上牢固的大锁。有一个村庄挂起新政府的五色旗和赶制的太阳旗，打出“欢迎大日本军”的牌子。村长带着村民在村口迎接，军官走到他面前时，他掏出自己的名片递了过去。他们还在桌上摆好茶水，但我们谁都没去喝，只有卖酒的朝鲜人上去喝了几口。这些朝鲜人从磁县起，就用板车拉着名叫世界长的酒，跟在部队后面卖。

我们的鼻子被沙尘塞得透不过气来，嘴里满是砂粒，脸也被蒙上了厚厚的尘埃。就这样，下午五点，我们像个雪人似的到达了新乡。

二月二十五日。

我们的中队在离城门不远处宿营。我的分队则被分配在狭小胡同里的一户人家。这户人家还算整洁干净。我们占了里屋，把他们全家人赶到外屋去住。我们要在这儿驻扎一个月，因此得把所有设备都调配好。当我们把厨房、寝室、厕所、枪架等都安排妥当后，就准备在这儿安安静静地度过一个月。

长途行军时，行李再重我也没把在大连买的《残夜焚竹录》与《静观动乱》这两本书扔掉。

二月二十六日。

五川素来的《静观动乱》中，引用了希特勒的《我的奋斗》中的一节。说希特勒“心怀爱国之情，奔赴战场时感觉如同去舞场赴宴一般”。他因眼睛被毒气熏伤住院养病期间，听到了德国投降的消息。他一边流泪一边说：“我自从站在母亲墓前流过泪后，就再也没哭过。我青年时代的坎坷遭遇，反而增加了我的反抗心。在这场旷日持久的战争中，我们队伍失去了很多战友，但我从没为他们流过泪。因为他们是为祖国德意志而献身的，哀叹他们的死就是一种罪恶。但这次，我却控制不住自己的眼泪。”

我读着读着就越发觉得自己应该反省。我们奔赴战场不是才六个月吗？但我们早就祈祷能早些归国。我们每天谈得最多的是：“什么时候能回国呀？”我们简直无法想象在战场上呆两年或三年。远在故乡的人们从没说过类似“早点回来”的话，而我们却个个归心似箭，真是可耻！

世界大战①持续了两年，即使到了第二年，希特勒还是不愿投降，他宁愿选择战斗。而我们已对才六个月的战争产生了厌烦情绪，这可不行。我们还得继续战斗。

二月二十七日。

昨天休息了一整天，今天上午列队绕过市区来到城墙上出操。我担任联队本部的营兵，所以操做到一半，我就回营地了，这时泷口上等兵告诉我：“中队长命令大家去出操，趁机来

① 这里指第一次世界大战。

检查枪支是否都保养过,并把那些没有保养的枪都拿走了。”我的枪虽然没被他拿走,但我还是被中队长这种卑鄙的行径激怒了。

做完操后陆续回营的士兵都破口大骂中队长。要是一个混蛋下士做出这种事倒也罢了,作为中队长怎么能采取如此卑劣的手段呢?作为中队长在检查前就应该堂堂正正地宣布:“今天要检查兵器。”大伙儿本来就反感森山中队长,通过这件事看出了他气量狭小、行为卑劣,就更加蔑视他了。可以说他暴露出人格的卑污,失去了士兵的信赖。

真正的领导不是靠军队森严的等级来指挥士兵的。我们这个中队的士兵表面上很服从命令,其实大家都打心眼里瞧不起中队长。好的领导是因其崇高的人格受到士兵的尊敬,从而指挥部队的。否则,就称不上是真正的团结。

我们整天无所事事,最多去站站岗。猪肉和鸡蛋都敞开供应,要多少有多少。我们定好炊事值班表,轮流做饭,当班的士兵各自露出绝活,令我们大饱口福。

没有什么任务,我们天天酒足饭饱,在初春暖洋洋的阳光下,过着愉快的日子。

新乡是一个肮脏的支那城,城墙的外观很是雄伟结实,像是用砖头砌的,但里侧却是用泥土堆起来的土墙。特别是北城门,又小又破,摇摇欲坠。

我们经常去北门站岗。出了北门,就有一条混浊的小河,河上浮动着无数的帆船。河上有一座桥,走过桥就能看见一个澡堂。轮到我们中队洗澡时,大家就到这个澡堂来。桥的两边排列着很多售货摊儿,有卖花生的,卖饮食的——不是卖饭而是卖粥,还有卖馒头、卖糖果的。来来往往的支那人就站在路边吃,这对他们来说是件很自然的事儿。

支那人对养鸟情有独钟,在北支那任何地方都能见到他们养云雀一样的小鸟。即使在桥边的售货摊上,也能听到云雀婉转的鸣叫声。摊主一边做生意一边竖耳聆听悦耳的鸟啼声。而来往的人们听到鸟叫声,也转过脸欣赏它们跃动的身姿。

云雀在桥上高歌,曲调忽高忽低,变化多端。

碧空万里,风轻轻地拂着人脸,空气像牛奶般清新,地面上水汽袅袅,大地一片春意盎然。

河上浮动的小船里,有的支那人边晒太阳边不慌不忙地抓虱子。

这儿还能看到流动的理发摊,像内地的卖面条摊儿似的,挑着担子在街上到处招揽客人。扁担的一头摆着推子、牙刷似的刷子、洗衣皂,另一头放上脸盆,身上围一条脏兮兮的白布围裙,沿街做生意。说到理发,中支那人都留头发,但北支那人却个个光头。士兵和支那人就在路旁一边晒太阳一边剃头。士兵们不愿把洗衣皂涂在牙刷似的刷子上洗脸,就自带洗脸香皂,理一个头十钱。

好像敌军曾在新乡驻扎过,有的人家还留有支那军宿舍分布图。敌人在逃跑之前往所有的井里都投了毒,所以井水一概无法使用。吃喝洗漱只能用混浊的河水。居民也用这河水。帆船上那些不讲卫生的支那人把粪便也倒进河里。即便如此,这种泥浆水还是很值钱的。有人就挑着叫卖。我们用石油罐装水,六罐共十钱。

支那的井都是些直径二尺左右的圆井,非常简陋,仅仅是在地面打个洞,四周没有什么东西围着;井里面也不用砖砌,泥土很容易掉进井里。我常常奇怪他们怎么这么笨呢。另外,他们根本没有“排水”的概念。厨房里没有排水沟,而是把污水盛在桶里,满了就挑出去倒掉。

不管我们在哪儿扎营,头一件事就是修建厕所。可以说支那没有厕所，要有，也就是挖个五寸宽、二尺长、五寸深的洞，再在地面搭两块细长的石头。士兵只要住上一夜，这种“厕所”就会粪便四溢，无法使用。这样的话，一百个士兵就得要一百个这样的厕所，因为谁也不会在别人用过的地方解手。因此要在一个地方长期驻扎的话，头一件事就是建厕所。

支那人的厕所为什么会这么简陋呢？我想可能主要是因为农民经常为肥料短缺而头疼，一般来说他们每天要到城里来用竹筐挑好几次粪。这样一来，这里人家的粪便就不会像日本那样积起来。

原因当然不止这一个，更重要的是支那人缺少清洁感。他们的厕所设备极其简陋，更确切地说是没有任何设备，只是指定个地方用来解手而已。没有门，也没有围墙，完全暴露式的，女人好像也在这种地方解手。与之不同的是，中支那人是用尿壶或漆成红色的马桶。

北支那的农田与田埂之间没有任何界线，田埂只是在田间踩出的一条小径而已。在我们想来，即便是踩出的小径，也应踩成一条直线。但在无垠的平原上，他们踩出的道路却是弯弯曲曲的。可能第一个人走的是一条歪歪扭扭的小路，而后来的第二、第三个人都不假思索地顺着走而形成的吧？这很像我故乡的雪中小径。

北支那的房子都呈四四方方的火柴盒状。往南方走，平坦的屋顶渐渐呈小山的形状。这是因为北支那干燥少雨，屋顶就用土垒成平的。

这一带的屋顶是用瓦盖的，但瓦只有日本的四分之一厚。天花板是用竹子搭成网状，再用一层脏兮兮的纸糊起来的，墙壁也贴上了纸。

在联队本部站岗的战友告诉我一件事。说是野战炮队的两名士兵，没带武器就到离城一千米的地方征用军需物品，结果一名差点被残杀,另一名逃了回来。那名差点送命的士兵外套没了,身上只剩一件衬衫,腰以下什么也没穿,被打得头破血流,双腿也中了弹,处于濒死状态。听说他是被营救回来的。从他下身没着衣物来看,可能是在强奸女人时遭到袭击的吧!

接到报告后,联队副官建议放一把火,让那个村庄化为灰烬。但队长不同意,理由是烧毁一个村庄易如反掌,但会引发这一带村民产生反感情绪,不能圆满地完成安抚工作。凡事要从长计议,放长线钓大鱼。最后队长下令让那没带武器的士兵受罚。

今天是三月一日,本来我们可以外出的。日历里带“一”的日子都是外出日。但我呆在屋子里没动,因为根本没什么地方好去,要么就是去朝鲜人的妓院。

我和泷口、村下少尉花八十钱买了两瓶世界长牌酒痛饮。酒酣耳热之时,我们听到了这个事件。趁着酒兴我们大嚷道:“就该一把火烧光那个村庄!”

“酝酿了二十年的抗日情绪,是不可能因为安抚队十天、二十天的宣传就烟消云散,从而开始对日军抱有好感,成为日军的顺民的。这一带的村民没有经历过恐怖的战争,没尝过军队、子弹的滋味,所以他们不敬重士兵。应该先对他们严加弹压,让他们饱受铁棒之苦,等他们对日军产生敬畏之情后,再使用安抚的手段。真该放一把火,让那个村庄尝尝大屠杀的滋味。”

我们三人都有了几分醉意,话题也不断变化,最后说到了泷口的信仰问题。泷口每天早上都要合手拜神,我就说:“信仰其实就像是味精。为什么这样说呢?有了信仰人会更坚强,信仰的作用就相当于增加菜的口味的味精。”

村下少尉接过话头:“信仰是味精的话,那寺庙和神社岂不成了生产厂家了嘛?”说完哈哈大笑,仰起脖子又是一杯。

我问泷口:“你每天祈求神灵保佑你什么呢?我还没拜过神呢,你该不是求神庇护你升官发财、子孙兴旺吧?”

“我才不是为了那些呢!我就是拜拜神灵而已。”

“但总是有动机的吧?我记得刚刚出征时,你并没有这个习惯嘛!”

“的确是有动机的。”

“那是什么动机呢?”

他没有回答。我想他肯定是面临巨大的危机束手无策,才转而向神灵祈求奇迹的吧。他是考虑到如果说出动机,可能会被我们小看,所以缄口不语。

三月三日。

我们宿舍前增设了一个娱乐中心,是安抚队安排的。空荡荡的房间里安放了一台唱机,另有五六名姑娘沏茶服务。设备是简陋了点,但能听到久违了的唱片,还是一件令人愉快的事儿。

新乡是一个小而肮脏的地方。

三月四日。

城门内外坑坑洼洼的道路上,除了士兵来来往往外,很难见到居民的身影。说到店,只有一间脏兮兮的饭店。倒是城外的车站附近更繁华一些。路边的露天摊上,有人在叫卖古董等物。在地上铺一张草席,放上古董、零头布、日杂用品等,就成个摊了。摊上摆放的东西都蒙上了一层厚厚的尘土。往右拐一点,就能看到散发着臭气的拥挤不堪的贫民窟。

今天是村下少尉值日班,我和滩之岛跟在其后一同巡查。

我们走进了支那人的卖淫窟。里面污秽异常,房间里全是灰尘。在宽两尺五寸多、长六尺左右的灶间里垫上麦秆,再铺上一层薄薄的脏被褥,女人就躺在上面。说她们是女人,不如说是母狗,年龄从十二三岁到三十五六岁不等。那里面还有一些卖淫女是有丈夫的。我们问她丈夫:"让我们乐一下,挺好?"他就回答:"挺好!"然后抱着孩子不知所措地站在那儿。

我们问他:"这女人是你妻子吗?"他回答:"是。"问女的:"这男人是你的丈夫吗?"她也回答:"是。"我们又问她:"这孩子是你的吗?"她点头回答,然后就当着丈夫的面领客人去房间了,一副若无其事的样子。而丈夫似乎在企盼着能多来几个客人。这些一间连着一间的卖淫窝,几乎都是一家子。有祖母,有母亲,也有丈夫,全家就靠妻子和女儿的卖淫所得维持生计。

我们手持刺刀,一间一间挨个儿走过去,让那些卖淫女脱裤子取乐。她们褪下长裤时,只见里面内裤都没穿,直接露出下身。我们一路看过来,被这儿特有的恶臭熏得头都痛了。"呸!呸!"我们边啐唾沫边走出卖淫窟。

回到宿舍,有人在大声朗读《读卖新闻》:

"依据新形势,为了确保战争长期持久地展开,也为了强化兵力,将对一部分出征部队进行整顿和换防。"

我们大叫起来:"但愿我们就是这一部分部队!"

这则消息令士兵们欢呼雀跃,在士兵中掀起了一股强烈的归国情绪。

三月六日。

到处都能发现残敌的行踪。

上午十一点,春光和煦。我正在北门悠闲地站岗,传来了紧急集合的喇叭声。中队马上分坐三辆卡车轻装出发了。中队出发后,营兵也接到立即出发的命令,我们这些营兵就和重机枪分队的士兵同乘一辆车,紧跟在中队后面。

据报,汲县附近有五百个贼兵袭击铁道队。我们的卡车卷起阵阵沙尘全速疾驰了两个半小时后,到达了汲县(卫辉)。

第四中队(坂队[①])驻扎在汲县的女子学校里。这个学校设备简陋,很不正规。黑板就是那面用墨涂黑的墙,教室也给人一种空空荡荡、死气沉沉的感觉。这要在日本最多算个私塾。

遭袭击的地点离汲县有五公里,等我们赶到时,只看到被残杀的尸体,敌人早就高唱凯歌逃走了。我们停在一个小车站里,这个车站位于汲县与道口镇之间。我们停在站台上,等待着满载尸体的装甲列车。

北支那的三月初,正是杨柳发芽、春风拂面的时节。大地上空气清新,散发出一股牛奶般的香甜气息。在这万物复苏之际,暖风让人想起了故乡的山川、父母,还有和恋人们度过的日日夜夜。

连接汲县与道口镇的铁路是敌人逃亡前破坏的,他们还通告村民可以把枕木当柴烧,一直为燃料发愁的村民们就争先恐后卸下了枕木,导致这一路段陷于瘫痪。铁轨则被散乱地扔在一边。

铁道队的四十五名工兵正在修复平汉线彰德以南部分被破坏的铁路,得把这一段铁轨给接好。于是他们征用了约五十个农民和苦力干体力活。天空蓝蓝的,风暖洋洋的,地面升起的雾气使得一切看上去都像在梦幻中。没有炮弹声,也没

---

① 坂队,部队名。此队的中队长姓坂。当时日本军为了保住军事机密,称呼部队时用长官的姓。

有刺耳的枪击声，在这儿也听不到都市的噪音，有的只是温暖的阳光和十字镐挖土的声音。工兵们脱去上衣，半裸着身子埋头干活。

其实三天前，就传来了大概有数千名残敌会来袭击的消息。这儿的村民对日军抱有好感，而对残敌的暴戾心有余悸，他们常常会在残敌袭击前，就向在附近干活的工兵们通报消息。工兵们每次接到这种报告后，在日常作业中都注意加强警戒。情报三天前就传到了他们的耳朵里，第一、第二天都平安无事，所以他们就放松了警惕。

吃过早饭后，沐浴着春风，哼着小曲，工兵们一边谈论着何时回国，一边在心中描绘着故乡的一山一水。他们就这样开始了一天的工作。

十字镐在阳光下闪闪发亮，半裸着的健壮身躯，被阳光晒成棕色，背脊都汗湿了。他们根本没意识到在这和平、安详的空气中潜藏着死的危机。五十个苦力也都很卖力，附近的村民也参加进来，工程进展很快。

工兵们离开他们摆枪的地方有百米之远。他们放松的弦儿根本就没想到会出意外，只顾埋头干活。他们中有一人停下了手中的十字镐，深深地吸了一口气。这时，他看到有些像是农夫的人从四周慢慢逼近。但工兵们仍未觉察到危险，因为附近的村民也加入到五十个苦力的劳动中来了，所以根本分不出哪些是残敌，哪些是苦力。工兵们只觉得，今天苦力好像特别多，他们觉得有些不对头，但转而又觉得一切很正常。

他们继续挥动铁镐挖铁轨。等他们心头掠过一丝不祥之兆，再抬头四顾时，只见三个腰上挂着红布条的便衣队员，屈着左腕，眼露凶光，向他们逼来。啊，是手枪！右手持着的是手枪，正瞄准他们呢！紧接着很多便衣队员就像狼一般，恶狠狠地逼近他们。腰上挂着红布条的人好像是他们的头儿。当工兵们惊慌失措之际,五十个苦力就像炸开花的手榴弹作鸟兽散,只剩下这些工兵被敌人紧紧包围。枪支全放在百米之外了,怎样才能拿到手呢?他们后悔自己的疏忽,全然不知如何应战,只能起身怒吼。

面对手枪,他们不得不挥起手中的铁镐应战。他们知道死期临头了,便拼着全身气力上前搏斗。手枪响了,步枪也扣动了扳机,机关枪在扫射,铁镐飞上了天,青龙刀在头上挥舞。

血染铁路,脑浆迸裂,到处是嘶喊声与呻吟声。双方交锋的时候,那个胆小鬼少尉小队长居然扔下了四十几名部下,急急奔向装甲列车。他是多么卑劣,多么没有责任心啊!敌人瞄准装甲列车的门扫射。迫击炮的炮口也瞄准了列车,小队长慌慌张张,只考虑到自己的个人安危。列车刚刚启动,七名工兵也冲到了装甲列车的入口处,敌军的子弹集中射在车门上。而这时胆小自私、无情而又愚蠢的小队长居然"砰"的一声关上了门。

"小队长!小队长!!"七名工兵大声疾呼,死抓着门不放,但铁门紧闭,列车全速疾驰起来。在列车的背后,战友们浴血奋战,嘶喊声与呻吟声不绝于耳。七名工兵大骂小队长"狗娘养的",松开了紧抓着车门的手。

列车卷起了一股黑烟,把他们扔在身后。他们七人全部趴在地上,寻找着敌人势力薄弱的地方。他们手里拿着从架枪处取来的步枪,一边到处射击一边找地方准备突围。他们看到前方匍匐着三个敌兵。

七名工兵大叫:"从那儿突围!"就挥动着上了刺刀的步枪冲了上去,三个敌兵扔了一个石块一样的东西转身就逃。工兵里的一人捡起敌兵扔的东西一看,是个铁制的圆筒,他大叫:"混蛋!"就把圆筒投了出去,只听"轰"的一声炸起一层泥土。

工兵们听到那爆炸声，才知道那就是手榴弹，原来他们还未见过手榴弹呢！正在他们竭尽全力逃命时，一半的战友已经倒下了，还有一些战友发出野兽般的怒吼，英勇地与敌人搏斗。这时有数十个敌人跑来追这七名工兵。在这七个人里，有一位任分队长的伍长。他们七人爬过一道土堤时，伍长让其他六名工兵先逃，自己一个人停下来射击保护。一人、两人、三人，敌人应声而倒，但他们还在不断逼近。伍长拼死应战，他早就下了战死的决心。

当六名逃脱的士兵准备绕过一所房子逃跑时，回头看见伍长挥动着刺刀，与敌人的青龙刀在激战，这六名士兵知道自己无法救伍长了。终于数十名敌人挥动着青龙刀向伍长砍去，伍长浑身是血，当即倒地身亡。六名士兵眼睁睁地看着伍长被杀，强忍泪水，继续逃命。

当六名士兵上气不接下气地跑到铁路守备队时，他们的小队长——那个扔下部队，一个人乘列车逃命的胆小鬼少尉，却向他们脸上啐着唾沫，大骂起来："你们是吃白饭的吗？敌人袭击时，你们连枪也不带，慌慌张张只顾逃命，根本不应战，瞧瞧你们这副丑态！用不着你们与总部联系，这是我的职责！"

六个人本已筋疲力尽，听到他的怒吼，心中的愤怒之情更加强烈起来。俗话说"男儿有泪不轻弹"，可是泪水却从他们眼里流出来。嘴里虽然没有说一句反抗的话，但瞪着上司的眼里却燃烧着野兽般的仇恨。他们心中可能在怒吼："小队长才应该指挥小队应战的，不应该扔下队员，放弃指挥权，一人逃命。要与总部联系完全可以命令士兵去干，你明明是在诡辩，胆小鬼一个！"

接到报告后，警备队立刻就出发了。但队员们弄错了方向，等他们中途折回，赶到袭击现场时，已不见了敌人的踪影，附近村子的村民也紧关门户，各自逃亡去了，在那儿的只有满地鲜血与痛苦的呻吟声。

被残酷杀害的三十七名士兵的尸体，让人惨不忍睹，敌兵的暴行令人发指。士兵们有的被剜去眼睛，有的被削下鼻子，有的生殖器被割下，有的脑浆迸裂，还有的缺胳膊少腿。他们全被扒光衣服，赤裸裸地躺在那儿。救援队的队员们眼噙着哀悼的泪水，心头燃烧着愤怒的火焰。

就这样，三十七具全裸的尸体被并排摆上无盖列车，身上盖上了茅草运了回来。

就在我们出发的时候，有一位熊野郡出生的后备一等兵，名叫熊野纯一，今年三十五岁，在卡车上，他不小心把枪插进电瓶与汽油箱之间，枪当即被折成两段，因此被罚关禁闭两天。这主要是中尉在外催得我们慌忙失措所致，几乎可以说是由于不可抗力引起的。我们都很同情熊野，便纷纷向中尉求情。或许是念及我们都为他求情，中尉才只罚了他两天禁闭。

昨天居仓一等兵在站岗换哨时不小心把枪掉在地上，碰坏了枪上的瞄准器。就为这事被罚了五天禁闭。

对这件事，我们私下议论："我们是在生死线上战斗的人，不知明天是死是活，因为这点区区小事就关我们禁闭，实在是不妥。"当然，说是关禁闭，只是书面说法，其实就是在各自房间里闭门思过。但要记到军队手册上去，所以人人都认为这是一件丢脸的事。

三月十日。

我奉命去北门站岗。规定支那人在过卡子的时候都要向我们脱帽敬礼。不敬礼就想过卡子的人，经常被我们用棒子狠揍一顿。那些敬了礼但态度不端正的人也要挨打。有的人头上都被打出血来了。

我们不为生计所困,也不用担心经济收入,过着单纯的日子。一阵暖风吹来也让我们满心欢悦。

坐在哨所里,我们兴致勃勃地给来往的姑娘打分,乐此不疲。北口一等兵说起前几天,正巧碰到我们宿舍边上娱乐中心的姑娘在上厕所,他就跑上前去说:“我们来乐一下,好不好?”被姑娘用柔软而纤细的脚踢了一下,乐滋滋地回来了。

要是一个男的踢他一脚,他肯定会火冒三丈,与人干架了。看来女人还是很占便宜的。即使是敌国的女人,这些男士兵也不想去打她们。过关时有的姑娘敬礼很不规范,但一看到她们的笑脸,长着胡子的哨兵就不会举起棍子了。

晚上十点,我们围着火闲聊的时候,三天前开着卡车去彰德拿信件的森崎曹长回来了,我一下子收到了三十封信。

我欢呼雀跃起来。对于我们来说,没有比接收到故乡来的书信更让人兴奋的了。这比我们历经千辛万苦攻打下一座军事重镇还高兴。

我先把写信人的名字全过了一遍,然后就想先读哪封信。我的心跳因兴奋而加速,手中拿着三十封来信把玩不已。我决定先看最亲爱的弟弟的来信,接着看了一个女孩的来信,然后是佐佐木健一的,大阪的河村的……每读完一封信,我就回想起写信人的一切,简直是在品一杯美酒。

弟弟是在他被征兵入营后的第二天发的信,他和我一样,被编入第三中队,好像在第六小队。他说要是他也来大陆打仗的话,那就可能会编入我们这个中队。兄弟能同在一个中队,那是一件多么光荣的事情啊。一想到这我就高兴不已。

大阪的河村伊之助的信,是他从内地出发时,在大阪的宿舍(大阪市东区道修町二丁目三六)发来的。内容大致是,很感谢我从南京发出的信,他还把我的信拿去给市内的妇女会和其他团体的人轮流阅读,把它当做传家宝似的保存起来。他用“传家宝”这个词是有点夸张了,主要是想说明他非常感谢我的信。

河边的表弟英六给我寄来了屠格涅夫的散文诗。在我读三十封来信时,时间很快从我身边溜过,现在已经是半夜了,我读完信后上了床,但脑子却兴奋起来,想起了故乡那些给我写信的人,一直无法入眠。

第二天早上到卫生所值班时,卫生队的一个士兵走了过来。他对我说起了他们的队长(大尉):“我们的队长无论何时何地都少不了女人和酒,不然就会找士兵出气。即使是行军的时候,当班的都要先赶到宿营地,在队长到达之前找好女人。在南京的时候,从难民区弄来大约三十个姑娘。我们也沾光,几乎每天都有女人陪睡。队长是这副样子,手下的士兵自然也就无所顾忌了,他们每天都要找中国女人。最近还好一些,天一放亮就让她们回去。”据说他们的队长甚至扬言:“只要你们自己有这个能力,强奸也没有什么大不了,后面的事由我来担着。”全队都是这种风气,卫生队里三十名左右的士兵,人人都染上了花柳病。

如果他讲的都是实话,这是一件多么荒唐的事儿啊!他们的最高追求就是欲望、酒精和女人。

那些因负伤而被送至卫生队接受治疗的士兵们,一提起卫生队员,几乎人人都怒火中烧:“这些卫生队的人个个都是贼,不知廉耻,没有人会原谅他们。我们负伤来到这儿养病,他们却抢走我们的钱包、手表、钢笔等。那些重病员只有自认倒霉,就当把值钱的东西弄丢了。虽然胸中积了一股恶气,但受伤时,也弄不清是谁偷的,光知道是卫生队的人干的,又讲不出是张三还是李四,只能吃哑巴亏。”

这些恬不知耻的混蛋！他们居然去偷那些在前线浴血奋斗的士兵们的物品，还有比这更可恶的罪行吗？这就是以酒、色、欲为最高追求的家伙们寡廉鲜耻的行径！他们的行为玷污了日本军人的形象。

他们是无耻之徒，卑鄙之至，这是战场上最堕落的现象。战场上存在着几种堕落现象，但没有一种比这更严重。

站完哨，我出去花两日元找了一个朝鲜妓女。我花两日元买下了她的肉体，自己也得到了发泄。她还用朝鲜语唱歌给我听，她动人的歌声在我心中回荡，给我带来了欢乐。

最近，我们写信的内容受到越来越多的限制，甚至不许我们写诸如河水混浊之类的话。枯燥的日子一天天持续下去，大家都觉得无所事事，这时，又传出了凯旋归国的谣言。在南京时，一听到回国的字眼，就马上睁大眼睛，竖起耳朵倾听。但现在听到这种传言时的第一反应却是："怎么又传起来了？"它丝毫引不起我的兴致，听过也就忘了。闲得无聊时，就在墙纸上涂鸦，画画女人像，自得其乐。

有一天，传来了最近有不少间谍出没的情报，我们接到命令，要马上出去搜查间谍。

据说间谍的左手或是右手手腕上，一定会有五个星星的刺青图案，要不就有为了盖住这种图案而留下的拔火罐的痕迹。

我们一听到这话，马上想起了娱乐中心里姑娘们的手腕。她们中的一个姑娘手腕上就刺有五个星星。

士兵们不知道她是因为何种原因而刺青的，只是觉得奇怪，常常会盯着她的手腕看。最后她只好往手腕上绕了纱布。因此大家脑子里马上就浮现出她的身影，当即就把她检举了出来。

我来到一户人家检查。灰暗、狭小而又肮脏的房间里，只见一对中年男女躺在床上,另外还有一个男孩。我不由分说拖出男的来检查了一番,然后让他站在门外,开始查起女的来。男人怕我会对他的女人做出什么不轨的行为,很担心地站在门外。大森一等兵手持刺刀喝令他不准动,还有两名士兵把他的胳臂紧紧扭在身后。

我的手指碰到女人柔软、丰满的胸脯时,当即像触了电似的感到浑身发烫。我让她解开上衣,把手放在她腰上,准备检查她的下身。她当即绷紧了身子,双眼瞪着我,强烈地反抗起来。我本是受好奇心和恶作剧的驱使,但经不住她激烈的反抗,只好松手放开她。

男人、女人身上都没有五个星星,但他们家的墙上挂着部队用的水壶,而且那个男人高大的体格和相貌,也有点让人怀疑是便衣队的。所以我们带走了他。

我们带着十几个支那人准备离开时,安抚队的人飞奔过来辩解道:“身上有刺青的不一定就是间谍。支那人习惯在小孩身上留记号,这只是为了避免走失。”于是我们就把那十几个人全放了。这时,我检查过的那个中年妇女拼命跑了过来,挽着丈夫的手满心喜悦地回去了。看来是她恳求安抚队放人的。要是晚来一小时,这些人就要命丧黄泉了。

就在安抚队拦住我们的地方,有一个棺材店。支那人的棺材是把圆木的一面刨平,搭成长方形,在窄的那面刻上一个令我们不可思议的“福”字。

听说支那人都是在死前就做好棺材的。这种沉重的大棺材被安放在各处田地上。过几年后,再盖上土,形成一个土馒头的形状。古代日本,也没有一个固定的墓地,大家都是把棺材随便放在自己家的田边,或是空地上。在支那是看不到公共墓地的。在北支那各地经常能看到冥钞,上面标有“南无阿弥陀佛”。还有“五元”、“十元”等币值的字样。日本人出殡时往死者棺材里放三文钱的行为,可能和这出于同一种佛教信仰吧!

要是有人问我子弹和鬼魂哪个更可怕的话,我觉得与鬼魂相比,子弹算不上是什么可怕的东西。

三月十五日。

距驻地三里左右,有一些零星的村子,我们今天曾经去扫荡了一次。但无论何时,无论我们怎么扫荡,总也抓不到敌军的残兵。所谓的扫荡也就是抓些鸡或猪回来,要不就是找姑娘取乐。今天就抓了三只鸡做成素烧鸡,大伙儿兴致勃勃,酒兴高涨,高谈阔论。

就在我们围着炉子唱歌的时候,从漆黑的远处传来了沉闷的炮声。紧接着又传来了第二声、第三声、第四声炮声。"有敌情!"霎时这个念头如闪电般在我们脑子里划过。

户外,传令员奔跑在洒满清辉的弯曲小道上。他大声催促着:"森山队马上到联队本部集合!"随即又迅速消失在夜色中,只留下军靴的"哒哒"声。

我们全副武装朝本部跑去,赶到本部又接到守卫北城门的命令。当我们赶到北城门加强警备时,碰到卫生队那群混蛋兵抱着各自的用品,连武器也没带,慌慌张张从城外跑来,没有半点军人的作风。这是一群沉溺酒色、不可救药的家伙。他们肯定和以往一样抱着女人做美梦呢！有很多人赤着脚,这群连鞋子都忘了穿的笨蛋。

没多久,传来了令人悲愤的消息,并随之传来了上级的命令:"森山队第二小队遭到敌人包围,正在浴血奋战,森山队马上赶去救援。"

中队长一行听到这个消息,十分惊愕和悲愤,马上就行动起来,恨不得能插翅赶去救援。清辉洒在我们身上,大地消失在广漠的黑暗中。城墙被我们甩在身后,只有道路在我们面前不断延伸。我竭力压抑着自己想早些赶去救援的念头,一言不发,努力与部队步伐一致,“嚓嚓嚓”地跑步前进。我们一行怀着悲痛的心情,行走在一轮清月映照的广阔大地上。我们全副武装,以备与可憎的敌人拼死一斗。三辆卡车全速赶上了我们,载着我们狂驰。不知司机是怎么想的,居然在半路上停下来,唠叨起来,这时马上就有人催促道:“你说一句话的当儿,就会失去一条珍贵的生命,别唠叨了,快开吧!”

车子继续全速疾驰,掀起一阵沙尘。开了二三十分钟左右,左边出现了一个村庄。中队长说:“要是村子里有敌人就糟了。让我们先射一通再说。”

我们停住车,在车上架起轻机枪对着村庄狂扫一阵。村庄里只传来女人和孩子撕心裂肺的惨叫声,并没传来敌军回击的枪声。由此可判断村子里没有敌军,我们再次启动了卡车。大约又过了十分钟,我们到达了目的地潞王坟站,准备开始进攻。

考虑到只留下司机容易出意外,中队长就让三名司机把车子停在一边,随部队一同前进。但司机坚持说:“我们的武器就是车子。军人是不能扔掉武器出发的。我们三人要和车子一起留在这儿。”

我们这次只出动了一个重机枪分队和三十多名步兵,本来没想到要分散兵力,无奈之下,为保护他们,只好留下四名士兵,其他人开始进攻。这次一同来的号手平时常常口出狂言,爱与人干架,外表显得很鲁莽。中队长准备让他留下来保护司机,但号手考虑到七个人势单力薄,胆怯起来,死也不愿留下。司机虽不是战斗员,却斗志昂扬;作为步兵的他倒贪生怕死,大家都嘲笑他是个怕死鬼。

这次出动的人不多,为了显得兵力强一些,我们特意拉开散兵间的距离,向高低起伏的地面横扫过去。中队长说,一直这么往前进的话,就能到车站的里侧了。

虽说白天是春风拂面,北支那的夜晚却寒冷异常。前进了十到十五分钟后,中队长大吼起来:“号手,快吹喇叭!通知救援队来了。他们该有多高兴啊!快吹啊!”

号手答道:“喇叭没带来。”“混蛋!号手居然不带喇叭,那你当什么号手!”号手答了一声:“是!”但语调里似乎带着一丝辩解的语气——“这么慌慌张张的,谁想得到呢!平时不也从没叫我吹喇叭嘛!”

我们到达一个小山丘。已经前进了几十分钟了,但既没看到敌人的影子,也没有听到一声枪响。“会不会全队都被杀了?”我们的心被这种沉痛的念头占据了。

终于赶到守备队的岗位。小队长荒井少尉等八人分别受了轻伤、重伤,一名士兵战死了。而敌人早高唱着凯歌撤走了。

今晚又有人付出了宝贵的生命。月亮的清辉冷冷地洒向大地,广漠的大地冻结在冰冷的月光下了。

我们为了防止敌人来袭,挖了散兵壕,并蹲在壕里守卫。夜色更深,不知何时起,觉得肚子饿了。野狗在黑暗的远处吠叫。我们竖耳倾听着风声、狗叫声,等候着敌人。但直到东方泛白,他们也没出现。这一夜可真长呀!我心里的石头总算落了地,深深地叹了口气,呼出的气似乎都要冻成冰了。

三月十六日。

阳光从地平线上洒向天空,村民们还在酣睡中。这时我们重新列队去村庄扫荡。我们的队伍向村庄开去。村庄里有一片树林。树林、房子和人好像都沉浸在熟睡中。用重机枪堵住退路后,我们进入村庄。村民们惊慌失措起来,左右逃窜。

中队长下了命令:“逃跑者格杀勿论,没逃者带走审讯!”

拂晓时分,突然响起了枪声,夜似乎也被惊醒了,树林和村子陷入一片恐慌之中。我们挨家挨户地扫荡,看到什么砸什么。在村子边上的壕沟里,有十二三名妇女和孩子吓得筛糠似的发抖。她们都把脸伏在地上,为那场即将降临到她们身上的灾难而浑身颤抖,犹如看到恐怖的地狱一般。

农民们汗流满面、没日没夜地劳作,但到头来苛捐杂税和麦子的歉收总把他们压得直不起腰来,农民们就是这样世世代代过着这种毫无希望的贫穷日子。而现在,可怜的她们又要经历野兽般的战争。她们被死亡和地狱吓得惊慌失措、痛哭不止。

已经有一个少年被杀了,一个老婆婆抱着尸体,把自己的头靠在尸体上放声恸哭。少年毫无血色的脸被仰放在老太太的膝盖上,无力地垂挂下来。老太太骨节粗大、满是皱纹的大手沾上了鲜血,她就用这手轻轻抚摸着少年的脸,失神地盯着少年毫无表情的面容,痛哭流涕。

她们是昨晚起就呆在这儿的,还是看到我们进村后才逃到这儿的?在这么危急的时刻,她们居然都抱着被子。难道被子对她们来说当真这么重要?

有人把枪口瞄准了她们,我猛然制止道:“她们都是些女人,并不想逃跑,不要杀她们!”女人和孩子是无辜的,没有理由去射杀这些善良的人们。

六个年长的农民被带了过来。他们跪伏在地上请求饶命。但没有人理会他们的祈求,只听“呀”的一声,士兵的刺刀刺向其中一人。那人应声倒地。其他五人更是惊慌不已,一边本能地大叫:“大人!大人!”一边抱拳叩头不止。

被刺倒的人痛苦地挣扎,手指在地上到处乱抓。一会儿,又被刺了一刀,他被刺了两刀后就死去了。只听见“呀！呀”的喊叫声在空中回荡,顿时地上传来一阵呻吟声,过后,六个人全都被杀了,他们都是老人。

吐血声、愤怒的呻吟声和杀人时发出的喊叫声全部消失了,只剩下蜷曲的尸体和鲜血在朝阳中闪耀。他们不是残敌,而是些善良的老人。仅仅因为他们没有向我们通报残敌会来进攻,或是因为他们可能暗地里与敌军串通一气,再就是因为我们的战友被他们的同类杀伤了而无处发泄,所以他们就遭到了灭顶之灾。

他们是一群无辜而又善良的农民,他们跪在地上哀求饶命。面对这样一群人,我是无法举起刺刀的,但有的士兵却毫无顾忌地挥刀砍去。

是不是他们是勇敢的士兵,而我这样的人就是胆小鬼呢?如果他们现在处的不是一个没有生命危险,而是一个面临死亡的时刻,也能像现在这么勇敢吗?

难道我们不应该称这种人为残忍的人吗?

残忍和勇敢是截然不同的。

残忍而勇敢的人——西洋就有这类人。

残忍而胆小的人——就像支那人。

正义而又勇敢的人——就像日本人。

难道他们是坚强的人,而我是怯懦者吗?

重机枪瞄准那些四处逃散的农民,“哒哒哒”地扫射着,很多农民被射倒了。我们杀的都是些年迈体弱而无法逃跑的农民。

不一会儿,一轮又大又红的太阳从远处的地平线上升起来了。灿烂的朝阳照耀在挺拔的白桦林间。远处的村庄和近处的树林里都升起了几缕炊烟。炊烟在阳光下袅袅升起,这是在做早饭吧！狗停止了吠叫,枪声也停了,女人们的恸哭声没有了,死的呻吟和诅咒也消失了,早晨来到了。

血染的大地上只有约三寸高的小麦,绿油油的一片,无边无垠。这么一大片麦田,以后将会由谁来耕种呢?

原来第二小队担任潞王坟站的警备力量后,首先就设立了治安维持会。潞王坟站本来有一个邮局局长的,小队一到车站,他就吓得逃命去了。过了几天后才找到局长,并把他召了回来。同时召集各村庄的村长,成立了治安维持会,由局长担任会长。

邮局局长把他的家人全部带了回来,回到他们原来的房子里,开始担任起维持会长的职务来,村长们几乎每天都要送来鸡蛋、鸡、蔬菜等东西。

就在这种和平的环境下,敌军的间谍身着便衣,混在农民中进进出出,把我们的兵力、武器和警备状况摸得一清二楚。

有一天,邮局局长出门之后就没回来,几乎每天都来的村长们也不见了踪影。局长过了一天也没回来。他的妻子和老母亲也走了,只剩下一个十八九岁的儿子和一个十岁左右的儿子。

警备队员开始担心会不会发生变故。

敌人在调查过袭击目标与兵力状况之后,伺机待发。在局长突然失踪后的第二天晚上十点左右,从山的那边传来了类似唢呐的喇叭声。

敌人夜袭了! 警备队员们马上一跃而起,在院子里集合。一颗手榴弹越过屋顶落在他们集合的地方。手榴弹就在他们的脚下爆炸了,导致数名士兵死伤。警备队员们爬上屋顶,拿起机关枪扫射。

但这场交锋以警备队的失败告终。敌人出其不意地前来袭击,恣意破坏一番后,闪电般迅速撤退了。敌方没有受伤,而我方有人负伤了。

荒井第二小队就是这样受到敌人的袭击,导致有人受伤,有人死亡。

三月十七日。

从彰德传来了消息:“我军以三十八联队的一个大队为主力,对一万五千名兵力的敌军展开进攻。敌军可能会从铁路方面逃跑,因此要加强警戒。”

鉴于现在的驻扎地不利于警备,我们从局长家搬到了铁路工作人员的宿舍里。

我被指派为侦察员,去附近的村庄侦察情况。当我来到昨天遭残杀的村庄时,只见有五个年过花甲的老爷子和五个老太太,以及一个孩子,蜷缩在阳光下,似乎被悲伤击垮了。年轻人被征入伍,壮年汉子被残杀,只剩下这些人了。他们遭受的打击,使他们再也不信神灵和宗教,他们呆滞的目光里没有一丝生气。

因为要建防卫工程,我们决定把五个满脸皱纹的老头带回部队。当我们带走他们时,那些老婆婆只是满脸哀伤地与老头们告别,不哭不闹,并没有苦苦哀求我们高抬贵手。她们的眼中倾泻出的是悲伤绝望,因为她们知道这是她们无法抗拒的。

我们全力以赴赶建工程,布上铁丝网,挖战壕,掀翻那些没用的房子。从四处找来的苦力一共有十六个。他们白天干活,修防卫工程,晚上双手便被绑在背后,关在车站的地下室里。天一亮,绑在他们手上的绳子就被解开,而代之以十字镐和铁锹。

这群无辜而可怜的农民,他们长期以来饱受军阀的压榨,过着艰难的日子。麦子收成又不好,农民们就这样代代过着贫困、可悲的日子。而今他们又要为战争带来的横祸而痛哭。

这些背运的人啊，他们该想什么，又该恨什么，该诅咒什么呢？更何况他们每天一完工就要被关在地下室里。

三月十八日。

又传来新情报："三万五千名学生军计划横渡黄河，进攻新乡。"

我们都变得神经过敏起来。

"在前方的山顶上，有两三个像是哨兵的人在走动。"傍晚时分，我军的哨兵报告道。

是不是马上就要开始战斗了？我们做好准备，以便随时应战。这时哨兵又来报告："在东面的村子里，有十几个人像是在挖战壕。"

我们一起出门察看。的确有十几个人在挖坑，是敌人吗？这时，不知是谁说了一句："他们是在为前一阵被我们杀的人挖坟墓吧！"这倒有可能。那就是前一阵遭残杀的村庄。但小队长还是命令道："打一发掷弹筒看看！"

"距离六百五十。"

"预备……"

"嗵！"掷弹射了过去，"轰隆"一声炸开了花。挖坑的十几个人顿时四处逃遁，消失得无影无踪。我们就像放鞭炮惊吓路人的孩子一般，高高兴兴地笑着走回室内。

就在我们吃晚饭时，哨兵又跑来报告："刚刚挖坑的村庄里升起了火，可能是敌人进攻的信号。"

情报不断传来。

小队长召来各分队长，要大家做好应战准备，而且命令今晚要穿着军装睡觉。

"这些混蛋果真要来了！"我们心头丝毫不敢有半点松懈，躺下等待，但那个晚上什么事也没发生。

我们宿舍里有两个少年。一个是昨天征用来的,另一个就是邮局局长家那个年幼些的儿子。我们昵称他们为太郎、次郎。局长的儿子是太郎。

太郎就像受伤的麻雀一般,满脸哀伤与忧郁,毫无生气。他本该和他哥哥一起被杀的。但念及他年龄幼小,就没杀他。我们认为邮局局长在与敌人内外勾结,这个代价便是他儿子的惨死。

太郎是眼睁睁地看着他的哥哥被杀的。自从看到亲骨肉在自己眼前血浆迸飞、悲惨死去之后,他就失去了生气,被悲伤击垮了。

我们很想让这个可怜的少年恢复生气,就尽量待他和蔼一些。我们让这两个少年在我们床铺底下铺上草席睡觉,然后就等待着敌人的进攻。

没多久,天亮了,太阳像平时一样升上地面。

三月十九日。

苦力们被从地下室带出来,吃了些残羹剩饭就又开始干活。鉴于目前的军情,我们得加快施工速度。为了视野开阔,不受任何阻挡,我们把局长家的房子也推倒了。还越过铁路装上了铁丝网。

即便是一两个支那人从我们身边走过,我们都会绷紧神经。

我们在作业时,有四个支那人从山顶上跑过。直觉告诉我们,这些人很可疑。当即就有两三名士兵追在他们后面射击,但没命中。士兵向他们跑的方向追去。黄昏时分,他们抓了一头牛和二十只鸡回来了,口中叫道:“抓到匪贼了!”

“匪贼”中的“头目”要留到几天之后,而“马前卒”第二天就被我们用来果腹了。

傍晚,装甲列车停在我们的守卫处,中队长从上面走下来。中队长说:“后面的小山上也要设步哨!”

小队长反驳道:“不行,在那儿设步哨很危险。”

后面的小山离我们宿舍有段路,到那儿去必须越过铁丝网、巨马[1]和拆掉房子后高高垒起来的砖头堆。晚上光线暗,只能看到一丈多的距离,要是敌人悄悄来袭,扔一个手榴弹,哨兵马上就会送命,根本谈不上报告敌情了。我们都认为在那儿设步哨是很不明智的。

最后在宿舍后面的入口处又设了一个哨。

明明有小队长,中队长干吗跑来检查警备状况,下达指令呢?小队长小声嘟囔道:“看来还是信不过我呀!”似乎颇有感慨。

这个车站上有四名满铁的铁路人员,他们分别是自称九州男子汉的酒鬼站长,爱讲下流话的副站长,两个年轻的中学毕业的工作人员。

晚上,中队长和小队长、站长、副站长一起喝起了酒。不一会儿,一瓶就见底了,第二瓶也空了。第三瓶只剩下一点儿的时候,站长和副站长都醉了。站长开始评论起荒井第二小队的警备状况,言语之间有一股不屑之意。

我听了很气愤,走出房间对正在站岗的泷口上等兵说:“他们只是车站工作人员,有什么权力对军队的事、军人的事说三道四?他评论受伤的荒井少尉时,也太出言不逊了。”正当我怒气冲冲地说这话的当儿,中队长可能觉得我突然走出室外有些奇怪,就悄悄跟了出来。他对我讲了几句话,语气又像是安慰又像是叱责。

回到室内后,中队长装出一副醉意,应和着那些车站人员

---

① 日军的军队用语,特指用木材搭起来防止敌人侵袭的篱笆。

聊了起来。一会儿,中队长对我说道:“东君,你可真会装呆啊!”

“什么? 装呆! 凭什么说我在装呆!”我心里暗暗生气。

这些毫不体谅他人的工作人员一直扯着嗓子喧哗,妨碍了我们的睡眠,我心里越想越气愤,就说道:“我们是保护你们的,必须在允许的时间内保证睡眠。你们也该安静一点了!”他们只答了一声:“对不起!”又唾沫四散,高谈阔论起来,毫无住嘴之意。

最后,副站长拿出几本黄色书刊递给我们,说是有关作战的书。

简直是混蛋。都三十五六岁的人了,还兴致勃勃地看这种书? 我打心底看不起他,把书扔了出去。

回到休息室后,我翻出几天前收到的表弟英六君寄给我的屠格涅夫的散文诗,谁知一行也看不进。放下书去睡吧,却怎么也睡不着。

三月二十三日。

现在,只要是支那人,士兵们杀起来毫不手软,没有半点踌躇。用刺刀杀人比杀一只鸡还容易。在他们看来支那人的尸体还不抵一头死猪。

那些苦力中有一个老人。他的脸长得很丑陋,给人一种心术不正的感觉,挺讨人嫌的。荒山上等兵说道:“你的脸实在让人讨厌,你要是死了,也就不会在我面前晃来晃去了。”说完上去就是一刀。可能刺到老人的肺了,只见他口吐鲜血,在地上挣扎了一会儿,就不动弹了。

过了正午的时候,有一个四十岁左右的支那人用棍子挑着行李,从汲县的方向走来。野口一等兵马上前去拦住他检查行李,并让支那人朝山的那边走去。支那人什么也不知道,一步一步地向前走,根本没想到死亡正向自己逼近。

野口等支那人走出百米之后,把步枪架在土堆上瞄准他,就像孩子用气枪打麻雀一般,准备杀人取乐。

两声枪响,结束了一个支那人的生命。

现在士兵们觉得一头猪都比一个支那人的性命值钱,因为猪还可以用来饱餐一顿。

三月二十四日。

这一天风和日丽,碧空万里。我们为这万物复苏的春天而欢歌。

防卫工程已经完成了。工程结束之时,就是这些一直顺从劳作的十六个苦力上西天之日。

小队长村下少尉就是否杀他们一事,召集我们讨论。我认为不该杀这群可怜的老年人,当然里面也有壮年男子。他们都是农民,不是敌人。他们一直很驯服地劳动,没有半点反抗之意,把我们的意志当成他们自己的意志。我主张应该释放这些人。

“但是,东君,”小队长停顿了一下,继续道,“万一他们去敌人那儿告密可怎么办?他们建造了我们的阵地呀!”

“那就只有决战到底了。我可不会退却。我不认为有什么大不了的。就凭他们那群残兵败将,成不了大气候的。”

“我可不能这样干。我是队长,我得保住大家的命,也不能让任何一个部下负伤。”

“他们都是些善良的农民,而且干活很卖力,很听话,他们可没有半点反抗。我认为不能杀这些人。这样做不人道。”

“难道战争中还有人道可言?”

“战争中果真没有人道吗?”

“心里想着人道,还能去打仗吗?”

“我认为即使在战争期间,有的时候也还是必须讲人道的。当然并不是指任何时候。”

“你说的人道就是同情心吗?”

“不,讲人道不仅仅就是有同情心,我只知道字典上写的定义是:人所应遵循的道义。我不了解其他的哲学含义。我通过战争,尝试考虑人道这个问题,但怎么都弄不懂。我现在正为虐杀和人道这两个定义而烦恼。我认为自己还是能分清人道之外的、战争期间士兵所应遵循的军之道。我挥刀砍杀敌人时不会有半点犹豫。但去杀这些农民,这些安分干活的人时,还是应该考虑考虑。我无法从哲学的角度来说明人道这个问题,但我感到不应该杀他们。”

“你能证明他们都是些善良的农民吗?”

“他们肯定是农民,要是敌兵的话,那天早上就不会呆在村子里了。”

“这话就说得太武断了。我也并不认为他们全是残敌。但万一这里面混了一个敌人,那事态可就严重了。而我们又无法找出这个敌人,我们小队里没人会说支那话。释放他们就意味着敌军的来袭。还是要杀!可能你会同情他们。我真弄不懂你怎么会同情他们的。没想到你的本质中还有这一面。但无论如何要杀。”

“但是……”

“没有什么‘但是’。我们是不会去爱敌人的。爱敌人就是恨自己的部队。作为小队长,我不能让自己手下的任何人受伤。”

我心中很不同意,甚至反感小队长的作为。我真心地希望他们能获得释放,几次为他们求情。要是我也是他们其中一员的话,那该是一件多么悲惨的事啊!

无辜的家人被虐杀,自己的房子也被毁坏了,现在被强制押来做苦役,到头来还是要被砍头。

我跟你们的敌人和你们的军队没有半点关系。我只是挥动铁锹、终生以土地为生的农民。我与战争没有任何关系,靠天吃饭,一直与土地打交道。为什么我要面临这种妻离子散、家破人亡的灾难,还要搭上自己的老命呢?这也太残酷了,这不是一种罪恶吗?

我只是一个农民,没有学识,什么都不懂。这块土地仁慈地养育了我。但同是这块土地上的人现在要把我这条老命也索去。我没做过任何坏事。我的老婆、儿子、孙子也都是无辜的。为什么要让我们惨遭这种厄运呢?这实在是太不人道了,总会遭报应的!

他们一定会在心中这样默默念叨,一想到这里,我就感到一种由衷的同情。

十六个人被从地下室带出来,他们的脖子都被套在一根绳子上。往他们脖子上系绳子时,荒山上等兵满怀恶意地又踢又打。

“喂!都要死的人了,不要这么粗暴对待他们嘛!”我说道。

“他们不老实!”他说完打得更带劲了。他好像觉得在众人面前采取这样的举动会显得更勇敢。

这些苦力中除了两三个四十岁左右的壮年之外,几乎全是年过五十的老年人。最后带出来的一个是看上去已年过七十,步履蹒跚的矮小老人。

我又禁不住想,为什么一定要杀他们呢?他们身上有哪一点看起来像个敌兵呢?

“小队长,能不能只杀年轻的,留下这些老头子呢?”我说道。但小队长却答道:“这些支那人杀了我们的士兵,没有必要救他们。”

我望着被排成一列的支那人的脸。他们的脸上满是紧张与痛苦。他们没有哼一声,也没说半句话,只是高昂着脖子,怒瞪的双眼像猛兽的獠牙一般锐利。他们从没想到会被砍头,直到脖子上套起了绳子,才意识到死神离他们不远了。

不知为什么,从左边数第四个老人总让我想起我的父亲。他脸颊下凹,有些秃顶,几条皱纹分成左右两边长长地延伸。嘴巴不大,下巴有点翘,上面长满了胡子。颧骨向外凸,但脸部很瘦,他的面容有点像我年迈的父亲。这样一想,就越发觉得他可怜。两天前,我给了这个老人两盒烟。今天我本想在他临终前再给他一支,谁知他从怀里取出了前几天我给他的烟。我擦了火柴想给他点着,他却满脸愤怒,把烟给扔了出去。只要是日本兵给的,哪怕一支烟,他都不愿接受。

我看看自己手中燃灭的火柴梗,又看看他的脸,没有作声。我能理解他此刻的心情,我不会因他采取这种态度而恨他。虽然平时奴役他干苦力活,但因为他与我父亲很像,让我恨不起他来。我突然有一种冲动,想从刀下救出这个老人。

我叫了起来:“不要杀这个老人!”

这时,川土、木下、竹间、荒山这群混蛋——在我看来他们就是一群混蛋——齐声反对。

无奈之下,我沮丧地回到了房间。但当我从窗口看到十六个人像被拉往屠宰场的羔羊一般慢慢向前挪步时,又感到一种无法抗拒的冲动,就冲出房间追了上去。川土、竹间、木下、荒山这些士兵就像赶着小羊的狼一般,得意非凡。他们就像耐不住饥饿的恶狼会时不时去舔舔小羊的腿一般,一会儿甩着鞭子抽,一会儿抡起棍子用力往他们背上打去,一会儿用脚踢,一会儿又像训一条狗一般大声斥责。

那些可怜的老人,时而被踢得滚在地上,时而被打得弯下腰,时而被推得东倒西歪。他们四个士兵好像在炫耀谁更凶狠，谁更毒辣。我对他们没有半点好感。他们觉得恶狼扑向小羊是天经地义的事，从他们的态度里看不出一丝罪恶感和良心的谴责。

在残酷的战场上，良心和道德应该以什么形式出现呢？

越过铁路后，被绳子绑在一起的老人们跪伏在地上，悲痛地哭了起来，不断地叩头请求饶命。

我心中暗想：这就对了，哀求他们饶命，只要能勾起他们一点恻隐之心就好办了。

没想到荒山用坚硬的鞋尖踢这些跪在地上的人，还举起棒子，像打一条狗抡了过去。

他们的脸被打肿了，鲜血渗了出来；衣服被打裂了，从破衣裳中，只见他们的腿上也流着血。即便如此，他们还是拼命地叫着："大人！大人！"一边哀求一边跪拜。

他们被踢得滚在地上，又被拉着脖子站起来，踉踉跄跄地向前迈步。

我愤怒地吼叫起来："荒山！"就动手去解套在那个长相酷似我父亲的老人脖子上的绳子。竹间厉声制止，但我还是不顾一切地解绳子。这时，荒山、川土、木下等一齐大声叫起来："东君！快住手！快住手！"

我也不甘示弱："不能杀这样的人，他们太可怜了。"

"这也可怜，那也可怜，那就一个都不杀了。"他们四人叫道。

"那就把他们全放了，不就完了吗！我看你们是害怕敌人的夜袭吧！混蛋！"我回答道。

但我没有坚持下去，回到了自己的房间里。最终一个人也没能救成。我被一种寂寥的感觉紧紧包围。我开始试着反省："难道像我这样的人是一个胆小鬼吗？"

我重新回顾了一下自己的战斗经历，我想我能堂堂正正地申明,自己从来没有胆怯过、退缩过,也从没有干过愧对良心的事。

不管是什么战斗,我从未从后面偷袭过别人,也从未从战场上开溜过,我是不怕打仗的。我想我可以毫不夸张地说,敌人来侵袭,我是绝不会有半点胆怯之意的。这并不是盲目自信,也不是自吹自擂。

再看看那四个士兵吧!

木下是一听到有战斗就留在后方,到现在还没有打过一次仗的胆小鬼。有个晚上,他在南楼下村放哨时,听到马用前蹄刨地的声响,就大叫:"敌人进攻了!"吓得魂不附体。

在第一线上时,也没看出川土和竹间有多勇敢。他们四人之中,只有荒山上等兵是勇敢的。对他的勇猛,大家是有口皆碑的。他不论什么战役都打得很顽强。他是一个爱自我陶醉的人,但同时又是一名勇敢而残酷的士兵。

没一会儿,十六个苦力都被处决了。野口目击了整个过程,他这样说道:

"他们被带到半山腰。在那儿有一条倾斜度不大的小路。他们就是在路边被杀的。他们已经明白将要发生什么了,个个都很镇静。他们从容地坐下,把脖子向前伸,那种泰然的态度真让人叹服。人们经常说古日本的武士个个视死如归,他们从容的态度,绝不亚于日本的武士。他们里面只有两个人试图逃命。

"担任战车队队长的中尉砍了四个人头。他的动作熟练而利落,大家看了都很佩服。中尉在砍第五个人的头时,说要留一点皮肉。他的刀功实在是到家了,遭砍的头垂挂下来,只有一点点皮肉与身体连着。

"那些人眼看着同伴一个个被杀,没有露出一丝反抗与恐惧。轮到自己时,还向前迈出一步,那样子不像是将被砍头的人,倒像去天堂似的。

“荒山用刺刀挑了一个、两个、三个,当他准备挑第四个时,只见那个四十出头、人高马大的汉子一下子站起身,完全是一副敞开胸膛任你刺的气势。他的眼睛狠狠地瞪着荒山。荒山‘嘿’地刺了一刀。他应声倒了下去,但突然像想起了什么似的‘啊’的一声,睁大眼睛,又站了起来。任凭胸口的血汩汩地往外流,他用日语叫了一句‘上等兵’,然后叉开双腿稳稳地站住,还举起右手微笑了一下,似乎在等着第二刀。

“他的样子非常壮烈,我们个个都给惊呆了。

“荒山嘴里叫着‘妈的’上去又是一刀。这个汉子总算咽气了。

“一路上对苦力们又踢又打的川土和竹间,却一个人也没杀。木下呢,用刺刀在别人杀死的尸体上虚张声势地做做样子,只刺进去一两寸深,遭到众人的嘲笑。我们的小队长一个人也没杀。”

我听了他的话后,觉得自己的想法可能是错误的。看来他们里面果然混有残敌,就是那个壮年汉子。

小队长回来后说道:“东君,真有敌人混在里面呢!荒山刺的那个汉子说不定还是敌军的首领呢!”

我开始在心里反省起自己的行为和感觉来。

那个据推测是敌军首领的汉子,他胆识过人,知道日本兵的等级,而且居然知道上等兵的日语说法。要是放了他,虽说我们不怕敌人袭击,但带来的损失将是巨大的。作为一个小队长,为了尽可能减少手下人员的损伤,尽量减少不必要的牺牲,即使从个人感情出发很同情其他农民,但从大局出发还是决定把他们全杀掉。现在我总算理解小队长的意思了。

战争就是无限制地行使暴力。战场上没有比宋襄公之仁更可怕的了。我的浅薄的人道观,就好比宋襄公之仁。

我的脑子里定格了一个放大的镜头，就是那个汉子叉着腿，挺起胸，举起右手，浑身是血的身姿。我觉得他好像就在嘲笑我的宋襄公之仁。

的确，现在是在进行流血的斗争。我们的任务不是去抚摸支那人的头，我们的手应该狠狠地敲打他们的脑袋，粉碎他们的骨头，毫不留情地……

但是，这就是我们要做的一切吗？这场战争，这场不宣而战的战争，另一方面不也需要做安抚工作吗?!

打仗是为了赢得胜利，为了取得胜利，就必须用上任何武器。那么也必须让道德与子弹作交换吗？道德也应该成为胜利的牺牲品吗？如果践踏道德就能取得胜利的话，我们也得毫不迟疑地牺牲道德吗？

不论是将对我们发生危险的，或是曾经带来危害的，以及可能有害、可能无害的一切，我们都得不受人情与道德良心的谴责，毫不迟疑、当机立断地杀戮。难道对我们的要求就是让我们变成冷酷的、不讲人性的机器吗？

为了取得胜利，在我们前往胜利的过程中，只要对我们形成一点点阻碍，包括过去、现在甚至将来可能会形成阻碍的所有人，我们都得像没有思想、没有道德、没有人情的杀人机器一般，冷酷而精确地完成任务吗？

但不管我们遵循什么理论，我们终究还是人，是看到悲伤的事物会流泪，看到高兴的东西会欢天喜地拍手的人。

为了准确无误地完成任务，我们必须同时兼备冷峻的判断力、强烈的意志与勇往直前的勇气。这就要求我们正确判断自己的情感是宋襄公之仁，还是吉丁虫佛龛①底座上绘的萨埵那王子舍身饲虎之愚，从而采取正确的行动。

---

① 此为日本古代名寺法隆寺内藏瑰宝之一，因嵌有吉丁虫翅膀而得名。

我今天对农民所抱有的同情,作为一个普通人来说是非常自然的,但在我身上是一种错误,因为我是一名为了取得胜利而奋战的士兵。

那么人类为何要不断重复悲惨与流血斗争的历史呢?我真是弄不懂,毫无头绪。

人类最后会不会展开斗争,对月球的土地进行分配?

在几十天的行军途中,我没有见到一块石子,也没看见一座山。看到的只是东边的大地在远处与云彩相连,西边大地在远处与天空相连。太阳从大地上升起,又落入大地下,无边无垠的大地包容了所有的人种。

当我们被行军与战争弄得筋疲力尽,或是晚上站岗时,叹口气仰望天空,只能看到我们生存的大地、我们没日没夜行军与打仗的大地和天空中几亿颗闪烁的星星。

月亮冷冷地放出清辉挂在我的头上,但她同时也在几千里外故乡人的头上闪耀。几十天来,我们汗流浃背、筋疲力尽地行军,本以为离故乡已经非常远了,但月亮却在同一时刻照亮了两地。

宇宙是多么雄伟、壮观呀!

人类自认为是最伟大、壮丽的事业——战争,与宇宙一比,该显得多么渺小啊!

天地悠悠无垠,我们把战争视为伟大,但它与天地一比简直不足挂齿。

我有时就会沉浸其中,苦思这种荒谬的比较和永远得不出结论的问题。

为什么会发生战争?有人列举出了战争必然发生的理由。

(一) 人的个性

每一种存在也就是所谓的个性。宇宙由所有的个性构成,特别是生物和人生是由其赖以存在的个性及其传统构成的。人要保持自己的个性,必须有广义的战争。如果没有与人战斗的欲望就失去了自己的个性。一个民族要继续存在就要保持自己的个性。所谓有力量的个性即指拥有战斗的力量。想得到和平的最好捷径,莫过于消除自己的个性。然而,由此得到的和平,却只能是一种带来自身受奴役和民族衰败之命运的和平。这就是惯于抛弃个性的智性所描绘出的和平。如果要适应现实,就得沉沦于这种和平。

(二) 历史的发展性

历史是发展的。在这个发展过程中,仅仅保存自己意味着最终只会毁灭自己。为了不单单保存自己,还要发展自己,这一切都必须战斗。如果不酷爱战斗,莫如自己退却。自己退却只有在消灭自己的过程中才能得知。所谓的生存就是进步。所谓进步对自己来说就是努力,与此同时,又必须是对他人的战斗。历史上众多的王朝灭亡了,他们不是自然灭亡,而是为自行灭亡不得不进行了战斗。历史的发展赋予了这种讽刺性的命运。

(三) 宇宙的道德性

根据自古以来的东方思想,道德并不单是由个人的相关契约而形成的人的价值,人伦则是基于既深又广的天道,天道不在于舍去个性的普遍法则,而是把所有的个性作为个性来包容;不掩盖任何事物,而是让它们各得其所,构成宇宙的曼陀罗。它是仁义,是慈悲,是道德。可是,实际的存在在本质上具备这种本性,而现实则远离它。领导现实,除非形成真正秩序,人我双方都纯洁,否则，必须经过战争。阻碍这个真正秩序的就是恶，消灭这个恶而实现真实的努力就是善，就是正义。

正义者必须进行战争。这种战争是出自宇宙道德性的道德战争。所有的民族、所有的国家都能看出，我们这次攻城掠地的战争是神圣的战争。

我们的战争既不是简单的观念战争，也不是徒然的吞并战争。所谓“以八纮为一宇”，不是抓住其他民族，把他们当做猪圈起来；“为一宇”不是简单地等同于一家，而是化作一个宇宙世界。

广泛地承认所有的社稷与民族的个性，建立秩序，并在新的秩序中实现宇宙的真谛。为了实现这种宇宙的道德性，确实必须有真正神圣的战争。

——摘自中良哲次氏《战争与知性》

有人说，战争是生物生存的必然过程。我们难道不应该珍视这种必然吗？如果战争是一种必然，那我们只有抛开怜悯，硬起铁石心肠去追求力量、获得力量，在战斗中前进。作为现实，拥有力量就是正义，所谓正义就是力量。

我吸着香烟陷入了沉思。

每天都是万里无云的晴朗的日子。可是今天傍晚时分，暴风雨突然来临。从窗口望去，异样的乌云覆盖着天空。不久，大粒的雨点“叭哒叭哒”如瀑布般倾泻下来，一会儿，像榴霰弹般的冰雹也落了下来。天地狂乱、发怒，雨激烈地下着，好像要消灭地上所有的东西。发了脾气的冰雹声，瀑布般倾泻的雨声，充满着大地。与连日来明丽的春光相比，与刚才还辉煌的太阳相比，简直是换了天地。

在这场雨之前杀死的十六具尸体被雨淋透了。我望着远处的山峦,吸着香烟。

突然,"叭!叭!叭!"枪声响起。车站工作人员跑进来,叫着:"偷袭了!"

我哼了哼,依然躺在那儿抽烟。下着这么大的雨,哪能往外跑?唉,没什么大不了的。我依然躺在那里。

十发子弹左右的枪声停止了,小岛上等兵进来,抖着湿衣服说:"今天杀了十六个人。留下来的那两个苦力,妄想利用这场暴风雨逃跑,很快就让他们见了阎王。"

我讽刺道:"成了落汤鸡嘛,辛苦啦。"他居功自傲地径直去向小队长汇报。我又抽起了香烟。

小岛是一个很会拍马溜须,对上司表现出极大热情的男人。他是二年兵,曾是我们新兵的管理员。他要我们谈军人精神,故意刁难我们。为着抽烟的事儿,我不知被他训过多少次。晚上,我去中队后面放痰盂的地方躲着抽,也屡屡被他恶意训斥。

昨天,分队队员吃尽辛苦征收来的鸡和分配的酒,都被他奉献给了小队长。

我发火说:"小岛,不许你擅自拿分队的东西。酒也罢,鸡也罢,都不是你个人的东西,都应该进分队全体人员的肚子里。即便你是分队长也不能想干什么就干什么,分队长没有这个权力。"

小岛是个彻头彻尾对上司阳奉阴违的人。他偶尔使用下级,也是为了自己的安乐。他为了能晋升伍长,把四只鸡和三升酒拿去进贡了。队员们个个义愤填膺,却没有一个人当面去说。每碰到我的斥责,他都若无其事地回答:"是吗,你们要以为我是在拿兜裆布,我也没办法。"现在,他准是在向小队长汇报吧。

潞王坟车站孤零零地建在荒芜的地方。说是车站,却仅有两三座小建筑物。车站的东边是广阔无际的小麦田,西边是连绵不断的光秃秃的山峦。半山腰上建着气派的并带有宫殿风格的潞王的坟。潞王是什么时代、有什么战绩的国王,尚且不清楚。只是从建造这气派的坟墓来看,他准是一个立下了丰功伟绩的人。

坦克队追赶着敌人,来到潞王坟车站。这条路上埋设着许多地雷。车站前面大约三公里的地方,有一辆坦克触到地雷后动弹不得。士兵们只好扔掉坦克跑步去追击敌人。战斗告一段落,以中尉为首的坦克兵们返回来修理车辆。他们很怕遭到敌人的袭击,于是到我们小队来宿营。月台上停放着他们开来的重型坦克、轻型坦克和四辆卡车。坦克里的两名士兵,一到晚上就打盹。

枪杀十六人的第二天,我负责放哨。我打了个盹,到凌晨两点左右,附近突然响起两发炮声,打破了四周的静谧。最近,我们神经麻木,听到炮声也不吃惊。我慢慢坐起身,竖起耳朵,那以后什么声音也没有。换岗的时间到了,我去休息室,放哨的人回来报告:"黑暗里我听到异常的声音,好像是两三个人在走路,传来'嘎嚓嘎嚓'枪刃的碰撞声和'咯嗒咯嗒'饭盒的摩擦声。我问:'是谁? 干什么?'没有回答。我又叫道:'是谁?'还是没有回答。声音好像越来越接近了,我立即报告坦克队。坦克队长命令开炮。两发炮弹射出后,声音停止,好像怪物的东西逃跑了。那以后什么声音也没有了。"

有人说:"在发出怪声的方向,前几天征收到的一匹马被拴在树上,莫非是……"

我与步哨换岗后在月台上巡视,黑暗中,我注意到"咔沙咔沙,嘎嚓嘎嚓"的声音又响了起来。我竖起耳朵,透过黑暗仔细地观察,隐约看到黑暗中有一匹马的影子,走近一看,这匹马被拴在树上,"咔沙咔沙"地搔着前面,"嘎嚓嘎嚓"地嚼着马嚼子,“嘎哒嘎哒”地摇晃着马鞍。果真是一匹马。

就因为神经过分紧张而对一匹被拴着的马开炮,真不值得啊。我苦笑着,在月台上静静地走来走去。

坦克队士兵征收时带回来的四个支那人今天要被处死。当时,路过我们驻地附近的人、征收来扛行李的苦力都被我们杀了。潞王坟车站成了屠杀场。我们是死神。

我本来就打算杀掉他们。这四个支那人中有三个是二十岁左右的年轻人,一个是超过四十岁的中年人。

昨天下过大雨的天空一下子晴朗起来,空气清新纯净。

我们坐在铁路上望着他们。

那个超过四十岁的男子跪在地上苦苦哀求,他说他四十八岁,又补充说:“我有父母,有妻子,有两个孩子,他们都在等着我回去。我不是军人,是农民。请一定宽恕。”他不停地下拜,额头叩着地恳求着。他说他的妻子已四十岁。他在纸片上写了一份请求书交上来,可是我们一点也不懂上面的意思。

有人试着去握了握他的手掌,说:“很柔软。是个兵吧。”农民、工人的手掌上都有硬茧,而士兵的手掌多是软的。尽管人们都认为部队士兵的手掌应该是硬的,可实际并非如此。

我们用怪腔怪调的支那语与他对话,却不得要领。年轻的车站工作人员过来帮忙,也没有用。语言不通令我们十分焦急。

请求书里署着四个人的名字。那个男子双手着地不停地叩头,苦苦哀求。我仔细地观察,发现其中一青年用右手玩着一个小石子,并且眼睛也盯着那个石子。这种时候还不老实,玩什么小石子！我觉得他太不像话,就大声训斥,他又把头碰到地面。他的头很大,三角形的脸,瞪大的眼睛像刀刃般锐利;额头上布满皱纹,看上去很阴险。他衣衫褴褛,圆圆的膝盖露了出来。那张黑红的脸膛令人生厌。

三名年轻人的手掌也是柔软的。他们中间有个叫季自然的年轻人,长相极好,一脸的智慧,看上去像个学生兵,他也穿着与长相极不相称的破烂衣服。这几个年轻人呆子似的装着糊涂。

担任巡查的伍长要带两个年轻人走,说是练习柔道。他开始练习,把年轻人背起来再摔倒。人世间竟然有这样在人前追求无益虚荣的男人。

伍长似乎得意忘形地说自己会柔道,又练了起来。年轻人被他摔倒三四次,摇摇晃晃地站在那儿。

我讽刺道:"喂,喂,知道你的柔道棒。可这里又不是柔道场,现在也不是练习的时候。马上就要杀这家伙,还是不要欺侮他吧。"

支那人再次排成横队坐下。左边的那个年轻人不知是头脑简单还是装傻,在那里发着呆,没有像其他三人那样苦苦哀求。他扭着身体,变换着姿势,小队长认为他态度傲慢,用刀尾狠狠地敲了他。在他旁边的那个四十八岁的男子,夺下年轻人摆弄着的小石子,咕哝着什么。准是在对年轻人说,老老实实地求饶吧。小队长认为,他俩在搞阴谋诡计,越发恼怒起来。

语言不通令我们焦急,因为既不能申辩也不被理解,许多无辜的良民被杀害了。我们讯问了一个小时,什么收获也没有。他们无法确切证明自己是良民,我们最终还是决定杀死他们。

昨晚,小队长说要借给我军刀。我原打算用小队长的军刀,不知何故临到斩杀时,小队长没有借给我。不知是小队长讨厌他的军刀会沾染血迹,还是怕把刀弄断。我猜想他或许觉得军刀上沾了血迹是不吉利的。不过,明知军刀的用途,却怕被染上血迹,这种想法很愚蠢。小队长村下少尉还没有经历过战争,并且从未杀过人。

我不得已借了车站工作人员的一把一尺八寸长的日本刀。这四个人将被带到昨天杀死十六个苦力的地方。我在借刀的时候,听到“逃跑了”的喊声,回头看去,一个年轻人飞快地跑着,小队长和两三个士兵在后面追赶。我猛地拔出刀追了上去。

全是泥土的田地,由于昨晚下了雨,满地泥泞,烂泥粘在腿上,跑不快。年轻人拼命地奔跑,可是已经筋疲力尽,他似乎已经感到死神追来了,并且以很大的气势追来。如果被抓到,必死无疑。

追赶的人怒气冲冲,一步一步地逼近年轻人。突然,好像是绊到了什么,或许是发了疯的脚不听使唤,他一下子摔倒了,但他马上又站起来试图再跑。可是已经晚了,追赶的人抓住了他。其他士兵忙乱地用刺刀挑他。年轻人被强行拉起来,走过来时,头上脸上流着血,满身是血。

我绕到他的身后准备杀他。这时,小队长发话,带到山里后再干掉他。“快走!”我怒吼着跟在青年的后面。追赶的人们气喘吁吁地发怒道:“畜生,你敢跑!”

我跟在青年的身后,看到他脖子上流着血,我一时冲动地想就这么走着杀了他。我大声叫道:“杀!”可是小队长制止说:“再往前走。”不久,我们来到了扔着昨天杀掉的尸体附近,我猛地从鞘里拔出刀。战友取下系在年轻人脖子上的带子,脱去他的上衣。

我原想就这么站着容易砍,可战友们说“跪着试试”,让年轻人跪下了。“嘿!”我使劲儿砍下去。用刀砍人头,这是我有生以来第一次。那一瞬间,我闭上了眼睛。砍的同时,我把刀斜了一下,自然我的身体也斜着,没有去看年轻人的死。

站在我身后的冲之岛一等兵叫道:“啊,太上了!”回头一看,年轻人服服帖帖,已奄奄一息,耳朵上方的头部已被砍去一半左右,刀口下方血突然像细细的喷泉似的喷出五六寸高,那血红的刀口像裂为两半的石榴,裂口大约有两寸长。年轻人被砍的瞬间,哼也没哼。砍的瞬间我也什么都不想,可是看到那石榴般皮开肉绽的刀口时,忽然感到一阵恶心。砍的瞬间,觉得一定能砍中的。我的疏忽是在砍的瞬间没有右旋一下,也许是下手轻了点儿。头骨被劈成两半,可刀没有丝毫损坏。那是因为砍时刀在眼前拉了一下。如果像砍树那样,太深了砍不动,还会损坏刀。

那时,我想砍得顺利就能一刀解决。我原来打算对准脖子的,可是没有砍准。砍人的时候,应该对准容易砍的地方。并且,下刀的瞬间,要用力地右旋一下,不使劲的话,刀锋就没有力气。我对我的手腕充满自信,我的力气十足。砍的时候什么都不想,不过我右旋时的力量弱了一些。从砍的刀口来判断,可以看出我是用了相当大的力气的。砍的时候,最初使劲地握着刀,而收刀时,稍稍松了点劲。

站在旁边的岛田说,他为我的干劲吓了一跳。我认为砍人的时候,刀往前伸会砍不动。如果要说刀往前伸与刀往后拉,哪一个更需要力气的话,我想还是往后拉需要相当的力气。鲜红的血流了出来,刀刃上只留下一道很细的血痕。

原以为会鲜血淋漓,可由于砍的一瞬间,用力拉了一下,因而没有沾上血。砍人的时候要果断,必须是一瞬间。随着“嘿”的一声呐喊,立即砍下去。

接着,野口一等兵砍了另外一个人。也仅仅是一瞬间。被砍的年轻人痛苦地挣扎着,两三个士兵不得已一起刺死了他。

那个四十八岁的男子到现在还难看地哭叫着求饶,不好对付。他拼命地纠缠着。最好是放他跑然后从背后杀死他。

我们对他说:“逃吧!”可他没有逃,一直哭叫着哀求。

小队长下令:“就地处决!”和昨天杀的十六个人加起来正好是二十个。这二十具尸体横七竖八地躺在半山腰上。

我们从山上下来,在已烧好了水的陶缸里洗澡,然后大吃大喝。最近,几乎每天晚上我们都要喝酒唱歌。对我们来说,晚上的酒宴是最愉快的,唱袈裟曲是最快乐的,今晚也如此。我们酒后大醉,躺倒在地。

三月二十五日。

太郎好像已经忘记了哥哥的死,又孩子气地快乐起来,唱着袈裟曲。太郎他们像狗一样钻在床底下躺着,我高兴地用鼻子哼着教他们唱袈裟曲。

我们大醉,一直酣睡到凌晨四点左右。突然,小队长来了,他命令道:“信号弹在山那头闪过,快去侦察!”我起身一看,坦克队队员正在整装,满天星星闪烁,月色朦胧。两名步哨站在路旁。

“步哨,信号弹是从哪个方向升起的?”

“山那边。”

“是吗?”

“可是,东,好像不是信号弹,是银白色、红色的火焰,在半山腰扫过,变成细焰消失了。他(指坦克兵的步哨)说是信号弹,可我不认为,不过……”立花上等兵凝望着远山,说道,“当然不是一般的火焰,是一种奇怪的火焰。”

“那么,是流星吧。”

“不、不,的确不是流星。”

我对立花说:“不管怎么样,去侦察一下,一个小时不到就回来,当心点儿。”

于是我们四个人一起过了铁路,钻过铁丝网的缺口,向潞王坟方向走去。穿过稻田，登上山间小道。

小道在月色下清晰可见。我们默默地走着，刺刀尖泛着白光，只有笨重的靴子声，“吧嚓吧嚓”在寂静的山间回响。走了一会儿，我们看到左边稻田里横着一具尸体，是昨天下午杀掉的那个家伙。往前走了十五六米，又看到右边有三具尸体。我杀的那个家伙也紧紧地伏在地上。都是昨天刚杀过的新鲜的尸体。我不想看我亲手杀的那个人，于是尽量不去看。

那个临死前表现不好的四十八岁的男子，蠢笨的身躯被翻了过来，月光可怕地照在他那张难看的脸上。在昨天下午三点，距现在十三个小时以前，还是活生生的那个顽强地乞求饶命的大男人，现在被冰冷的夜露淋湿了，月光在他的尸体上玩耍。

我们来到一条凹凸不平极难走的路上，路渐渐地成为陡坡，我们来到坡顶。野狗在远处的黑暗中“嗥嗥”地叫着。北支那这个地方野狗很多。

来到山坡，我们看到昨天所杀的尸体还横卧在那里。我们从尸体旁走过，又登上第二个山坡，山峦绵延起伏。我们通过的下边已经完全消失在黑暗里。漆黑的夜幕在我们的脚下无限地伸展着。夜空中闪烁着无数的星星，月牙儿像女王似的放射着暗淡的光芒。

我们爬了大半个山，连敌人的影子也没看到，似乎也没有什么异常。寒冷的地表隐没在黑暗里，地上的静谧包围着我们，只有星星和月亮在闪烁。有时传来野狗在遥远的黑暗里的嗥叫。

“好像没有什么异常。”

“是没有。”

“还是流星吧。”

“可是，立花说确实不是流星，他说是像银白色、红色的火焰一闪而过,变细之后消逝了。”

“是不是鬼火?”

“鬼火? 有鬼火吗?”

“磷火燃烧倒是有的,或许是野狗叼着尸体跑,尸体中的磷燃烧着。”

“是幽灵? 是昨天杀死的支那佬的幽灵?”

“南无阿弥陀佛。”

“什么? 什么? 不要说这些稀奇古怪的话。”

“南无阿弥陀佛。”

“别说了。再好好想想。”

“那好,回去时,我们数数尸体的数目。尸体有二十具就对了。”

“就这么办吧。”

我们顺着原来的路下山,毫无警戒地大声说着话。

“昨天的暴风雨真不可思议啊。连续几个月都是晴天,又到了春天,竟然下起了冰雹。”

“是神怜悯这二十个支那佬,降下冰雹来哀悼吧。”

“你别闹了。”

“可确实有点这种感觉,因为这场暴风雨来得太突然、太疯狂。”

“这二十个人应该恨我们。”

“那当然,没有一个人会感谢你杀了他的,特别是要愤恨东,我们这里杀人的只有东。”

“说什么啊,我杀的那家伙,一刀就把大脑砍掉,他什么都不会想了。”

忽然,那石榴般流血的刀口和血喷出来的情景,在我眼前闪现,我一阵恶心。

“你们认为杀死的二十人中最冤的是哪一个?”

“是那个四十八岁的大男人。因为他说有父母、有妻子、有孩子,并且顽强地乞求饶命。”

“我讨厌了,别说这些吧。”

不知是谁最后说了一句,大家一下子都沉默了,但是,谁也没有感到恐怖。战争时期就是这样吧。不久,我们来到前天杀死的十六具尸体的地方。一、二、三、……十六,真是十六个。这些尸体有的头歪着,有的头朝下,有的头仰着,满地都是。断头的躯干发怒地冲着苍天。捅过的尸体像随便扔掉的衣服一样横在那儿。

那个对着荒原上等兵大叫、龇牙咧嘴地傻笑的男人,即使在地狱里也会被这场暴风骤雨蛮横地刮倒吧。

无论哪一具尸体都好像被大地紧紧地吸住,静静的,一动也不动。这时,暗淡的月光徘徊在这些尸体上。

“没什么异常,是十六具。”

“十六。”

我们又沉默地往下走。下面的山坡上有四具尸体。我杀的那个年轻人垂着头趴在那里。头后部的刀口在夜色中呈黑红色,干裂了。我突然闭上眼睛,不想再看。

“回去吧。”我说着,迈开脚步。那石榴般的刀口浮现在眼前。

“唱袈裟曲吧。”我刚说完,大家就唱了起来:“不能恋慕的外乡人……”大家齐声地唱着。黑夜里寂静的山上,响彻着袈裟曲。这是对死者的超度。唱完一段袈裟曲,突然我的头脑里又若隐若现地浮出那石榴般的刀口。然后我又唱起袈裟曲。

石榴般的刀口若隐若现,实在是讨厌。但我感觉不到任何恐怖和不安,完全是一种坦然的心态。

不久,我们来到平地。在铁路边铁丝网的缺口处,孤零零地站着步哨。

“什么异常也没有。”

“是吗,还是鬼火吧。”

“杀了二十个人,会出鬼火。”

“喂,步哨,你看到鬼火,以为是信号弹了。”

“防御总不免神经紧张。”

我们向小队长报告没有异常现象,小队长自言自语说:“那么,还是鬼火吧。”

“鬼火存在吗?”

“有吗?”

“不知道有没有。不过,还是鬼火吧。”

我们把那奇怪的火看作是鬼火,又钻到床上睡觉了。

天亮了。今天要和值得回忆的潞王坟告别。其他部队还会来这里警戒,我们给车站工作人员发了手榴弹,并提醒他们如果遇到敌人袭击,就用手榴弹来防卫,然后钻入地下室。

大野联队决定从新乡北上到这里。我们上午十点整队,然后坐在广场上等待。先头部队于下午一点左右到达,长龙般的队列从我们的身边通过。太阳火辣辣地照着,温暖的空气使人懒洋洋地想睡觉。我们背着背包,仰头大睡。

我们这个小队被命令到队列的最后去援助车辆。车辆、野战炮、军队和马匹陆续不断。

我们无精打采地躺着,一边抽烟一边看着部队从眼前通过。这时有一辆六匹马拉着的弹药车过来了,车上不是弹药,而是一大堆毛毯,毛毯上躺着一个悠闲的炮兵,鼻子里哼着歌。

这辆车到达通往山里的十字路口。刚要通过,忽然“轰隆”一声巨响,车辆飞向空中,马挣脱缰绳狂奔起来,躺在车上的士兵被摔到沟里。

我们从十点开始在这太阳中等待了三个小时,热得浑身发软。这声巨响惊得我们一下子睁开眼。我原以为是炮弹自然爆炸。车辆成了碎片,四处飞散,弹片落在离我们三四米的地方。队员们吓得四处逃避。村下少尉铁青着脸,大声吼叫:“喂,有没有受伤的?”

那位哼着歌的炮兵早已吓破了胆,好像死了似的趴在沟中一动不动。幸好是躺在毛毯上,没有受伤。

地面上出现一个大洞。是地雷。

不知谁叫道:“喂,还有哩。请注意!”

向前走似乎很恐怖。这条路至今每天都要通过几十辆大卡车,而且还有很多人马通过,可是没有被炸毁。那是敌人埋地雷时埋得太深的缘故。前天晚上的一场大雨,使泥土松软,加上许多部队通过这里,泥土渐渐地变硬最终导致了爆炸。

部队在我们面前通过,花了整整一个小时。到下午三点,我们才最后出发。我们向在后方被高高的砖墙围着的城堡般的潞王和他妃子的坟告别。

太阳火辣辣地照着,照得身上直淌汗。

讨厌的行军又开始了。这么多人的大部队要宿营的话,需要十个村庄吧。这次出发,决定行军一个小时后再宿营。我们来到城门时,小队长检查人数,发现少了士兵木下。这个男人始终有气无力,是个傻瓜。城门的正前面有一条护城河,河上有一座石桥。我们在石桥上休息,等着木下一等兵。

五分钟过去了,十分钟过去了,可木下君还没有到。和以往一样,为了等木下君,全体人员都要遭罪,大家愤愤不平地痛骂他。以前北支战斗时,他给大家带来过很大的麻烦。

时间渐渐过去,我们想早点回宿舍休息,更是大骂特骂。二十分钟过去,蓄着威廉二世式胡须的大男人木下君像将军似的乘着人力车悠然来到。他的举动令大家寒心。大家抓住他这种态度极坏、毫无礼貌的行为,大声地斥责。木下君慌忙想从车上下来,苦力不知道车要停在哪儿,径自拉着车往小队这个方向走来。木下君边叫着“你你”,边在车上暴跳着。激烈摇晃的车停了下来。

小队长不吭声地看着他,突然使劲地打了过去,怒骂:“混蛋!”那天晚上,木下说自己肚子痛,并表明不参加以后的讨伐。他从未参加过战斗,现在他又想回避了。

翌日,我们把他留在后方就出发了。

在不分昼夜进行的北支讨伐之中,我们感受着大自然,感受着土地,感受着悠久无限。部队的行动必须听从司令部的无线电命令,所以连联队长自己也不清楚明天的前进目标。接受命令的时间也不确定。接受无线电的时间总是晚上十一点或凌晨四点,因此每天的出发时间都要到这个时候才能知道。大致的出发时间为早上五点或六点,宿营时间为晚上七点或八点。

出发后的第八天下午,我们再次来到道口镇附近。热辣辣的太阳晒得人十分难受,满是汗水与尘土的身体疲乏无力,步履维艰。我们在这广阔的大地上左右前进寻找着敌人。可一个敌人的影子都没见到。我们在长长的队列的最后面,护卫着随机应变的车辆部队。烈日炎炎,我们更是疲劳万分。运输队征收的车辆缓缓前行,我们走走停停,等候车子的到来。终于大家忍受不了,都把行李堆到车上,逛街似的晃悠着。

小队长坐在车上,我们减轻了负担,像小学生春游那样边走边唱着歌、吸着烟、吃着点心,真是一次悠闲的行军。突然从后方传来射击声,“乒乒、乓乓……”子弹“嗖嗖”地飞过来。

原来是联队本部的三辆车落在最后面了，残敌们要抢装载着的粮食，他们像是在踩着长蛇的尾巴，袭击了远远落在后面的人力车。

我们迅速地转过身，趴在地上应战。敌军凶猛地扑向车辆。几分钟后，我们拿出轻机枪、步枪和掷弹筒，敌人慌忙逃跑。我跳上车猛击马屁股，车行驶起来。

驾车的苦力趴在沟里一动不动。传令来了，不久野战炮向后方村庄射出猛烈炮火，敌人吓破了胆。部队到达离道口镇还有一里的地方，决定收拾道口镇的敌人。我们小队来到道口镇和滑县的交界处，这时大地完全被黑暗包围了。我借了后勤兵的军马，赶去与中队联系，小队合并到中队。

这个村庄是一个没有城墙的小村庄，只有二三十间房子。第三中队受命担任村庄的警戒，我们在小麦田里挖战壕，铺上仅有的高粱壳，在战壕里就寝。

白天炎热，夜晚寒冷。我们啃着压缩饼干等待着天亮。这时我觉得一个小时像是几个小时，这个夜晚好像是无数个漫长的日子。渐渐地太阳出现在地平线上，我们好似苏醒过来，松了一口气。再也没有比此时的太阳更令人愉悦，令人感谢的了。可是，到了白天，我们又要遭罪。那毒辣辣的阳光晒得人心烦意乱。

我们衷心感谢露营的早上升起的太阳，我们喝了水桶里的冷水后，开始攻击道口镇。我们以前通过道口镇的时候，它还是个和平的村庄，现在却被敌军盘踞着。

开始炮击了，密集的炮弹射向城内。敌军一枪没发就逃跑了。

第三中队负责攻击西门，敌军始终没有发一颗子弹。这场战斗好像是小孩子在玩打仗游戏，很快就结束了。森山中队长跑在最前头，可坚实的城门紧闭着打不开，于是在倒塌的城墙处架起了人梯。中队长爬上人梯,梯子倒塌,中队长摔了个大跟头倒在地上。这样进行了两三次都没有成功,柴山上等兵又爬了上去。好多次人梯倒塌,均告失败。我和泷口呆呆地站着,看着他们。

泷口嘲笑着说:“勇敢的士兵苦攻西门!新闻记者看到这场面会这样写吧。太可怜了,我都不忍心看。”

我答道:“想笑都笑不出来,够可怜的!”

我同情地自言自语道:“没有一个敌人,还这样胆怯慌张。”

不久柴山上等兵进入城内,森山中队长也跟着进去了。他刚进去便激动万分地叫道:“三个敌人在城门里死去了,还有一挺重机枪呢。西门已被第一中队的一个小队和第四中队的一个小队占领了。”

城门的内侧用大石头抵着,门打不开,城墙上躺着三具被炮击中的敌人尸体。敌人使用的枪似乎是上一个世纪的东西。他们穿着破破烂烂的军服,毫无依靠。对付这些家伙,我们一个日本兵就够了。想想我们吃了那么多的苦,真不值得。敌军的尸体上有张小纸片,上面写着“救国抗日五战士,侵略者日本人”,这是一个出色的救国战士。

城内进行了彻底的扫荡。

各处的房顶都被炮弹击坏,几乎看不到居民。我们闯进一所大房子,里面有一个五十岁左右、看上去很富态的老人。他的儿女似乎在城里的学校上学,家里有英文信。他的家具用品也很讲究,还有洋式的睡床。我们把所有的抽屉打开,寻找值钱的东西,可是一样也没找到。我首先看藏书。正在我找书的时候,老人悄悄地把手放进怀里,我意识到什么,上前把老人的手拧住,察看他的怀里。我不安地想,他会不会拿出手枪。不料从他怀里掏出来的是纸币,是农工银行、河北银行、中央银行、中国银行等印发的纸币。可以看出,支那像我国德川时代各地发行各自的货币那样,也在各地银行发行纸币。

老人不安地看着我们是否会抢去那些一百元的纸币。

我边打边骂道:"混蛋!日本兵不是匪贼。"我把纸币一起扔到他的脸上。

老人一瞬间露出笑脸,边说"谢谢"边捡起散乱的纸币。

我们总共抓到十只鸡鸭,征收了丝绸被子,然后回到宿舍。小队长把洋式睡床上的草垫子和全套寝具运回宿舍。我们今天晚上就穿着浑身是泥的军服,盖上丝绸被子睡觉。

一群失去了主人的山羊在马路上悲哀地叫着。离夜晚还有很长时间,我们开始清洗衣服,整理枪支,准备晚饭。晚上我们饱尝着鸡鸭,喝着支那酒,一如既往地唱起袈裟曲。

第二天早上,野口一等兵征收到一辆板车和四匹马。他很会征收东西,队员们都把背包堆在车上,出发了。

下午来到酸枣[①]附近。那里有一座孤零零的小山,山顶上建有一座宫殿。中队长解释说:"那座山是有名的大伾山。据说过去皇帝是骑着麒麟上去的。"

过了大伾山,我们看到一眼大泉,流淌着清清的泉水。这一带曾是水源丰富的旧黄河遗址。我们绕过清泉,在那像是遗址的小村庄里宿营。那个村里有一个二十五六岁的年轻人。西本伍长抓住他说:"你准是留下来的敌人。"于是他用被子把年轻人裹起来,浇上汽油,点着了火。火熊熊地燃烧起来,年轻人顷刻间就成了火人,被子里传出地狱般的嚎叫。

西本边笑边说:"热吗?你不哭叫我也知道。我站在旁边都觉得热。不用担心,一会儿就不热了。"

---

① 酸枣,古县名,治所在今天的河南延津西南。

西本在南京也干过类似的事情,他始终是个残忍的人,这样的人就在我们的队伍里。他像没有教养、无知的人那样残酷无情。

被子烧着了衣服,年轻人使出浑身的力气跳起来,他死了。

我们走过一个个村庄,穿过一片片树林。我们所到之处牛马被夺,妇女遭殃。我们每个中队都拥有十辆或十五辆车,每辆车都配备着四匹至六匹马或驴子。苦力挥动着长鞭,仅板车队的队列就长达一里。

四月六日。

辽阔的大地上黄昏来临。通红的巨大的夕阳勾画出令人心醉的自然美,我们陷入梦幻的境地。夕阳隐没在远方的树林中,放射出金黄色的光芒。奔流的云彩在光芒中流动,极为壮观。

大自然的父母发出的这慈爱的光芒,照耀着大地上的一切,照着敌我双方。夕阳渐渐地进入夜幕,远方的树林都消逝在黑暗中。不久,麦田上空,孤零零地浮起宝玉般的光辉,五匹马拉着的板车卷起漫天的尘埃,那钓鱼竿似的长鞭不停地在马的耳边挥动,"叭叭"声在空中回响,马飞快地奔向树林。苦力被车旁的尘土呛着,挥动着鞭子。这个长长的队列像激流投入到尘埃中,然后向黑暗的树林涌去。这一股激流不是有所畏惧、处境被动的激流,它是勇猛地冲向敌人阵地的果敢的激流。

远方的空中闪烁着星星点点宝石般的光辉,一望无际的大平原上,柳树林沉浸在黑暗里,只剩下一缕微弱的阳光。

除了远处的犬吠声,什么也听不到。在这广漠无垠的大地上,越过一望无际的麦浪,长龙般的队列响起了进军曲,是炮兵用口琴吹出的曲子。这是多么令人感怀而难忘的场面啊。

四月七日。

在我们宿舍邻近的广场上,拴在板车上的支那马袭击了可怜的驴子。那可怜的驴子耳朵和头特别大,腿像老人的拐杖那样细,摇摇晃晃地扭动着屁股。驴子是如此让人哀怜的动物,身子太小,她从不放声大哭,只用可怜的少女失恋时的哭声、悲痛欲绝的哭声、怨恨的诅咒声来哀叹。我想把驴子看作少女。

她楚楚动人,似乎哀叹这个世界上所有的不幸,所有的憎恨,所有的咒骂,所有的不满。她哀叹这个大地上农民作为最高财产的家畜被掠夺,视为父母的农田被荒废,全族人遭屠杀,爱妻和爱女遭侮辱,房屋被焚烧,没有今夜的住所也没有明天的食物,她哭诉深受战乱之苦的农民们的悲痛之情。

充满了悲哀的动物——驴子。

支那马那足有两尺长的阴茎晃动着,压在驴子身上。马交配失败后,从驴背上滑下来。这样做了两三次都没能成功。第四次时,野口一等兵帮着猛地用力把阴茎插了进去。马兴奋地晃动着腰,插入更深处,大约一分钟就完事了。许多液体从驴子的胯股间"啪嗒啪嗒"地流了下来。马的阴茎实在伟大。士兵们人山人海高兴地观看着。我也是其中一员。

马的一生看上去没有什么快乐,也没有什么娱乐。除了痛苦,没有其他什么了。是的,除了痛苦以外,一切都没有。他们只从人那里得到仅有的稻草,还被人残酷地使用。他们得不到任何自由,只有本能才是他们本身的自由。他们没有语言,无论怎样痛苦也无法诉说,无论有怎样的欲望也难以倾诉。他们表现痛苦的时候,就是他们临终的时候。

他们只是一味地听从人的命令，不停地奔走。使尽全部精力时，才能诉说痛苦，这时已奄奄一息。他们向人表达痛苦的方法只有这一种。这种悲哀的惟一方法，就是他们躺在那里，永远不得动弹。他们只能用饥肠辘辘的空腹来诉说。如果说他们有诉说的自由，那么也是被极其残忍地虐待的自由。

他们旺盛的性欲就像是浇上硫酸燃烧了。他们的生命里，没有滋润也没有美，只有被虐待的苦痛。他们生来就被人残酷使用，连本能也被人剥夺，但他们的生命依然在延续。

生物都是为了求食而劳作，可是，他们只被人残酷使用而无法求食。马如此，我们的人生也是这样。

屠格涅夫说："人生非儿戏，非消遣，当然也非快乐。……人生是痛苦。"

我们要度过这痛苦的人生。我们不愿我们这个民族灭绝。我们要为寻求我们民族的繁荣付出重大的牺牲，为此我们正在与其他民族战斗。

马的世界与使用马的我们人的世界又有什么不同？

风和日丽的天气持续着。小麦长至五六寸，满目青绿。各个中队都备有十辆板车，五六匹马拉着车相连着前进。我们每经过一个村庄，都要征收很多牛、马、鸡。

我想今天已经很晚了，可能吃不到什么菜。我打算拔掉征收来的两只鸡的毛。我作为车辆监视员坐在车上。我想对跟车的支那人说拔掉那两只鸡的毛，由于语言不通，只好指着鸡一边说"这个，这个"，一边拔掉两三根毛递给他。苦力明白地点点头，把鸡放在手上，活生生地拔起毛来。

苦力"叭哒叭哒"地拔着毛发出响声，我原想杀了以后再拔毛的，可是语言不通，只好又取过鸡，拎起鸡脖子做出杀鸡的样子，对他说："死了死了。"

苦力从我的手上接过鸡，硬是拧断鸡脖子，然后捏着流血的鸡头,拔起毛来。他若无其事地做着他认为理所当然的事情。我觉得这太残酷,看着他的脸。他却平静地拔着毛,拔着活生生的鸡的毛。这是何等凶残啊。

一天,我跟准尉去了九联队驻扎的黄河附近的村庄。这个村庄的旁边流淌着黄河的支流,河边低垂着绿绿的杨柳枝。大家议论纷纷说九联队的某中队有八个士兵被袭击了。说这八个士兵去附近的村庄扫荡时,在那里发现了红枪匪的十多支长矛。他们把这些长矛缠在一起,让从部队押送来的二十个支那人拿着,跟在身后。风和日丽的景致,使他们完全麻痹,放松了警戒。他们哼着歌走着,突然,听到"哇"的一声大喊,他们中的一个人倒了下去。原来被押送的支那人是匪贼,他们乘虚悄悄分发了长矛,从背后袭击起来。

士兵们惊愕得一下子不知所措,全遭歼灭。这八名士兵不光彩地被刺死,枪支也被夺走。我们听了这些,觉得这一结果是九联队的士兵自找的,便嘲笑道:"是被锈了的长矛刺的,一定很痛吧!"

征收时有被杀的,强奸时有被杀的,诸如此类不必要的牺牲有很多很多。

从新乡带来的保安队员是个很有心眼的男子。他是个二十八九岁的青年,是我们中队几个苦力的领队。他像个了不起的将军,随意使唤着七个苦力。第二辆车的苦力是个傻瓜,不起什么作用,经常遭到他的训斥。当车子通过某村庄时,我们看到一个年轻人在麦田上走着。保安队员似乎打算让年轻人来替代这个愚笨的苦力。他对着年轻人大喊:"来,来。"年轻人迟疑着走近他。他用支那语命令年轻人跟着这辆车。年轻人极力申辩,乞求他体谅,可他不为所动。他命令似的对着年轻人乱说一气。可是,年轻人多次叩头辩解,不愿随他的意。他便用马鞭狠狠地抽打年轻人。留着长长把手的皮鞭,像蛇一样缠在年轻人的脖子上，年轻人仍然在辩解。

他一声不响地用鞭子凶狠的抽打来回答年轻人，鞭子响着令人心悸的声音。第二鞭绕在年轻人的脖子上，年轻人哭着坚持辩解。他依然一言不发地乜斜着年轻人，又狠劲地抽打起来。年轻人的脖颈红肿起来。

保安队员凶狠地挥着鞭子，好像在执行死刑。我憎恨这个保安队员对年轻人的态度。年轻人提高了声音，抽抽搭搭地哭着辩解求饶。他的年龄在二十岁左右。他的脖子红肿着，伤痕一道又一道。

保安队员仍然一声不响地瞪着年轻人，年轻人的辩解刚完，他又用力地挥起鞭子。猛烈的鞭子冷酷地命令着年轻人。年轻人流着眼泪，抚摸着红肿的脖子终于顺了他。年轻人停止了哭泣，默默地跟在第二辆车的后面。

保安队员就像冷酷的严冬。他对我们却不停地阿谀奉承，我也想像他对待年轻人那样冷冰冰地回敬他。如果我站在他的立场上，即使更使劲地用鞭子抽，也会对年轻人的辩解做个明确的回答吧。

现在我乘着车行驶在新黄河的堤岸上。夕阳渐渐地进入西边的柳树林。柳树林里有一个村庄。我们通过了旧黄河的遗址。

黄河——东方文化的发祥地。

这里到城濮很近。这里是两千六百年前春秋战国时代围攻卫国的地方。城濮是那时的战争遗址。卫被秦统一，秦破灭后成为三国时代[①]（蜀、吴、魏）魏的国土。三国时代是诸葛孔明出现的时代。另外，也是五胡十六国时代满洲族与蒙古族入侵相争的地方。出名的是安史之乱，唐玄宗恩宠穷

---

① 秦王朝灭亡后，是西汉和东汉，此后才进入三国时代。

奢极侈的杨贵妃，对百姓课以重税，遭到人民的怨恨，这时安禄山叛变，攻打濮阳和睢县城。从两千六百年前至今，这一带发生了极大的变化。黄河像静卧不动的巨大动物横在我们的眼前。太阳一如既往的灿烂辉煌，河流泛着白光，河的对岸覆盖着低矮、茂密的树林，堤岸上绿油油的杨柳树生气勃勃。

河的两岸是广漠的大地，平坦的平原。和平飞落到地上。杨柳静悄悄，树林静悄悄，村庄也静悄悄。空气清新，阳光普照，长着黑白羽毛的小鸟悠然地飞来飞去，支那人不慌不忙地站在水边。啊，这是多么丰富而悠久的和平风景。

河流不尽地流淌着，消失在远方。树林向前延伸，消失在云雾里。青蛙鸣叫着和平的声音，所有的一切都是如此悠久，如此广大，如此昂扬。

山羊婴儿般叫着，树林中的鸡鸣使得黑暗生动了起来。

不可思议的是黄河水从地面流向高处，堤岸支撑着这些水流。

每天都是万里无云的晴空，澄澈的蓝天深邃广阔。北支那是个少云的地方，或许这是因为水汽少吧。

在北支那几乎看不到小鸟。虽说已是春天，却听不见鸟叫，也看不见麻雀的影子。能看到的是农民经常饲养的金丝雀。濮县附近有一家养着吃磨碎的鸟食的小鸟，那种鸟很像黄莺。新乡还有人养着云雀。另外也没看到虫类。至今未见过一只小毛虫、蚯蚓或其他任何虫子。

远方，广阔的小麦田中，寂静的道路旁，没有一根杂草。能看到的仅是三里一株、五里一株、十里一株没有开花的蒲公英和紫罗兰。在那枯燥无味的北支那的大地上，桃树、梨树、杏树、梅树等沐浴着四月的阳光，开着美丽的花朵。

我们应该感慨的是，在北支那如此小的村庄里，竟有一座天主教堂。稍大的村庄里还发现外国传教士。军队通过时纷纷挂起英国旗、法国旗、意大利旗的天主教堂成了姑娘们避难的安全场所。在日本,基督教信徒只占城市中的一部分。可是,支那连偏僻地区的农民都信教。我们并不感叹农民们信仰基督教,而是外国人进入到异国如此偏僻的乡村来传教,使我们看到了我们所缺乏的伟大。

四月九日。

支那人说黄尘万丈,这种形容一点也不夸张,甚至这个说法还嫌不够,因为出现在我们眼前的是尘土飞扬的世界。真是黄尘遮蔽、暗无天日。

它包围着树林、村庄、田地以及地上所有的一切,灰暗得四五百米之外不见人影。云与飞扬的尘土合为一体,就像覆盖着浓雾一样,就像雷阵雨前出现的让世界灰暗起来的滚滚乌云一样。飞扬的尘土弥漫在我们的四周。

风好像要把地上的一切都吹跑似的,粗野地吹着荒漠的大地。我们的眼睛、鼻子都被沙尘封了起来。呼吸时沙尘塞住鼻子,睁眼时沙尘吹满双眼。眼睛一分钟都睁不开。不戴面罩是无法呼吸的。

远处走着的人好像石块在滚动。

这里是旧黄河水域的遗址。沙丘起伏,连绵不断,荒漠的大地一片沉静,只有沙尘奔流般流向天空,像日暮一样令四周昏暗。不,如果说暮色中也能看到昏暗中的树林,那么沙尘弥漫却使人无法看清对面树林的影子。与其说是暮色不如说是浓雾。我们一列五匹马拉着的板车在这浓雾中行进。我戴着眼镜,罩着面具。

如果我以这情景来作画的话,一定画上这广漠的大地,然后满纸涂上灰色。不画云,不画太阳,不画树林,只画万丈黄尘。

我们浑身是沙,任狂风吹着度过了三天。早晚都在沙的世界里,到第三天天晴了,微细如灰的沙暴总算停止了。

我们进城时,在空荡荡的城里发现两个壮年男子。那天,命令我去放哨,我把这两个人押到城墙边,准备枪杀。城墙边有一片烂泥地。通过那里,路经古老的大树,我押解着那两个人,把没装子弹的枪口对准其中一人,准备吓唬他。那个人敏捷地翻身逃走。我马上推上子弹射击,射中他的腿。他流着血跑着,第二枪、第三枪……他终于逃走了。我把一股子怨气发泄在另一个男子身上,他在城墙边呻吟着倒了下去。我们走后,居民们返回时一定会哭诉着埋葬尸体吧。而我们则不把它当回事,还不如杀一条野狗。

城门上用白粉刷着这样的文字:

蒋中正先生新生活运动精神
整齐、清洁、简单、朴素
打倒东洋鬼子

我们结束了广阔的大地之旅,返回彰德。令我们吃惊的是,与一个半月前我们生活的时候相比,彰德已恢复了原有的秩序,显示出繁荣的景象。我们在曾经做过宿舍的房子的附近驻扎下来。我们把征收来的车和牛马给了苦力,中队付了一定的报酬。苦力们很快把牛马卖给聚集过来的贩子,然后把很多纸币放入怀里。

"大人,谢谢……"他们再三道谢,回去了。我们到达的第二天,曾经认识的老人和男仆来到这里,邀请我们去玩。仅仅几天就和我们建立了感情,我们也很高兴。

我们的宿舍是个大房子,上了石台阶进门有一个院子,房屋围着院子呈四方形,右边是烧饭的地方。我就睡在左边的房间里，小队长睡在石阶上最里面的屋子里。

北支那的住房几乎没有二层楼的。

我们刚到彰德，人们就笑脸相迎，送上许多慰问品。我们能顺利地得到所有的物品。这里的大甲鱼，只要三十钱或四十钱就能买到。吃鸡蛋一直吃到胃疼。我们每天都在休养，无所事事，过着妙不可言的生活。

每到夜晚必开酒宴，我们尽情地唱歌跳舞。

我们是大自然的孩子，是自由奔放的孩子，是无忧无虑的快乐的孩子。

这时候我们的口令是"正因为我们活着"。我们如此地珍惜生命。我们经历了昨天的艰苦和危险，顽强地生存下来，得到今天的欢乐。我们不考虑明天的苦恼与死亡。眼下我们满足于今朝有酒今朝醉。即使明天中弹，今天也要痛快地享受这宝贵时间。这就是我们的心情。

我们愉快地大吃大喝，唱歌跳舞，寻欢作乐。

支那人看到我们的生活是如此奢侈如此自由。北支那的居民们常吃用小麦粉做成的馒头，而米饭之类的东西，就连家境不错的房东也只能在过年时吃到少量的。而我们从早到晚毫不珍惜地吃着白米饭，连吃鱼也不当一回事。居民们甚至没见过海鱼。他们非常珍惜纸张，而我们是用雪白的纸擤鼻涕。我们大吃着他们从没见过的点心。他们看到的日本军队是如此的奢侈。他们问我们："工资有多少？这鞋、这衣服花多少钱买的？"他们的鞋子是布做的，连鞋底都是用碎布缝制的。

这家主人是个胖墩墩的男子，没有什么品位，不知为什么总让人觉得他有些俗不可耐。他经常用警惕的眼光盯着我们，看上去他是个私欲膨胀的男人。主妇是位缠着小脚的有风度的女人。他们有一个八九岁的孩子。这孩子很可爱，跟我们很熟,所以我们给他信纸、点心和铅笔。这孩子有一本油印的日语书,好像是小学里教的课本。他有时用天真无邪的腔调说着日语。我送给他一件毛衣。

我们发现支那人是相当自私的利己主义者,我们看不起他们,称他们是一群狗。

他们是一家人,但当我们扔去什么时,他们便互相争执、互相抢夺,那个样子好像是饥饿的狗互相争吵、搏斗。我们觉得他们那种争夺的样子很有趣,就故意扔些值钱的东西,然后在旁边观看。

我们来到彰德后不久,有一天,野口一等兵一脸忧郁,好像要向我们诉说什么。他手里拿着一封信。信里写着:“你的妻子每天晚上外出,好像与某人关系密切,传闻她有不贞的行为。为了你才将此事告诉你。福知山一市民。”

野口叹息说:“竟然有这样的事!”

是女子的笔迹。我说:“这是某人的中伤,用不着担心。”我又补充道:“是女子的笔迹,你记不记得与哪个女子有什么冤仇?如果此事是真的话,就写封信离婚吧!”

他的妻子戴着眼镜。我们在福知山站出发时,她来送行,我有点儿印象。

“曾经有一个女人看上我,我没有娶她。我想或许是她吧。”野口这样说着,再次看了看信上的字。

我对他说:“那么,是那女人的中伤吧。准是为了报复而写这封信的。确实如此的话,你不必担心。不过,最好再问问你哥哥。”

野口气愤地说:“那好,我赶快写信,太气人了!下次战斗,我去死算了。”

我说:“你的心情我可以理解。不过,不值得这样去死。你死了,正中他人下怀,或许他们是私通呢。”

“私通”这个词一下子触到野口的痛处。

野口叫道:“畜生!”把信纸撕得粉碎。他骂了这么难听的话,我便安慰他:“大概,哦,不是大概,一定是中伤吧。”

野口写完信,向我借五日元,我借给了他。那天晚上,他破例外出去嫖支那妓女,还带着手枪。他可怜得如此自暴自弃。那个晚上直到天亮他都没回来。

第二天,两三个士兵议论着这样一件事,野口也在场。

“许多支那人在吵吵闹闹,过去一看,一个中年支那佬被保安队员一直带到路旁的广场,保安队员操起一把青龙刀,‘咔嚓’砍下了他的头,说是他霸占了别人的妻子。随随便便地通奸,在支那是不容许的。如果通奸的话,就要判处死刑,那是要斩首的。”

这话对野口是一种讽刺。他十分憎恶那个被斩的支那佬。

有一天泷口、岛田和我三人外出。我们轻松自如地来到女人的世界,首先感到的是性欲。

城外的车站附近,有一家日本妓院。在那里能听到三味弦[①]的声音。听到三味弦的声音,便想念起故乡的红灯区,现在我们好像在故乡的红灯区里闲逛。

我们都想嫖日本女人,可是价格太贵,又怕钱不够丢面子。我们没有进去,只是闲逛了一会儿。

当我们进入公共厕所时,遇到三个二十出头的日本女人。

她们穿着鲜艳的日本和服。因为是日本女人,我们高兴起来。而且,其中两个是有着丰满肉体的大美人。

我们高兴地咂嘴,问道:“你们在哪家?我们可以去吗?

① 日本的一种三弦乐器。

要多少钱?”她们和气地答道:“来吧,等着你们。”我们高兴地跟在她们的后面。

她们的家还正在建造。支那的木工们正在卖力地装修房子。女人们用从这个地方买来的棉花制作棉被。这是一个没有男劳力的家。看上去四十出头的妇女指着披长发的中年妇女说:“这个家的主人就是她。很了不起的。我们都是她带来的,从九州来的。了不起吧?”

这个女主人长得相当美,披着长发的身影像浮世绘画中的女子一样。我被她高高的个子、极富性感的浓艳吸引住了。娇美的声音从耳朵沁入心中,香味扑鼻,诱人的色彩使我眼花缭乱,青春的心“扑通扑通”地跳动着。

“因为活着,因为没有死。”我们陶醉在生的欢悦中,尽情地使用着生的特权,燃烧着旺盛的情欲。把年轻的美女让给战友,我要了一个自称二十七岁的女人。

她用诱惑的语调对我咕哝着:“你啊,在这种地方,用不着有半点斯文,下次我们可以去对面的酒吧二楼,不要钱。那里我很熟悉,能定下心来呢,还可以两个人照张相。下次什么时候再来?”

我完全陶醉在她的甜言蜜语中了,脑海里浮现出外国战争电影里经常出现的美女与英雄的爱情场面,此刻我就像那主人公一样感到一种罗曼蒂克。从她的话里,我感到了她的真实与可爱,甚至甜蜜。

结束了生命的欢乐,陶醉于其中的甘美,我们踏上了归途。我们在人力车上摇摇晃晃追忆着桃源之梦。

彰德城被广阔的麦田包围着,砖砌的城墙高高地耸立、长长地延伸着。城门上有一座瞭望楼。其规模宏大壮观,就像在电影里看到的那样。

两天以后,我和五位战友再次去了那家。

我们首先喝了啤酒，大家举着酒杯，又唱起袈裟曲。这里不需要对外界顾虑，不需要对谁客气，我们随心所欲地大声喧哗，休整着身心。

有人说："如果在下次的战斗中死去，现在钱放着还有什么用呢？还是尽情地享乐吧！"这样一说，引发了更加狂乱的热潮。大家沉浸在无以言状的狂欢之中，充分地享受着肉体的愉悦。

乱糟糟的热闹结束了，我们带着各自的女人进入房间。我的女人是前几天玩过的自称二十七岁的那个。

进了女人的房间，看到不知谁的军刀挂在钉子上。

"喂，是谁的军刀？"

"是隔壁房间的士兵的。"

"为什么挂在你的房间？还给他。"

"是。"

隔壁房间里，好像有两个家伙在议论着什么，说什么"不像话的家伙"，听声音是我们中队的士兵。

"喂，隔壁的家伙是干什么的？"

"那个人啊，前不久逛到这里，给了我两日元，什么也没有玩，说下次来，就回去了。今天他来了，可是你也来了，因此，我没有理他。你是第一个来的男人嘛，我没理他，他就吵着要索还前几天给我的两日元。真讨厌。"

"就两日元，你还这么磨磨蹭蹭。"

"我可以还给他，可是没有钱。我只有一日元，你能给我一日元吗？我会还的。"

"到现在说还钱，一开始就不要那样摆阔嘛。"

"是啊，真不像个男人。"

于是，我不得不拿出一日元。她拿着钱和军刀去了隔壁房间。

“嘿！跟我来争女人呢!”我的内心很满足。可是,这个女人说只有一日元,也够吝啬的。这样的女人说“不要钱啦”、“去酒吧啦”、“一起照相啦”,说得如此好听,也是个危险人物。

她回来了。“钱还了。”她说着,高高兴兴地脱了和服。

一个小时后,我们来到门外。门外的士兵们像发情的狗在到处寻找女人,他们不考虑昨天的痛苦和明天的危险,只想着今天的享乐。

四月十三日。

彰德的西面是林县。这个城由投诚的皇协军①守卫着。由于受到共产军的围攻,他们进行过艰苦的战斗。据曹长说,他们曾在军粮已尽的情况下顽强地拼命,陷入苦战而进退两难。当时我们联队决定去援助他们。

“我们的敌人是共产军,他们的战斗意识强烈,并且拥有相当数量的武器。还有拿着长矛的红枪匪,他们擅长使用长矛,打仗时神不知鬼不觉地就飞来一根长矛。他们左手拿着电筒,照到目标后立刻掷出长矛。长矛上系着一根二十米长的带子,刺中后又拉回到手边,被长矛刺中是很疼的。大家还是小心为妙。”听了这番忠告后,我们上了火车。

从彰德到煤矿之间有一条铁路支线。三四个小时以后,火车到达了煤矿。煤矿的卫兵告诉我们:“敌人的首领原是这个煤矿的头目。由于煤矿被日本人占领,他决心要夺回煤矿。”在煤矿吃完晚饭后,我们立即开始赶路。从这个煤矿往前走,山连着山,路很难走。

月亮在山顶上散发着皎洁的光辉,我们借着月光在小路

① 抗日战争时期华北伪军之一。日本侵略者收罗国民党军队的散兵和土匪、反动会道门武装等组成。

上默默地前进,到达一个有十几户人家的山村。村民们不知什么时候都已逃走,村里空无一人,只有野狗狂叫着。这个村的房子都建在半山腰上,听得见下面溪流从岩缝中流过的淙淙声。月光从屋顶泻到乱石嶙峋的小道上,照出人影。房屋高高的墙壁蜿蜒起伏,一直爬上山顶,仿佛是小学生画的版画。我们在路边休息了一会儿。无数个手、脚、头和身体,还有枪、腰刀都映在月光里,留下深深的影子。现在存在的是静谧中流淌着的溪流、远处野狗的吠声和皎洁的月光。空无一人的房屋看上去像废墟一样,我感受到了这"荒城之月"①的意境。

我们又默默地开始行军了。

一座又一座山,一道又一道谷,回响着我们的军靴声。越过山峦时,繁星隐去,月光暗淡,东方露出了鱼肚白,我们还在走着。

早上,我们到达一个村庄。这个村庄位于山下的盆地。我们通过一道木造的小门进入村子。这个村里有村民。部队决定在此驻扎一晚,我们进入各自的宿舍。我们分队的宿舍原来是一个药房。到达宿舍时,首先必须解决的大事是饮食和床铺的准备。水在村庄的尽头,于是我们征用一个四十岁左右的支那人去挑水。我被命令去放哨,来到村头的一户人家。充当我们哨所的这户人家的后面是田地,路从那儿开始倾斜,一直通向河流。在有井又有河的情况下,我们通常用河水,以提防敌人的细菌战术或毒药。河水是流动的,因此不会发生往井里投毒这样的事情。说这个村庄位于盆地,不如说位于高地,即使没有城墙,但只要在村边的路上开一个门就会达到有城墙的效果。

---

① 日本的一首名曲,描写月夜荒城的惨淡景象。

在我们的哨所里,有一个老太太和一个二十岁左右的哑巴青年,还有一个三十七八岁的主妇和一个五六岁的小孩。

我们在院子里生着火,说笑着洗手洗脚。那个哑巴青年发出奇怪的声音走过来,他似乎是对我们毫不心疼地烧东西而发出怪声来抗议的。不知是谁怒吼一声:“讨厌!”上去揍了哑巴。主妇用安慰的手势把哑巴带进屋里。那家主妇头发整齐地向后梳着,打扮得挺讲究。哑巴青年在里屋乱叫着。主妇把他交给老太太后又向我们这边走了过来,她总给人一种很温柔的感觉。她这种淫荡的温柔无论谁的第六感都能感觉到。“真是个出色的女人啊!”我们边说边打量着这位妇人。

过了一会儿,她和两三名士兵不在了,我正觉得奇怪,这时大森一等兵说了句“看看去”,便跑开了。莫非是……他们跑得真快! 我这样想着也跑了过去。在仅有的两间空屋里,三四个士兵把那个主妇围在中间。他们一边嚷嚷“看看,看看”,一边动手动脚。主妇叫着:“不行! 不行!”士兵们没有办法就强行动手,毕竟对方是个女人而且性情温柔,士兵们龇牙咧嘴地笑着,要她就范。他们就像发情的公狗扑向母狗一样。这时那位妇人似乎有点动心,说道:“多多的不好。”荒井上等兵问道:“多多的不好,一个人好?”她答道:“好!”荒井对大家说:“各位,她说一个人好,那我就先看看啦。到时我发信号,你们再来,你们都在外面等着。”

“是吗? 那可要快点通知啊,我们在门口等着。”

我们留下他们两个人,就到门外去了。过了两分钟、过了五分钟,都没有信号传来。

“喂,荒井,你到底在干什么?”

没有任何回音。我们又叫:“荒井!”也没反应。

“推门进去吧!”有人叫道,我们用手推了推门,可是里边插上了门闩,打不开。

“他妈的！到底被荒井骗了。那小子岂止是看看，好像在动真格的呢。”

“可恶的家伙！”大家异口同声地发着牢骚，好像被老鹰抢走猎物似的。我们万般无奈地返回了哨所。

过了一会儿，荒井笑呵呵地回来了。

“你真狡猾啊。”

“很不错吧？”

“那真是……”荒井眉飞色舞地小声说道。

“那我也去！”有人说完就跑去了。

去过的三四个士兵都很得意。据说第五个士兵去的时候，她开口要钱了。

为我们分队挑水的支那人是她的丈夫。他似乎觉得有点怪，便匆匆忙忙地赶回去，把主妇藏了起来。他万万没想到当他感到奇怪时，他的媳妇已经被五个士兵强奸过了。

十四日一早，我们开始了进攻。大部队行进在主干道上，对敌人采取了夹击的态势。不久，终于听到敌人“砰砰”的枪声。那是已经听惯了的敌人的枪声。随着我们的前进，枪声越发激烈起来。作为我军的惯例，在没有看到敌人以前是不开炮的。在枪弹声的伴随下，我们到达一个有五六户人家的村庄。那里的孩子们胆怯地躲在角落里。

越过小河，穿过麦地，我们又来到一个有二三十户人家的村庄。真正的进攻就要从这里开始。敌人盘踞在距此三百米的一个村庄里。到那里要通过凹地和死角，没有什么危险。马与板车编成的后勤运输队过来了。村庄的尽头有一条通往敌人方向的路。敌人的第一线就集中在途中的两三户人家。

敌人像胆小的狗摆开架势，狂喊乱叫着向我们的村庄胡乱扫射，子弹击中房顶，穿进墙壁。我们距敌人的第一线约为两百米。敌人纠集在左前方的一座小山上，子弹从左边狂射过来。

部队分散开来。第四中队以左边那座山为目标，第三中队瞄准中间的村庄，第二中队向右边的麦地前进，大举进攻开始。敌人受到射击后慌忙应战。敌我双方的枪弹在空中交错，空中闪耀着蓝色的光。这是一场殊死的奋战。双方的枪声在空中织出一张火力网，就像一台巨大的织布机发出剧烈的声音，令人颤栗。

五分钟、十分钟、十五分钟，哪一个中队都没有前进一步。于是森山中队长下令："发射掷弹筒！"炮手在一棵枝叶繁茂的大树下瞄准着。这时，中队长说道："我来发射！"便取过掷弹筒瞄准。掷弹筒分队的队长竹间伍长说："中队长殿下，筒口如果不偏低一点的话，会打中上面的树枝的。"中队长听了这番话，似乎感到自己的威严和自尊受到了伤害，他怒吼道："我是教官！"便不屑一顾地将掷弹发射出去。顿时，头顶上响起了爆炸声。狭隘的气量损坏了他的尊严，并且让他出了洋相。不用说中队长自己，连在他周围的士兵们也被这突如其来的爆炸声吓得脸色发青。好在没有一个受伤，只有一个士兵的手背被擦伤，流了一些血。

大队副官少尉讽刺道："优秀的中队长，了不起啊！"

森山中尉气急败坏地怒吼道："少说这种话！"

副官不知对谁又说了句："发射掷弹筒时，旁边是不允许有人的。"

森山中尉曾狂言"我是教官"，然而既丢尽了脸面又丧失了威严，只能遭到大家的嘲笑。

他心里气得咬牙切齿，却装着若无其事，哼着歌说："我的武运极强，即使在这种时候也没有受伤。"

我们听到他故作镇静地哼着小曲，十分怜悯他。

副官用盖过小曲的声音说:“四中队出发后,第三中队准备出发。”

唱着小曲,内心却不平静的森山中尉,终于叫嚷着:“在四中队出发前,第三中队出发!”他大叫:“前进!”

还是当士兵的最倒霉。森山中尉完全以个人的感情来命令前进,对此我感到震惊。但是作为命令,不论是不是从自己的感情出发,士兵们都必须前进。

通向敌方的道路比两旁的田地稍为低一些。我们每个人都以最快的速度行走。大约五十米前方,出现了与田地高度一样的平坦的路。第一次冲击只能是五十米。我们每次猛跑,都遭到来自左边山上的扫射。这五十米是通向地狱的第一道门,幸运的是没有一个人死伤。盛夏的烈日照得人眼睛睁不开,我们随便地躺在道路旁抽起香烟。突然响起“叭叭”、“砰砰”的枪声,子弹飞过来了。前方大约两米处的道路上弹飞烟飘。“喂,子弹落在那边。这边也有。”我们边看落下的子弹边吐着烟圈。烟雾蜉蝣似的在空中飞舞。我想,敌人的子弹是难以穿过这个烟圈的。前进了五十米,就很难再往前迈一步了。我们只好躺下来与最前方保持着距离。还有五十米就能占领敌人的第一线。可是,前进这五十米是极其艰难的。这短短的距离就是生与死、地上与地下的界线。我们向前逼近,五十米前方的敌人火力渐渐地减弱,好像开始后退了。而左前方山上的扫射却毫不松懈地持续着。

我们爬到死角的边缘,瞄准五十米前方的三间房子,利用一晃一闪的敌人火力的间隔,突然跳了起来,一举进入村庄。

村庄里早已没有敌人的影子,他们似乎退到了第二线。我们翻过墙垣,来到院子里。这三间房子很快成为敌人的攻击目标,子弹不断地飞过来。房子是用一尺厚的土墙建造的,所以一点也不用担心。

为了对付一百米前方村庄里的敌人,我们早早地用十字镐在院墙上挖出枪孔。必须在这里坚持两三个小时,因此我卸下身上的装备,光着上身准备射击。

这种战斗是值得庆幸的,如果敌人稍为顽强抵抗的话,我就会有富裕的时间来让身体得到休息。我从枪眼瞄准百米前方的村庄。敌人也伸出枪,从枪眼里瞄准我们。

我对身旁的泷口说:"喂,泷口,你瞄准右边的第三个枪眼,干掉那个家伙。"

"行啊。"泷口答道,扣动了扳机。

"没打中。我来试试。"我说着,射了一枪,也没有打中。

"再来一次!"泷口又射了一枪,打在枪眼边的墙壁上。

"真糟糕!瞄准却打不中。这次我来。"我们好像在庙会的射击场上。

我射了十五六发子弹,野口来代替我,我开始擦枪。炽烈的阳光直射到我们的肌肤。敌人的子弹打在房顶上又反弹到院子里的树枝上。大地充满了"砰砰"的枪声。这是难以言表的痛苦的声音。

门的入口处躲着一条颤抖着的狗。它吓得叫不出声了。

"砰!砰!"子弹穿门而入。刹那间,那条狗跳起来,逃到后面去了。

第二中队花了两个小时,才前进四十米,以后什么进展也没有。第三中队埋伏在麦田里,不知是谁把白色的三角旗一下子展开。我们在厚厚的隐蔽体内赤裸着上身,麦田里的士兵们还在拼着命。这些共产军顽强地抵抗着。

在房顶上行走的一只鸡被打翻,我想打中了,这只鸡却又一瘸一拐地走起来。好像打中了右腿。射鸡的敌人也太残忍了。他是想把那只鸡作为丰盛的晚餐吧?只可惜却无法来取。

激烈的交战一直进行到夜晚。像匆忙地为死者织着衣服的织布机一样,发射弹药的机器无休止地运转到夜晚,我们终于没有再向前冲击,大家决定在这三间房子里宿营。

我们必须马上准备晚饭。我们把那只被打中的鸡整只烤熟,开始用餐。中队长悲伤地告诉我们,惟一的可爱的初年兵战死了。这件事成为给中队长以后的心境带来很大变化的一个原因。

白天炎热,到了夜晚却寒冷异常。我们在房间里生上火,一边啃着鸡腿一边谈笑着。过了一会儿,有的人躺下睡觉,有的人去放哨,有的人在继续谈论着女人。我还没有睡。突然响起了激烈的枪声和叫喊声——是敌人夜袭。

手表上的指针指着十点多,外面传来了莫名其妙的呼喊声。真是一次热闹的夜袭。

这种事我们已经习惯了,即使敌人来了,我们也不在乎,不管来多少只要扫射一下就行。当然也可以不应战,随便敌人干什么,一会儿他们还要扔手榴弹吧。在屋里抽烟也没什么,我们在屋里轻松地围着火,抽着烟。敌人隔着一堵墙在外边吵闹着、奔跑着。

村下少尉从外面进来,兴奋地叫着:"应战!"

他大声嚷着:"喂,还不熄火!敌人就在外面。这个房子被敌人包围了。火会成为攻击的目标。"

士兵们发着牢骚:"大惊小怪的,……再不稳住,可就麻烦了。"

这个少尉还是第一次参加真正的战斗,他非常紧张。

我警告他:"不小心跑到外边的话,就会再次发生潞王坟事件。"

"可是,东,也不能这样听之任之吧。"

"马上扔个手榴弹,敌人会撤退的,不用担心。"

听从小队长的命令,我们无奈地熄火来到门外。隔着围墙,透过黑暗,看到敌人正向左右叫喊着。我架好枪开始扫射。一会儿,敌人的手榴弹越过房顶,落在院子里爆炸。不出所料,还是老一套。

敌人的黑影紧靠着墙壁,在扔手榴弹。我瞄准黑影扣动了扳机,黑影“吧嗒”倒下了。不久,好似唢呐的喇叭声在黑暗中响起来。这是撤兵的信号。喇叭声滑稽得像孩子们在玩游戏那样,响彻四周。

吵吵闹闹的夜袭结束了,好像暴风骤雨过后,一切又恢复了平静。寂寞黑暗的世界包围着大地。

不知谁嘟哝了一句:“村下少尉还不行吗。”

第二天早上,很早就开始了攻击。

敌人从昨天的阵地退却。我们在麦田中不断地前进。不久,发现了一所房子,敌军在那里睡午觉。我不理解在这样的战斗中还有心情睡午觉。我们很快抓住两个人,另一个人逃到里屋。野口要往里屋投手榴弹,那个人又从窗子往外跳,被一枪射中。抓到的两个人都在路边被刺死。

敌人一边应战一边后退,我们放下背包,轻松地向前追击。

前进三个小时左右,远远看到了林县。还有一口气,我们干劲十足地在麦田里前进着。这时我军的一架飞机轻快地飞来,是轰炸机。

轰炸机丢下了炸弹。炸弹好像要落在我们的头上,令人担忧。其实炸弹正巧落在城内爆炸,黑黑的烟雾喷向高空。

我们进入林县。从城墙上往山那边看,敌人的骑兵逃跑了。

那座山形状奇异,高大悠长地横卧着。它的形状好似一幅山水画。山西省就从那里延续。我不得不被这奇特的风景所吸引。

大部队比我们晚了一点儿进来,后面跟着皇协军。

次日清晨,我们离开了林县,踏上归途。我们走在昏暗的道路上,城门上站着皇协军的步哨。步哨手里拿着红缨枪,枪头闪着白光。这种红缨枪是代替步枪的。这种原始武器比步枪更令人毛骨悚然。

据说这红缨是用处女的月经染红的。还有迷信说,人死后二十四小时以内,用处女的月经,能让他再次苏醒。

我们部队委任皇协军为林县的警备后,返回彰德。

四月二十一日。

听到笛子和锣鼓的喧闹声,很多人都出来观看。是支那人娶媳妇。这是保安队或皇协军的军官在娶亲吧。许多人拿着五颜六色的旗子,吹着笛子敲着鼓,十多名士兵骑在马上。人们喜气洋洋地吹起横笛、唢呐、笙,兴高采烈地敲着大鼓、中鼓、铜锣。新娘和新郎坐在轿子上。新娘的轿子金光灿灿,好像日本神社的神轿,比新郎的轿子气派多了。在轿子上晃来晃去的新娘,头上盖着薄薄的面纱,她毫不害羞地左右张望着。她的打扮与外国女人在结婚仪式上的风格一样。新郎跟在新娘的后面,新郎的装束我觉得不太理想。

队列的前面有块长两尺宽一尺左右的长方形木牌,上面写着"肃静"、"回避"的字样。鼓手和笛手及五颜六色的旗子簇拥着轿子向前走着,十分热闹。围着新娘新郎的人们并不都是他们的亲戚,好像是临时雇来的,他们都穿着平时的脏衣服。

新娘和新郎始终抬着头,他们在轿子上摇晃着,若无其事地炫耀着如此盛大的场面。

都说支那这个民族很会宣传。他们具有这样的性格:或者谄媚取宠,或者失声痛哭,或者色厉内荏。他们要么装成一副从内心完全信赖你的样子来拍你的马屁,要么采取特殊的卑躬屈膝的态度、像女人那样老于世故地耍花招。这是支那人的国民性。痛苦流涕地揪住你的袖子来求你,抬高你的自尊,这种帮闲似的性格也是他们的国民性。和他们交往使人感到就像和帮闲者们打交道一样。

拍马屁是这个世界上几乎所有的人都喜欢接受的。

他们敏锐地观察对方内心的微妙变化,早早地抓住对方的心理,然后去顺应他;他们就像会变的猫眼一样,显示出千变万化的性格。

这样的人大都卑躬屈膝,丧失骨气;他们喜欢造谣中伤,姑息迁就而不能坚持己见。这样的人最终也不能领导别人。

支那人永远也得不到一等国民的称号。

听说宋美龄很会宣传。她也是支那人,她也应该具有这一性格。只是她的教养给这种性格多少罩上了一层面纱,使她成为一个知识女性。

第四卷

昭和十三年　二十七岁

四月二十一日。

徐州仍未攻下——这一点我们真想象不到。都以为徐州已经失陷，因为很久以前就开始攻打徐州了。

但就是这个徐州，据说仍未攻克。而且听说友军正在持续奋战，我们的部队必须赶去支援他们。

下午七点，我们又坐上了闷罐车。两小时后列车开动了，在黑暗的大地上疾驰。天亮后，一望无际的麦田跃入我们的眼帘。灿烂、丰饶而安宁的麦田里站着农夫，没有一点战争的影子。这和我们威风凛凛地全副武装、东奔西走的样子颇不协调。

二十二日晚九点，抵达长辛店。晚十一点发车，列车又在黑夜里飞奔，于二十三日早晨六点半抵达天津。列车一直停到中午，然后沿津浦线南下。其中经过独流镇站，这是我难以忘怀的地名。昭和十二年夏，第一次上前线到的就是这一站。我们的列车于第五日凌晨一点抵达黄河。敌人将大桥破坏后逃走了，我方正在夜以继日地进行修架。这里宛如大城市的夜晚亮着无数的电灯，灯火辉煌，从远处看去，谁都会以为这是个大城市。

列车在沙地上停下了。地上就像下了一场大雪，盖了一层足有一尺厚的细沙，鞋子“咯吱咯吱”地往下沉。

起重机和锤子发出巨响。苦力们拖着疲惫不堪的身体，有的在沙地上，有的在水泥背后，有的在木材旁边，迷迷糊糊地打盹休息。

原先绵延不断的长桥已被毁,成了一截一截的。踩着沙往前走,经过一座宽约一间的临时浮桥,桥上灯火通明,好似张灯结彩一般,上面竖着"黄河兵站桥"的牌子。黄河水晚上看上去也是那么昏黄混浊。据说一升黄河水里竟含四合泥。

浊流被压弯坠落的铁桥和栈桥遮挡后,带着水声急流而去。浪尖在灯光下闪着银光,没入黑夜之中,这情景就恍如眺望大阪的道顿堀[①]一般。我想算算黄河的河宽,便记下了过桥的步数。共八百步长。过了黄河,再稍往前,有一片宽阔的水洼,蘑菇丛生,青蛙欢鸣。蛙鸣声给人一种意味深长的感觉。

我们再次坐上火车,一路南下。

津浦线与平汉线相比,可以看出文化方面的长足进步。

津浦线沿线的人家稍许开放些,窗子之类的也都对外开着。平汉线沿线的居民,则一家家都像害怕外来袭击似的,把门关得紧紧的,连窗子也不对外开,而且每户都高垒围墙,以防敌人入侵。津浦线的车站,就连萧索的乡村小站,建得也比内地的农村车站气派得多。

沿津浦线南下,眺望窗外,到黄河为止的风景就像是一片泥土堆成的汪洋大海,其间还有很多湿地。一望千里的远方,甚至与天边相连的尽头,没有树林和村庄,风景线里是一片土,除了土还是土,只偶尔能看到一棵小树或是少量的草。

很快便是一片寸草不生、荒土遍地的大平原,一直远接云彩,消失在天边。我觉得一过黄河,地形和文化都在变化。黄河以南比黄河以北更进步,没有湿地,田地耕种仔细,树木和杂草都跟内地的平原没什么两样。彰德一带天很热,我们都只穿了夏装,可经过天津附近时便有点冷,就又套上外套,但

① 大阪市区最繁华的地方。

随着南下,渐渐地又热了起来。

我们的列车鬼赶着似的疾驰。我们福知山的新兵和预备兵在泰安驻守。我最亲爱的弟弟也在这里吧！我们错身而过,感受着对乡亲无以言表的衷情,彼此大声呼唤着别离而去。

“台儿庄战斗激烈,要小心啊!”他们从站台追过来,提醒着,呼喊着。

“谢谢。我们一定加油!”我们在车上招手,心中满是惜别之情。

目标徐州,目标徐州,列车飞奔。

长长的一串列车从前线开回来了。呀,车上满载着伤员:穿白衣的,头上扎绷带的,吊挂着膀子的,脚绑着绷带的,苍白得面无血色的。这是辆伤员列车。

“为我们报仇啊!”他们恨恨不已地吼着。

“怎么个情形？他们拼命顽抗吗?”

“够厉害的。”

“不是说有五六十门炮吗？不是说有帆布水桶那么大的、还有炉子那么大的炮弹会像机关枪似的飞过来吗？据说还有铁桶那么大的炮弹飞落下来。他们有很多这么厉害的炮吗?这么说可能有点夸张吧?”

“那么说嘛有点夸张了,不过十五厘米、二十厘米左右的家伙是会掉下来的。估计两三门是有的。其余是野战炮和迫击炮,迫击炮像是有二三十门。刚开始我们还以为二十厘米的炮是要塞炮呢。后来发现,我们往后退时,炮也跟着往后射过来,所以好像是个移动的家伙。一个中队有三十个左右的人进攻呢!”

“给打得够呛吗?”

“嗯,相当厉害。现在是两个师团在打,实际上只有一个半师团,因为人越来越少了。也没什么大不了的,只是要给炮弹打中可就惨不忍睹了。”

“进攻的兵力不会太少吧?”

“唔,足够了。与其挤成一团去进攻,倒不如人少的好。人少一点,奋战一场就行了,而且损失也少。不过,你们去帮忙可太棒了!多保重,好好打!”

“噢,我们一定好好干!谢谢啦!也祝你们早日康复!”

就在炮兵特务曹长和伤兵们高声跟我们说话的时候,列车相错而过,终于消失了。运载伤员的列车鸣叫着消失在后方。我们的列车径直将我们运往炮火交叉的战场。战争、死、血,诸如此类的字眼浮现在我的脑海中。

到了晚上列车仍奔驰不息。闷罐车棚上耷拉着光线昏暗的油灯。车厢里塞得比沙丁鱼罐头还挤,士兵们躺也不能躺,只能缩成一团,促膝挤脚地打打盹。昏暗的灯光下,现出石菩萨般排列的士兵,样子十分忧郁。鞋子、杂品袋、防毒面具和水壶等等晃悠悠地从车顶耷拉下来。车角的暗影里,烟头的火光萤火般若明若暗。是不是有人睡不着觉,抽着烟在想他的女朋友?

耳中全是疾驰的列车摩擦铁轨的声音。

摇摇晃晃露着昏暗亮光的油灯,也许是没油了,火越来越弱,光线范围不断缩小,变得只能隐约看到油灯周围。我抱着臂,叼着烟望着油灯。油灯的生命再有几分钟就要结束了。我的生命可能也只有几天就要结束。很快,只剩下油灯的灯芯闪着炭火般的红光,在漆黑的车厢里微微发亮。油灯漫长而依依不舍的生命终于停止,永远消失了。漆黑一片。真的就像墨一般黑。我掐掉香烟,闭上眼睛。可是却睡不着。

母亲、父亲、故乡、过去,一切就像走马灯似的在我脑中盘旋。油然回想起同某女度过的快乐时光,心里不由飘飘然起来,真想再次回到两个人的快乐世界。正想着,忽然又与自己正上前线的现实相撞了。

今天,伤员被送回来,我们则要奔赴炮弹正跳着死亡之舞的前线。而且,也许会像白天见到的那些人一样,头上、手上、腿上缠着绷带给送回来,又或许会吐血死掉。我们的眼前正展开着你死我活的激烈搏斗。

有生之物总有一天会死,有形之物总有一天会遭到破坏。对此我虽然理解,但参战之前在感情上觉得这是很遥远的事,现在却感到切切实实威胁到了自身。所谓去打仗,就跟去送死一样。

我坚信生死由命。如果神觉得我这种人不活为好,便会杀死我吧?如果他不愿意,觉得让我活下来能起什么作用,那就会让我活下来的吧?我的命是神的自由,而且我只能对神惟命是从。

未觉一点不安,也未觉任何恐怖。

是的,生死皆命。所谓命运,是拥有生杀予夺大权的神奇力量。我虽然无法解释它,但只要相信就够了。

心无所依,便不踏实。试着考虑一下自己的未来,也不觉得会有什么特别的璀璨,但还是希望能活下去。我想再稍许体味一下生,生带着甜香扑来。

我若为神所爱,那么无论什么情况下都会让我活下去的吧!

总而言之,还是下定决心痛痛快快干一场。就等待神的旨意吧。

列车“咣咚咣咚”地飞速前进,只有铁轨的碾轧声传入耳中。

车厢里漆黑一片。什么也别想了,睡觉吧。

四月二十五日。

凌晨三点到达临城。发了一瓶汽水和两合啤酒。这次发的东西可真够奢侈的了。下了车烧饭,规定从这里开始行军。马上要行军,醉了就不能走了,于是决定把酒装到汽水瓶里带上。自己想要的东西,哪怕重一点也想带走,真够随便的。

下午两点出发,走了两里左右后宿营。

想到带来的酒说不定明天便会融进流到地上的血中,便涌上一股难以言传的痛苦。不由得回忆起从前在家乡的饭馆里,酒席上让妓女陪侍欢饮的情景,实在令人留恋。

心脏畅快地跳动着。脑子里轻飘飘地做着梦。

在一处和风吹拂、能眺望到美丽大海的独间,沐浴完毕,披上浴衣,细酌慢饮,陶醉于妓女三味弦的旋律里——若能如此,该有多么快活！想到这,心中不由涌起一股热热的叹息。

不不,为那些不该祈望的,或祈望了也不可能实现的事而叹息,实在是愚蠢。

有时思念故乡,满心皆被思归之情所缠绕——这是软弱之人的哀愁吗?

夜晚星光闪烁,偶尔从远方传来"砰砰"几声枪弹回声。白天因为行军疲惫不堪,这会儿则围着篝火,坐在草地上,和着风喝着高粱酒,不也野趣盎然,别有情致吗?

有个年轻的支那人,我本想用来使唤的,可不管问他什么,都回答说不懂得不懂得,叫我来气,真想砍了他的头。我把他手脚捆住扔进棚子里,明天早晨出发时要把他送进地狱。

自从踏上津浦线,就没见过一天澄净明朗的天空,总是阴沉沉的。

平汉线上几乎没见过一片云,看到的是湛蓝清澈的天空。这里却能看到很多的云彩。大概是因为津浦线靠近大海吧。

杂草和内地无异,生长的景致也没有多大不同。黄河以南有很多干涸的河道，桥架在河底的沙上。这样到了雨季也会形成河流吗？那黄色的泥水！

四月二十六日。

下午两点到了枣庄。从这里开始进攻。我们先短期休整几天。枣庄已驻有第十师团和第五师团司令部，没有我们住的房子了，只得在附近肮脏的街角宿营。

在井旁遇到了同乡裕二君。

“你在哪个中队？”

“在五中队。”他一边打水，一边朗声答道。

“这次好像挺厉害的吧？”

“好像第十师团和第五师团都损失惨重。”

“好像是啊。”

“不是说你们中队也惨不忍睹吗？我们中队自中队长被打死后就几乎没上过前线。”他说完，赶紧淘起米来。

我们中队的死伤人数加起来已经过百，今后还会有人流血。

“已经到这时候了，身体要紧，所以最好当点心啊！”他断断续续地说道。

“身体要紧”，这句话个个都说，从裕二君嘴里说出的也是这句话。

我从来没这么想过。我已经想开了，认为一切都是命。战斗中到底怎样才能做到保重身体呢？虽说实战中是否冲在前、是否勇敢战斗对平安与否有很大影响，但子弹并不长眼，不一定不前进的就能活，前进的就得死。一切都只能听天由命。

难道不知道么？子弹这东西，再没比它更变化无常的了。有人躲在战壕里却还死了，也有人置身于枪林弹雨之中却一次也没中弹,至今仍在战斗。这么无常的子弹叫我怎么躲呢?要有这种技术,真希望能教教我。

我也想活下去,不想死。但我从没一边想着“身体要紧”,一边去打仗。抱着那种心情根本就打不了仗。

说不定他们以为生死能随心所欲呢。活下来的人当中——虽然没人知道具体是哪个,但谁都以为自己或许会活下去的——明天又有人浑身是血地死去。想到这一点,是多么凄凉啊!若想到撞上这霉运的说不定就是我自己,心里便会塞满无以言表的悲哀。

没有人想死。

但是,不去想这个“身体要紧”倒是真的。我一次也没想过“身体要紧”。“人不可貌相”,完全正确,一点不错。我们常会感叹:这么老实的人怎么会采取那么勇敢的行动!也常会寒心不已:看上去如此意气风发的似乎很厉害的人怎么会做出那么胆小的事!

光从外表看,人的价值无法估量。人的真正价值,由紧急情况下所采取的行为来决定。惟有关键时刻采取的行动才决定此人的价值。

四月二十七日。

传闻第十师团和第五师团在台儿庄的作战非常艰苦,时退时进。我们还从未退却过,觉得退却好像是支那军的专利似的。哪怕只是一部分日军退却,也觉得实在难以置信。传闻说是敌人把第十、第五师团当残兵败将看待。日军被支那兵当残兵败将看待——这究竟是怎么回事!真让人愤愤难平。

但又有传闻说,第十师团和第五师团的师团长拒绝我们的支援,声称要靠自己的力量漂亮地拿下徐州给我们看,不需要第十六师团的支援。我们可能要在枣庄这里待命。

或许我也要在这次战斗中负伤,也可能会饮弹而亡。要是我死了,若能为我供上一合酒,弹弹三味弦,唱唱民谣,我会很高兴的。我会在地下嗅着酒香,听着民谣,回忆起一边烧篝火一边席地而坐快乐地唱着民谣的战场。对没有任何乐趣的我们来说,星光闪耀的夜晚,在野外的麦田里,一边将难得到手的酒借篝火烤温,一边围圈而坐,忘却一切,忘却明天的生命安危,只开怀畅饮,恣意歌唱,惟有此才是我们至高无上的快乐。人们总是明天明天的,将所有的希望和幸福都寄托在明天,如此兴冲冲地送走每一个日子。其实如果明天的期望不能如期实现,也不必太在意,它只是个跟逝去的昨天没有任何区别的平凡的明天。不仅如此,所期待的明天其实是一天天步入老境、走近死亡的日子。这一点倒很少有人考虑到。

地方上仍保留着对明天甚为渺茫的期待,但战场上连对明天这种渺茫的期待也没有。不指望明天会有什么乐趣和喜悦。

风儿吹拂,篝火映照,忘掉战争,饮酒歌唱——这就算是难得的乐趣了。

冈土三四郎说过,感伤中才存在着战场真实的形象。但这种感伤却不是女人气的感伤。

四月二十九日。

今天喝天长节[①]酒。稍醉。一醉,有时便会思乡。凝望天空中飘过一片片云,又想起了故乡。然后又……迷迷糊糊的,我不知不觉睡着了。

做梦。

---

① 日本天皇诞生日的旧称。

母亲竭尽全力地放着电影。“咚——”的一声爆炸后，支那兵四处逃散，尘土飞扬。是战争新闻片。母亲在拼命放。观众特别多。孩子们在紧靠舞台的座位上，一见地雷爆炸、尘土飞扬，便兴高采烈，拍手大叫。我身体软绵绵地呆在入口处，好像是病了。穿的似乎是白衣服。我拖着倦怠的身体说，我从今儿起就回来了，所以有什么事尽管让我来做吧。说着好像到了个生地方似的准备干活。可是，因为好久没干了，有点生疏，便看着别人干。

次郎君奋力帮着母亲，一边唠唠叨叨，一边干着活。祖母在场。网野的伙伴们也在。

电影节目变了，要写海报。可我因很长时间没写了，写不出来。片名有两个，为定这个节目，次郎君争了半天，好不容易才给我们放了部好片子。

祖母笑眯眯地和孩子们在一起。母亲也在忙碌当中展露着笑颜。姨妈也在笑。

个个都像是从不安中被解救出来似的欢笑着。但我却不知道是负伤了还是生病了，无精打采的。

虽然身体一点没劲，但我的心情和他们一样温馨、平静。

两个孩子在吃烤栗子。孩子们不断地伸出双手抓起栗子，又哗啦啦地丢下来。

祖母无比高兴的样子，始终笑眯眯地看着。

下午两点，午睡时做了上面的梦。

今天终于要出发上前线了。梦中母亲和祖母的面容都看得清清楚楚。梦中看到祖母的笑脸真开心。祖母早已不在人世了。

下午四点出发。离开枣庄，迅速前进。走的是石头很多的路。入夜，抵达一座小村庄。必须烧今晚和明天的饭。村头有口深井。联队里所有的人都只能从这惟一的井里打水，人多得要吵架。赶紧打了水回去。的确是一滴千金。饭煮好了。

再次开始行军。绕着弯弯曲曲的石子小路前进。山连着山,夜色昏暗。昨晚我写信思乡睡不着觉,今晚又不能睡,困得很。在昏暗无比、尽是石头的山间小道上行走,过了数重山后,终于到了开阔地带。这里有座小村庄。立即扫荡村庄。

三小队奉命占领最前面的山头。

这座山也尽是石头,十分难走。山上没有敌人。终于爬到了山顶。这是座光秃秃的石山。

时间是凌晨两点。我以为周围不再有敌人了,便随随便便造了个工事。过了一小时,三四个敌兵爬了过来。他们不知道我们在这里。

西谷开枪。没打中,敌人惊慌而逃。我在石头堆起来的阵地里迷迷糊糊地睡着了。东方渐渐发白,天亮了。我饱吸着清新的凉气。

"有敌人!"闻声一看山脚下,见支那兵正猛跑。我们从上面瞄准,拼命扫射。真有趣。

我揉着惺忪的睡眼在简陋的石堡里躺下,也不知从哪儿"嗖——嗖——"地飞来了子弹。其中一颗在我的脚旁"砰"的一声爆炸了。哟,打得真够准的嘛!我一边这样想着一边找寻弹走的子弹。子弹总也找不着,最后终于发现子弹钻进紧靠我脚旁的石头里,把石块都炸开了。真危险!石头裂开,子弹都变形了。敌弹开始猛了起来。

中队长登上山来,命令我们占领下一个山头。下一座山也尽是岩石。我们喘着粗气、汗流浃背地爬着。石山一座座连绵不断。敌人又在下一座山上布阵。趁他们在山顶缓口气,稍解疲劳的当儿,我们赶紧下了陡峭的石山。因为必须赶在敌弹飞来之前下山,所以只能在斜坡上跑。我跑在最前面。

忽然,我脚下一滑,摔倒在地,刺刀柄猛地杵到我的肚子上。我疼得乱滚,差点昏过去。中队长以为我中弹了,边跑边喊:“东,挺住!”我呼吸困难,疼痛异常,只得接受了熊野和田中君的护理。田中君从附近人家带来一个苦力,让他背我的背包。我们在树阴里躺下。

呼吸稍微重一点儿,疼痛便加剧,连咳嗽也不行,步行也十分困难,所以决定稍做休息后再追赶中队。中队已前进,到了一块大凹地。我们三人休息了一会儿便追赶起中队。一小队和三小队作为火线小队前进了。

有个叫植木的男人,迄今为止我从没见过像他那么凶的脸,今后怕也不再会看到像他那样狰狞丑恶的魔鬼般的脸了吧!从右眉到额头划了一道宽宽的疤痕,眼睛小而阴森,透露出他的卑鄙,颧骨猛地凸起,形成了深深的阴影,加重了他黑泥似的脸上残酷无情的色彩。这是恶人脸庞的典型代表。他在驻扎时总是喝酒挑衅,乱跑乱闹。他的良心已经被反复多次的前科磨蚀了。这种男人表面看上去似乎非常勇敢,但我却发现了他身上出人意料的卑鄙和胆怯,不由吃了一惊。他属于一小队。一小队在猛烈的弹雨中前进,可他却没有前往。

看到留在凹地的他,中队长勃然大怒,说这是战场上最大的犯罪。我觉得这个外表鲁莽勇猛的男人置身于真正的危险境地时所采取的胆怯态度,才是他的本来面目。外表和内心之间落差很大。他在没有生命危险时,凶猛蛮勇,而到了真正的危险时刻则像猫一样老实了。这是最龌龊的人。对这种人我只有轻蔑与厌恶。

我们吃完午饭,开始追赶中队。

这一带尽是些不高的石山,一座连着一座。山脚黄土的断层地带,是片麦田。

我们三个人就像松鼠似的穿过了麦田。

步枪的子弹如斜飞而来的雨点掠过头顶。敌人在前面的石山上布下了阵势。三小队想夺下此山,拼命攀登,可对付不了来自山上的猛烈射击。这时一小队从右侧进攻,已经占领此山,所以三小队也爬到了山顶。我也拖着疼痛的身体朝山上爬着。敌人的迫击炮弹频繁地在石山上爆炸。

位于山脚的大队总部和四中队被炮弹拨弄来拨弄去,忽左忽右地躲闪着。敌人的炮弹准确地落到他们头上,准确得简直让我们佩服。尽管是敌方,可也得佩服他们射击得准确。敌人的瞭望所好像位于与我们这座山相连而又高出一段的山上。敌炮也接连不断无所顾忌地打到我们这边,使得我们无处藏身。但我们都想开了,生死在天,所以不觉任何不安,心情平静。

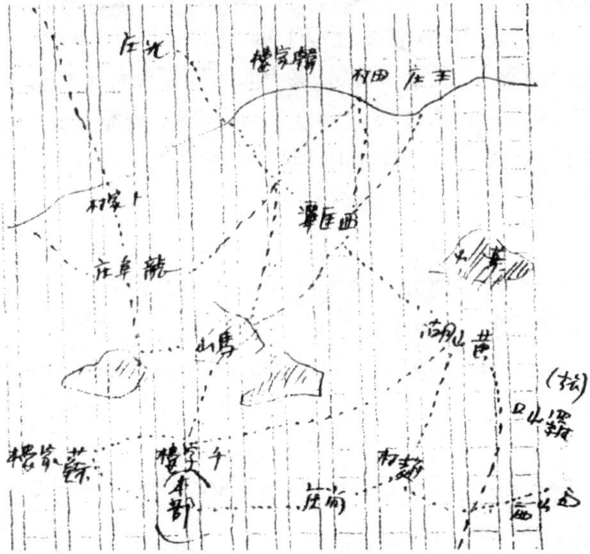

我们为防备敌人反攻,正严加防范,稍顷"砰砰砰"传来了步枪的声音。我们猛地意识到这是反攻,赶紧冲过去一看,敌兵居然厚颜无耻地站了起来,游来荡去。此时,我没有足够的勇气冲过去刺死他们。我只有射击。难道我是个只能在毫无办法万不得已的场合下才能打白刃战的男人吗?而我又想做个勇敢的男子,而且自信不是一个胆怯的人。对我来说,需要更进一步。敌我双方相互射击了几分钟。不久枪声停了,敌人也不见了。

暮色降临到岩石遍地的山上。我的分队奉命担任山左边的警戒步哨,开始垒筑工事。可刚干了一半,又传达了下山的命令,说是一大队须抄山沟近道进攻。太阳已经落进了遥远的麦田,被咆哮的枪炮声震颤的空气这会儿也在细微的夜风里悄然私语。下雨了。夜色昏暗,漆黑一片。开始排队下山。军靴的铁钉在岩石上溜滑。我们一会儿打滑,一会儿绊倒,十分艰难地下了山,静悄悄地在近道上前进,不闻一声咳嗽。雨下得越来越大了。过了十多分钟,忽然听到枪声,有子弹打了过来。似乎我们的意图已被敌人察觉。我们卧倒观察。这时传来小声传达的命令:"再次爬上山顶!"大概大队长判断出不能前进了吧!我们又辛辛苦苦地往山上爬。

我们将石头堆垒起来,筑起了阵地。大雨瓢泼,冷冷的雨滴打湿了衣领。地面完全浸透在雨水里,冷冰冰的,军服饱饱地吸足了雨水,凉透了心。肚子饿了,吃起压缩饼干,可没有一滴水喝,饼干也咽不下。饥寒交迫,睡不着觉,便叽叽咕咕地讲话,但我们都两三天没睡觉了,所以不知不觉地打起了鼾。

本想稍微睡一会儿的,可浑身发冷,又醒了过来,贴到旁边冻得直打颤的苦力身上。

苦力也挺辛苦的,不时用湿手抹去脸上的雨珠。这家伙好像也冻得睡不着。

冷得真想搬块石头从头盖上。盖上石头多少会暖和点吧！

一盒奶糖被我宝贝得好似世上惟一的一般，吃剩的七八颗装在我淋湿的军服内袋里。我把宝贝奶糖给了可怜样的苦力两颗，自己也拿了三颗放在舌头上细细品味。珍贵的奶糖。

天还没亮，便匆匆给叫醒了。

"三中队请尽量接近那座山的敌人！"大队副官指向与山峰相连的下一座山。

再次从被雨淋湿的石山上下来，一声咳嗽也没有，隐蔽地走过凹地。我们把背包集中放到一处，将苦力和看管背包的兵留下后出发。一道从未见过的清泉在山谷间流淌。个个润起干透了的嗓子。前进。目的地的山上见不到敌影。不时停下来，观察情况后再爬。如此反复几次后，爬到了山腰。

我考虑不能掉队，便一个劲往前赶。腰部很疼，但现在无暇顾及了。

中队长说，到了这里就跟胜利差不多了。我和中队长、荒木军曹还有本山上等兵走在最前面。正准备攀登一个岩角时，我发现了敌兵。敌兵从石阵中探出头来。我心想，有敌人！跪射了一枪。离敌方阵地仅几米的距离。可能射得太匆忙了吧，没打中敌兵。我来气了，又射了两枪、三枪、四枪。忽然，无数手榴弹从敌方阵地飞舞着落了下来。

刹那间赶紧抽身避弹。可刚躲掉一颗又来一颗，数不清的手榴弹落下爆炸，前后左右都是弹雨。

中队迅速后退了两三米，各自趴在岩石后面避弹。手榴弹在空中"吱吱"旋转着砸到石头上，又"咕噜咕噜"地滚下去爆炸了。掉到我紧旁边的手榴弹也滚动着在我的下方爆炸了，我倒安然无恙。敌人好像从我开的四枪察觉了我们要进攻,便打算用手榴弹将我们歼灭。

山顶上的敌人发现我们之后,右山和左边马山的敌人也都开始集中对我们进行射击。我们已经彻底置身于交叉火力之中。片刻之后,迫击炮弹打了过来。据说马山有敌人的炮兵观测所。在手榴弹、炮弹和枪弹的包围中,我们不知所措,徘徊不前。

现在一步也前进不得,只能一点点后退。我们没把步枪弹放在眼里,但不得不绷紧神经来对付炮弹和手榴弹。会落到哪里?如何是好?我们已无暇射击,都集中精力盯着山上,监视手榴弹,以闪身躲避。忽而碰到角石,忽而被小石头绊倒,忽左忽右,忽前忽后,就这样我们在石山的斜坡上奔跑躲藏。

追击炮弹撕裂空气的声音,爆炸的声音,枪弹交错的声音,手榴弹爆炸扬起的烟尘——死亡彻底包围着我们,死亡之歌伴着凄惨、恐怖的哀鸣在我们头上唱响,地狱之舞在我们脚下拍石弹跳。我们的眼光雷电般飞闪,神经极度紧张,高度集中的脑力最敏锐地开动着。极端紧张之中,全部感情都沉默了,只有敏锐的观察和大胆的推测还在进行。

中队长已命令暂时撤退,但其时已有牺牲者满身鲜血了。我分队有一人给手榴弹吞噬了血液,在痛苦地挣扎。还有一人的肩膀被打穿。卫生员的胳膊被打中,手不断地在空中乱抓。子弹——这是送往地狱的运输机。

死亡运输机肆无忌惮地震撼着空气,袭击到我们身边。我的战友西谷上等兵呻吟着一步步走近死亡。他并不是十分勇敢的男人,但这次参加台儿庄战斗之前,在彰德时,他明确地说:“这一次我一定要下决心奋战一番。”于是他在这次战斗中奋勇作战。

奋勇作战即是死亡。

敌弹带着野兽般的冰冷嘲笑不住乱舞。

在震撼、狂澜和呻吟、狂叫之中,我们等待着灰色的命运。

中队长命令下山。荒木军曹立即说:

“中队长！已经有人牺牲了。我们只是前进到这里,毫无意义,对不起牺牲的人！还是加点油吧！”

“对,加点油吧。你们能给我使劲打吗?行啊……”中队长的声音满含喜悦和决心。

“东！你再稍微往上爬点,监视着上面！不知道敌人什么时候就会下来。”中队长对位于最上面的我命令道。我顺着岩石爬上去两三米。

荒木军曹和本山上等兵开始对右面山上的敌人进行射击。我点着香烟吸了起来。说不定这是最后一次吸烟了。我一抽,荒木军曹也抽了起来。很奇怪,我虽在枪林弹雨之中,却丝毫不觉得恐惧。我很自信,觉得自己决不会死,不会中敌弹。不清楚这种自信从何而来,可能是迄今为止的战斗经历中,无论多危险的情况下也没负过一点小伤,这一点让我产生了自信吧！另外,我的父亲和亡故的祖母特别爱我,肯定会保佑我！那么爱我的父亲和祖母不会扔下我的。

中队长站起来,唱起了袈裟曲。中队长大概是想给士兵们鼓鼓劲吧！

中队长的歌声在硝烟、火力网和枪弹声中高声回荡。不知为什么,我觉得很滑稽,就像在看戏似的。

山顶的敌人不知是因为我们静下声来就以为我们被歼灭了,还是打算改变方向从右边凹地袭击,这次往右边凹地扔起了手榴弹。白费功夫的手榴弹飞落到右边凹地上爆炸了。奇怪的是,手榴弹落到右边凹地后,从马山射出的迫击炮弹也开始落到凹地上。过了一会儿,友军的野战炮呼啸起来,竟也落到了凹地上。是日军自己人在山腰上！我们觉得应当把这一情况告知友军的野战炮兵,于是将弄脏了的国旗在石山的斜坡上打了开来。

我以为只要发射五六次掷弹筒就能突袭,所以声嘶力竭地喊:“掷弹筒!掷弹筒!”可掷弹筒手不知在哪儿,见不到影子。

不得已,我一边说:“要不扔手榴弹冲锋?”一边退回了三四米,卧倒在地。我从士兵那里拿了两颗手榴弹,又往上爬。这时,一直躲在离我们七八米远下方石头背后的村下小队长胆战心惊地问:“东,中队长在吗?”

这个少尉从内地才来不久,这次是第一次打仗。“真够胆小的。”我心里想着,回答道:“在上面。”说完便往上冲。

但是,我也并没有真正的勇气,因为我没有去把这些手榴弹投掷到敌人阵地里。

山顶的敌人再次发现我们,又扔起了手榴弹。

其中一颗在我右前方本山上等兵的旁边爆炸了。糟糕,给打中了!我连喊“本山、本山”,本山竟“霍”地从硝烟中站了起来,额上“滴滴答答”地流着血,答道:“没事!”

友军的炮弹频繁飞来,但命中率极低,我们反而比敌人还危险。我挥着国旗,想告知远方炮兵我们的位置,可这动作似乎进不了他们的视线,炮弹发得仍旧不理想。

中队长说,我们呆在这里,炮兵们怕难以射击,还是稍微下去一点吧。

西谷文正满脸是血,痛苦地呻吟、挣扎着。几小时之后,西谷终于死了。

下士井护理兵右肩胛骨负伤,本间上等兵屁股和右臂负伤。

我们就这样在岩石上趴了两个多小时,等待情况变化。两小时后,天大亮时,二中队从右山转入了冲锋。啊,是二中队冲锋！大家松了一口气。因为二中队冲锋，敌人开始撤退了。

我们拼命扫射逃跑的敌人。二中队队长小川中尉挥舞着战刀跑在最前面。敌兵有的藏在岩石背后，有的奔跑逃窜，看得见小川中尉在挥刀砍敌，跟在后面的士兵用刺刀刺敌。中尉和那个士兵冲在距离中队几十米远的前方，简直就像电影里看到的一样勇敢。

感觉二中队的冲锋已取得成功时，我们三中队也开始冲锋了。我们头顶上的敌人可能是因为二中队从右边冲进来才开始撤退的。我原准备跟中队一起冲锋的，但我分队奉命收容死伤人员，将伤员抬下山。此时我的脑中荡漾起一种绝非快乐的安全感，不由自主地安下心来。

我们决定先抬伤员，回头再来收容西谷文正的尸体。我们再次“咕咚咕咚”地痛饮着山涧里香甜的泉水，深切体味着生的喜悦。背包看守处的两三名士兵不安地跑过来问：

“那炮弹猛得真够吓人的，情况怎么样？”

我的苦力也在这里。我们用帐篷做担架，抬着伤员往卫生队赶。

路上遇到了炮兵们，炮兵们很可怜我们似的说：“战斗这么激烈……”

又说：“步兵可真够辛苦的了！什么冲锋，不就跟去送死一样吗？我们用望远镜看到你们冲锋，真是惨不忍睹。步兵实在太倒霉了。”他们一边递烟给我们，一边用抚慰的目光望着我们。其中一人自言自语地说：

“我有再多的孩子，也决不让他们当步兵。”

麦田宽阔地展现在眼前。四周有多处树林，林子里有小村子。我们进了其中一个村子。家家户户的墙壁上留着无数黑乎乎的枪眼，到处是机枪的枪架，大约是敌兵所射的弹壳散落了一地。

五六个地雷滚在路边。这个村子据说是五中队攻下的。

分队长小岛侯一,半路上用吊桶打水时负伤了,也被送到卫生队。我就作为分队长带着六名部下再次踏向今天早晨的战场,去收容西谷的尸体。

下午四点才开始吃早饭。到现在为止粒米未进,净是喝水。

夕阳匆匆西沉。

因为这次战斗只是我们大野部队进攻,没有后续部队,部队一前进便没有一个友军,只剩下我们自己了。残敌还在山上到处游荡,十分危险,所以我们得抓紧时间赶路。部队已经早早地翻山前进了。晚上七点终于到了山脚下。

我们疲惫不堪。我把分队队员留在山脚,自己又爬到今天早晨的进攻地点去寻找西谷的尸体。

但那里只散落了一些信纸,他的尸体却不见了。是给残余的敌人抢去了,还是被中队抬着前进了?我忐忑不安地下了山。

暮色攀过一道道山峰,几十分钟之后宣告了令人恐怖的夜晚的降临。远远的麦田也已消失在夜色之中。山那边地形如何?另外,翻过山去的友军部队朝哪边前进了?对这些一无所知的我们,又面临着在一座座山上游来荡去的残敌袭击的威胁。暮色一降临到山上,我们的不安也随之加剧了。

我们都累垮了。

夜色几小时之后包围了我们,残敌仍在群山上游荡,而且不知道部队的前进方向。

我犹豫不定,不知该前进,还是该在山麓的村庄宿营。分队里的“老人帮”——三十七岁的田中、三十六岁的熊野他们主张应该在山麓宿营。他们说累坏了。

我想,要是受到残敌袭击,会毫无意义地死掉,便不赞成在山麓过夜。

白白死掉,那可是遗憾之至了。独一无二的生命无比珍贵,必须选择最有意义的死法。我一直祈愿别白死。

要是今晚白白死掉,那还不如在今天早晨的战斗中战死的好。但分队员们的意思倾向宿营。

疲劳使得大家都只追求眼前的安乐。

我们俯视着村庄,目光停在一处有望楼的大房子上。

“要是住在那户人家,即使遭到袭击也不要紧吧!房子的墙壁是厚砖砌的,窗户没一个对外,而且还有一个高高的望楼,就跟座城堡似的。”

熊野说完,大家异口同声地说:

“对,那座房子没问题。即使现在追过去,既不知道部队的前进方向,又判断不出山那边的地形,半道上遇到残敌的话也了不得。”

在我们这么踌躇不决当中,夜幕载着不安逼近了。这时,泷口上等兵说:

“可是,我有这种经历,所以觉得还是前进的好。那是攻打南京时,我所在的竹间分队奉命收容伤员,留了下来。当时就受到了残余敌人的袭击,最后有一人被打死了。想起那件事,还是觉得前进的好。”

他这么一说,我赶紧大声鼓励道:“走吧!趁天还没黑,走一点是一点吧!白死了多没劲哪!”说完赶在前头拼命走。队员们没办法,也只得跟在我后面。

山脚下巨大的岩石起伏着。夜色翻过一道道岩石,一直浸透到马山的山麓。马山脚下好像有一条路。今天早上步兵、辎重兵、炮兵等等就一直像蚂蚁排队似的不间断地行进,最后两点左右,卫生队也是消失在这山间的狭窄小路上的。

我们默默地走着,踏在一块块石头上,“喀嚓喀嚓”的足音在山岩间回响。有时回过头,能看到有些山峰上有人影。那是残余的敌人。每个人心里都掠过一丝不安。翻过那道岭后,部队朝哪个方向前进了呢?部队在我们之前多远呢?或许两三天都看不到部队。断粮了怎么办?尽管伤员和战死者留下了一些粮食……真难办。虽然他们的弹药和手榴弹都在我们的背包里,说不定什么情况下也会用完的。总而言之,得尽快与大部队会合。可是,不知道部队前进方向的话……我心中充满不安,将小心谨慎地盯着脚下的视线投向山岭顶端。岭上昏暗不清,夜空里映衬出朦胧的山影。

越过麦田穗尖吹来的风刮到我们布满污垢和尘埃的脸上,冷冰冰的。我又将视线落到脚下,小心地走着,以免在石头上滑倒。

西谷文正的尸体是不是和他的背包一起被残敌抢去了?果真如此的话……那可太对不起他了……这家伙也终于死了,昨晚还淋着雨睡在我旁边的……一分队现在加上我也只剩了七个人。这中间还会有人死掉的。谁会被死神缠住呢?

大家都觉得自己是不会死的,但终归又有人要下地狱。无论是谁——中队长也好,甚至更高职位的军官也好——都还是想活下去的。生多么富于魅力啊!如果不是相当厉害的人,则绝对难做到对生彻底死心。即使对特别厉害的人也困难之至。哪怕一时感情冲动能去死,可一旦像现在这样在夜色里,置身于极度的寂静、孤独之中,便又对生命无限留恋了。

谁也不说一句话,我们默默地走着。

我们终于走上了正路,右拐向山岭登攀。越过碎石遍地的山岭时,我们绷紧了神经,紧张之中睁大眼睛观察四周,此时我们眼前出现了八九个黑乎乎的人影。指针已经指着八点,夜色彻底笼罩了大地。我们睁大双眼,竖起耳朵,弓着身盯着前方。人影朝我们这边过来了,悄无声息。我心想,这会儿不可能有朝这儿来的友军,是残敌吗?虽然困惑不解,还是紧盯着。我小声命令:“上刺刀!”我们趴在路边的碎石和草上。要是敌人,就必须一举刺死他们。我心跳加快,手紧紧地握着枪把。黑黑的一群默默地过来了……紧张之中彼此接近了。咦,这不是友军吗?——噢,到底还是友军。而且这不正是我们小队的轻机枪分队吗?我们的心一下子就像吱溜溜松掉的线,放下心后体会到一种深深的疲劳感。从现在开始,战友增加了,而且连机枪都有了,所以一点不必再担心,对未来的安心感油然而生。

据说他们是来为火葬西谷尸体的三分队充当护卫的。西谷的尸体果然已被收容了!

我们和轻机枪分队合并起来,又返回到原先的位置。在山脚的村庄怎么找也找不到三分队。如果是火葬,想必能看到火,可我们透过麦穗在黑暗中望去,却看不到火光。我们将大家都认为最牢固的那处带望楼的房子定为宿舍。打开厚厚的门,进了屋子。先查看墙壁和房子的构造。砖墙里还有一道小小的木头后门。我们就敌人袭击时如何办进行了研究,严加看管好里外的门户,将手榴弹集中到一处,又安排了两名游动哨。

我们的步枪和机枪都实弹备好,随时可以出击。我告戒分队部下,即使敌人侵袭,也决不能惊慌失措、大吵大嚷,更不能从房子里冲出去。

敌人袭击时,从房子里冲出去最为危险。支那的房子本身便是一个严实的堡垒。

完成了所有的对敌准备后,我们进屋小睡。西谷浑身是血、痛苦挣扎、满地打滚的身影浮现在淡淡的烛光里,今天早晨激烈战斗的场景也闪现在眼前,不知何时却又都消失在疲劳里。

我睡得昏昏沉沉。不知道睡了几个小时,忽然觉得有人捣我,醒了过来。冷气一阵阵地从领口侵入身体。没有谁捣我,是睡在旁边的下坂缩身子时碰到了我。侧耳一听,哨兵在“咯噔咯噔”地走动。看样子没有任何情况。指针指着凌晨三点。

这是一个寂静的夜晚。我吸着烟,凝视着漆黑的天花板。昨天的这个时候,我们正冒雨在石山的堡垒里奋战。当时抓来的苦力不知何时跑掉了。现在是三点。再过两个小时该转入突击了。而且我们小队里,西谷已经战死了。西谷再不会说话,化作了灰尘。生……生,求生的意志无论如何太强大了。我从未真正因恐惧而震颤过,甚至觉得自己很勇敢。但这种勇敢远算不上彻底。我要真是不怕死的勇士,昨天突击时,我就不会趴在石山上,肯定要拿着手榴弹冲进敌阵了。那倒是意味着彻底的死亡…

要真正不怕死有多么困难啊!

我没睡着。烟头在黑夜里萤火般闪烁。从门缝悄然传来步哨整齐的足音。

我回想起战斗的情景。

突击这种事决不能忘乎所以地进行。毕竟,忘我的境地不是只限于极少的瞬间吗?忘我并不能持续十分钟、二十分钟。要是持续了十分钟、二十分钟,则是所谓的“茫然”了。不应该茫然地进行突击。

而且,忘我是在意想不到之时发生了意想不到之事的情况下,猛然陷进了忘我的境地,而突击则是预料到敌弹会更加猛烈地射来,敌人的刺刀就要在面前晃动,还要发起冲锋。这里面自然既有思想准备,又包含针对预期情况所采取的恰当行动。我以为即便在砍敌的瞬间,或从高处跳往低处的瞬间陷入忘我,也不能说整个突击过程都处在忘我之中。

突击时,我们骤然显得像是魔鬼附体一般,但实际上并不是被恶魔所缠的疯子式的蛮横胡闹,而是高度集中的智力在最敏锐地活动着,发挥着功效。

即使在极度的紧张和兴奋之中,所有的感情都沉默了,敏锐的观察和大胆周密的判断却仍在进行。

这种状态决不能称作忘我。对忘我的解释,是彻底摒弃思考,只剩下一个活动着的身体的状态。

身处困境、卑怯懦弱的人很难保持感情的沉默,不能完全启动敏锐的智能和大胆缜密的判断,对敌弹飞来的方向及着弹点无法确切地看清,对敌我的位置、与友军间的关系——友军机枪射击正压制了敌军的哪一处?敌军正处于何种状态?友军的炮击效果怎样?还有眼前的地形如何?应如何利用这种地形?……诸如此类的种种瞬息万变的态势无法准确判断,因而不能做出恰当的防御或者进攻,负伤或身亡的概率也就高了。

昨天早上的战斗中,那些被恐惧吓忘了一切的人,既不能进行任何必要的观察,也不能考虑应该如何行动,只是一动不动地趴在地上,就像被猫盯上的老鼠趴在地上不动一样。他们死的死伤的伤,这种时候,老鼠只能随猫任意摆布了。

尽管如此,也不能说这种结局只有他们无法逃避。如果人类有命运的话,不,正因为人类有命运,在命运这神奇的绝对者面前,再敏锐的智能,再大胆透顶的精确判断,也都完全无能为力。

这不是人力所能控制的事,所以只有对人为范围内的生死才能这么说,即:越卑怯懦弱,伤亡的概率就越高。

这种说法,听起来好像所有伤员和死者都尽是些智力低下、没有头脑的人似的,其实并非如此,只不过是说有这种情况罢了。应该认识到,有许多人将命运的裁决置之度外,勇敢地投身于死亡之中。还应该认识到,不能说所有没负伤或没死的人都不是胆小、卑怯者,都机敏、大胆。

排除个人的感情,凝聚高度的理智,进行惊人冷静的观察及准确的判断,实现一般情况下难以想象的高度客观化。

在高度兴奋激昂当中,看似鲁莽的行动,其实却包含着统一在同一方向下异常冷静的理智,是这种冷静的客观指示下的敏捷的行动。

我思考着这些,又点着了第二支烟。将烟吸到肺的最深处,再特意撅起嘴喷进黑暗之中。接着,又想起了故乡。故乡的风景,甚至连溅落到岩石上散去的白浪,海风里夹杂着如炮声轰隆作响的松涛,以及朋友熟人的身影,都一下子展现在我眼前。来打仗,这是第九个月了。母亲一个人留在家乡。母亲现在怎么样呢?

这时,门"吱呀"一声开了,步哨来传令换岗,我脑中宛如倒线般不断展现的故乡情景一下子中断了,不知不觉中又昏然睡去。

第二天早晨,远处麦田对面的山上熠熠生辉的朝阳还未完全升起,我们便起了床,煮好饭,做出发准备。

在前线,朝阳对我们来说总是更加意味着喜悦、生和感谢。

朝阳和夕阳带给我们的感触是黑白分明的欢乐和忧郁。

朝阳的光芒钻石般洒落在辽阔麦田的穗梢儿上,晨雾渐渐消散,从山脚到山顶,再到天空,一个澄净灿烂的早晨苏醒了。我们打开两扇平安无事的门,在潺潺的小溪边洗了脸。清凉的流水润湿了沾满污垢的脸,好像洗去了所有的噩梦。

心情轻松愉快。我们出发了。

辎重兵们就在山的那一边。部队并没前进多远。照这样子,很快就能跟中队会合,于是大家抓紧赶路。又翻过一道岭,一片一望无际的麦田跃入我们的眼帘,麦田里还四处点缀着些树林。

树林里有村庄。翻下山,左边村里有烟雾升腾,想来可能是在进行火葬,我们便向那个村奔去。

三分队果然就在这个村里,在给西谷火葬。三分队的人说,西谷的火葬差不多就要结束,很快就能捡遗骨了。村里已为英灵竖了七八根粗糙的墓标,前面供着压缩饼干。

要火葬的尸体还有三四具。战友们拆掉村里的房子,运来木材,设了三四处火葬场。很快,我接过西谷的遗骨,包在手纸里装进了挎包。

任务结束了。一到了出发回中队的当儿,大家不约而同地说,再稍微休息一会儿,等体力恢复后再走吧。现在马上回到中队的话,紧跟着就是战斗,剧烈的劳苦在那里等着我们。我也赞成这个建议。但轻机枪分队队长荒山伍长是个死板的人,硬坚持说:“不,现在立即出发吧!”

我们极不情愿地背上背包走了起来,有的人还在发荒山牢骚。当我们离开村子三四百米远时,后面忽然传来巨大的爆炸声。回头一看,原来是敌人的炮弹。敌人的炮弹接连不断地集中飞落下来。

我们从心底庆幸:哎呀呀,捡了条命!要不是荒山那么说,我们这会儿还正在那个村里午睡呢,那现在就不是什么火葬,而是弹葬,早已粉身碎骨了。每个人的心中都涌溢出对荒山的感激之情。敌人是瞄准火葬的烟进行集中炮击的。集中炮击持续了几分钟。我们在麦田里匆忙赶路,一个劲地说:“我们真走运啊!”

下午与中队会合了。中队正埋伏在一个村头的麦田里。

我们回归中队时已是下午五点,麦田的尽头已燃起晚霞。中队长看到我们,高兴得不得了。

见到大队长,大队长也格外高兴。不知道为何所有人都这么为我们高兴。

过了一会儿,联队长把荒山军曹①叫去询问了情况。据说部队方面都以为我们已被残敌消灭了。

三中队成了大队的预备队。仗就在几百米前方打着,我们却在摇摇欲坠的房子里聊得热火朝天。

不知谁从哪儿听来的,传开了关于战线的消息。这种消息往往多是谣传,但也不尽然,也有一点从其出处来的有限的根据。只是在传播途中,吹成了大话,还搞得煞有介事的样子。消息的根据一般来源于值班军官或总部的士兵。

总部和值班的那些士兵个个都一样,总是做好了准备,指望得到点特殊的情报,所以一有机会听到点军官们的闲谈,便将其认作不得了的最新消息,一个接一个地往下传,等传到我们这里时,已经有枝有叶,有血有肉,像模像样了。而且其枝叶大都是由士兵们期望的梦想添缀上的。因此,"哦,是么?如果消息这么合情合理……"虽将信将疑,却还是被我们所期望的梦想所迷惑。凯旋的故事等尤其如此。前线的士兵们一次次被凯旋的故事激动得心潮澎湃后,又一次次被事实的真相重重地摔倒在地。

传言四起,说是台儿庄攻击战中,第十师团被李宗仁麾下的官兵当作残兵败将对待。

说是第十师团接连不断出现死伤人员,已是一副伤痕累累的情形了。

"十师团的做法是零星使用少量兵力,恰如穷人家的吝啬

① 军曹是中士,伍长是下士,有可能荒山因功被提升了一级。

用法。”熊野在团团围坐的对面开口道。

“是啊！说到底这不是大部队的做法，而跟小部队一样。所以我想反复出击多少次，也都要被歼灭，自然要被当作残兵败将了。不知板垣征四郎阁下作何感想？”野口一边敲着征用的支那烟斗，一边像师部参谋似的附和道。

毕业于东北大学的泷口铿锵有力地插嘴道：“不过嘛，听俘虏说，对大野部队的强大、可怕等说法他们早就听说了。”他加重了语气，很知情似的说道：“从枣庄开始的行动他们也都清楚。而且，据说这家伙的日记上写着十师团的〇〇[①]部队不足为惧。反正十师团在山西省好像也给打得很惨吧！敌人甚至连劝降传单都散了。俘虏说他们有相当于两个师团的兵力在这一带打，说是一个师团大约有五门迫击炮和五门野战炮。”

“可你知道的，十师团的师团长不是说他们不要支援，顽固拒绝我们的支援吗？”

“理当如此啊！”

就在这时，“咣！”敲破钟似的声音在紧旁震彻我们的耳底。我们赶紧卧倒在地，脑子里“嗡”的一声，吓得魂飞魄散。迫击炮弹就落在离我们两间的前方。炮弹穿通屋顶，在隔壁房间里爆炸了。尘烟弥漫了整个房间，硝烟味刺鼻。爆炸之后，我们才慌忙逃窜。敌人的炮击从前天开始进入白热化。这里离敌阵只有一千米左右，可能炮兵阵地就在其后方某处，弹药补充得很充分吧，敌方炮兵毫不吝惜地持续对我们进行炮击。

友军的野战炮在麦田里拉开阵势迎战。

作为炮兵之眼的观测班，位于平坦麦田里一块孤零零的

① 原文就是打了两个圈。

隆起如瘤的台地上。台地上有个庙。

这里可能是从前埋葬贵人的地方。台地上的观察所多次遭到敌军炮火的猛烈轰击。他们那里正是很好的射击目标。台地上的庙这会儿也因炮击而毁坏了大部分,砖头瓦块遍地散落。

双方炮兵间的交战一直持续着。

某日下午,石桥中尉指挥的五中队奉命占领某村,他们进行了果敢的突击。

石桥中队长带领一小队在平坦的麦田里前进。大树掩映的村庄里,敌人正屏息凝神地严阵以待。石桥中队忽而在麦田里爬行,忽而快跑一段,接近了敌人。村庄前面有三四块墓地。墓地坐落在麦田里,样子就像个馒头堆,正是绝好的掩蔽物。

石桥中队一米、两米地勇敢前进,就要靠近墓地了。这时,一直悄无声息的敌人突然发动所有火力,敌弹宛如暴风雨般飞到石桥中队的身上。就像求血心切的魔鬼一般,敌弹接连不断地吮吸着鲜血。突击队员们在麦田里拼命奔跑,总算到了墓地。可他们刚到墓地,手榴弹就在脚下爆炸了,几个人一下子就在痛苦中死去。每块墓地都是一样,横七竖八地躺着死尸。原来敌人预计到我军进攻时肯定会利用墓地,便在那里放了成捆的手榴弹,上面系上长线,一直牵到自己的阵地,等突击兵一到,便拉线爆炸。

石桥中队完全落进了敌人设置的圈套。

如今失去了掩身之处的突击队试图一举冲进二十米前方的敌阵,遗憾的是,敌阵前面挖了一道虽不宽却贮满了水的小河,挡住了他们勇敢的冲锋。在他们咬牙切齿、东奔西跑的过程中,两个、三个、四个、五个……一个个在小河前含恨而死,几乎全被送进了地狱。石桥中队长也悲惨地死去。就这样,第一次突击以彻底失败而告终。第二次由三小队突击,友军的炮兵进行了掩护射击,但第二次突击也在全军覆没的悲惨命运中失败了。现在已经知道白天突击是不可能的了,便决定夜间奇袭。到了晚上,活下来的突击兵们趁着夜色把战友的尸体扛了回来。二小队趁着夜色收容了包括中队长在内的几十名阵亡者的尸体,但还有五六人的尸体不知是被炮弹炸飞了,还是被敌人抢去了,没能找到。

这样,五中队人数急剧减少,缩编后仅成了一个小队。仅一次突击便蒙受如此巨大的损失,而且是以失败告终。迄今为止我们记忆中还从未有过如此凄惨的境遇。

我们大野部队就这样不惜代价地硬是一直坚持到现在。

不知何时起,我们的炮兵阵地沉默起来。敌人在随心所欲地一个劲射击,与此相反,友军的炮兵却不知为何中止了炮击,所以连我们这些步兵也都气急败坏,被炮兵们的不争气激怒了。敌弹依旧毫不留情地射来,忽左忽右地大逞淫威,我方的炮兵阵地自不待言,连我们步兵都在经受着这血的洗礼。听说我方炮兵阵地上被炸死了三十四马,另外还有许多人被炸死。损失三十四军马将对今后的行军带来极大的影响,真叫人发愁。

然而友军的炮兵却仍在坚持着沉默的不抵抗。

我们议论纷纷:“难道炮兵是不懂得气愤的傻子吗?”

日子就这样一天天地过去了。

有小道消息说,炮兵弹药匮乏。友军的死伤人员不断增加。

弹药! 弹药! ——我们都在心里祈祷着。

辎重兵们现在不运粮草,却要将死伤人员运载到后方去。成了一介物品的尸体被堆在车上运走,本该运输歼敌弹药和延续我们生命的粮草的辎重车,如今却成了灵车,发出滑稽的碾轧声在麦田上奔驰而去。

部队决定在这里采取防御之势。各中队必须占领各自准备宿营的村庄。

我们三中队占领并据守大队总部右边一千多米处的辛庄村。到前天为止这个村一直是友军占领的,友军只一天不在,就立即被敌人占领,所以又得打仗把它拿下。

我们的野战炮哑了三天之后,野战重炮来支援了。“野战重炮来了!”这个消息传到耳中,我们都充满了得救的安心感,心情畅快,就像黑夜过去迎来了天明一般感激不已。

“野战重炮!野战重炮!”听起来多悦耳啊!它会像野兽那样,像巨大凶猛的野兽那样大展雄威,一举扫平敌人的炮兵阵地!

不久,大家期盼的野战重炮开始咆哮了。敌人很近。

黑乎乎的尘烟在那边升腾起来。

“当——当——当——”的发射音一过,炮弹立即“嗖——嗖——”地冲破气流跃过头顶,不久便“咣——咣——咣——”地在那边爆炸了。

可是怎么回事呢?炮弹的着地距离太近了,没打到敌阵,只不过白白把麦田翻了一下土而已!再怎么射也是枉然。

我们一看,原来观测班没怎么往前去,好像只在后方观测,没有充分检查弹落情况。

我们分队远离中队,在大队总部。大队总部有二中队在警备,在村庄周围挖了深深的壕沟。

敌人的炮兵好像在嘲笑我方老也打不准的野战重炮一样,将炮弹雨点般准确地发射过来。敌人的做法是对一个村落持续几分钟集中射击,然后再对下一个村庄进行同样的射击。所以,当一个村子受到集中射击时,都能预计到下面该轮到哪个村了。不过虽然能预测到,可我们没有防空壕,别无他法,只能想开点,对天上掉下来的炮弹束手以待:运气不好的就死,运气好的就活,只得听凭命运之神安排了。一旦想开了,也就轻松起来,抽着烟,等待命运之神的裁决。

我分队的人靠着土墙一边抽烟一边晒太阳。紧旁边约一丈高的地上有口井,田中去打水。六七个打水的人刚围着井喝完水,"咣——"一枚炮弹爆炸了。不知是敌兵发现了他们之后射的,还是碰巧打过来的,打得实在是太准了。尽管是敌人,我们仍不禁为他们的本事赞叹不已。幸好那六七个人喝完水就相继跑开了,一个也没死。

"哎呀呀,这真是……"田中带着侥幸的神色跑了下来,"吓死我了,"接着,他吐了一口粗气,"狗敌肯定以为我们都给炸死了吧!畜生!活该!"他恶狠狠地骂道。

我们奉命观测传令野战重炮的着弹点。我从电话旁到二中队队长之间每隔十米安排一名分队员。在我安排人手时,二中队的士兵们在拼命挖战壕。他们尽力挖横洞,以求生命安全。大家都想尽量将身体藏到洞里,以避炮弹。这种时候,感觉哪怕只往外伸出一条腿,这条腿就会被炮弹夺去。

据说大队长也呆在战壕里。

是小川中队长用望远镜在最前面观测的,我分队执行传令任务,传给重炮的观测班,再传送到炮手那里。为什么观测班不上前,用他们的特种望远镜观测呢?我们觉得不可思议。是不是他们害怕炮弹,所以不上前?

我方的炮弹仍旧是盲弹。

"射程延伸一千五百米!目标左侧一百五十米,射击!"

我向下一个传令兵传达。落在距我一千五百米地方的炮弹,比黑夜里乱发一气还要糟糕。与此相反,敌人的着弹点则准确得让人佩服。这是因为敌兵早就熟悉了地形,已将准确的测定情况标在他们的地图上——尽管可以这么解释,但打得实在是准确无比。虽然他们是敌人,我们也不得不佩服他们高超的技术。

“射程缩短五百米,往左五十米。”

这次过远了。

“射程缩短两百米,往右一百米。”

终于打中了。我们在心里叫好,注视着着弹情况。悦耳的弹鸣声从我们的头顶飞过,接着便升起了黑蒙蒙的硝烟和尘烟。

敌人的炮弹也在寻找我们的炮兵阵地,不断地死命咆哮着。现在,双方的炮弹互相冲着对方的阵地咆哮。我们步兵部队一边抽着烟,一边望着彼此的炮击,每当我方的炮弹命中时,便大声称快。

五月二日就这样在炮击中进入了黄昏。

五月三日。

晚上十点。我们奉命回归中队,向辛庄村进发。这是一个微亮的夜晚,麦田里吹拂着静谧的风。跟白天激烈的枪炮声相比,这一刻是多么的宁静啊! 似乎一切都陷进了沉沉的睡眠。在这静谧的世界里,无法想象会有杀气腾腾的人正伺机摆弄杀人的家伙。

静与动。这不简直是如梦如幻的变化吗? 无法想象,这和平与寂静实际上是嗜血恶魔跳梁的战场。微暖的风轻轻吹拂着麦穗。直到两小时前,震天动地的炮弹声还时刻响个不停。就像回光返照者的最后呼吸一般,销声匿迹后便又一下子回到万籁俱寂中。宛如梦幻,宛如谎言。可是,啊,可是啊,哪曾想这和平与寂静的五月三日的夜晚,竟会成为我终生难忘的悔恨交加的夜晚!

我们在一条有些低洼、颇似无水河床的地方走着。沿着凹地有条路。凹地右弯的地方，道路则向辛庄村方向延伸。我们悄悄地很快到了辛庄。辛庄位于距大队总部约一千五百米处。村里同样大树参天。

整个中队几乎都在村庄前端，我们分队成了预备队，呆在深深的天然壕沟里。这壕沟是条干涸的沟渠。据说中队白天消灭了打算来夺回辛庄的敌兵，缴获了两挺敌人的机枪。士兵们对我说，他们就像当初五中队被打的那样击败了敌人，给五中队报了仇。

我留下分队队员，自己跟着中队长去侦察阵地。中队几乎所有的人都位于村庄前方。村庄后面，只在我奉命警戒的地方有一个分队。当我和中队长一起查哨时，敌弹“嗖——嗖——”地越过村庄飞了过来，落在黑黝黝的麦田里。我们卧倒下来，商量警戒部署。

“东，敌人在村庄的前方。这里是村庄的后方，敌人不大会来吧！”中队长小声说道。他接着说：

“这条路就是你们刚才来的路，通到大队总部。路的右、前、左方都要修哨兵工事！要对三个方向警戒！”

“是！我明白了！”

十分钟后，我向分队队员说明警戒地段。

“敌人在村庄的前方，这里是后方。右方七十米处，由一小队派出的一个分队在警戒。左方六七十米处，由二小队派出的新川分队在那里。我们则必须在中间地带即我们所在的位置担任警戒。”

“这条路就是我们刚才来的路，通到大队总部。中队长命令我们，以此路为中心，对右边、前边和左边三面进行警戒。”

“这么大的村庄的广阔后方就靠这么点人手警戒？我感觉这里恐怖得很……”野口嘟囔道。他是川崎造船厂的工人，因贪食，肠胃总不好。他是后备兵。

每当必须有人留在后方时,他常常是率先留下来,不太想上前线。即使上了前线,也只是揽些监视苦力的活。他的背包总是被战利品、零食和香烟塞得鼓鼓囊囊的。南京战役时,他就因年糕小豆粥吃多了伤了肠胃,给留在了后方,但他好像一点也没觉得这有什么不光彩。

他有点小聪明,尤其在机械方面,一旦要挖涉及他自身安全的战壕时,他一定会挖得认真漂亮,令人佩服。

他说"恐怖得很",其实每个人心里都是如此。每日都在重复着造成巨大牺牲的战斗。这场台儿庄战役,敌方的大部队比我们的规模还大,一个劲地昼夜进攻,真是场格外让人神经紧张、坐立不安的战斗。

"野口和泷口在路边,担任右方的警戒!"我说完,指示了路边的位置。

野口和泷口放下了背包。

我命令道:"拿出圆铲挖战壕!"

泷口于园部中学毕业后,从金泽四高进了仙台的东北大学,是个知识分子。他还是个在校大学生,兵役宽限期期满后作为现役军人入了伍。他今年二十七岁,是个瘦小的男子,走路迈着碎步。在我看来,他并不是很勇敢的人。我跟他关系很好,而且想到他还上了大学,因而哪怕出现万一,也不愿毁了他,所以尽量安排他到安全的位置上。这次就把他安排在最后面的阵地上。可命运这东西实在不可思议而且充满讽刺意味,这一点终于明明白白地在两小时之后,通过我眼前,以最难忘、最伤心的悲愁痛哭的形式出现了。命运难道是人一生下来就必须立即背负的东西吗?命运究竟是什么?是"达观"吗?无论发生什么事,"这是命运",人们就用这句话来寻求"达观"。战场上所有人都成了宿命论者。战场上,有时原可避免的事结果无法避免,有时的情形又正好相反。可能变成不可能,不可能变成可能。对这无法预测的神秘,我们都莫名其妙地感受到了命运的存在。

我命令熊野、下坂两人担任左方警戒,我、田中和竹桥三人在前面,充当前方警戒。

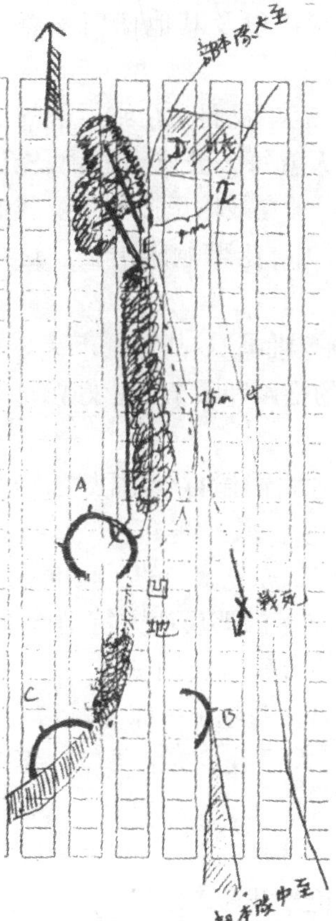

1是野口最初发现的敌人位置。

2是东到达1处后发现的敌人位置。

A阵地是以警戒右、前、左三方为目的,派出三人上前,将阵地设成马蹄形。田中、东、竹桥。

B阵地的目的是只警戒右边,在设想右边肯定不会有敌人的前提下只安排少数人员。泷口、野口。

C阵地只警戒左边。下坂、熊野。

D到这条路的中间为止都是凹地,与大队总部的位置相通。

E泷口战死后,为防备从F凹地爬过来的敌人,便在E点筑工事,最先安排田中当步哨。

F把下坂换成E点的步哨后,考虑到E点离A、B、C阵地太远,很危险,应把步哨位置换到凹地F处,便让步哨下坂后退到F点。下坂在下面筑工事时,发现了在G点爬的敌人。

这一带的土地是柔软的沙土。

我们是入夜后才到这里的,所以无法知晓明确的地形。夜漆黑一片,可怕的寂静宛如死亡一般包裹着我们。

我们的神经因连日来敌人无休无止的袭击绷得紧紧的。我们一边不停地干着,一边小心谨慎地竖起耳朵,就连吹过麦田的微风、狗的脚步声、狗吠声以及其他任何一点声音都不放过。

我们最前面的三个人挖好了一道够我们完全站得下的战壕。其他人还没挖好,于是我们三人就每人警戒十分钟,先让田中在战壕里站岗,我和竹桥弓着身子在战壕里边抽烟。我们得偷偷地吸,把香烟的火光挡在手中,免得泄露出去。这烟真香。

黑暗与静谧之中,隐约听到"啪嚓啪嚓"挖战壕的声音。

突然,黑黑的远处响起了激烈的枪声和嘈杂声。好像是大队总部遭夜袭了。

曳光弹在黑夜里画着弧线,枪弹将静谧打个稀巴烂,嘈杂声、叫喊声四处回响。

但过了二十分钟左右,又再次回到原先寂静的黑暗世界。

不知是不是野口、熊野他们挖工事的那块地方特别坚硬,老也完不成。我拿出压缩饼干"嘎嘣嘎嘣"地嚼了起来。

"那是谁?"突然传来野口的声音。我吃了一惊,抬起头来。只听野口又叫道:"那是谁? 什么人?"我问道:"野口,怎么回事?"

"路前面的大树下有人!"野口一边回答一边诘问:"什么人? 什么人?"没有任何回音。"开枪!"我命令野口。

野口"乓乓乓"连开了三枪。

"停止射击!"我喊完,侦察了一下情况。

我们全神贯注,调动着我们的耳朵和眼睛紧盯着前方。

一点声音也没有。我的阵地前面是一片杂草,看不到前面,于是我爬了出来。

我是分队长,必须弄清楚可疑者是敌兵还是别的什么,而且还必须妥善处置。

我微弯着腰悄悄前进,手里紧握着一支上了刺刀的枪,随时准备刺杀敌人。

路左边的杂草旁是一片凹地,于是我利用凹地悄悄前进。前进到约二十五米处有枣树和一些枯木。可疑者就在那里。那里没有杂草,能看得清楚,我就倚托一棵倒地的大树,架好枪,卧倒在地,在黑暗中努力地向前方探寻。还是不见敌影。于是我探身到路上查看。路上约五米前方靠右侧的麦田边上蹲着一个黑影。我判断不出那是人还是大石头,抑或是别的什么,紧盯着看。这时,泷口小声问着:"老东你在哪儿?在哪儿?"来到了我的左边。

"是泷口啊。喂,你看对面那个黑影不是敌兵吧?"

"在哪里?……哪里?"泷口不在意地问。我探身把他拉到身边。

"唔,是像敌人啊。"泷口小声说道。

"泷口,你没带枪嘛。我来盘问,要是敌人的话,你就赶紧后退!听到没有?"我小声对他说完这些,喊道:

"什么人?什么人?"没有一点回音。

"什么人哪?"我又喝斥了一声,黑影"霍"地动了起来,说了句什么。他说的正跟我们在支那北部八库盂①夜袭中碰到并听熟的话一样。我立即意识到这是敌人。"泷口快撤!"我大吼着命令毕,对着黑影开了枪。

泷口麻利地闪身撤走了。

---

① 地名,此处为音译。

一枪。两枪。黑影消失在麦田里。我有种直觉,这个敌人的背后肯定藏着大部队,此人乃侦察兵之类。

我觉得很危险,应该回到阵地里抵挡,便一边跑过杂草旁长长的凸地,一边喊道:

“有敌人!向路前方射击!”我一边反复喊一边跑。当我冲到自己的阵地时,田中正张皇失措地站起来,准备冲出战壕。

“在路前方!射击!”我对田中喊着,一边不停地从阵地往前方的暗处开枪。田中慌慌忙忙地不知朝哪儿开了一枪。

“路前方是这边!”我又对田中喊了一遍。为指示清楚射击方向我连连开枪。田中已经彻底地惊慌失措了。我正朝枣树附近猛烈射击,背后忽然传来野口的声音:“泷口呢?泷口呢?”我觉得很奇怪,心想泷口应该先于我回到阵地的,是怎么回事呢?便问正在找寻的野口:“怎么回事?”回答说是泷口不在。

咦!泷口呢?怎么回事?我惊诧地大声喊道:“泷口!泷口!”没有任何回音。我把路上搜寻了一通,发现了躺在我们阵地后方道路上的黑影。我吃惊地跑过去一看:啊!是泷口!

“泷口!泷口!”我拼命地喊着,紧紧抓住他。我死死地凝视着泷口的脸。泷口衰弱不堪地倚靠着我的手臂,发出临终前的痛苦呻吟。黑暗当中也能看到黑乎乎的血从他头上流下来,在地面上流淌。悲痛刺着我的心。

“怎么会这样!怎么会这样!泷口啊!泷口!”我哭着抱紧了他。

我此时直觉到——是田中惊慌之中开的一枪……我轻轻放下泷口,跑到田中身边,猛地抓住他的双臂,一言不发地使出全身力气给了他一个耳光。田中颤栗着,辩解道:

“你怪我,可哪搞得清楚啊!”他的意思是说,鬼知道是谁打的子弹。我并没有说“是你的子弹打死的”,我打他耳光的手却说明了这一点。

我问自己,事到如今再诘问田中来弄个水落石出又有什么用? 便再次回到泷口旁边,紧抱着他哭了又哭。多惨哪! 我忘却了自我,忘却了敌人,忘却了所有的一切,只为这悲痛、悲哀、悲惨而号啕大哭,连喊着:“泷口啊! 泷口啊!”泷口在我的怀里痛苦地呻吟着,艰难地持续着他二十七个春秋最后的呼吸。

啊! 亲爱的泷口! 而且他是被恶魔缠身而死的。“哼——哼——”粗重且极端痛苦的地狱里的呻吟从他的口中传出,紫黑的血黏糊糊地流着。我的全部身心都被剧烈的悲痛夺去了,就像得了热病一般抱紧他,呼唤着他的名字。

就在刚才还精神抖擞的泷口!“老东你在哪儿?”刚才还这样呼唤的泷口! 这会儿,他口中在喘息着,进行着最后的呼吸,曾拍我肩膀的劲头十足的手现在无力地耷拉着。他那可爱的松鼠般漆黑明亮的圆眼睛现在却紧闭着,而且恐怕再也不会睁开了! 从他学习法律的脑中,知识正和血一道流逝。

他那握笔的手——持枪的手微微颤动着。啊! 一切都完了!

热泪和难以割舍的情怀涌上心头。

“水! 水!”听到熊野的声音,我一下子想了起来——对了! 赶紧跑去拿水壶,把水滴到泷口发出呻吟的嘴里。可是,水只是无效地流溢出来。这让我悲上加悲。

见我沉浸在悲叹号哭之中,熊野招呼说:“你这么难过也无济于事。得向中队长和卫生兵报告。”他劝我。对呀! 我转变了念头,说:“熊野君,你给我跑到总部去!”

熊野跑走了,很快,中队长和荒木军曹跑了过来。

“泷口，挺住！”中队长跑到我跟前。卫生兵来了。

“中队长，他已经不行了。”卫生兵直筒筒地说道。

“不行了……”是的，已经不行了。泷口被击中了头部！“不行了”这句话涌上我的心头，扩散开来。

“东！”中队长镇静的声音震撼着我的耳膜。

“有！”

“情况怎样？”

“是！”我将泷口被击中为止的情况作了详细汇报，但我在这个报告中掺了最大的谎言，打算把最重要的内容隐匿起来，蒙混过去。

“不行了”，这句话再次打垮了我的心，我涕泗滂沱，责任感猛烈地鞭挞着我。

“如果敌人在前面，那么泷口在回去的路上被击，应该从背后往前穿弹才对，但实际上却是从旁边穿过来的。那么子弹是从哪里飞来的呢？”听到中队长指责般的声音，我颓丧不已。我要是现在在这里说出了事情的真相，田中会怎么样？一切都是我这个分队长的责任。我拼命说：

“子弹……跟中队长您一起来检查的时候就有子弹从那边飞过来了，同样，在那之后也有子弹飞来，所以我想就是被那子弹打的。”为扯这个谎，我已经筋疲力尽。

“中队长，对不起您了，对不起。一切都是我的罪过。对不起！”我撒完谎，失声痛哭。

“卫生兵，马上将泷口带到中队总部！”中队长命令毕便沉默不语了。痛苦的沉默在延续着。森崎曹长来了。

“你说你不知道泷口遭了枪击？”中队长的声音无情地敲打着我的心。

“是！我一发现敌人，就立即让泷口后退，自己再一边开枪一边撤的，所以以为先撤退的泷口肯定早已回到他的阵地了。”

“那你怎么知道泷口被击了呢?”

“位于后方阵地的野口问:‘泷口呢?’泷口不在,我觉得奇怪,心想怪呀,我让他先回来了的呀,四处一看,就发现了在路上呻吟着的泷口。”

“泷口的阵地在哪里?”

“在那边。跟野口同一个阵地,是最后面的一个。”

“你下了什么命令?”

中队长严厉的责问,毫不留情地鞭挞着我充满沮丧与自责的心。

“‘向路前方射击!’”

“你是进了阵地后才开枪的吗?”

“是的,开了六枪。”

“你是朝你所发现的敌人的位置开的枪吗?”

“是这样。朝那边枣树方向。”

“‘向路前方射击’,这道命令对吗?你好好想想看!”

“是!”

中队长似乎感到了泷口的死乃非正常死亡。森崎曹长看了泷口的伤口后吼道:

“伤口大得很,子弹距离很近!”

啊,都隐瞒不了了。我感受到无尽的责难。

“哎呀,脚上居然也中弹了嘛!”曹长的大嗓门震撼着我,好像在痛打我一般。脚?……我不由自主地回头看去。真是出乎意料。是谁的枪打中的呢?我被一种无可奈何的情绪彻底击垮了。

命令向路前方射击难道错了吗?我体会到深重的负罪感,甚至想以死谢罪。怎么见中队长,怎么见泷口的父母!无限的悲叹自责折磨着我。

泷口啊！我是个愚笨的分队长，所以指挥错了，导致你陷入了死境。怎么向你谢罪呢？对不起！对不起！我在心里忏悔着。

“东！”中队长突然喊我的名字。

“往杂草前的枣树那边派步哨。有杂草挡着看不清楚，十分危险……六个人不够吧。行啊，给你们增加一挺白天缴获的捷克式机枪吧……哦，还有，东，泷口……叫泷口什么来着？”

“泷口光夫。”

“什么！”中队长吃惊地说。

“是泷口光夫？……是么！我还以为是——”中队长低下声来，显得很是意外，有话要说似的降低了声调。

“我……还以为是——”他接着又自言自语地小声说道。

“东！他给打死了，实在是太可惜了！”他深深叹了一口气，“说实在的，虽然不能对人说，不过泷口光夫我是不想让他死的，我想，倒不如是……当然不是说谁就可以，只是……光夫离开联队时，联队长就在说要不要带这小子去，因为这小子还是个在校的大学生哪！可光夫说‘让我出征吧’，所以才带了来……他父母也再三托付……终于还是死了啊……”

中队长遗憾万分地对我说着。

“实在是对不住，对不起了！”

“喔，没办法。”中队长说。

“加强警戒！”中队长添了这句后走掉了。

听了中队长的话后，我充满悲哀的心更深深地沉浸在泪水之中。我命令田中去枣树下站岗。

“竹桥，请挖一道能让步哨容身的战壕。”

两人离开战壕走了。我在战壕里独自一人沉思。我的“向路前方射击”的号令不恰当吗？对位于路左边的人来说，路右边、路的延长线上可都是“路的前方”啊。

对 A 阵地、B 阵地的人来说，甲、乙都是路前方。

因此，位于 B 阵地的野口对甲的方向射击，位于 A 阵地的田中则向乙的方向射击了。

如果说这个号令不恰当，那么应该如何下令才好呢？在夜里，地形又不熟悉，谁也不知道那里会有什么，有没有枣树，何况这是个精神高度紧张的夜晚。是不是该说“路上的敌人”？不过这样也不行，因为这样会把从路上撤下来的自己人错当成敌人的。可“道路远方的敌人”这句话也是半斤八两。总而言之，阵地上的士兵，尤其像田中和野口已经知道我和泷口都离开了阵地，难道不应该仔细判断一番吗？野口不是应该在确认不是泷口之后再开枪吗？田中不是应该判断出路前方指的是哪里吗？

我想不出这种情况下的非常准确的号令。竹桥君在田中君开枪的同时就说泷口被打倒了。下坂说，搞不清楚是田中打的还是野口打的，因为野口也开枪了。所以说不定野口突然想了起来，才自己问：“泷口呢？泷口呢？”我在下坂告诉我之前，一直不知道野口开枪的事。泷口是在离他的阵地，即野口所在阵地三米左右处被击中的。想必是野口打了脚，田中打了脑袋。

但一切罪过都由我来承担吧！我是分队长。我是不是过于紧张、惊慌失措了？不是有更为妥帖的处理方式吗？

枣树那边挖战壕的声音隐隐约约地传过来。我屈身缩在壕底，轻轻点着了香烟。借烟的火光看了看表。时间是凌晨一点十分,五月四日凌晨一点十分。难忘的五月四日凌晨一点十分。

我是不是应该在发现敌人后,悄悄撤到阵地,向分队员报告情况,然后再指示射击方向,进行切实准确的作战呢?

但是,我们肩负着侦察兵和前哨尖兵的任务。敌人就在眼前,哪有如此宽裕的时间!前哨尖兵在得知敌人袭击的情况下,应该从所在位置边喊:“注意!一百米!”边往回跑,现役时期我就是这么受教育的。

我这次就是边喊着:“有敌人!向路前方射击!”边退回来的。

我在发现一个敌人的同时,还预感到他背后潜伏着敌人的大部队。因为哪怕他只是侦察兵,也不会仅仅是一个人;要是突袭的话,就更不会是一个人了,而且我还怀疑可能是昨晚后半夜夜袭大队总部的敌军。面对冲到我们阵地前二十五米处的敌人,怎么也不能从容待之。敌人要是下决心冲过来,二十五米的距离就只需短暂的几秒钟。

并且,我们每个人的脑子里总潜藏着对手榴弹的戒心。至今我们一直都为对付敌人的手榴弹而发愁。敌人拥有大量的手榴弹并且频繁地使用它。

刚才那一刻,我的脑子里也存在着“手榴弹”。

要给扔进几颗手榴弹,那可就全完了。

到底还是无法想象会有充裕的时间。

我们遭受着不分昼夜的枪炮袭击,与顽抗的敌人对峙——与仅距一千米处顽抗的敌人对峙。在我绷紧了每一根神经的脑中,对微风的细语也须侧耳倾听,对狗吠声也须瞠目监守,对任何声音、任何迹象、任何细微的变化都必须保持极度的紧张和注意,五尺五寸的整个身体化作了一根神经——就是这样一个我,在黑夜中发现了正在接近的敌人后,要我静静地撤退下来,然后向战友报告,这能做到吗?

我采取的措施正确吗?

错的只是射击目标的指示方法吗?

在那之后,敌兵杳无声息,并没来进攻。莫非敌人真的只是一个人?

倘若如此,那我的直觉就错了。我太胆怯了吗?

不过,要是如我所料,敌军有埋伏,在那之后我们遭到袭击,那我的做法就完全正确了。

要么敌人虽是部队,但以为我们人多便放弃进攻转而撤退了;要么真的只是一个人,那之后没来进攻。

我所采取的措施是对还是错,关键要根据我对敌人是部队还是个人的判断来裁定。

我左思右想,仔细反省。

"嘎吱嘎吱"挖了战壕的竹桥回来了。

"老东!"

"什么事?"

"弄不好要出大事,田中君……"

"田中君? ……"

"说不定要自杀。"

"什么!"我震惊不已。

"田中君浑身发抖,自言自语说:'自杀了吧,可现在又不是时候。现在正是需要兵力的时候,哪怕多一个人也好。要不这会儿就算了?'怎么办呢? 反正他一直在打颤,自责不已。"

果然如此! 我痛心疾首,深畏因果报应。

现在田中要是自杀了,那我可真是无颜见中队长了。我也得追随他们,前去谢罪。

我考虑到不能让田中一个人呆在那儿,便命令下坂换哨。

我正对下坂和熊野讲述理由时,前方响起一声枪响。

“真干上了?”我大吃一惊,心悸不已。

“下坂,快点！快点!”我催促道。

终于,好似恶魔附体般踉踉跄跄、沉浸在严厉自责中的田中,回到了痛心疾首的我这里。看到他尽管踉跄,却仍健康活着的身影,我的心中涌起一股柔柔的宽慰。

“竹桥君,你当点心!”我把田中交给竹桥,然后去查哨。

穿过矮矮的杂草,来到枣树下。下坂站在那里。眼前,黑暗无边无际地扩展着,只有当中白白的一条路依稀可辨。这里距离阵地二十五米,好像离得过远了一点。

“下坂,有什么感觉?”我小声问。

“感觉有点危险。”

“是么？把放哨点再往下挪点吧！我觉得在这里设步哨太危险了。”

我带下坂撤回十米左右,就在杂草道的半路上。

“下坂,你来挖个跪射战壕,就在这个战壕里担任警戒！我来把杂草砍除,以便瞭望。”

下坂上等兵赶紧挖起战壕来。我到野口那里去借海军用的小刀。那是大约一个半小时前泷口所在的阵地,现在一分队派来的居仓一等兵手持缴获的捷克式机枪守卫着。野口在背包里摸刀时,突然传来下坂的盘问声:

“什么人？什么人？什么人!”

又来了？我睁大了双眼。接着,两声枪响划破了黑暗。下坂位于阵地前。我想,不能再重蹈泷口的覆辙了,便立即命令道:

“下坂,快撤!”

下坂快跑着撤了下来。

“怎么样?”

“不能大意。敌人纠缠不休,我在挖战壕时,圆铲铲的土沾到了枪上,我想把沾到枪上的土撣掉,猛地一抬头,发现有个家伙摸过来,离我仅两尺左右了。再稍微晚知道一点儿,说不定我就让他给宰了!真叫人不寒而栗啊!”

“你开枪后,那敌兵怎样了?”

“藏到路对面,喏!就是那边的麦田里去了。肯定还在。”

距离泷口事件已经过了一个半小时多了。我们开了火,很闹了一阵,但敌人似乎没有撤退,仍在顽固地偷偷逼近。要只有一个敌人,不会采取这么大胆的行动吧!是部队!肯定是拥有部队背景的单个敌兵盯上了下坂。

十米的距离,敌兵花了一个多小时,慢慢地向我们逼近过来。

事态严重。好!……

“射击目标!前方麦田!开枪!”我命令持捷克式机枪的居仓机枪手。

机枪对沉浸在死一般寂寥沉默中的麦田展开了疾风般的狂射。仔细一看,却发现子弹都打在两三米前的路上,然后成为跳弹飞进麦田里去了。

“着弹点过近!调整距离!”

机枪手立即扬起枪口,修正着弹点。捷克式轻机枪对麦田狂扫了一通。

“停止射击!”又恢复了原先死一般的寂静。

“大家觉得怎么样?我觉得前面的敌人非常顽固,似乎还是相当规模的大部队,光靠我们七个人很难守住。所以我想请求增援……”我探询分队队员的意见。

“我也这么想。七个人怎么也无法完全守住这个大村庄的后方。说不定敌人马上就要来进攻。请求增援吧!”下坂回答道。

“你也是这么看的吗？我感觉情况十分紧迫。喂！熊野君！你去把这些情况向中队长报告,请求增援!”

我对熊野这样命令道,但熊野不想动。

没有谁愿意去。从这里到村前面的中队总部,要通过阴森森黑黢黢的路。而且大树参天,必须从树下经过。又没有一个友军,确实是段可怕的路程。这种时候,人哪怕呆在十分危险的地方,但只要有伴,便不愿离开那里了。现在我们已暴露在敌人面前,不断受到威胁,去中队总部的那段路可能多少有点危险,比这里却要安全多了,但队员可能觉得单独行动更危险吧,所以没有一个人愿承担这个任务。

“那我去一趟吧。下坂！由你代理分队长。若遇敌袭,别在这里死守,边应战边撤退！各人到时把背包等所有的东西都扔掉！所以大家先把背包埋在壕底,等打退了敌人再来拿！听到没有？全靠你们了！我走了就剩六个人了!”

我说完向中队总部跑去。钻过黑乎乎的灌木丛,穿过土墙边,越过广场,路上没有任何危险,平安到达总部。中队长在一户快要倾塌的屋里睡着。我陈述了所有情况,请求增援。

“村下在,你去跟他说,把竹间分队带去吧!”中队长在一团漆黑中对我说道。

“是!”我在黑暗中敬了礼,然后向后转出了门。门外站着步哨。

“喂！村下小队长在哪儿?”

“在那所房子里。发生了什么情况吗？泷口过了约两小时后死掉了。”

步哨指给我小队长呆的屋子,告诉我泷口的死讯。

“是么,泷口死啦！不过竟还活了两小时啊!”我在心中祈祷着,右手紧握着枪,走向小队长的房子。

那里也站着步哨。

“小队长在吗?”

“正提心吊胆地睡着呢,在床底下。”

“在床上吧?”

“床底下！刚开始,他说非得在床上才能睡着,让我们找来床,搬进来,暖暖和和地睡着,可听到泷口遭击之后,赶紧“吭哧吭哧”爬到床底下睡了。士兵们睡在地上,都说想要那张床,觉得太可惜了。”

“大概床上容易中弹吧?”

“可能吧。”

我嘲讽着进了房间。

“小队长,请将竹间分队借给我！我对中队长也说过了。”我对床底下的小队长说完,报告了危险的情形。

“是么！我让他们去增援。泷口遭击时,我本也想去的,可因在二五〇高地伤了眼睛,到了晚上就看不清楚,所以没去。马上就派人增援!”

小队长到床上坐下来,为自己连泷口的临终地也没去辩解。我在心里狠狠冷嘲了他一番。

“我回去了。”

我愤愤地出了门。孤零零的六个战友在等着我回去。我加快了脚步。

在沉寂的村庄边,战友们正高度紧张地守卫着。平安无事。我放下心来。

“我去请求增援了。很快就会来的吧!”

我对大家传达完,直想痛斥小队长的龌龊相。村下少尉自分到我们三小队后,和我一分队同吃同住,跟我们一分队的成员格外密切。而且他跟泷口关系不错,常常交谈。可结果,中队别的干部都来了,作为小队长的村下少尉却没来。

对自己小队士兵的死装聋作哑的小队长，难道就那么怕到这里来！听到泷口的死讯后，居然能钻到床底下，我恨不得朝他吐唾沫。虽说还没习惯打仗，但理应保持小队长的矜持！

“小队长窝到床底下胆战心惊地睡着呢。”我说完，进了田中和竹桥所在的战壕。

“竹桥君，肚子饿了吧？吃压缩饼干吧！”

我说完，从壕底的背包中拿出一袋压缩饼干。我右边的田中沉默不语。

战壕里交织着“嘎巴嘎巴”啃压缩饼干的声音。微微的震颤传到我的右臂。我紧盯着地面。震颤一直不停。

是田中在颤抖！

他是在倾听泷口的呻吟和诅咒吗？

他是在为最大的过失而恐惧颤栗，为强烈的自责痛苦而哭泣吗？在这寂寥的黑暗战壕里！

我感觉到田中是出于自责而颤抖，但我没说一句话来缓和他的不安，宽慰他的心境，而是有意固守沉默，心里还抱着几分憎恶的心情：“田中尽管自责好了，也算是为泷口祈祷冥福了。”

五分钟，十分钟，时间一点一点过去了，右臂依然传来田中的颤抖。难以忍耐的时间流逝！

太阳一升上麦田，立即就要展开暴风雨般的战斗了，而现在，这大地之夜还处在冰冷的睡眠里。我又在心里说：“田中尽管自责好了！”我有意使坏的心对他陷入痛苦深渊的哀号没有表示出任何同情。我的沉默压迫折磨着他的心。他失去了优越感、自信和矜持，陷进狼狈和自责之中。

田中哆哆嗦嗦地颤抖着，就像一个连哭泣、痛苦和叹息都无法做到的失去生气的人，一个不能思考、不能说话，只木然地因恐惧而打颤的人,一个重病的老人。

冰冷的夜气悄无声息地潜入战壕。我又把手伸进压缩饼干袋里。

“嘎巴嘎巴”啃饼干的声音又响了起来。我的心似乎因嚼饼干的声音而得救了,多少亮堂了一些。

我弯腰点着了香烟。一瞬间,战壕里“刷”地亮了起来。田中的鞋子和小腿在哆哆嗦嗦地发抖。

“田中君!”我的右手不由得按住他的腿,并静静地招呼道。

可怜的田中。这里是战场,误伤自己人,错射,出些意想不到的事都是常有的。不应该责怪田中。田中很可怜——我转念想到。

“田中君,不吃压缩饼干吗?肚子饿了吧?吃吧!”

“哦……”他的声音软弱无力地杳然消失了。

“吃点怎么样?”

“哦……”充满哀愁的微弱的声音。

我把饼干袋递到他跟前。他茫然虚弱的手颤抖着欲抓住饼干,可手掌只一个劲在饼干袋里胡乱颤抖着,一块饼干也抓不住。失去抓握之力的手只在稍稍拨着饼干。

“老东!”传来他怯生生的声音。

“什么事?田中君。”

只感觉到颤抖,除此之外便听不到任何声音了。沉默持续了几秒钟。

“老东!”就像遭到痛骂之后苦苦哀求的孩子一样,黑暗当中又传来他怯怯的声音。

“别担心,田中君!”我对黑暗中的声音回答道。

“老东!”又是那种地狱呻吟般的、哀求似的胆怯之声在战壕里回荡。

我完全能推知他想说的话。他是想哀求:“请你千万别说出去是我杀的好吗?”

“田中君!”我用鼓励的口气用力喊道,“没什么可担心的。是战场的常事。无论发生什么事,就是嘴烂了我也绝对不会对任何人说的,所以请你放心。中队长什么都不知道。我什么也没说。相信我,放心吧!”

听我这么一说,田中一直恐惧颤抖的手在黑暗中紧紧握住了我的手。我的手都快给攥疼了。

“对不起! 谢谢!”声音不高,却充满了信赖、感谢和喜悦。

“就什么也别想了,打起精神,吃压缩饼干吧!”我说完,心情不由得欢快起来,有滋有味地抽起了烟。

漫长的夜晚终于逃往西边了。东边宽阔麦田的穗尖上,太阳金光闪闪,大地呼吸着苏醒过来。我们像从噩梦中醒来一般放下心来,向着朝阳张开双臂,振臂深深地呼吸,为这生的喜悦大声打着呵欠。

太阳彻底照亮了大地,连壕底也亮起来了。我们从土里挖出背包,离开了战壕。麦穗尖被露水打湿了,清冷澄净的晨风吹过。

没有枪炮声,完全是个和平宁静的早晨。很难想象这里是杀戮的战场。枣树拖着长长的影子孑然挺立着。似乎昨天晚上什么也没发生过。

我回忆起昨晚的事,起身去调查地形。路上,看见朝阳照射下的一摊黑乎乎的血。这是泷口的血。昨晚的惨景再次清晰地浮现在眼前。村下小队长来了。他是因为我请求增援,才无可奈何地从床底下爬出来,把竹间分队带了来的。

“东! 敌人在哪里来着?”

我不大高兴,指着前面说了声“在那边树下”,便没再多言。我不想跟他说什么。“这是泷口的血。”我说完这句,便带着队员回总部了。

中队长命令我将泷口火葬,又补充说:

“只是火葬时要想办法不能冒烟,因为烟是敌人炮击的目标。”

我被这苛刻的要求难住了。本需很多木材,要烧几个小时的,可不让冒烟,真是件困难的事。不过我还是想尽量做到,便到处物色火葬的场所。

我选定了某户大宅子的里院。宅外围着高高的砖墙。我们在围墙边挖了长方形的壕沟,沟底垫上桌子、衣橱、椅子等家具以及拆房子得来的柱子等等,让泷口穿着军装躺在上面。

我凝视着泷口安息的脸庞,合掌为他祷告。不断涌出的泪水打湿了我的双颊,悲哀涌上来,直堵得我心慌。

战友们在尸体上铺上稻草,又高高地堆了些树枝。

我拿着一束稻草,用来点火的一束稻草。

那么长的时间里,一直“老东啊”、“泷口啊”这样叫来叫去的战友!

同甘共苦的战友!

啊,直到昨天为止,共同跨越了死亡之线的战友!

无常的人生!

我被强烈的感情冲击着,放声大哭,一边哭一边点着了稻草。

燃成一片灰烬的泷口啊!

火红彤彤地燃烧起来。火苗从稻草到木头、从木头到木头移动着,将我最亲爱的战友包围了。

我只是莫名地悲伤。

下午捡起尸骨,装进田中做的盒子里,将另一片尸骨埋在他战死的地方,又削了一段高三尺左右的圆木头,用铅笔写上

“故泷口光夫之英灵安眠此处”,竖做墓标。

部队在这里转入防御状态,我们得在村庄周围挖战壕,修筑工事。

敌人的追击炮弹依旧咆哮着钻进麦田。

敌兵发现了火葬泷口的烟火,发射了几枚炮弹过来,但没有任何伤亡。

我们拼命地挖着战壕。我们三小队被安排在昨晚我分队所在的村庄后方。

晚上,又出现了一名意外的死者。阵地前有一口井,一名士兵入夜后去打水,结果阵地上担任警戒的战友高度警惕,误以为他是敌人,开枪把他打死了。第二天我去打水,见井边被血染得通红,木桶倒在地上,浸染着血。井位于阵地前仅三米左右处,就在泷口被射的紧旁边。二分队最右侧的士兵在那里警戒,他说:“不知怎么总觉得那里是个非常可怕的地方,似乎感觉到有漆黑冰冷的东西缠绕着自己,十分阴森恐怖。黑乎乎的夜晚,在战壕里站着不动,便会有一种难以言传的可恶冷漠的恐怖感袭来,我再也受不了了,像给幽灵追赶着似的逃了过来。”

被不可思议的命运联系起来的非命之死持续了两天之后,再也没人在那个战壕里站岗了。

中队长对我们说:

“中队失去了两名本来不必死的人。分队长要抓住分队士兵,好好进行指导!”

我从中队长那里受此训告后,回到分队宿舍,对队员们作了传达。

“这是战场上常有的事。”田中信口说道,仿佛真是件理所当然的事情。

我本期待着他深刻的自责、反省和谢罪的谦恭,听了这反抗式的、似乎想将自己的行动正当化的卑鄙言辞，不禁哑口无言，不胜愤懑。原来，那天晚上田中在阴暗的战壕里颤栗，并非纯粹源于自责的恐惧，而是当自己的过失暴露时对叱责和惩罚的恐惧。

牢牢地紧握着我的手，诚恳地说："对不起！谢谢！"那完全出自不纯真的功利之心。田中的思想始终不是以责任感为中心而是以功利心为中心的。莫不是他故意在用"战场上常有的事"这句话，来救助自己被自责折磨着的心？要真这样，田中倒也有些令人同情了。

我紧盯着他，像是要摸透他的内心。

他慌慌张张地把米放进锅里，动作里似乎有一种莫名的惊慌。

在我们当宿舍住的房前广场上，有敌兵挖的深防空壕。

我分队白天就在那个战壕里睡觉。敌方炮兵一俟天明，便不停息地四处发炮，连我们都觉得惊奇。他们哪怕只发现一个士兵，也要开炮，就像开枪似的。有一天，军医大尉从大队总部过来，兴高采烈地骑在马上，从麦田穿过。这个军医相当胆小。大家都说，万一他哪天会死，那肯定是全大队人都送命的日子。最后一个可怜巴巴死掉的怕就是他了。

军医拍着马屁股，策马奔到我们所在的村庄附近。这时，迫击炮弹带着可怕的"嗖——嗖——"声飞了过来。军医大吃一惊，慌忙拽紧马鬃。他是想赶紧逃走。马仰天长啸，飞奔而去。但炮弹比马更快，"咣——"的一声爆炸了，暴土扬尘。转眼间，只剩下马独自在麦田里奔跑，军医落马了。我们一边扬声大笑，一边叫道："可能负伤了，快叫军医！"

如今对我来说，昼与夜的意思得调个个儿。昼是夜，夜则是昼。

我们白天在安全的防空壕里呼呼大睡，晚上瞪着血红的双眼在战壕里警戒。

或许敌兵也采取了和我们相同的生活方式,白天只是不断地进行炮击。敌人的迫击炮弹飞向万里无云的五月青空,落下后耕耘着小麦地。虽然只相隔了一千米,敌我双方却没有再推进,而是互相以炮弹的狂吠进行着对话。

每个黎明的来临对我们来说都是漫长的,叫人迫不及待。夜是神经质的,黑暗而凄惨。

太阳落到西边的小麦地的时候,我们吃完晚饭,钻入了战壕。在我们闲聊时,暮色已完全笼罩了战壕,沉默而紧张的气氛将一直延续到拂晓。迄今为止我们还没学过怎样防御,也没有这方面的经历。现在我们却不得不体验着防御,懂得了防御在精神上比任何艰难的进攻更辛苦,它正日复一日地损耗着我们的神经。在黑暗的夜晚,哪怕是一丝微风,我们也不敢放松注意力和判断力;即使是隐隐约约的阴影,也不敢疏忽大意。我们的神经一直被迫处于连续的紧张状态,耳朵、眼睛和感觉也不能有片刻的休息,对看不见的敌人始终保持着警戒。任何变化,哪怕只是一丁点儿细微的变化,都会牵动我们的全部神经。那种感觉就像犯了滔天大罪的人,不管他走在街上,还是乘火车,无论在哪里,不知何时就会被警察抓住的那种不安时时向他袭来,他不得不常常持续地绷紧神经,战战兢兢地穿过大街。

随着时间的推移,我们都变得更加神经质。

虽然支那士兵经常只是进行着防御战,但是却真能坚持,叫我们不得不敬佩。

经过漫长的黑夜,天亮了。在冷冷的空气中旭日闪闪烁烁地露出脸来,我们便用一种想朝它叩拜的心情感谢它,彼此交换着安心的微笑。旭日从来没有像现在这样叫我们激动过,旭日——它已具有了一种特殊的含义。当晨雾弥漫大地的时候，我们烧好全天要吃的饭，一边津津有味地抽着烟一边吃早饭。早、中、晚的菜没有区别，都是粉末状的豆酱。

不久敌人的炮兵就要对我们进行早晨的问候了。“啊！早上好。拼命地发射无用炮弹，耕耕小麦地吧。”我们一边说一边钻进了防空壕。

日子就这样一天天过去，火柴用完了，于是开始使用起当地人用的打火石。这种打火石是在斧头状的皮袋子底部镶上铁片，袋子里装有黑石头，皮袋子的形状和日本装碎烟丝的草袋一样。

夜晚呆在战壕里吸烟的时候，用火柴的话就会发出亮光，如用打火石又会发出“丁丁当当”的声音，所以我们想出了一个办法。那是当过农民的熊野想出的好主意，他把破布搓成绳子，然后点燃绳子的末端，布绳上燃烧着的火种直到绳子烧完才会熄灭。

我们在战壕里悬挂着三四根这样的火绳用来点烟。长长的火绳上那萤火般的火种一直保持到天亮。

雨夜实在是很凄惨的，我们淋着雨，脚浸泡在壕底的泥水里，还得挖个横向的洞穴来保护火绳，使它不被雨水打灭。火绳不仅仅是点香烟的火，在黑暗而紧张的夜里，那萤火般的微光，是黑夜里仅有的光亮，是我们心中的明灯。

我们丝毫没有顾及农民的辛苦，割掉了战壕前面辽阔的、一直延伸到远方的小麦，使我们的视野更加开阔。

防御的那些日子从黎明到日暮，又从日暮到黎明，我们的神经被迫承受着难以忍受的焦躁不安的折磨，已经无法再忍耐下去了。不管进攻是多么的困难，我们都渴望进攻。在这次战斗中我们的部队至今为止只是一味地在敌人的大部队之间不断地前进。就像劈波斩浪前行的船那样，我们刚推进到一处，敌人立即从背后再次占领。到目前为止我们付出了极大的牺牲。

转入防御大约一周后的某一天下午,部队下达了命令,要我们联队明天早晨迅速撤离此地,转战到别处去。

我们即将放弃这块阵地,再次把它奉送给敌人,我们不知道又要去哪里。迄今为止,我们费尽心血、付出了极大的牺牲才得到的这块阵地,又要拱手送给敌人,无论如何都是令人遗憾的。我们不得不提出这样的疑问:迄今为止的牺牲到底是为了什么?说到底难道我们是要逃跑吗?我们非常愤慨。听联队总部的通讯兵说,这次转移的决定是经过了激烈的争论才定下来的。因为他是通讯兵,所以通过电话机听到了联队总部和大队长之间的争论。

最初,联队的副官少佐通过电话向各个大队长传达了联队长的转移命令,但各个大队长固执己见没有服从。他们说"这样做很对不住牺牲了的亲密的部下,他们就白死了"。于是这回联队长接过了电话,即便如此,大队长们仍然含糊其辞,还是主张打到底。联队长引用了欧洲大战德军的例子,说"这不是退却,而是转移"。尽管如此,大队长们仍然不听命令,急得联队长大发脾气,最后,甚至提出了行使命令权问题,联队长说:"我是联队的最高长官,天皇陛下委以我命令权,如果你们不听我的命令,我只有辞职,别无他法。"转移才好不容易被决定下来。听说这场争论从早晨八点争到下午四点。

就连我们普通士兵,也对这次只能看作是退却的转移心有不满。

转移的时候,我拔出了泷口光夫的墓牌,烧毁了它。什么原因呢?因为我们转移的同时敌人也许会来把墓牌踩得稀巴烂。

次日凌晨三点,我们在这无人的村庄里喷射毒瓦斯,也朝井里投下瓦斯,隐密地开始了行动。

第三大队留在马山附近进行警戒。那天我们到达峄县,城外有一架坠落的日本飞机,恐怕是被敌人击落的吧。在峄县有几门口径二十四厘米的攻城炮,重炮部队的士兵们正忙着做出发的准备,听说他们就是用这些攻城炮攻下了吴淞口①炮台的。那是一种要用两辆牵引车牵引的大家伙。战车和重炮朝着台儿庄方向激流般涌去。

一旦来到这样的后方基地,便能切实地感受到战场紧张慌乱的气氛。

我们乘上了火车,火车朝着我们来时的铁路线逆向折回。它将开往何处? 关于作战,我们士兵完全是盲目的,只是被动地被运送到某个地方去战斗而已。火车"呼哧呼哧"地加速前进,不知为何我们感到赶得很急。麦田像绿色的大江一样朝我们身后奔流而去,杨柳和它嫩绿的新芽也一起向我们身后飞驰而去。火车气哼哼地怒骂着划过一望无际的大地。湛蓝的天空没有一片云彩,火热的太阳射出耀眼的光芒。已经是初夏了。

无论下面等待我们的是怎样的战斗,怎样的痛苦、行军和饥饿,我们只要愉快地度过眼前这短暂的安乐时光就心满意足了。

士兵们在吃苦的时候,一边说"啊,太辛苦了,苦得要死",一边想着悠闲舒适地躺着时的美好时光;饥饿的时候,一边说着"肚子饿得不得了",一边想象着美餐一顿后,满肚子佳肴美馔的情形。如果很热,就做正在喝冰啤酒的美梦;如果很冷,就想象一下温暖的春天的太阳。而高兴的时候,又唱起歌、聊起天,天真烂漫。

---

① 原文此处为ウースン,估计是"吴淞口"。

他们直率地表现着喜怒哀乐,毫不掩饰。此时此刻正是士兵们的生命。也许下一个瞬间他们就会喋血而亡。

士兵,可以说是孩子。

即使明天中弹牺牲,今天也要尽情地享受这宝贵的时光。

我们唱歌、谈笑、喧闹。

这列满载着歌声的列车,踹着大地,到达了济宁。

五月十日。

济宁的居民们也因为害怕战祸而逃往别处,一个也不剩。我们决定今晚在这里住一夜,明晨出发。数日后,说是我们福知山联队的新兵将要到达,我最亲爱的弟弟重一也在其中。哥哥在中部支那前线,弟弟马上又要来到前线,兄弟三人都上了前线。听说弟弟是在第三中队,如果合并到我们部队的话,我和弟弟就会在同一个中队里并肩作战。多么想早点见到弟弟。可又听说似乎新兵们只不过是作为守备部队来参与行动。

我们的进攻开始了。

全面进攻徐州!

北国的五月是炎热的夏季。灼人的太阳在天空射出耀眼的光芒。连块石头都没有的土路从一望无际的小麦田中穿过。伴随着汗水、尘埃、疲劳的行军又开始了。

第三十旅团进攻鱼台。第十九旅团进攻鱼台前方四里的地方。北上的部队是第九师团、第十三师团、第三师团。第十五师团正从新乡方面南下,这个方向敌人很多,进展不大。第十师团、第五师团从台儿庄方面进行攻击。

敌方将领是李宗仁,盘踞在徐州,以日军久攻不克而引以为豪。有情报说张自忠[1]的一个团正在北上驰援。

我部迅速地进入陇海线，试图切断敌人的退路。

薄薄的夏装立刻被汗水浸透了，湿漉漉的夏装上又沾满尘土，像安倍川薄饼[2]一样变成了黄色。汗珠顺着钢盔的遮阳布一滴一滴流到脖颈里。沉重的背包沾满了尘土在背上跳动。尘土把脸弄得像涂上了劣质油彩一般，给人肿胀起来的感觉，只有眼睛黑乎乎地闪着光。汗水流淌，不停地在尘土化过妆的脸上留下蚯蚓般的痕迹。我们上气不接下气地呼吸着尘土，以致叫人感到我们的肺恐怕到了粉尘充塞的地步。全身都沾满了汗水与尘土混合的泥团。行军开始后不久，大家全都沉默起来。

无论多么爱说话的人也都沉默起来，大家像是被放在切菜板上的鲫鱼似的张着嘴行走着。一过四十分钟便一个劲儿地看手表，还有四分钟、三分钟，已经只剩下两分钟了，度日如年地盼望着休息。最后五分钟实在太艰辛了，别人在前面走着你只好跟着。

"休息"这个命令是多么令人激动啊，一到休息时间大家一齐倒在地上，把背包当起了枕头。

我们昼夜兼程。如果有敌人就避开他们，一门心思向陇海线前进。

流汗使我们感到口渴，如果有水就"咕嘟咕嘟"地大喝一气，因此我患了严重的腹泻病。我像是患了痢疾似的，不停地大便。一天之中不得不三四十次地脱下裤子方便。这种情况已超出了肠炎的程度，或许就是痢疾吧。无论何时行军都是苦的。

---

① 原文写为"张治忠"，系笔误。

② 日本静冈市安倍川的一种特产。

我们来到了据说是从前黄河流淌经过的旧河床。那是在夜晚,眼前是一片辽阔的沙地。星星在天空闪烁,烈风夹杂着沙粒向我们扑来。风沙使我们的双脚越来越沉重,使我们更加疲惫。

部队在星光下庄严肃穆地前进。五月十八日,临近拂晓的时分,部队终于在一个村庄大休息。这是离砀山两里左右的地方。陇海线就在前方两里之处。终于到了进攻砀山的紧要关头。

我们匆匆忙忙地烧了饭,做再次出发的准备。天大亮了,我到井边去打水,水壶里装满了水,正要回去的时候,看见两三个士兵忍不住地窃笑着从附近人家走了出来。

这笑好像有什么含义,我问道:"喂! 什么事啊?"

"太……美妙的场面……"他们一边笑着说,一边从我的面前走过去。

我明白了那儿有什么。士兵们这样的笑容只有在某种特殊的场合,才会在他们的脸上浮现出来。

或许这些家伙刚干完了事出来吧,我这样想着,一边毫无理由地感觉到几分甜蜜而慵懒的温馨,一边走过去要看个究竟。穿过宽阔的庭院,到最里面的房屋前,发现沉重的厚木门关得严严实实的。但是,能隐约听见从里面传来的笑声和说话声。我静悄悄地打开未上闩的房门,走了进去又把门关好,俨然很秘密似的。

在顶里头的那间房里有个老太婆抱着小孩,显出一副惊恐万状的样子。她把脸深深地埋下去,像是不愿看可怕的东西。在右边的房间里两个士兵正站在那里吸着烟,脸上流露出一副很喜悦的神情。在他们的面前确有"美妙的场面"。

一张大床上三个姑娘张开大腿坐着。中间的姑娘长得很美。她们没有穿裤子，不！是被强迫脱下了裤子。在这三人之中，既有因感到羞耻而想改正坐姿的女子，也有完全按命令行事的女子。她们全都恐惧得在打颤。

虽然奇异，但这是前线到处可见的场面。士兵一旦发现年轻的女子就必定会像这样弄来“看看”。而好色的士兵最后总会奸污她们。行为恶劣的士兵害怕事情暴露，便杀死被奸污的妇女。

正在“看看”的两个士兵，目不转睛地注视着三个姑娘赤裸裸的身姿，品评着优劣，而且还说先进来的士兵已经奸污了她们。

我走出了房间。疲劳已到了极点，居然还有士兵仍有精力奸污妇女，真令我感到佩服。看来年轻的士兵、年轻的男人是那种无论怎样疲惫不堪，一旦见到女人，一下子就能恢复体力的人。意外地发现了女人，对整天只看到充满汗臭味、土腥味男人的士兵来说，有一种难以形容的好奇、满足和欢喜。得到消息的士兵接二连三地向女人的家里跑去。被行军拖得疲惫不堪的士兵，惟独此刻能精神抖擞地跑过去。

按预定计划应该进攻砀山，突然接到了改变的命令，我们朝徐州进发。奔向徐州！奔向徐州！所有的部队都以最先到达那儿为目标拼命地前进。如果我们也同样进攻徐州的话，那么以最先到达南京中山门为荣的我们，就要再次最先占领徐州，这使我们鼓起了干劲，拼命努力。

确实是不分昼夜，没有休息，只是不停地走呀走。急行军在持续着，我们也没有了疲劳和脚痛，像河水一般向前奔去。我无法对付一天要三四十次腹泻的身体，在路边上厕所的工夫部队早就通过了。和我一样苦于腹泻的很多士兵，一出队伍便立刻在路旁蹲下去。

沉默的队伍从蹲在路边的我的面前奔流而去。

而我则在排出一点儿肠液后，便不得不匆忙整装，跑着去追上中队。

因为全副武装，上厕所时，解、系装束非常花时间，所以我把刺刀以外的其他东西，如杂品袋、水壶、地图包[①]等东西全部缠在背包上，以便能立刻脱下裤子。行军途中一感觉到有便意，我就一边走路一边解开皮带、裤子和裤衩的带子，再离开队伍。不管是掉队者还是病人，无论什么人都得不到照顾，部队只是一个劲儿地继续前进。

终于先头部队与敌人遭遇上了。

战车扬起尘沙飞速前进。和我一起在潞王坟火车站共度数日的中尉和士兵，坐在战车里。他们在尘沙之中，“呀——”地高声叫喊着冲了过去。

我们离开了原来的道路立即展开了战斗。眼前是堤坝围起来的村庄。首先朝着它集中攻打。我率领部下出发去那里侦察。夕阳挂在村庄的树梢上。

我们保持着高度的注意和警惕接近了村庄。身体紧贴着土堤侦察情况，但村庄里毫无动静，敌人正在撤退。我们向中队通报了这个情况。

当中队扫荡村庄结束的时候，黑暗完全笼罩了我们。敌人逃跑了，但估计逃得不远，因为这一带是徐州的外围阵地。

我们在村头正对着徐州的方向挖掘散兵壕，进行警戒。

我们从背包里取出圆铲，开始快速地挖掘战壕。在寒冷的战壕里为了暖一下肚子，我煞费苦心。

从现在起要开始战斗了，就是为了这一刻的来临，我们饱尝了艰辛。即使明天早晨牺牲了，为了参加战斗，也必须好好地保护身体。因生病而离开战斗队伍是最大的耻辱，生病的

---

① 地图包为日军行军打仗时放地图的包。

人会被命令驻屯的。

过去我从来没有离开过战斗队伍。

用携带的燃料生起青蓝色的火给水壶加热。小火焰在散兵壕的底部忽大忽小地燃烧。不久，将加过热的水“咕咚”一声倒进肚后，我便把水壶当做怀炉紧贴在肚子上，温暖着肠胃。

北方的五月虽说是初夏，但夜晚却很有凉意。远远近近到处炮声轰鸣，敌人在包围圈内试图拼死抵抗。黎明前的最后五分钟，进入攻防状态的枪炮声冲开夜幕，在黑暗的天空轰鸣、回响。不久，黎明来临了，随着曙光的到来，轰鸣的炮声更加高昂、激烈。

在我们前方两千米的树林里有敌人，拂晓时分，我们开始攻击前进。敌人的子弹低低地掠过我们的头顶。我们在小麦地里奔跑。前方一道道又深又宽的战车壕①像河流一般横卧着，阻挡了我们的前进。

每道战车壕都是敌人的火线，要攻占前方两千米处敌人的据点，必须夺取好几条敌人的火线。

任何时候的战斗都是这样，我们如果没有进入有确实把握的杀敌范围就不射击，而敌兵却总是只要射出子弹就完事了似的，送来了无用的子弹。

我们用各自跃进的方式逼近了敌人，但从某一地点开始，前进变得困难起来。我们迅速地挖掘战壕，以猛烈的射击袭击敌人。从敌我双方的战壕里射出的子弹，在麦穗的上方狂舞，交织着刺耳的声音。

对我们来说，这样的战斗场景自不在话下。但我不得不多次到小麦地里解手。看来人爱清洁到了可笑的程度，即便

① 战车壕是指反坦克战壕。

在这样危险的枪林弹雨中,也不愿在安全的战壕里解手。纵然子弹射来也仍然要从战壕里出来,到麦地里去解手,否则心里就不舒坦。这也不仅仅是为了干净,在别人的面前解大便也实在令人感到滑稽和羞耻。一块儿并排站着小便倒也无所谓,但换成了大便,就觉得很不好意思。我把缠在腰间的所有带子解开之后,走进小麦地不容易被看到的地方蹲下。我一边解手,一边担心会下达前进的命令。心想,如果就这样中弹死了的话,那也太难看了!

“东君在解大便时死掉了。”如果真是这样,那实在太可笑了!怎么能这样死去?我边想边抬头望望刺我鼻子的麦穗,敌人的炮弹却不管我在做什么,毫不客气地从蹲着的我的头顶掠过。

中队长也正为拉肚子发愁吧,时而跑进小麦地里。重机枪和轻机枪一直在吼叫。

窥视到中队长跑进小麦地里,我也跟着跑进小麦地。为什么呢?因为中队长蹲着的时候,大概是不会下达前进命令的。

我们猛追吃不住劲而逃散的敌人,终于拿下了前方两千米处的村庄。村庄的后面有不太高的岩石山。当我们闯入村庄的时候,敌兵正乱了阵脚向岩石山逃跑。打逃跑的敌人比去繁华街市的射击场更有趣。我们从石墙、房屋的背后迅速地一阵猛射,然后又紧迫敌人登上了岩石山。在越过山顶的另一面的斜坡上展开了白刃战,中队长刺死了一两个敌兵,敌兵却没有一个人起而迎击,他们只是一味地逃跑。脚下横七竖八地倒着刚死的和负了伤不能动弹的敌兵。敌兵逃下岩石山,在小麦地里消失了踪影。用轻机枪对小麦地扫射了一阵之后,中队向右边高高的岩石山进行突击。

在我们突击之前,炮兵集中发射的炮弹像下雨似的落在山脚下的村庄里。白烟和轰鸣声笼罩着村庄,激烈的炮弹像是要把村庄撕成碎片。

我们拼命地向村庄冲去。滑稽的是,我一边气喘吁吁地跑着,一边想着要一架照相机。

报纸上难得有这种火线突击照片,如果用照相机拍下来那该多……我一边跑一边这么想。被炮袭吓破了胆的敌人,开始散乱地往山上逃跑。说到逃跑,立刻令人联想到“快跑”,但这些敌兵却顾不上背后的威胁,完全是慢吞吞地往上爬。或许他们心里在拼命着急,但登山这种事是不能随心所欲的。

我们冲进村庄的时候,没有一个敌兵。我们也追随其后开始攀登岩石山。但也和他们一样,只能慢腾腾地挪动脚步。好不容易登上山顶的时候,敌兵以迅猛的速度冲下了山,施展了隐身术似的一下子就消失在麦地里。我们先在这里歇一口气,迅速地脱掉汗透的上衣,让晴朗的太阳把脊背晒干。

猛追敌人,登上高山,在过度的疲劳后,放心地呼吸一口清新的空气,美美地抽上一支烟,这真是千金难买的美好时刻啊。

徐州出现在眼前！看见了徐州！那是停车场！我们大声叫喊,健壮的身体因激动而颤抖了。

“是徐州。最先到达!”匆匆忙忙吸完烟,我们像打滚似的冲下了山。迄今为止的全部劳苦都是为了今天这个日子。如果攻下徐州的话,就会和往常一样得到短时期的休整。还剩下六七百米了,加油啊！顷刻间我们来了精神,猛跑起来。

我们向前推进,直到停车场也没遇到任何抵抗。火车此刻像要开动似的冒着白烟。敌人本来想乘火车逃跑的,一定是由于我们快速地闯入而没能成功。

看到正在燃烧的机车锅炉,想到敌人是多么的惊慌失措,我们很愉快。然而,随着我们踏入一节货车车厢,这种快乐便因凄惨的悲痛消失得无影无踪。

我们仿佛看到敌人的脸上浮现出冷笑，指着留给我们的这节车厢，冷冰冰地说："请看这个，诸位日本兵。"瞥了一眼这节货车，我们的愉快和激动完全消失了，悲愤和怒火涌上了心头。

在货车的那节车厢里，装满了日本战俘的照片、背包、步枪、掷弹筒、杂品袋及其他的被服、武器等等东西。从俘虏的照片，可以窥探到敌人粗暴的行为；从照片上士兵的脸上，可以看出耻辱和愤怒。

从装在这节货车里的日本兵的装备，可以推断出有相当数量的战友成了俘虏。

我们对敌人的这个不怀好意的礼物很愤慨，踏进了下一节车厢。那节车厢里充满哀怨、呻吟和恐惧，那里满是敌人的伤兵。

"杀死他们！"不知谁这样叫道。就像狼咬死小羊羔那样理所当然，我们根本不顾他们的哀怨、憎恨和诅咒，无情地刺死了他们。现在是形势紧迫的战争时期，我们该做的不是抚摸他们的头，而是毫不留情地、狠狠地殴打他们的头，直到他们粉身碎骨。我们只要把憎恶和复仇还给敌人就行了。

伤员的车厢有好几节，都没逃脱相同的命运。停车场的扫荡结束了，我们以为会驻扎，结果却下达了追击的命令。期望落空了，疲劳也加剧了，因事出突然，我们全都垂头丧气。可是必须服从命令，我们再次背上了背包。

五月十九日。

仅以三小时之差我们把最先到达徐州的荣耀让给了第十三师团。

部队前进了数里，然后又慌慌张张地返回来了。那是一条沿着陇海线通向远处平汉铁路的道路。

凌晨三点通过了徐州的市区,入口处有一座高大的钢骨水泥桥,下弦月在河面上闪闪发光,星星也闪烁着,在皎洁的月光下,视野内的风景非常美丽,是静谧的、令人陶醉的景致。想象不出不久前这里还是激烈的战场,眼前的一个个自然景象没有留下战争的痕迹,而是诗、音乐、光和令人喜悦的大自然,是美术,是绘画,我们不能不惊讶于这静与动、静谧与轰鸣的电影般的变化。

我们进入徐州市内,懂得了人的力量比起大自然是何等的渺小。战争没能改变自然的形态,正因为如此,无论从自然的什么地方,都感受不到战争。反倒使我们发现了埋藏在心底的对宁静的渴求和对和平的憧憬,不由得感觉到心中充满了自然所给与的莫名的幸福。但是这条街道的光景却让人清清楚楚地想起战斗情景,想起骚乱、激烈、叫喊、怒号和现实的生死搏斗。

大街上几乎连一间形状完整的房屋都没有,有的房子屋顶被掀飞,有的倒塌了,有的已不成形了。道路上到处都是木片和残砖碎瓦,四处可见巨大的弹坑,像特写镜头似的大开着,宛如巨人捏紧拳头砸在了地上。是的,是战争这个巨人砸毁了徐州的街道,没有一石一木可以表明曾经有过的和平和繁荣。在被毁坏的屋檐下,第十三师团的哨兵在月色中站着岗,步枪上的刺刀闪着银光。

月光冷冷地、惨淡地照在废墟上,和那残垣断壁的阴影交相呼应,很是凄凉。寂静的夜晚,在皎洁的月光下,黑洞洞的炮弹坑、碎瓦残砖、断柱残墙以及裸露的家具等等,一片狼藉。它们互相纠缠着堆挤在一起,展示出战斗过的惨景。和有生命的东西一样,连物品也返回了野性。混沌的、被破坏了的、荒废的街道,这就是徐州。

我们通过了徐州，在离开徐州数里的尘土飞扬的道路上迎来了黎明。即使到了拂晓也要前进。行军，那就是战争，追击、追击，没日没夜地走着。天空，湛蓝的天空，深邃的天空，万里无云的天空。从天空中把强烈的光芒洒向大地的太阳，啊！残酷的太阳，只能认为你是狠毒无情的东西！只是为了和我们过不去而闪闪发光的吧？残酷的狠毒的火球正把狰狞的光无情地掼在大地上，地上所有的东西都干涸了，总也干不了的是我们汗流浃背的身体。

广阔无垠的小麦田和高粱地里，像雪似的柔软蓬松的、厚厚的黄色土粉路，消失在远处的烟霭中。我们第十六师团和其他不知是哪里的师团，步兵联队、炮兵、辎重兵及战车交错重叠，在这条路上前进。连绵不断的战斗部队在麦田中出现，又消失在远方的烟霭中。战车扬起一阵阵尘土在狂奔，马在尘土中嘶叫。

六匹马拉着野战炮在飞扬的尘土中行进，光着上身的辎重兵像倭寇[①]一样跟在大部队后面。其中，大板车由马、牛、驴牵引着前进。大板车上，像行李似的重叠着坐在上面的士兵，是京都第九联队的魔芋[②]兵。我们在道路旁边的桃园里行走，树上结着青桃子。桃园的坡田使我们更加疲劳，一会儿上一会儿下，一会儿又得跳过去。我们像纤夫一样摇摇晃晃地走着，太热了，嗓子眼冒烟，连汗都没有了。有的人随便坐了下来，有的人抱怨着，有的人干脆躺下歇一会儿，然后又从后面追上来。

从凌晨三四点起床，一直走到晚上十点十一点。最可恶

① 原意指14—16世纪，侵略朝鲜、中国沿海的日本海贼。此处用来形容像倭寇一般粗鲁、野蛮。

② 这是比喻，形容柔弱。

的敌人是行军，还有饥饿和大雨。我们已经是重返野性的动物了。

以前曾像今天这样被疲劳彻底打垮过吗？我的脸颊像泄了气的皮球似的瘪了下去，我的脚底沾满了污垢、汗水，在鞋子里一滑一滑的，由于脚气和水肿，脚肿胀起来，像走在针尖上似的痛，连骨头都疼痛起来。眼睛沾满了眼屎、灰尘，模糊不清。

好多次太阳升起又落下，可是我们比朝阳还早、比夕阳还晚地行走在滚滚尘埃中。军帽、军服、背包上恰似落了一层雪，沾满了厚厚的尘土。脸上像抹了一层土似的，一点也认不出谁是谁。

大家都累得不得了。我必须每隔三十分钟上一次厕所。腹泻病人渐渐增多。

食物难以下咽，只要不用水泡，饭就咽不下去，但水和饭一块儿流入胃里，腹泻便更加严重。脚一天天地更加疼痛，疲劳也一天天地更加厉害。无论是坐着、躺着还是起来，身体都像散了架似的怎么放都不行。难道还有这么痛苦的事吗？

这难道不是人所能忍受的最大的痛苦吗？

背包又沉路又远，痛苦加剧。我的背包上面放着泷口的遗骨，用三角布包着的泷口的遗骨和我一同去战斗。无论多么疲劳，我也不让任何人从遗骨上跨过去；无论多晚到达宿营地，我也不忘安置泷口的灵台，给他上香。我虔诚地看护着，决不粗心大意。我背着亲爱的泷口继续前进。

在陇海线一处既不是车站也不是其他停车点的地方，却有被遗弃的火车。大概是敌兵乘车到那里后，弃车逃走丢下的吧。

我们在凄惨的追击途中，发动了对砀山的进攻。进攻、战斗的时候也就是我们休养的时候。为什么呢？比起行军来，我们更喜欢危险的战斗。那是因为战斗的时候就要停止行军。

砀山的火车站上,敌人没来得及开走的火车还在冒着蒸汽,我们用火车头里水箱的水装满了水壶。以为敌人的主力早已逃走,砀山没有敌人了,因此,我们的先头部队进入了北门,却刚好与从北门出来的敌军遭遇。敌我双方都惊慌失措,后退之后,在这里展开了你死我活的战斗。我方迅速形成了铜墙铁壁似的包围圈,敌人狗急跳墙似的拼死抵抗。他们的命运不是被歼灭便是投降。

我们已深入敌阵,因此后退了一些,重新部署好阵容,又发起进攻。我们第三中队是预备队,午后,很晚才接到增援的命令。我方已有很多人陆续牺牲了,第三大队队长也壮烈牺牲。我军从北支那彰德出发之际,当官的和士兵穿上了同样的衣服,使敌兵很难分辨,但是勇敢的第三大队队长最终还是战死了。在南京战役中,这个大队长古井少佐曾担任过联队长代理。

敌人的子弹像暴风雨一般倾泻过来,我们步兵炮的炮身像要裂开似的向城中炮击,敌兵便用追击炮还击。敌人无路可逃,只能无休止地反击。

我们沿着田间的小路迅速跑去增援。田野中有一座庙宇,那里是大队总部,也是伤员收容所,可是那里绝不安全。迫击炮弹在房顶开了花,瓦掉了下来,屋顶也破了。胆小得出了名的军医大尉也负伤了,接着仅有的一名军医少尉也受了伤,卫生员也只剩下曹长一人了,可是伤员却不断增加。我们从庙旁穿过,又钻进一个小杂木林,到达了前沿阵地。这个杂木林里有一间简陋的屋子,里面也有两三个伤员在呻吟。

我们到达的前沿阵地是土城墙,敌我双方像壁虎一样紧贴着城墙,在城墙的两边正盯着寻找对方的疏漏。

中队长命令我:“东分队从这里到那里挖战壕。”我立刻向六名士兵指示了各自的位置,城墙是由混合的沙和土垒成的,很柔软,容易挖掘。

挖完了之后,中队长说:“转移阵地,从那里到那里,跟我来。”就开始沿着城墙的斜面走起来。

“转移什么呀……”我心里边想边跟在中队长的后面。我们又开始挖起来了,挖到一半的时候,中队长又对我说:“喂!真对不住。再次改变地点!辛苦了!”我无言以对,只是“啊”了一声,我们又向下一个目标走去。

“小心地雷。”中队长提醒道,我们不知如何是好,战战兢兢地挪动脚步。一想到不知什么时候可能会踩到地雷,便觉得无从落脚。

没有受到任何伤害,我们就到了新阵地,挖好了战壕。我想趁太阳没落山,一定要给水壶加加热,用它来代替汤婆子取暖,于是在战壕底下用携带的燃料点了火。腹泻不止,肚子很凉。我们肚子冰凉是由于白天行军时非常渴,夜晚一到宿营地就咕咚咕咚地喝了大约一升水,因此睡觉的时候感到非常冷。如果每天晚上不喝一升水的话,白天冒烟儿的咽喉就好不了。

炮声不久就像是消失了似的渐渐变小了,那是由于我方步兵的炮弹射光了。没有炮弹,对我们来说是非常悲哀的事情。敌人的迫击炮弹在得手的庆幸中震颤着,在我们头顶爆炸,散兵壕中不断地传出伤兵的呻吟声,我们非常渴望得到空军的援助。哪怕是两三枚炸弹也好,仅仅是那样也可以使敌人害怕。

不久,黄昏祥和地笼罩到等待死神降临的人们头上。我在战壕底下盯着渐渐燃烧起来的青白色的火苗,固体油“哧哧”地燃烧着。

城墙内侧的敌兵正在干什么呢？四周一片漆黑，我把热乎乎的水壶紧贴腹部，感觉到肚子微微地暖和起来，眼睛紧张地在黑暗中巡视。

枪声在黑暗中不时地响起，然后又恢复到令人可怕的寂静。

从我的位置稍微靠右是沙土城墙的拐角，在那里其他小队的队员像壁虎似的紧贴在城墙上。

从那个方向传来了一声枪响，一个战友倒下了。他想利用身旁那个黑洞洞的枪眼——那是敌兵在城墙上凿开的枪眼，当他的身体紧贴着那个枪眼的时候，就倒下了。另一个战友代替他又刚好贴在了那个枪眼上，刹那间也倒下了。谁也没有发现枪眼的那一边有敌兵。敌兵在城墙的内侧，等待着日本兵靠近，日本兵刚把身体贴在枪眼上，敌兵就立刻把枪口顶住日本兵的身体，日本兵就被打死了。日本兵像是要说"请向我开枪"似的走过去把身体堵在了敌人的枪口上。敌兵是把枪口抵住日本兵的身体射击的，开枪的时候，没有光漏出来，所以战友们不知道子弹是从哪里飞来的。

卫生员去现场收第二个牺牲者时，枪声再次响了，当时卫生员在枪眼的内部发现了闪光，知道了敌兵藏身的地点。卫生员死里逃生，通知了近处的战友，把敌兵打死，为牺牲的两个战友报了仇。

分针转了一圈，两圈，夜渐渐深了。

一点儿声音也没有，令人恐怖的死一般寂寥的黑夜！

失去了军医和卫生员，我们这个无法医治伤员的部队，为如何处理陆续出现的伤员感到棘手。

终于传来了我们部队决定打开一面城门，让敌人逃走的消息。不用说，那一定是在敌人撤退的途中，我们某个中队埋伏在那里堵截。

由于连日来睡眠不足和过度劳累,我迷迷糊糊地犯起困来,虽然我清楚地意识到敌兵就在我趴着的城墙的内侧,但是几个小时毫无变化的寂静,使我不知不觉地打起盹来。

又红又大的旭日快要从东方升起,天空开始泛出鱼肚白。突然,轰隆隆几声震耳欲聋的爆炸声敲打着我的心,震撼着我的身体。我吃惊地睁开眼睛,立刻握紧枪准备战斗,就在那一刹那,一个黑色的幽灵像风一样,从我的身旁掠过。

"啊,支那兵。"

我立刻把枪口对准支那兵的方向,可是已经来不及了,支那兵消失在城墙下的麦浪之中。扫视着小麦的穗尖儿,可是不知道应该朝哪边射击,白白地让敌人逃走了。

到处都发生了同样的事情。敌兵像被赶入绝境的老鼠似的非常胆大,先扔出手榴弹,趁我们不注意时就逃走了。

我们攀上城墙。哎呀,这是怎么回事啊!在我们的眼前有一条又深又宽的护城河,在护城河的那一边,竟然还有一道雄伟的砖造的城墙高高地耸立着。一直以为我们所在的城墙是惟一的一道城墙,原来砀山的城墙有两重。右边较远的地方有一座桥,桥上,分不清是敌军还是我军的一群人在东奔西跑。

大概是敌兵吧?如此推测的重机枪兵集中火力猛烈射击。经过数十分钟的交战,占领了砀山,大部分敌人已于昨夜逃走了。

无人的砀山街道已被炮火摧毁了。在刚进城门的地方,三辆有"尼桑"标志的汽车被丢弃在那里,那是日本的货车。被敌人抓走的汽车司机和司机助手怎么样了呢?

我们无论占领什么地方,总是首先寻找粮食。粮食和香烟是我们最喜欢的东西。但是,可能是支那兵把粮食都吃光了吧，这次一无所获。两个小时之后，我们就离开了那座被糟蹋得面目全非的城镇。

太阳依然像燃烧的火球放射着光芒。广袤无垠的大地一直延伸到天边，前后左右全是大地，平坦的、没有阴凉的、像绿色海洋的大地。

天空蔚蓝蔚蓝的，没有一片白云，火焰一般的阳光从天空照射下来，空气中连一丝风也没有。

疲劳和痛苦的程度简直无以言状。夜里十二点才睡，凌晨三点就开始像纤夫似的行军。我们又热，又苦，又难受，身体疲劳得简直支持不住了，过度的劳累蚀尽了我们的生命。每天二十一个小时吸进尘土的咽喉嘶哑得发不出声来，我的眼睛像布满眼屎的老人那样模糊不清，也不知大家在想着什么，都默默地走着。

我想象着迎着凉爽的海风，尽情地喝着冰啤酒，喝着甘甜清凉的水，披着浴衣温馨地吃着饭等情景，一边想象一边走着。空想真是愉快呀，使我忘记了疲劳和痛苦。若是热的话，我就想凉爽时的事；若是寒冷的话，就想温暖时的事；若是痛苦，那就想快乐的事。

从一个村子走到另一个村子，从一片树林走向另一片树林，我们日夜不停地走在广阔的平原上。小麦田像绿色的海洋，无边无际。

汗衫和裤子被汗水、污垢弄黑了，散发出刺鼻的氨水似的恶臭。全身长满了痱子，被汗浸湿了的内衣，一碰就像针扎似的疼。

干了又湿，湿了又干，只留下汗里的盐分。渐渐地内衣变成了腐烂的碎布片。军服也被尘土和汗水弄黑了，皱巴巴的。

多想能真的喝上一杯冰凉的啤酒，尽情地躺下睡一觉啊，哪怕一次也好！这是我现在最大的愿望。多么羡慕负伤之后退到后方的战友们啊。

太阳啊！为什么你总是火辣辣地蒸烤着大地呢？

大地啊！为什么你不为我们营造一片阴凉呢？

天空啊！为什么你不给我们送来一阵凉爽的风呢？

我想大声诅咒！

连休息的地方也没有树阴，在直射的太阳下，浑身是汗。

该做什么呢？不知道是该笑还是该哭。对我们来说什么都已无所谓了，即使炮弹向这边飞来，一个小队的人都死了也没什么不好。无论是生还是死都无所谓了，即使死了也没什么可留恋的。我开始想到，不如一咬牙死去的好，那就什么痛苦都没有了。

由于过度疲劳，我们的脚又生了老茧、脚癣和水泡，所以很难行走。流着汗的肩上，空背包都嫌重，感觉哪怕只是一页纸也非常重。背包带在肩上勒出痕迹来，我们像害怕仰望阳光似的，腰越弯越低。有的人倒背着枪，有的人把枪当拐杖，有的人拎着枪走。

背包中不必要的物品一件也没有了，但还是一天天往外扔些东西。没有任何快乐和希望，精力、体力也消耗殆尽。在撕心裂肺的痛苦中，我开始空想起来："如果我死了的话……"

如果我死了，请在灵台前为我供一杯啤酒，不用念佛，为我唱《佐渡民谣》就足够了。对我的死，这样做比较合适。比起僧侣念经作醮，为我唱一首歌，我不知有多感激；比起为我浇上一些水，供上一杯冰凉的啤酒则更令我感到珍贵。一边醉醺醺地唱着歌，一边参观地狱天堂。醉了的话，就可以把阎王的愁眉苦脸当做笑脸了。

啊，多么希望喝得烂醉好好睡一觉，伸展一下腰和腿。长在我身上的腿究竟是不是我的呢？我感觉好像是别人的腿在背包下一步一步地走着。我的身体好像安在了别人的腿上。

五月二十九日。

商丘(归德)尚未攻陷,第三十旅团正在对它发起进攻,还听说明天要用飞机向商丘散发劝降传单。对我们来说,只有不断地追击、追击,不停地行军、行军。

又热,又痛苦,又艰辛。大森说:“真想早点死掉。”

还有五十里就到郑州了,最后的五十里却让人觉得非常遥远。

是累死呢,还是中弹牺牲?二者必居其一。田中一天天衰弱下去,只剩下皮包骨,像一个骷髅似的走着。

生病是耻辱的,会遭人蔑视。精神紧张和对身体的细心照顾,在一定程度上可以克服病痛。

但是在长长的肮脏的战线上,十分小心地避免生病,以便能参加整个战斗,这是多么困难的事啊。

没被敌弹打死,顽强再顽强地坚持着,结果却不幸死于疾病,这会招来人们蔑视的目光。事实上并不仅仅是那些被敌弹打死的、负伤的人在战场上英勇作战,勇敢地战斗而没被敌弹打死的人也很多。但即使他们比牺牲了的那些人更加奋勇地战斗,并且经历了更为长期的、激烈的战斗,倘若他们不幸病死的话,也必定会招来蔑视的目光。而且国家对他们也没有优待。不过摆在我们面前的只有生和死,而不是什么毁誉褒贬的问题,只有一心一意地为祖国去生去死。

但是,这是何等的痛苦啊。

那些受了伤回后方的人笑着回去了,他们说:“再见了,战友们,你们真是太辛苦了……”

忘记了谈笑,也忘记了哼歌,沉闷无言的队伍行进在绿色的海洋之中。

“即使现在有一个非常漂亮的美人,我也不会有丝毫兴趣了。”理应精力旺盛的二十三岁的大森这样说。对应该洋溢着青春活力的年轻人来说,此刻性欲也变得像长在哺乳动物身上的鳍那样只成了空摆设。

绚丽的夕阳在绿海的尽头西沉下去,我们发现了一道雄伟的城墙。城墙的一端有一大片柳林。这座城墙就像是放在浩瀚的麦海中的一个箱子。瞭望楼和城门在夕阳下熠熠生辉,两三颗星星早早地露出了脸,挂在城门上、柳梢上,小鸟“唧唧喳喳”地叫着,在天空飞翔,到处可以看到小麦被割光后露出的光秃秃的地面。旱田里几个村妇背朝夕阳、手拿锄头远远地望着我们,旁边还有山羊和小孩子。这是一幅多么宁静祥和的风景画啊。简直是米勒的《晚钟》,是一幅名画!

恐怕这幅画不久就将被炮声打破,被炮弹撕裂得一塌糊涂!并且会被尸体的恶臭和鲜血涂抹得乱七八糟!夕阳完全落下去了,星星发出璀璨的光辉。

“中队要隐蔽地插入敌人的背后。”中队长这样说着,踏进了小麦田。战斗!我们忘记了疲劳、痛苦,一下子紧张起来。我们爬过麦田,进了柳树林。那里稀稀拉拉地有几间房子,我们卸下背包,立刻开始挖散兵壕。

“第九联队正在前面进攻,敌人一定会逃到我们这边来,我们要把他们干掉!”中队长向我们说明了情况。

夜渐渐深了,但什么变化也没有。不久,天亮了,可是,还是没有任何异常。难道是鱼没入网吗?

鸟儿开始了拂晓的合唱。我们从战壕里出来,呼吸着早晨清新凉爽的空气,用饭和勇气将肚子填得满满的。当我们点燃香烟的时候,远处响起了激烈的枪声,炮声也响了起来,清晨的寂静被打破了。

进攻开始了。“哈哈,干上啦。”我们像是在看别人打架似的轻松地吸着烟,不管其他部队进行着怎样激烈的生死搏斗,只要火没烧到我们身上,我们便极其悠闲。

太阳完全升起来了,枪炮声没有停息,反而更加激烈了。

“看见了军队!”传来了这样的叫喊。

“什么?在哪儿?”中队长向发现情况的村下少尉发问。

“那个树林!从那个树林的豁口向我方大摇大摆地走来,是敌是友还不能断定。”村下少尉边说边紧握着望远镜观察。

“是敌人吧?”“不过,太威风了!是四列纵队。”“等他们靠近。全体注意隐蔽。轻机枪,上子弹!喊重机枪。”中队长的声音很严厉,士兵们都非常紧张。

不是别人在打架,火已烧到了我们自己的身上!重机枪安置好了,我们做好了集中火力射击的万全准备,等待着敌人靠近。非常沉着的四列纵队雄赳赳地行进在麦田里。

“是敌人,是敌人!好好干!”中队长的声音激动得在发颤。

“开枪吗?”

“不,再等等。再接近一点,等他们来到面前,再一齐射击,你们听着!等我的命令。”中队长抑制不住内心的兴奋,朗声说道。

敌人不知有埋伏,还在大步前进。我们像恶魔似的在心中窃笑,面带会心的笑容等待着。只要是正中下怀的事,无论是什么都令人感到痛快,突然伏击敌人是非常有趣的事!我们紧紧地趴在地上,牢牢地握着枪,在愉快而又紧张的气氛中,注视着不知死神已来临而渐渐走近的敌人。

敌人的部队在我们的视线中逐渐变大了,距离由一千米到八百米、五百米、四百米、三百米、两百米、一百米。“打!”中队长厉声命令道。暴风雨般的齐射瞬间爆发,子弹排山倒海般地射向敌人。

敌人的队伍顿时处于惊愕、恐怖、混乱、狂呼乱叫之中。眼看敌人倒下一片，秩序井然的纵队七零八落，失去了指挥和统率，敌兵四处逃窜。我们的子弹仍不肯罢休地追击着逃跑的敌军。

我军的机枪毫不间断地射击着，机枪手们边往灼热的枪身上泼水，边连续扫射。机枪像一把火药扫帚野兽般咆哮着。

敌人没做任何抵抗，只是混乱、惊愕、怒号、喧嚣、狂叫，像狂人般地在战场上来回乱窜。人和机械都因这激烈狂热的场面而颤栗。我们的运输机——子弹——把敌人送上了西天。

十几分钟后，大地上的狂澜平静下来。对敌人来说，悲剧结束了，生命结束了。第一小队走上前去，把倒下的敌兵全部刺死。就在这时，一个负伤的敌军军官，扭动着受伤的身躯，勇敢地举起手枪向我军射击，打死了我方四名士兵，子弹从腿部一直打到腹部。

敌兵尸横遍野，鲜血染红了地面。

杀人并不是什么罪恶的事，那是对祖国的忠诚。我们怀着这样的忠诚之心，为了继续杀敌，又开始前进了。我们是为了杀人才到支那来的，不需要任何花言巧语，只要是个杀人的魔鬼就行了。历史就是一部杀人史。

酷热的太阳升起，冷峻的夕阳又落下，太阳如此升升落落，日复一日。通过高粱地，走过小麦田，穿过树林，离开村庄。室内温度是摄氏四十度。

这次行军途中，我遇见了故乡的朋友工兵军曹横山淳，他被分配在我们中队。他很有精神，大圆铲子装在背包里。在路旁休息的几分钟里，我和他交谈，喝了他水壶里的水，就分手了。几天之后，部队进入了宁陵城。城内一个居民也没有，他们都带着家财和一些东西逃跑了。

蒸烤大地的骄阳，光芒已弱下去了，把余辉洒入宁陵泉中。泉水宽而浅，清澈见底。为了洗掉战尘，我下到久违的泉水中。把肮脏的身体浸泡在温暖的泉水里，心情好舒畅，污垢和灰尘纷纷掉了下来。

此刻的我，对金钱的欲望，对财产的欲望，以及其他一切世俗杂念，都荡然无存，对生活也没有一点焦躁感，这清水使我成为毫无私欲的纯净的人。

清洌而神圣的幸福包裹着我的全身，那是生的欢乐和喜悦。活着这种深切的幸福感涌上心头。在死神的威胁下活着，是一种分外令人感激的幸福。

泉水的旁边有一口井。叫苦力去井里打水，可他却把小队长的水壶掉到了深深的井里。我把苦力放下井去寻找，但最终还是没找到。丢了水壶，对我们来说等于丢了性命。我叫苦力寻找水壶时，横山淳和运输兵大八木寿司来了。大八木寿司一会儿就回去了，我和横山淳在泉边坐下，聊了起来。遇到故乡的朋友倍感亲切，二月份在邯郸遇见他之后，直到两天前才再次重逢。我们是一起走下故乡的山岭、一起踏上征途的亲密无间的朋友，自然聊得没完没了。

现在故乡是捕捞金枪鱼的季节，如果在间人町的话，大概正是修补鱼网的时候吧。“若是能活着回去，要造一条船。”他这样说。

“若是能活着”？是呀，若是能活着……我们怀着渺茫的希望，追忆遥远的故乡景物，像是被风吹落的秋叶那般虚幻。想到我们只有现在而没有明天，就更加怀念故乡！出征以来，故乡竹野川的水已流了一年了吧！日本海岸的礁石又被冲刷了一年了吧！稻荷山的松涛也不断地吼了一年了吧！父亲啊，母亲啊，故乡啊！

不久，宁静的黄昏笼罩了山泉。

我昼夜行军、作战，极度疲乏，瘦得连肚脐都凸出来了。

因为困得不得了，我便对横山淳说："太累了，明天见吧。"但横山淳却说："好久没见面了，再好好聊一聊吧！"便来到了我的宿舍。

田里结着黄瓜，战友装了满满一背包的黄瓜回来了。我们一边啃黄瓜一边不知不觉地聊到了深夜。我们怎么也没想到这短暂的会面，竟成为我和他的永诀。虽然我们都已做好了死的准备，但是仍感到了生的魅力，对生抱有渺茫的希望。

"那么，请多保重！不知下次在什么地方才能相见啊！"我们紧紧地握手道别，我把他送到黑暗的门外。

"喂，再见啦！多保重！下次见……"他的身影消失在黑暗中。

随着痛苦的增加，士兵们陆陆续续发起牢骚，都认为这次行军付出了最大的努力，人的忍耐力也已到了极限。现在，压缩饼干吃光了，手榴弹用完了，杂品袋、背包已空空如也，不应感到沉重，可是，疲劳的双肩连个空包也不能忍受了。

向南曹集进发的某一天下午，我们通过一个村庄，疲劳过度的士兵们在蚂蚁一样的行列中气喘吁吁地走着。

田中一天不如一天，干瘦得像枯木似的。他老人般地拄着拐杖，无精打采地走着，深陷下去的眼睛发出微弱的光，脸颊瘦得如一层纸，头发被汗浸湿了，黏糊糊的，像一团乱麻，胡子乱草似的从污垢中长出来。他的长着这些乱麻乱草的贫瘠土地的幽灵之所在——脑袋，歪戴着帽子。左手拄着枪，右手拄着杖，弓着腰，拖着无力的腿走着，一副绝望的可怜相。可是到达宿营地后，他却一点也不想抓紧时间休养身体，而是像野狗似的步履蹒跚地在村中到处搜寻。见到食物就往嘴里塞；见到珍奇的东西，就眼巴巴地盯着。这个可怜的田中啊，在我后面有气无力地走着。

“那边的树阴下有姑娘哟。”有个士兵边说边加快脚步从我们旁边经过。他离开部队去看姑娘，此刻又急急忙忙地追赶自己的中队。

“噢，是吗？”田中小声地嘟囔着，便离开部队开始往后走，我对他那异常的情欲感到吃惊，已疲惫得走了样、像活着的死尸似的田中竟然不知疲劳，特意返回去看姑娘。他平时就比别人更喜欢女人，可是没想到他的情欲会如此强烈。

现在，无论什么样的美人，都不会引起我们的兴趣，我们只想好好地休养一下。可是田中竟然掉头返回去看姑娘。他的情欲应该遭到蔑视，他的想法令人鄙视，我很难理解他的情欲。不久，他将面带下流的笑容，脚步蹒跚地回来吧。我多想对那情欲的奴隶的背影吐口唾沫。

随着一步步接近南曹集，我们的脚步轻松起来，行军也变得比较省力。师团司令部设在尉氏城，其他各队为奔赴各自位置，分散前进。

战斗暂告一段落，令我们最快乐、最向往的休养就要来临。在经过的村庄以及到达的村庄，有十几个村民来迎接我们，并将自制的、不带过滤嘴的纸卷的香烟送给我们。

很快，我们大队到达了南曹集。“眼看就要进行休养啦！久违了的休养啊！”一想到这个，不消说我们就高兴起来，不可思议地来了精神。

等待分配南曹集的宿舍的时候，一头大黑猪跑了过来，坐在路边的士兵们的视线都集中到了猪的身上。现在开始要驻扎下来了，很久没吃好东西了。

“今晚就能吃到一头猪了！”

“吃这好吃的、油汪汪的猪肉！”

大家的眼睛都盯着这头猪。五六个士兵站起身来，向猪追去。猪飞快地到处乱窜，当官的也不厌其烦地望着逃跑的猪。猪边叫边跑，士兵们则边喊边追。又有五六个人大叫着“看我的”，挺自信地追了过去。不过谁都白费力气，没有捉到猪。猪快速地朝我们这边跑过来时，有个士兵敏捷地揪住了它，是一等兵下田。他以迅雷不及掩耳的速度，把猪按倒在地，并用刺刀戳入猪的腹部。他那敏捷如电光石火般的身手令人叹为观止，使人不由得联想起剑道高手。下田五郎真是英勇呀。

猪哼都没哼一声，就流血而死了。跟着追来的人都啧啧赞叹，中队长的脸上也浮现出会心的微笑，下田的分队员们发出了欢呼声。

我们中队负责守卫南曹集的北门。我们师团进攻的目标是郑州，不知道为什么师团在这里作了短暂的停留。由于和后方联络不上，我们开始了一天三合米的生活。士兵的粮食本应是一天六合的，可现在只有一半了，并且从早到晚都是粥。但是我们从附近的小村庄里征用了些小麦面、黄瓜、鸡和鸡蛋等物来填饱肚子。从早到晚无所事事，靠休息和做体操来打发日子。我们过度疲劳的身体很快地一天天恢复了，这些日子真快乐。现在，我们头脑里成天所想的都是怎样好好地吃上一顿，因此值班炊事员们都各显身手，煞费苦心。

征用队哼着歌出去了，然后，手里提着鸡，肩上扛着蔬菜、小麦面等东西，又黑又脏的脸上露着喜悦的笑容，大声地交谈着回来了。

一到黄昏，我们就在城墙旁边唱起军歌。太阳西斜了，将余辉洒在我们身上。夕阳下，古老的城墙熠熠生辉，城墙那长长的影子映在绿油油的小麦田上。这里听不到任何文明的机器声响，听不到汽车声、火车声……齿轮声也没有。所有的一切都如此古老，那是一种距离时代十分遥远的自然景象。军旗插在大地上，高高地在空中猎猎作响。做梦也没想到会来到这样的地方放声歌唱。我的歌声在空中回响。啊！回响，在北支那边缘那辽阔而悠远的世界里回响。

凯歌震撼着黑暗在山谷里回响，
胜利时的喜悦，
叫人缅怀牺牲的战友，
他们曾喋血疆场。

长满野草的荒冢里，
长眠着的日出之国的武士啊！
生生死死都要做护卫吾皇的坚盾，
世世代代保卫我们的联队旗！

十几天的时间就这样打发过去了。

那天，我也去征用，弄来了许多香烟和粮食，立刻着手做好吃的摊鸡蛋和火锅。

总算与后方取得了联系，粮食又恢复了正常供给。我刚支上锅，突然传来了紧急集合的命令。

是敌人袭击吗？我正这样想时，传来了“敌人炸毁了黄河堤坝，水势汹涌而来，大队立即疏散”的消息。我们匆忙整好行装。我依依不舍地丢下那些刚刚弄到的美味，锅里还煮着鸡肉，灶里还生着火，但无可奈何，就这样慌慌张张地离开了。

刚一出南门，湍急的浊流滚滚而来，冲走了一个个村庄。顷刻之间出现了一潭湖水。在南京战役时，我们遇到了火攻，现在又因遇到了水攻而奔逃。我们选择较高的地方，急急忙忙地跑向三里以外的尉氏城。

六月十四日下午，夕阳快要落进混浊的河水里了。

我们到达了尉氏城北面一个叫做放曹楼的小村庄，当时天色已晚，从那以后，军粮被定为一天两合米。

放曹楼村也被大水围困了，我们不能再住下去了，两天后得转移到一里外的董庄村去。

一天两合尽是水的粥使肚子晃晃荡荡，我们就这样向董庄村进发。这一带沙丘连绵不断，起伏延伸。烈日炎炎似火，我们汗流浃背。而一出汗，肚子就空了。

村里胡乱地卸着一些大件物资，他们说那些全是师团的东西。大锅里煮着满满的米饭。沙地上或躺或坐的辎重兵谈笑风生地望着我们行军。有的人正吃着菠萝罐头，有的人含着奶糖，有的人正吸着烟，还有的人不爱惜地吃着饭。吃饱了饭的士兵，用筷尖"砰"地拨开苍蝇叮过的饭粒，像扔脏东西那样把饭扔掉了。多奢侈啊！从物资前经过的我们这两列纵队，看到这种情景，叹着气发着牢骚，盯着米饭通过了。

今天，第一小队的人特别少，一打听，原来第五、第六分队的队员因为吃天妇罗[①]中了毒，都躺倒了。他们为了充饥，挖出做种用的山芋，做了天妇罗，但所用的油是皮鞋油[②]。因为他们不知道是皮鞋油还是菜子油。支那佬先说那油"不行不行"，但做了天妇罗，他又说"挺好，挺好"，还狼吞虎咽地吃起来，因此士兵们一个接一个地吃了起来，结果大家都中了毒，甚至连中队长也中了毒，这才感到麻烦，但只有支那佬没事。支那人的身体结构与日本人好像不太一样。

顶着烈日，我们来到了沙丘上较高的地方，部队停止了前进。两三个队长聚在一起，指着远处交谈着，我们枕着背包一骨碌仰天躺下了。耀眼的阳光射入眼帘，白云在蔚蓝的天空

① 一种外面裹上淀粉的日本油炸食品。

② 当时有一种很稀的、透明的皮鞋油，外观上与菜子油近似。

上向北飘去,蝉"知——知——"的叫声让人心烦,一只小蜻蜓停在树枝上,骨碌骨碌地转动着它那双大眼睛。今天我第一次在支那看到蜻蜓。

肚子饿扁了,身体怎么放都不舒服。双脚像生了脚气一样疲倦不堪,好像成了别人的。什么时候才能和后方取得联系呀,预定为一周的一天两合米的生活已开始了,可是在没有车辆来往的日子里,这样的生活真不知道要持续到何时。盐水汤和那水一般的粥像打雷似的在肚里咕咕作响,只要一出汗或小便两三次,肚子立刻就空了。现在不是好吃不好吃的问题了,如何填饱肚子都是个大问题。

敌人太可恨了,出格的是他们竟然炸毁了黄河堤坝,比起我们来,那些敌人的同胞——农民们困苦的时间将更长久。早在春秋时期,黄河与济水河分道以来,曾几度改道,每次都导致农民流离失所。而现在农民们又被他们自己的士兵赶进了饥饿的地狱。

经烈日暴晒,身心倦怠,而因饥饿凹陷下去的肚子居然可以兜住阳光。"分队长集合。"长官高声叫道。我立即丢下背包,站起身来,跟在中队长身后,来到了村子后面的山丘上。

"在前方六里的淯川上有装甲艇[①],有一千敌兵。我们师团在此处与敌人对峙。从右开始按第五、第二、第一、第三、第四、第六分队的顺序部署警戒。"中队长边指着地形,边简单地划定部署警戒的范围。在指定了警戒的范围后,我回到了队员所在地,分队队员们的脸上流露出饥不可耐的表情,有气无力地坐着。

"我们分队把装备放到宿舍后,必须立即进入警戒位置,宿舍就是做辎重兵办公室的那所房子。大家快起来!"还有几

① 原文如此。是指经过装备后的船只。

个辎重兵在我们的宿舍里。师团的辎重兵们正吃着奢侈的饭菜，他们收拾着行李，正在做撤退到后方去的准备。

下坂上等兵拿着用纸包着的饭回来了。他为了弄些剩饭，去了据说马上要出发的辎重兵的炊事班。本想趁人家不在来个连锅端，但那里仍有辎重兵，他们正吃着奢侈的饭菜。白白的米饭，美味的罐头，甜甜的水果糖，若隐若现的香烟的烟雾，香味扑鼻的豆酱汤……饥饿的他因受不了这样的诱惑而感到眩晕，他蹲在沙地上如痴如幻地望着这神仙般的食物。那些辎重兵们又是吸烟，又是吃点心，完全不像要出发的样子。虽然一再为饥饿所迫，但仅有的那点自尊使下坂怎么也说不出“把剩饭给我吃吧”这样的话。那渴望得到食物的饥渴的眼睛，伴随着叹息在树阴下一闪一闪的。

他终于想出一个办法，站了起来，随随便便地凑过去说：“对不起，能给我些剩饭吗？我想拿去给当差的支那佬吃……”

办公室里的辎重兵说：“那些步兵也太可怜了，一天才两合米，真能挺啊！”于是同情地给了我们一罐水果糖，简直太难得了，每人八粒。水果糖在舌尖甜美地溶化了。

穿过夹在两面土墙间的狭窄道路，就来到了有五门联队炮、数辆弹药车、数十匹马的地方。我们边望着马尾，边来到了沙丘上。沙丘上高高地堆着小麦，农民们收割完后，就为避洪水逃难去了，士兵们用它们来做垫被用。

登上沙丘，立即感到一种荒凉寂寞的孤独感。行走在沙丘的低洼处，只能看到与沙丘顶部相连的蓝天，使人感觉仿佛行走在无垠的沙漠里。在乍一看分不清是沙是土的沙丘上“沙沙”地行走着，真是既寂寞又伤感。孤身一人呆在这遥远的地方，一种悠久而无限的感觉便油然而生。仿佛从世上的一切凡尘杂事中断然解脱出来，在这无垠的天地间只有我一个人存在似的。

在沙丘的左面有两三个小村庄,被树林覆盖着。远方,夕阳西下,美丽的晚霞浮现在树梢上。远远地传来了阵阵沉闷的炮声,那声音并没有让人联想起战争,而像是日本节日里敲击的鼓声似的。

战争好像与己无关。无论是饥饿还是别的什么,只要是驻扎,士兵就立刻忘记了战争,变得悠闲起来。下了沙丘,前面有一条小河流过,由于黄河决堤,水量增加,小河附近已成为一片洼地。

微黄的晚霞一会儿泛白一会儿发黑,沙丘开始沉浸在暮色之中。

“从右边开始,每隔两米,按田中、驹泽、竹桥、熊野、大森、野口的顺序,对着那个方向挖散兵壕!约有一千名敌兵在六里外的洧川。嗯——,还有,最好把散兵壕挖成适合睡觉的形状,好,立即开始。”我边这样说,边指出最右端的田中的位置,我决定自己在最左端的位置上。“嚓嚓嚓”挖沙的声音在暗淡的暮色中传向远方。

不久挖好了散兵壕。“每隔一小时换一班岗,其余的人可以睡觉。”刚进入战壕不久,就有几个女人从小河方向朝这边走过来。正在这时,又有一个支那人从我们住的村子里走出来,想要突破防线。

“喂!抓住那个男的。”我大叫着从战壕里冲出来,那男的立即被逮住了。

“打他!狠狠地打!”反正即使盘问语言也不通,没办法。因为在入夜以后想要突破防线的人决不是什么普通人,所以只要不由分说地揍他就行了。

“打他,鞭打他!”又有人在喊。于是,“噼里啪啦”地狠狠地抽打起那个人来。月光照在沙地上。

“踢倒他。”又有人在喊。又是鞭打,又是踢,那个男的全身在瑟瑟发抖。

女人们听见我们的声音后,想躲到左边去。“来来!”我向她们招呼。

这群人中,有三个三十五六岁的女人,两个五六十岁的女人,一个十六岁的姑娘,还有两个小孩和一个婴儿。她们说是要回那边的村庄去的。虽然有这么多女的,但长得像样的一个也没有。在那些三十五六岁的女人中,只有一个看上去还有一点儿顺眼。那个十六岁的女孩,躲在一个三十五六岁的妇女身后,战战兢兢地缩成一团,她的身体看起来十分柔软,像海绵一般,头上严实地蒙着布,看不见脸长什么样。我轻轻地握了握她那颤抖的小手,好一双既温柔又富有弹性的手。在那一瞬间,我的体内涌起一种甘美的感情。不知为什么,我竟感到几分害羞,处女那饱含着爱的血传导到了我的血里。

这种猥琐而又善良的感情使我一刹那间忘掉了一切,我的心也沉浸在甜美的思绪中,仿佛找回了长期被遗忘了的情感。我不想让战友看到我那微微涨红的脸。虽然很疲劳,但我毕竟还是一个年轻男子呀。

“喂!好姑娘,有没有?”战友们嚷着从战壕里跃了出来。我急忙放开了她的手,然后点了一支香烟回答道:“通通地没有。”虽然只剩下一点点香烟了,但我毫不吝惜地叼在嘴里,并且体味到一种异乎寻常的滋味。

“老东!一定要让我看看那姑娘的模样。”大森对我说。我正要取下她的头巾,她很不情愿,用那双丰满的小手,拽住头巾的一端进行阻挡。我再一次猛地捏住她的手,扯下了头巾。哇,真美!可爱的圆圆的脸蛋,白白嫩嫩的面庞。

“姑娘,几岁了?”

“十六岁。”她用纤弱的声音颤抖地答道。

她自始至终都低着头,不想看见令她害怕的东西似的。

虽然有命令规定,凡通过步哨线的人都必须处死,但杀死这些女的没有什么必要。因此,决定到早上为止把她们留在这里,监视起来,命令她们全部坐下。

“老东,让我‘看看’不行吗?”孩子气的大森向我问道。

“想看就去看吧!”得到我的允许后,大森立即在那里开始“看”起来。但我提醒他,在她母亲面前这样很不得体,至少要体谅一下做母亲的心情,到没有其他女人的地方去干。大森奸笑着,露出满意的表情。

“姑娘,过来!”大森招呼道。那女孩紧紧抓住母亲的身体,不愿分开。

大森又柔声叫道:“姑娘,来来!”这时,那个好像是她母亲的妇女,对女儿嘟囔了几句什么。不知是听了母亲的话放心了呢,还是认了,那女孩突然站起身来。

“你瞧,你真是个好姑娘。”大森心满意足地拉着女孩的手,两人消失在阵地前面。皎洁的月光笼罩在两个年轻人的身上,他们两人的样子宛如一对散步的情人。我突然间想到了祖国。

那个想要闯过阵地的男人可就惨了,被我突然推倒在地,又挨我踢了一顿,流出了鼻血,擦破了脸。不知是谁为了解困,又是抽又是打之后,用绳子将他捆了起来。我们决定明天一早就刺死他。

那些女人没什么可疑,所以决定放她们通过,无论在什么情况下,女人都能从男人那里得到宽大的处理。

六月二十七日。

每到傍晚,粮食就所剩无几了。每当旭日东升,我们就出去找粮食。与后方的联络完全中断的时候,一发子弹、一粒大米都不可能送来。我们必须珍惜每一发子弹、每一粒米。香烟也全部抽完了。

太阳像一个大火炉一天又一天地燃烧着,蝉成天重复着单调的合唱。一日三餐水一样的稀粥在肚里咕咕作响。董庄村里有几个因洪水而避难的男女,他们住在村头的人家里,成天小心翼翼,过着提心吊胆的日子。因为收割了小麦,所以我们打麦,去掉麦壳,用石磨磨成面粉。

随着持续的饥饿,令人厌恶的情绪开始在分队里蔓延开来。自私的本性厚颜无耻地表现了出来,并开始破坏我们之间的和睦气氛。每个人都暴露出了自己的本性,并且还发现了那些意想不到的性格,使人产生了一种被欺骗了的感觉。即使是那种乍一看上去值得信赖的人,一旦遇到利害关系,也表现出强烈的自私。

熊野是个令人讨厌的男人,他爱搬弄是非,看什么人就说什么话,并且还假装自尊,自鸣得意,是一个虚伪、世故的小人。

田中,三十七岁,他的身体日渐衰弱,嘴又特馋,如果没有什么东西给他嚼的话就不行。他有点弯腰驼背,看上去就像是四十五六岁,样子实在可怜。他还非常好色,一见到女的,几乎就到了毫无矜持和理智的地步。我认为他与女人的接近已太过分了。他却说:"我是早熟啊。"他的心境已完全像一个老人。三十七岁的他说起话来一副老人腔。老人总是很嘴馋,他也如此,而且是个既没气概又没精神的三十七岁的"老人"。未老先衰的人真是一种让人看不下去的可怜动物。就性欲而言,他是生龙活虎的青年;就生存斗争而言,他却又是非常可怜的无依无靠的老人。

因食物的不足暴露了各自的本性,到处充满了不愉快的气氛,我们卷入了猜疑、嫉妒、贪欲等等矛盾冲突之中。物资充足的时候,人们心平气和,从容不迫,能够笑着面对小小的失败。然而食物的缺乏造成了人与人之间的不和与争斗。比起因其他痛苦而产生的不满和牢骚来,对食物缺乏的不满和牢骚更加厉害。即使相当团结的团体,当遇到粮食不足时,也可能变得异常脆弱。在这时,人心就会变得丑陋肮脏,这就是人的兽性的一面。这种时候,即使宽宏大量的人也会变成心胸狭窄的小人物。以我出征以来的经验而言,这种现象都是极其真实的。

在粮食充足的前些日子,即使说了一些可能使对方生气的话,大家一笑了之,哼哼歌就过去了。而现在,人们开始用充满了猜疑和嫉妒的极其敏感的眼光互相审视,从早到晚持续着沉闷压抑的心情。那些曾经友爱、团结战斗的战友们,现在也由于猜疑、贪欲、自私、不信任,以及因饥饿而被打入饿鬼轮回般的心情,而变得浅薄不堪。

士兵们一发现一点食物,就像猫叼着鱼躲到角落里那样,隐藏起来一个人独自享用。我们到处转来转去找食物,旱田里开始还有土豆种,不过,没几天就被吃光了。把南瓜秧弄来煮着吃,但马上就被各分队抢光了。很快田地里没有一点可吃的东西了。洪水又切断了我们前后的道路,一连过了好几天,粮食都没有送来。

紧挨着我们宿舍旁边的那条路上,有一个老太婆整天倒在那儿,真是惨不忍睹。她已饿得没有一点力气,就像路旁的石头,一动不动。包裹着她的那块破布褴褛不堪,露出了毫无光泽、枯树叶似的皮肤。她的全身已经开始腐烂,渗出了像泥一样的脓水。她虽然还在呼吸,但人却像死了一样,连动一下和看东西的力气也没有了。不,即使她想看恐怕也无法做到了。因为她的眼窝里生满了蛆虫,有许多蛆虫正往外爬。她连说出"请给我一片面包吧"这句话的劲都没有。不,是因为她的嘴里也满是蛆。她的耳朵也听不到任何声音,因为她的耳朵也被蛆虫塞得满满的。

她的口、眼、耳等身体的所有孔穴都生满了蛆虫,蛆像水冒泡泡那样从下面涌到上面,又溢出来爬来爬去。她身体的所有孔穴都生满了蛆!活人的身上却生满了蛆虫!但是她却连拿掉蛆虫和拂去下卵苍蝇的那一点点的力气都没有了。

唉,不祥的悲惨吞噬着她的身体。这已超越了悲哀的程度,而是悲惨之极。

或许她是因为衰老和饥饿,而没有能够和其他人一起逃避洪水吧。

“是谁把我弄成这样的?”她也不可能提出这个尖锐的诅咒了,只是像一只毛虫似的躺在地上。

她那微微眨动的、生满蛆虫的眼睛正梦见了什么吧,是天堂还是地狱呢?

蒋介石应该清楚地看到自己国家受灾民众的悲惨,并且应该为自己深重的罪行而悔恨、扼腕恸哭,他早该悬崖勒马了。他如果看不到这种情景的话,就应该推到他面前给他看。他们这种不择手段的残忍的行为,实际上是不可原谅的。对那些悲惨、可怜、无助的农民,蒋介石他们不知道给予无穷无尽的财富的大海,只知道夺去他们的田地、谷物,毁坏他们的家园,使他们陷没在忍饥挨饿的大洪水中。

阳光透过树叶洒下斑驳摇曳的光影,似乎对那老太婆的破衣、腐烂的身体还存有一丝怜悯。那老太婆日夜躺在路旁,被蛆虫吞噬着。苍蝇成群,多到连人都希望能有马或牛那样的尾巴可以驱赶苍蝇。一有粪便,就会不知从哪儿聚集来无数只苍蝇,黑压压爬得满满的。

我常常深思这样的事。

男人即使生活在没有女人的社会里,也完全能够生存下去。如果生活在这样的社会里,就不会产生性欲。因为看见了女人才会产生性欲,在完全接触不到女性的社会里,是一点儿也不会产生性欲的。男人并不是那种迷恋女人,没有女人就会死的动物。因迷恋女人而放荡和自杀的男子真是愚蠢得令人吃惊,况且,女人也没有那么大的价值。

十五六天之后,战斗机空运来了一些粮食,虽然只有一点点,但是肚子里总算填了些米饭。我们开始了行动,进行转移——说是前进中的后退。

静寂微暗的夜晚,星星稀疏地闪烁着。沙丘上列队的我们在黑暗中随便找条路出发了。为了对敌人隐蔽自己的意图,这列队伍悄无声息地行进着。

谁也不出声,就这样默默地在不知是前进、后退还是转移的道路上走着。不久就来到了被洪水淹没的洼地,高粱穗像水草一样从水面探出了头,好像在游泳一般。我们这些士兵是不知要走向哪里,只是听从命令而已。中队蹚过洼地,越过沙丘,穿过树林,在黑暗中前进。随着时间的推移,速度加快了,相互间失去了联系。小队与小队之间、分队与分队之间都分散了。我们像被追赶着似的匆匆赶路。左拐右转,在蹚过洼地的时候,发现前面的队伍不见了,后面的也没有跟上来。此刻必须防备敌人的袭击。师团总部及其他的联队早已撤走,而我们第二十联队承担断后的任务,边牵制敌人边后退。

敌人知道我们粮食不足、弹药缺乏,像饿狼似的穷追不舍。我们后退一里,敌人就前进一里,可以说在战场上后退比前进更困难。

士兵与士兵之间的联系完全中断了,中队长和小队长也找不到了。我认为照这样下去可不行,于是召集了分队队员,擅自下达了保持联系的命令。各个士兵间的距离是七十米,而太长的距离仅靠六名队员进行联系是不够的,因此我让他们适当调整好距离。我走在队伍的最前面,不久我们就来到了一条大河边。

这是一条因黄河决堤而形成的河,走在我前面的士兵在夜色中过了河。渡过河之后,却不知该向哪个方向前进。不知哪边是浅滩,但总之必须过河。我静静地踏入河中,泷口的遗骨牢牢地扣紧在我的头的后部。不能让遗骨被水弄湿。泷口虽然死了,但仍在和我共同前进。

混浊的河水又冰又冷,我注意听流水声,选择声音大的地方走。漆黑的天空,阴暗的河面,冰冷的河水。水渐渐地从腿部漫过腰间直到胸部,我将枪高高举起,忽左忽右,选择浅处走。过河之后,眼前是一片树林,通过一条小道,来到了岔路口。该向哪个方向前进呢?我正这样想着,突然从黑暗中传来了低低的说话声,那是前面的士兵休息完毕后又开始前进了。是右边。于是我向右拐,没走多远,就来到了一个广场,那里堆着麦秸。在漫长的路途中第一次发现了休息的地方,我想好好放松一下疲惫的身体,于是坐在麦秸上。

双腿像冰冷的木棒那样又僵又累,前面的黑夜更深更沉了。一坐下不动,饥饿就突然猛烈撕咬着我的肠胃,真想吃一把饭团。开始布置联络以来,更加操心和劳累。

“喂,马上就要到了,乘船的地方就在那儿!”黑暗中前面的士兵向我们叫喊。

谢天谢地,快到目的地了,即使不再联络也没关系了吧。这么一想,我便松了一口气,放下心来,一动也不想动了。我们分队的队员们,一个接一个地陆续到达,都坐了下来。我对大家说:“已接近目的地了,大家放松一下,慢慢走吧。”

不知什么时候星星一颗也看不见了,大地在黑暗静寂中暗藏着逼人的杀气,变得更加阴暗。

“喂,你们在那儿做什么?”突然传来了中队长斥责的声音。

“正在联系。”我立刻回答。

“集中在一块儿能取得联系吗? 重来!”

“是!”

中队长很快消失在黑暗中。“喂! 伙计们! 距离六十米,大家各就各位!”我们分队又一次承担起引导后续部队的任务。

不久我们就到达了目的地。有湍急的流水声传来,前方像是一条大河。在黑暗的河边,很多士兵正在整队,我们分队就集结在队伍的侧翼。我们小队队员还很少,小队长也没到。

“小东在吗?”是中队长的声音。

“在。”

“小队长怎么了?”

“还没到。”

“没看见小队长? 不引导小队长,光是你们来到了这里,顶什么用? 你们是为了什么联络? 快去把小队长找来。快!”

“是。”我带领分队队员,又返回来时的黑暗的道路。队员们大发牢骚。我们并不是奉命联络的,而是自己这么做的。小队长这个呆货在干什么呢? 脚又痛又冷,妈的! 真倒霉! 大家一路抱怨。

穿过黑暗的田埂,走过泥泞的水田,当我们返回曾休息过的那个有麦秸的广场时,看见小队长扛着军刀做扁担,把脱下来的裤子和鞋子搭在肩上,毫无战斗姿态,一副水灾难民模样的弥次喜多[1]般打扮，和两三个士兵一起走了过来。

“是小队长阁下吗？”我故意这样问道，因为他那样实在不像一个士兵长官的战斗姿态。

“是我，是小东吗？中队长在哪儿？”

“就在不远处，我为你们领路。我们是来接你们的！”

我们返回到中队集合的地方。小队长从肩上卸下军刀，用手拿着，命令道：“第三小队注意，各分队长清点人数！”在黑暗中，他那白腿和黑上衣黑白分明，看上去就像一个玩偶。

“第一分队情况正常。”

“好。”

“第二分队情况正常。”

“好！”

第三、第四、第五各分队也报告完毕，全部情况正常。

小队长向中队长行了礼，报告说：“第三小队没有异常情况，全部到齐。”

“好！”中队长答道。接着又下达了休息的命令。

“应该怎样进行联络？东，你回答！”中队长训斥般地问道。

“是。各个士兵之间按七十米或一百米的距离进行部署，这个距离要根据不同情况和联络兵的数量适当调整。报告完毕。”

“你是那样做的吗？为什么把大家集中在一个地方？联络兵集中在一起能取得联系吗？”中队长的声音很严厉。

接着中队长又转向全体队员说道：“小队长下达了进行联

① 日本江户后期剧作家十返舍一九的剧作《东海道中膝栗毛》中的两位主人公“弥次郎兵卫”和“喜多八”，这里简称为“弥次喜多”，用来形容旅行途中的滑稽相。

络的命令，可东君并不想执行该任务，而是把联络兵集中在一起休息。联络兵应该时而跑，时而又返回，其他人休息自己也不能休息，而且必须特别地留神，因此联络兵肯定更加疲劳。而你不执行命令，后续部队就会迷失方向。联络兵的工作是神圣的，是后续部队的眼睛。然而，东君把小队长丢了，擅自撤回联络兵，究竟算怎么回事？”

中队长怒气冲冲，在中队全体成员的面前严厉地训斥了我。我目瞪口呆，傻乎乎的，既没有生气，也没有想到辩解。

突然，有人生气地说：“中队长，错了。”原来是站在我左边的竹桥君。

“老东并没有接到小队长要我们联络的命令，可是，他发现在那种情况下，如果没人联络的话，后续部队就会迷失方向。于是，他当机立断，要求我们部署联络的。”

“竹桥君，算了……不要辩解了，都是我不好。”我制止道，可他却不听。

“我们自认为做好了联络和向导的工作，因为能清楚地看见目的地，所以我们休息了一下，刚好被中队长看见了，就那样训斥老东，但老东并没有错啊。若没有我们的诱导和联系，大家都会迷路的。”竹桥一口气辩解完了。

中队长沉默不语，小队长好像很不高兴的样子。

我们乘工兵的铁船渡河，水流湍急。我们用尽全力，拼命地摇着橹，铁船顺流直下。这条河大约有三千米宽，十几天前这里还是农民们祖辈传下来的赖以生存的旱田，还是成熟的高粱地。

就在几天前，温暖的阳光洒满大地，微风穿梭嬉戏于山菊花和广阔的菜花田之间。曾几何时，这里的高粱已被湍急的浊流刀子一样割倒冲走了。岂止农田，浊流底下还有农民们栖息的房子、孩子们嬉戏的庭院，以及灿烂阳光下的树林和树下斑驳的树阴。

“哗哗”的划水声在黑暗的河面上回荡，工兵们用力地摇着橹。

不久，铁船便靠上了浅滩，我们端着枪，悄悄地下到水中。鞋底沾满了泥浆，分开高粱——不是水草，走上岸去。

天一亮，昨晚我们上船的地方就挨了炮击。从炮兵的望远镜里可以望见敌兵。敌人一直跟在我们的后面。

炮弹又在河对岸爆炸了。

我们躲进一座肮脏、零乱、被废弃了的房子里，让炽热的太阳晒干湿透了的衣服，怀着感激和珍惜的心情用仅剩的一点点米烧起了饭，不过没有任何副食。

在这个破屋院子的角落里，有一棵结出未成熟的、小粒青葡萄的葡萄树。若是再过一段时间的话，就……我非常遗憾地端详着它，摘下一粒圆溜溜的葡萄，轻轻地放在舌尖上。满口酸涩，我下意识地吐了出来。

若是煮一下的话会怎么样呢？说不定会成为一道下饭的菜呢。我这样想着，便摘了些葡萄放在饭盒里送到火上去烧。好像马上就要吃到可口的菜似的，我心情愉悦地等待着。

烧了一会儿，一看却变成了酸酸的黏糊糊的青汤，简直白试了。

第二天，又开始前进的后退了。这次是第九联队留在原地与敌对峙，我们第二十联队先出发一步。

黄河的浊流淹没了所到之处，又形成了三条新的大河流。开始渡河了。我把泷口的遗骨像缠头那样用布巾牢牢地捆在头上。即使我的身体和背包全被水浸湿，也不能让泷口的遗骨被水弄湿。河水漫到了我的脖子。马拉着车像游泳似的，将浊流拦腰截断。

在某个渡河点，听到了精神饱满的练刺杀的叫喊声，那声音是从右边的城墙传来的。听说是第九联队的新兵在那里驻扎。听着这精神饱满的叫喊声,不知为什么我情不自禁地忆起和平的故乡的联队。

“喂！东。”突然有人叫我,原来是机关枪队的同乡。

“听说横山淳被打死了。”

“呃——,横山淳?”我条件反射似的问道。

“听说是去侦察的时候被打死的,大约过了三天才找到尸体。我也是昨天刚刚听说的。尸体被扔在小河沟里,手脚都七零八落了。据说横山淳是在师团本部接受了参谋的命令,去进行水路侦察,最后牺牲了。”他深深地叹了口气说道。

我怎么也不能相信他所说的是事实。难道死去的是那个挺精神的横山淳？是那个不久前在宁陵的泉水边还和我在一起谈过话,一起吃黄瓜、谈故乡的横山淳吗？难道他已经从世上消失了吗？他那强健的体魄、大大的脸庞立刻浮现在我的眼前。“生者必亡,遇者常离。”我不由得深深地感叹生命的短暂和无常。迄今为止,已经屡次看见身边并肩作战的战友,转眼间就流血牺牲了。但是,轮到自己小学时代的朋友、故乡的亲友的死,却使我不得不更加感到生命的无常。

他是怎样地战斗而死的呢？一定是勇敢地战死的。横山淳！我在心中反复地呼唤着他的名字。

太阳又一闪一闪地跃上了地平线,部队在无风的高粱地里穿行。三间宽的道路两旁生长着两人高的高粱。由于空腹和疲劳,两脚乏力。我叫队员轮流带着泷口的遗骨,可是,下坂上等兵硬是不肯带。他心里有一些愚蠢、胆怯而迷信的想法,他认为如果拿遗骨的话,就会随遗骨被招到阴间,自己也必死无疑。我很瞧不起他。

经常在沿途的田地里看见还没有成熟的西瓜、甜瓜,可是死板的中队长眼睛亮了一下,只是投过去遗憾而又惋惜的一瞥,望望它们就通过了。田中的体力越来越衰弱,落队了,因此,我让队员们走慢一些,边走边照顾他。

我们艰苦的行军就快要结束了,已经听到了火车的声音。啊！多么艰苦的徐州战役,多么艰苦的陇海线上的战斗啊！那是不眠不休的猛烈进攻。每天都是晚上八九点,有时是十点回到宿舍,立刻倒下,按摩将要窒息的胸部。到了第二天早上五六点又出发,冒着酷暑前进,并且还时常受到疲劳和饥饿的威胁。在我的一生中,曾有过如此这般的疲劳吗？这样的疲劳还会发生吗？

我们拖着疲惫的双脚,终于到达了陇海线的一个小站——野鸡岗。虽然是个小站,却是坚固漂亮的砖造建筑,内地的乡村车站见不到这么像样的洋式建筑。砖瓦上的弹痕在诉说着战斗的故事。车站内还有车站员工住的砖瓦造的宿舍,我们进入了其中一个房间。很快地铺好床,搭好厕所,弄好厨房和一个洗澡间,整理出一个可以生活的"家"。

这个车站孤零零地建在铁路旁,而小村庄却在远处的树林里。车站的背后是平缓而广阔的山丘,哨兵站在山丘上,中队部和其他的小队一起驻扎在山脚的几间房子里。

除了站岗执勤之外,没有其他事,我们过着快乐的日子。我从心底里感到活着是多么的值得庆幸啊,无论在什么情况下,只要部队一进行快乐的驻扎,我就会非常感激:"啊！活着真好！"

用汽油做燃料的内燃机车牵引着的军用列车时常通过。多么悠闲宁静的日子！我随意地躺在原野上,在蔚蓝的天空下,在没有战争的和平的日子里,读着故乡的朋友寄来的

Pearl Buck 写的《大地》[①]。我从来没有读过如此吸引人的书，作者敏锐的头脑令我敬佩得五体投地。

那个叫阿兰的是个多么聪明的女子啊。她看起来似乎是一个平凡的、不起眼的女子，但并非如此。我觉得好像遇到了长久以来一直在追寻的那个人。她的话虽然不多，却是那样深刻而有力，确实使人不得不佩服她那令人入迷的话语。

像阿兰那样的女子，在所有的困难和苦恼面前，总是默默地忍耐着。而且她如果不聪明的话，就不会说出那样的话，做出那样的行动。他们由于饥饿、没有食物，决定杀死已成为他们家庭一员的那头牛。优柔寡断的平龙正犹豫不决而不肯杀的时候，阿兰决定亲自动手。她说道："牛再怎么说也只是牛，而且这头牛已经老了，将来还会买到更好、更健壮的牛。吃吧！比起牛来，人的命更重要。"

阿兰他们到了南方的城市后过着贫困的生活。阿兰把二儿子偷来的肉煮了，劝平龙吃。平龙说不吃偷来的东西，于是把肉给扔了。阿兰默默地看着他的动作，再次拾起肉放入锅中，平静地说："肉就是肉。"

在荒年，面对饥民的掠夺，阿兰发出了勇敢的声音。从沉默寡言的阿兰口中吐出的话语，都蕴含着智慧、理智、威慑力以及坚定的信念。

像她那样的女性才是真正的女性、真正的人。历经磨难的女性正是我所追寻的女性，不，正是我所追寻的人。我感受到阿兰身上具有不可言传的魅力，使我非常敬佩。

---

① Pearl Buck(1892—1973)，美国女作家，中文名赛珍珠。她的长篇小说《大地》出版于1931年。该小说同情地描写了一个中国农民和他的奴隶般的妻子为争取土地和地位而进行的斗争。这里的平龙应为王龙。

一周后的某一天，我们接到转移的命令。我们来到了兰封[1]。兰封车站里有人在卖羊羹，那是我们盼望已久的香甜的羊羹。我们把羊羹塞进久缺甜食的胃里，然后又一口气灌下了汽水。

在兰封住了一宿，我们又乘火车前往开封，火车是无盖车。开封站是一个大而气派的火车站，在火车站的广场上，立着一个混凝土的坚固的碉堡。从火车站到城门有很长一段距离。

开封的街道一点也没有遭到破坏，居民也没有逃跑，与往常一样，城市依旧繁华。我们走过一条宽阔的大街，朝小道上的宿舍走去。

我们分队所要住的房屋里还有居民居住，那所房子好像是个妓院。年轻的姑娘们一个接一个地走了出来，她们抱了一些随身用的物品出去了。我们迅速地打扫卫生，搭好床，安装上长住的设备。这所房子由第一、第二分队居住，进了门左边是烧饭间，中间庭院的左右两边都有房间，在正面房屋的旁边有一个用两块长两尺、高五寸左右的长方形石头搭成的厕所，没有便槽，土上只放了这样两块石头。掏粪工提着粪桶一天两三次地来掏粪。可是由于我们人多，又有患腹泻的，粪便很快就堆得快要触到屁股了。

在这儿除了早、晚点名及在小队宿舍周围放哨执勤以外，没有其他的工作，从早到晚过着自由自在、安心休养的日子。

在紧靠着我们小队宿舍的里面，是姑娘们的房间。在妓院的入口处，贴着“除日本军官、大人物以外，禁止入内”的宪兵队的布告。我们紧挨着住在里面，时常进去上厕所。在妓院里拉客的是男的，拉客的男人站在四五户人家的门口，一拉

---

① 兰封，旧县名。在河南省东部。1954年与考城合并为兰考县。

到客人就交给一个四十开外的女人,那女人将客人带到姑娘们的房间里。一小时三日元,姑娘们一到早上就和照顾她们的老太婆一起坐人力车回去,到下午再来。我的宿舍旁边有家小裁缝店,士兵们衣服绽了线就去那里补好。

有一天,新兵们来中队报到了。徐州陷落之前,还是在临城的时候,他们就从我们后面追来,但由于被派到这里那里进行守备,好不容易现在才到中队。

因为弟弟重一也是第三中队,所以我想他一定来了,兴奋得心快要跳到嗓子眼,我飞奔过去。可是弟弟被编入通讯队,不在那里。幸好是第二十联队的通讯队,住处离我们不远。

几天后,补充来的军官到了,我没有去迎接他们,而是留在了宿舍里。村下小队长回来后对我说:"听说这次来的少尉是弥荣村村长的儿子,叫什么名字还不清楚。"

"也许是土本。"我这样想着,朝长官的宿舍走去,果然是土本。

"哎呀,是土本吧?"

"啊,是小东? 原来你在第三中队呀,真是太巧了。"

"真没想到能在前线遇见你!"我们久别重逢,于是聊了起来。

从他那作为宿舍的人家里,传来了女人"呜呜哇哇"的哭声。家里的亲人死了,哭丧的妇女每天都得哭,给死去的家人上供。

八月一日。

终于正式进入夏季了。不,与其说是进入,或许倒不如说这一带的夏季开始已有一段时日了。白天,火热的太阳依旧蒸烤着大地,一到夜晚气温就骤然下降,开始变冷。

有一天,我去看望弟弟,他精神饱满。与我血肉相连的亲弟弟的温情,像灿烂的阳光簇拥着我。若是弟弟有危险,我会奋不顾身地去救他。即使我死了,也要让弟弟得救。亲爱的弟弟,这个世界上我最亲爱的弟弟!

我们走进了照相馆照相。

因为最近肠胃比较好而疏忽大意了,一天夜里,肚子露在外面便睡着了。因此,第二天早上便患了重感冒,还拉肚子。大便带血,其实没什么大便,拉出的都是黏液。医生说需要隔离,所以我便一个人住进了隔离房间。

享受着一个人孤独的乐趣,我读读书,写写信,又整理了日记。看着与弟弟照的照片,我独自苦笑。

我想让鼻子下的小胡子翘起来,但由于天气热,不停地擦汗的缘故,小胡子像源赖朝①的胡子那样两端下垂。照片上的我胡茬长得乱七八糟,眼睛斜视,露着凶色。皮带向左歪,裤子上补着补丁;重一的衣服被汗湿透,全是皱褶。我们戴着钢盔,像是从哪个廉价的洋馆的后面无精打采地走出来的两个匪徒。

虽然是可笑的照片,但因为是特意去照的,所以我在照片的背面写道:"只看一次的话会觉得很可笑,请看六七次,那样的话就会顺眼了,不可笑了。"我把照片寄给了妹妹。

在开封的大街上有一家很大的洗澡堂。分为三层,一楼专给做苦力的人洗,二楼给普通人用,三楼是专门供大人物使用的,水是从深井里打到二楼、三楼上的。

比起浴池和更衣室,休息室更宽敞一些。休息室里有长椅子,上面铺着白毛巾,可以一边扇扇子一边舒舒服服地躺在那里休息。这里分隔成好几个有三张长椅的房间,时常有人

① 源赖朝(1147—1199),镰仓幕府第一代将军,日本历史上第一个武士政权的创建者。

来卖甜点心,其中也有卖冰淇淋的,就像内地的剧场里卖点心的人穿梭于客人的座位之间一样。另外,还有理发的、按摩的和搓背的。开封的洗澡堂与其说是洗澡的地方,不如说是用来享受洗澡的地方。

日本人也早就进入了开封,军营中的日用品店、食品店自不必说,还开了饮食店,是支那料理和西洋料理店。

开封的街道又宽阔又气派。到了西瓜的旺季,但听说敌人的间谍在西瓜里注射了霍乱病毒来卖,因此开始对此高度警惕,只好眼巴巴地看着西瓜垂涎不已。

一天早上,我们突然对大街迅速地进行了扫荡,但是没有发现间谍。津贴及从内地寄来的慰问品十分充足,还发给我们一人一瓶啤酒。

森崎曹长是个蛮干胡来的大嗓门,因此被士兵们戏称为"破锅"。

他是个任意行事的人,喝醉了酒就更荒唐了。对合不来的人,他会因一点点小事就动拳头,而对合他心意的人,他就会像对小猫似的非常喜爱;对巴结他的人,他很中意,而对那些不巴结奉承他的人,他就极端仇视。

士兵们对这样的长官真是一筹莫展。在发啤酒的那一天,他无论摸到哪个士兵的啤酒都夺过来,一饮而尽,喝得醉醺醺的。他又来到了我们分队,我叮嘱队员们把啤酒藏在水底。他大声地怒吼道:"让我喝啤酒。"他暴跳如雷就像一匹烈马。

村下小队长刚参军入伍时,还只是个作为后补干部的一等兵,而森崎当时是班长,因此对"破锅"首长有点客气,有什么小事也不说他。因为我说了不给曹长喝啤酒,村下就严厉地埋怨起我来。

八月三日。

今天是休息日,所以弟弟来看我。买了蛋糕和面包,我们边吃边谈。听说哥哥在杭州湾登了陆,兄弟三人都投身到了战争之中。还谈到了我们兄弟前途的问题,我说即使我军凯旋,我也要留在支那,重一也说要留下,我们说好了一定要共同努力。

弟弟的军服被汗弄得湿漉漉的,可他连洗衣服的时间都没有。所以让他穿上了我洗好的衣服,并决定亲自为弟弟洗衣服。亲爱的弟弟穿着我的军服微笑着回去了。

八月四日。

我穿着洗好的弟弟的衣服去与弟弟交换,但因为有内务巡视,所以没换成就回来了。明天再交给他吧。

听说一二〇队到湖州附近去进行守备,湖州是从杭州湾往里四五十里的地方。接着又传来了替换下来的部队去了上海、俄满边境开始交战等等消息。因为根本不看报纸,所以对世界的情况一无所知。

接到了父亲的来信,信上写道:“你哥哥已出征了。他不在家的时候,别人可能认为顾客会变少的,因此我正拼命地学习和努力着。现在顾客很多,手下只有三人,几乎无法应付。我上了年纪,身体又不怎么好,可是,只要一想到部队的事,就这么一点点地拼命努力起来。”

父亲已是六十五岁的人了,一生辛劳,我从心底里同情他。没有比他更好的父亲了,他是个好父亲!我在心里祈祷父亲健康长寿。

父亲以前是房产主家的少爷,由于他不走运而失去了万贯家财,父亲说是运气不好。荣枯兴衰是人世间常有的事!

洗完澡溜达着走回去时,看见五六个姑娘坐着人力车从面前经过。第三或第四个通过的姑娘是我见过的。她是在中队的分队长以上人员会餐的时候,抱着我膝盖的那个女人,那个时候我还留着胡子。虽然现在胡子已刮掉,而且那时与她的相遇又是那么短暂,可是她却目不转睛地看着我的脸,用细细的声音对我边说着什么,边笑着过去了。她好像还记得我,这令我高兴得眉开眼笑,心想下次我一定去买她。男人,不,像我这样的男人,是多么容易被女人迷住啊,一看见女人的微笑,心马上就快乐起来。

有个赤露着身体的男子在路边像羊一样吃着纸,把纸当做了主食。是由于没有食物,无法忍受饥饿而吃纸的吗?可是他的身体一点也不瘦,相反看起来还很胖。在他旁边,两三个支那人津津有味地吃着馒头。他故意在食品店的旁边,在吃馒头的人旁边,吃着纸。他似乎在说:“我已饿得非吃纸不可了。”可是谁也没有分一小片馒头给他。他的身体真是太肥胖了。

许多人都说:“哎呀!你看起来年轻多了,简直认不出来了。”那是由于我把长得乱七八糟的胡子给剃掉了。

我留胡子的原因是觉得随长随剃实在太麻烦了,因此不知何时就让胡子随意生长了。把那些乱七八糟的胡子剃光后,看起来就变得年轻多了。前几天和弟弟拍了照片,天又热得难受,留着胡子总有点不自在,干脆就把胡子给剃了。我这样解释道。

村下少尉说:“人一旦做出这样突变的、奇怪的事的话,就快气息奄奄,离死也不远啰。”他经常这样说。村下少尉是舞鹤中学毕业的干部候补军官,职业是由良的石匠。假如你存钱的话,他会说你行将就木了等等之类话;假如谁有什么改变的话,他也会说那种话。并且他用的不是开玩笑的口吻,他确实认为那些是真的、值得相信的事。

直到南京战役之前，我也相信战友的死亡、负伤确实和他们的语言、动作有一定关系。他们在死伤之前，通常会说一些古怪的话，做一些古怪的事情。

矢野君在受伤之前，他就说过："按死伤的顺序这次该轮到我了。"他在说这话的两个小时后果然负伤了。

西原少尉负伤的那天，精神振奋，一会儿高兴，一会儿又消沉。内山准尉在战死的前一天晚上，向士兵传达了平时不说的一些注意事项，并且还说感到身体太疲倦了。这个准尉从出征的时候开始，就老是说："我一定不死。"我们的耳朵都快起老茧了。

西谷文正战死之前，从彰德出发时也说过："这次看我的吧！我会干得很漂亮的，反正豁出去了，绝对会引人注目的。"不过，一到战斗的紧要关头，却又说了一些非常胆怯的话。本来他就不很勇敢，南京战役时，在迫击炮和机枪的枪林弹雨之下，他还瑟瑟发抖呢。

竹桥健二在负伤那天，也说："身体疲倦得不行了。"

像这样的例子很多，我们在他们死去之后，便回想起他们生前的一些引人注意的、古怪的事情，让人联想到语言、动作是和死伤有关联的。

一个人说某一类的话，做某一类的事，果真是在暗示着什么吗？我们这样揣度着。这样考虑问题，是乡下相信狐狸精的伙伴们的想法。

直到南京战役时，我自己也还是非常相信的。但随着战斗次数的增加，我逐渐认识到那只是相信迷信的、愚蠢的乡下老太婆式的想法。

在纷繁的战事中，仔细想一想就会发现，像身体变得非常疲倦啦，说什么这次要好好干一场啦，有时特别勇敢，有时又感到特别不安等等，这些事是谁都会有的、极普通的。在那时,偶尔受伤或战死,马上就会令人把他的死伤和他那些有所变化的语言、动作联系起来考虑。但是,另一方面,曾说过那样的话、有过那样动作的人当中,也有健壮地活着的。

我自己也有这方面的经验。今天心情和身体似乎有点儿奇怪,有时也想到可能会负伤什么的,但结果什么事也没发生。

总之,我认为把一个人的语言、动作和死伤联系起来考虑是荒谬的。只是因为说了些特别的话或做了些不同寻常的事,所以就死去了或者负伤了,这种看法是错误的。还有,死伤临近时,会有这样那样的暗示,这种想法也是错误的。大概是日本人考虑问题都善于联系因果关系吧。村下少尉从早到晚都在读《雾隐万藏》、《猿飞佐助》和各种传奇话本。

八月六日。

支那商人的狡猾实在令我感到吃惊。在日本,如果一次性购买许多东西,商人一定会让价给你。而在支那,如果你一次买很多东西,因为数量多,商人就会从中搞鬼。虽然钱是便宜了,但与金额相比,数量却变少了。因此,还是分几次买比较划算。

在开封驻扎了二十三天,明天就要离开了。为了愉快地度过在开封的最后一天,一�武从支那菜餐馆买了十二日元的饭菜进行会餐。一共有二十四样品种各异的菜,但却只有咸味,而且全是油腻腻的东西。我们招待了隔壁裁缝家的可爱的小男孩,对少年说:“明天,我们就要出发了。”少年大吃一惊。

“你的,大大的,开路,开路,不行。”他这样说着,在我的掌心写上“土匪”两字,因为他们怕被土匪抓去,而感到很不安。

无论什么时候都是这样,一到出发前,就会流传各种各样的谣言,让我们又喜又忧。

最初听说是沿津浦线南下,接着又听说将师团分为三部分,乘船南下。小道消息各种各样。最终的决定是前一个方案。据说,只有炮兵从青岛乘船南下。

八月七日。

上午十点整队出发,没有时间见弟弟了。我们在宽阔的柏油马路上前进,路旁整齐地种植着洋槐树。卖水的人在独轮车上装满圆木桶,"嘎吱嘎吱"地推着车从身旁经过。

我们师团现在是藤江部队,联队是南部部队,大队是木村部队。

中鸠师团长阁下和藤江中将交换岗位去了北满。前几天我担任了师团长阁下的护卫,跟随他们去了各个联队,师团长阁下与各部队的官兵进行了话别。无比热爱士兵的联队长大野大佐和南部大佐换岗而返回国内。西崎大队长也和木村少佐换岗回日本了。迎来了新队长,藤江部队径直去攻打汉口。

十二点,火车拉响了汽笛,在北方辽阔的大地上奔驰。

开封,那是一千年前朱全忠篡唐建立后梁的地方,当时这个城市叫做汴京,其后经过五十年,后周的将军赵匡胤建立宋朝,在此定都,成为宋太祖。太祖统一了支那本土,又与辽开战,宋太祖的军队也曾到过陇海吧。

古都开封!是因提出富国强兵政策而闻名的王安石和以文章诗歌而闻名的欧阳修、苏东坡生活过的都市。开封!它是宋代文化的中心。回想禅学、朱学、道教等发达的北宋时代,想必只有开封才称得上是当时东方文化甚至是世界文化的中心地吧。

太宗、真宗、仁宗时代,仁宗是宋代最好的仁君,那时曾涌现出许多名臣大儒,特别是范仲淹,文武全才。他的名言是:

"先天下之忧而忧,后天下之乐而乐。"蒋介石真是那样做的吗?否也!

脍炙人口的砸缸故事中的主人公司马温公说,终身应该做的事就是诚。蒋介石对国家真诚吗?否也!

再说被金打败而南逃的高宗,他的大忠臣岳飞英勇奋战,大破金军,再次逼近开封。开封,是岳飞战斗过的地方。岳飞说过这样的话:"文臣不爱财,武将不惜死,则天下太平。"蒋介石不爱财吗?既贪财又怕死,这就是蒋介石的本性。因此,蒋介石的军队就不可能成为精忠报国的岳家军。

第五卷

藤江部队(第十六师团)
南部部队(第二十联队)
木村部队(第一大队)
森山队(第三中队)
村下小队

八月八日。

昨天正午从开封出发,到归德站,在车上住了一宿。

在徐州停了两个小时。在车站对面的店里买了四十钱桔子罐头,三十钱咖啡,二十五盒大团圆牌香烟,一共用去了八十二日元。商店的姑娘是个很漂亮的女人。

军用列车从徐州一路南下。辽阔的大地向后边飞奔而去。

我总是这样想:“我今天脚踩的这块土地,在我的生涯当中,是第一次,也是最后一次了。不可能再见到这个地方。”我感慨地望着这片土地。

火车开到曹老集,曹老集一带一片汪洋。黄河的水正在到处泛滥,那是非常凶猛的洪水。

许多村庄和树林几乎就要被洪水淹没了。铁路的左右都是水。水流得很急。上下游水连着天,天连着水。到处都行驶着帆船。奇怪的是,水并不浑而是很清。农民撑着小船或木筏在收割露在水面上的高粱穗。电线杆在水面上也只露个头。有铁桥的地方卷着漩涡。就在这可怕的滔滔洪水之中,铁道笔直地向前延伸,就像天桥立①一样。波浪在铁道两侧

① 天桥立是日本的名景之一。

拍打着,涌上来退下去,和海边没什么两样。

我们从货车的小窗口向外眺望着,似乎觉得火车在海边行驶。

一个个村庄,如同孤岛,在洪水中星罗棋布。在铁路附近还没完全淹没的村庄里有农民,他们眷恋着自己出生的土地不忍离去,都呆在各家较高的地方。在一个小岛上,只有一户即将倒塌的住房,有头牛正在嚼着那再也吃不了几天的杂草。望着远处的水,我们互相谈论道:大概是人来不及逃,就把它扔下不管了,因为牛的脚步慢,如果是马的话,或许就被谁骑跑了。

在有牛的小岛周围,到处是水。那头牛大概吃完草也只有等死了,它不会想到这是仅剩下的一点草。如果一点点吃,可以多活些日子,哪怕多活一天也好。不过它也许感到自己很可怜吧!

由于火车行驶的声音,我听不到牛的叫声。如果那头留在孤岛上的孤零零的牛,在夕阳的余辉中,"哞——"地叫一声,会令人感到多么凄惨啊。我一直盯着那牛,直到看不见。

列车在洪水中,不,应该说是在"流淌的湖水"中行驶了四十分钟,总算来到了仅有的地面上。车刚停,车尾那节军官使用的客车车厢就脱轨了,军官们都吓得赶紧逃了出来。

列车停的地方是淮河,过了河就是蚌埠,蚌埠市区不小,一直延伸到河岸。

淮河虽说宽千米左右,但河水经常泛滥,水流很急。铁桥遭到了严重的破坏,我们是乘工兵的船过河的。渡河之前接受了霍乱病的检查。

淮河中游到下游过去被称为淝水①。

① 原文如此。

这是有名的淝水古战场。匈奴（土耳其族）、羯（土耳其族）、鲜卑（满族）、氐（藏族）、羌（藏族）、汉等民族曾在此决战。[①] 五胡十六国时代，前秦王苻坚最有名气，起用王猛平定了各地，为统一支那，率领大军讨伐了东晋。东晋的名相谢安让谢玄出征淝水并获大胜。这是大约一千五百六十多年前的事情。

据说谢安年少时就很有名望。朝廷召他，他却留恋家乡山水，没有应召，时人有云："安石（谢安）不出，苍生如何？"后来他出山了。淝水之战时，前秦大军袭来，上下一片惊恐，而谢安却悠然自在，每天和宾客下棋以定人心。当淝水的捷报传来，谢安看后放置一边，仍泰然对局。客人问："是什么？"回答："我家小儿已把贼打败了。"不久客人离去。而客人刚走，他就欣喜雀跃，据说把鞋跳坏了都不知道。

这次不是前秦军，而是蒋军溃逃，我们乘胜追击，渡过淮水。

过河的地方有几个仓库，好像是个码头。洪水淹没了道路。从岸上眺望，像是个相当大的城市，但进了市内看，并不很大。不过我猜想战前这儿一定很美吧！

由于霍乱的流行，食堂、咖啡馆已停止营业。

全是日本人的店铺，没有一个老百姓。

对于战场来说，首先进入的是食品和妓女。

第三师团驻扎在这里。将从蚌埠行军至汉口。必须首先朝庐州方向走四十里的山路。本来想买点甜的东西，但最后只买了菠萝罐头。在开封、徐州时，备用的香烟一盒十钱，而这里二十五盒一包的才要一日元五十钱。没在蚌埠宿营，直接出发，走了两里多路，宿营在丘陵下方的小村里。夜晚下了

---

① 原文如此。

暴雨,房顶几乎都要给下漏了。

八月十一日。

刚开始行军,却大雨滂沱,雨点像疯了似的“噼里啪啦”地落在地面上。道路泥泞不堪,车辆的通行相当困难。鞋子深深陷在泥里。大约不到一分钟,全身都湿透了,就像背着背包洗了个淋浴一样,潮湿的军装紧粘着肮脏的肌肤。

半路上遇见了第十师团的辎重兵。他们也感到与泥泞的道路奋战,前进实在困难。大雨中一连串不太高的山冈伸向远方,我们要越过它们前进。从远处眺望,这山风景极好,望着这雨水朦胧的景致,就像眺望家乡的山水一样。但是对那瀑布似的大雨,又感到难以忍受的憎恨。休息时,不能把背包放在泥泞中。起初只好背着背包站着休息,渐渐地抵挡不住越来越厉害的疲劳,只好放下背包坐在烂泥地上。

时而在路边看到小村庄,但是所有村庄的房屋全被烧毁,一间也不剩,只剩下残垣断壁。这种状况在北支那是未曾见过的。在进攻南京时,所有的村庄都被烧光了。现在我们看到这番情景,不由得感到是来到了中支那。

今天行军六里。下午一点左右,不知什么缘故,淋着雨在不高的小丘上停了三个小时,大概车辆通行有困难吧。雨水浸透了全身,浑身冰凉。

奉命担任大队部的卫兵。一到宿舍,立刻就去了已在破房子里安顿好的队部。屋里屋外泥泞不堪,连落脚的地方都没有。雨总算停了,便在院里点火烘衣服,用水壶里的水做酱汤,烧饭,吃饭。因为太饿了,所以觉得特别香。月亮浮现在雨后的清澄夜空,又大又圆。月亮旁边有一颗特别明亮的星。我尽情地呼吸,空气清新、纯洁而令人感到舒适,这是我此时的感受。不知不觉忘记了疲劳,有一种脱胎换骨的感觉,多么美而宁静的夜晚啊。坐在低矮的破棕床上,边烘烤衣服边抽烟。身体的疲倦随着香烟的烟雾消失了。

无论在什么场合,只要一回到宿舍,浑身就轻松下来。

“哎,月亮真圆!”我说。

“今天是盂兰盆节①嘛!”好像是大个子真嵩望着天空说,“家乡的人正在跳舞吧!大概正在观音堂的广场上围成圆圈,边唱民谣边跳舞吧!”

“是阳历盂兰盆节?还是阴历盂兰盆节?”

“是阳历的。”

“啊,是吗?是阳历盂兰盆节啊!”

已经到盂兰盆节啦,圆圆的月亮,恐怕是盂兰盆节!

十点了,观音堂的广场上大概挤满了跳舞的和看热闹的人吧!藤间的规久男告诉我:“从今年起,间人也过阳历盂兰盆节了。”我又想起七夕②节的长条纸和竹子。七夕是我小时候最喜欢的节日。我记得童年时,一大早就暗暗担心自己那挂满长纸条的竹子不如别人的漂亮。我把它放漂到海里,然后就去海边墓地参拜,早晚见到人就打招呼说:“节日好!”

明年的盂兰盆节能在日本过吗?我望着支那的月亮,深切地怀念着内地。

我们既没有盂兰盆节等节日,也没有新年,有的只是战争。明天还要行军,必须要有充足的睡眠。但是成群的蚊子在耳边“嗡嗡”地飞,一点都睡不着。

---

① 盂兰盆节,又称为盂兰盆会,阴历七月十五日,佛教徒为追荐祖先而举行的佛教仪式。

② 七夕,即阴历七月七日,传说中牛郎与织女相会的日子。

八月十二日。

听说今天的行军路程是四里半。四里半,太好了！车辆无法前进。排好了准备出发的队形后,被命令要扫荡村庄。据说是因为熊野和驹泽以及中队的另五名士兵的枪被苦力夺走了。说是有个军官连军刀在内的其他一切都被抢走了。抢夺武器的大概是土匪吧！他们就是那些支那人,我们刚进这个村时,他们留在烧坏的破房子里没走。没有一个女的,全是青壮年男人。为了从明天起行军时有人背包,把他们抓来,给了香烟和点心,便睡了。肯定是被这帮土匪巧妙地骗了。我们过去曾用过好几次苦力,但是一次都没被抢过枪。尽管其中也发生过苦力逃跑的事件,但他们从来没有拿走我们的东西。

可是这回不仅我们部队,据说路过的其他部队也出现了武器被抢的情况。看样子他们装成良民,从不断通过的部队手中抢。他们就是这样收集武器,等他们武器集齐采取行动时,就形成了对兵站路的威胁。

我们扫荡了附近的村庄。发现了从哪个部队抢来的大衣、裹腿,被抓的农民也坦白交待了。

下午出发。第三中队是尖兵中队,第三小队是尖兵。我的第一分队奉命做联络兵。晚上八点左右到达当天的目的地。周围的田里有很多南瓜。我们煮了很多,填满了饥饿的肚子。说不上来有多好吃。

衬衫完全被汗水湿透,难受得睡不着,于是洗了衬衫和裤子,放在火上烘烤。这时接到命令,明天要住在这里。平时,一到宿舍,就做饭、洗衣、烘烤、铺床等,睡眠时间很少,非常辛苦。一听说明天住在这里,大家都感到特别高兴。

“呀！明天不走啊！别睡了！干脆聊天吧!”有人大声嚷道。在这声音里包含着喜悦和轻松的情绪。

中队给了一顶帐子，挂在没有房顶的屋子里。

这个村子遭到破坏，像样的房子已找不到几间了，如同发生过地震一样，房顶塌陷，瓦砾成堆，房梁横七竖八地倒在地上。我们把床和木板收集起来，拼成一些床铺。蚊子成群地飞着。考虑到夜晚的露水，上面支起了帐篷，躺在硬邦邦的木板上望着月亮。没有风，闷热得很。刚才还为驻扎的喜悦大声交谈，不知何时，声音变得“叽叽喳喳”小了下来，都因疲倦而酣睡了。

睡了个懒觉，早晨九点起床。身体倦怠，懒洋洋地起来，赶紧去洗漱。屋前有个广场，枣树上已经结枣。有个黄水塘，跳进去又是洗澡，又是游泳，就到了中午。

发了三颗明治奶糖，一个枇杷罐头，一点点啤酒，两盒香烟（金蝙蝠牌）。在行军中发这么多东西还是很少有过的。另外，还发了一点砂糖。

在屋子的旮旯，放着质量很差的红豆和面粉。我想赶快做点红豆汤，就把发给自己的砂糖拿出来做红豆汤，士兵们贪嘴。因为糖少，如果做得少点的话，就能吃出甜味来，我想多喝点儿，做得很多，结果像水一样没有味道。下午三点，突然来了命令，村下少尉及其他十人得先出发。

“哎呀，哎呀……”他们发出近乎叹息的声音出发了。

闲躺在枣树下，吹着凉风，吃着大枣，抽着香烟，望着那绿草如茵的平缓的山坡，心情无比舒畅。山上尽是绿草，而且山坡不陡，倾斜度不高，真想上去散散步。山脚下的高粱地宽阔得如同大海一样，红褐色的丛生的高粱穗波浪起伏。看来这里也种稻，稻秧已长到一尺多高。支那这个国家是个完全安静的国家，一点也听不到机器的声音。我们躺在树阴下，抽着香烟眺望山冈。此时的心情非常平静，没有任何杂念、担心和痛苦。

下午,发现一个支那人抱着被子坐在隐蔽处,便用棍棒打他,用皮鞋踢他。

并不是说他做了什么坏事,而是在我们的眼里,他们等于畜生。不知他患的是睾丸炎还是疝气,他长着个大睾丸,睾丸挨着地。他指了指睾丸,双手拄地在道歉,好像要说是因为生病。

但是我没有放过他,你的睾丸大和我们有什么关系?你让我看,我又不是医生,你竟敢让我看这个脏东西!我毫不留情上去就踢,他大概受不了,扔下被子,夹着睾丸逃了出去。

晚饭后,乘凉,月亮缺了一小块。

“驹泽,那个月亮里也住着动物吗?黑黑的那块类似于地球的陆地,白的那块大概是海吧?”我远眺着月亮问道。

“也许是吧!你仔细盯住那块黑的看,就像一张笑脸。”

“家里的父母亲、兄弟们,还有她,全都正在朝着那个方向,看着天上的月亮吧?我们现在也在看。这样一想,就觉得虽然来到千里之外的这里,但从整个宇宙看来,只不过就像蚂蚁爬。人无论做了多么大的事,与宇宙相比,实在是微不足道。”

“是啊!好像在做傻事啊,在内地大概正在过盂兰盆节、吃着团子吧!”

驹泽显出很想吃的样子说。

“啊,真想吃甜团子。”我叹息道。即使远隔千里,大家仍都对着同一个天空,望着同一个月亮。从宇宙角度看,我们做的事,实在是无聊又渺小。而战争,不管是个人之间还是国家之间,都要分出胜负,输的一方是很惨的。

“喂,怎么样?女人来信了吗?我的三胜根本不给我来信,不过我也没给她写。”

“是吗？大概正在和第二个情人一边吃着团子一边赏月吧！”

“也许是那样。但是，我根本就无所谓。人一走茶就凉嘛！”

“那丫头，可是我年轻时发泄性欲的对象。”

“平站辎重兵说了，出征前两人一直同居，那个艺妓从心眼里迷恋他，常常给他钱。可是出征以后，那女的就去朝鲜当了妓女。他从这边寄了四封信，让寄点零花钱来，可是听说一封都没回。他好像彻底明白了——那些青楼女子全都是那种货色。”

“是吗？那位人称‘黑里俏’的，就是这种人。”我眺望着月亮，想起了三胜。这些女人全都是那样。两人在一起时，对你迷恋得要死，一旦离开，她就会把你全给忘了。她们的热情，如同火焰一样，两人在一起时，爱得气都喘不过来，说：“我决不会忘记你。”可是分别后，立刻就会忘掉对方而去迷恋另一个男人。我对三胜这个艺妓没有感到丝毫的眷恋，我对她的感情只不过是一种同情的爱，同情她对我献出的强烈的恋情。离别就意味着忘却。

叛国贼鹿地亘①，他从帝大毕业后以左翼作家身份，绞尽他那贫乏的脑汁，舞弄他那支秃笔。他在日本看不到成功的希望，就到了支那，而如今事变一发生，他就不想回日本。受到支那的一群废物的低能左翼作家的大肆赞扬，说他是从日本帝大毕业的优秀作家，因其思想与国内格格不入，来到了支那，并为他举办了庆祝活动。他头脑发热，忘乎所以，从上海

① 鹿地亘(1903—1982)，日本小说家、评论家。原名濑口贡。在东京帝国大学求学期间即参加无产阶级文学运动。1936年赴上海，结织鲁迅、郭沫若等人，组织日本人反战同盟，从事反战宣传。1946年回国，曾被美军以间谍嫌疑犯监禁一年，称为“鹿地事件”。

到南京,又从南京到汉口,和蒋介石共同行动,终于成为叛国贼,造谣惑众。

不知从哪儿传来用流畅日语播音的男女声音,在播送谣言,这对男女大概是鹿地亘夫妇,据说他妻子是在上海跳舞的舞女。

下面是播送的一两条谣言,这是在军用收音机里收听到的:

> 大野、助川、野田的第十六师团在向尉氏城方面进攻时,被兵力强大的支那军所击退,饭刚烧了一半,便丢下车辆、马匹急忙逃走了。现在日本的第十六师团正面临全面灭亡的悲惨命运。支那军正以优秀的士兵和武器在追歼。

这是关于我军因黄河决堤而急忙调防的蛊惑宣传,真是荒唐可笑!

> 日本的官兵们,板垣在台儿庄方面打不下去了,已经遭到优秀的支那军的严重打击,大伤元气。虽然他送掉成千上万士兵的性命,回到国内当个陆军大臣,那又有什么意义呢?

这是在嘲笑第五师团长板垣中将升为陆军大臣。另外在山西一线,道路上散有用日文写着如下内容的传单:

> 赶快向你们的圣战挑战吧!向这使用了愚蠢的、蒙蔽人的字眼又没有胜利希望的战争挑战吧!你们离开了号哭的妻儿到支那做什么来了?家里有妻子在等待着你

们,你们的孩子在哭叫。你们的仗是打不赢的,赶快回去停止战斗。旅费将由善良的支那军发给。现在就投降吧!投降的人到支那军这边来领取旅费!

这些支那人!不,是鹿地亘!可爱到以为用这些比说梦话还天真的话语就能骗得了日本兵。这些都是纸制的炸弹,是声音的炸弹,对于我们来说,那只不过是颗臭弹。

月夜,静悄悄的夜,万籁俱寂的夜。啊,依然是辽阔的大地,奥妙的世界。那里既没有战争也没有文明,只有古老的静谧的世界,远离"酷烈"这个字眼的世界!

八月十四日。

上午六点半出发。行程三里半。来到定远县永康镇。

永康镇位于河的上游,仍然是没有一个百姓。有一条很清的河。第十师团的辎重兵、第二师团的军马辎重兵,从远处过来再到更远的地方,排着一大长排,首尾相接走了一整天。"定远"这个词,让我回想起我们先辈在日清战争中曾说过的——"还没看到定远[①]吗?"那是一种枕戈待旦、誓必歼灭敌舰的战斗英姿。

在这个地处不高的小村庄里,有一所建有望楼的房子。在它的二楼上散乱着许多书,有英语、化学、几何、代数、物理等。这里也许曾住着中学老师或是学生吧!晚饭后,在草丛里练唱了军歌。刚从内地来的土本少尉唱起了如今内地流行的《日之丸进行曲》。

"姐姐即将出嫁的嫁妆柜,含着母亲几多激动感慨。"他把这句反复唱了好几遍。我是第一次从他这儿听到《日之丸进

① 定远,中日甲午战争中北洋舰队的战舰名。

行曲》,我感到有点儿生气,并瞧不起。这是一首有些俗气,而且流传在街头的毫无价值的抒情歌。这种廉价的抒情歌曲,能让人感受到战争吗?这是令人感伤的战争观,在这首歌里既没有国民的战斗气魄,也感受不到勇往直前的战时意识。

战争不是梦,是现实。不是浪漫,而是剧烈的斗争。我蔑视这位正洋洋得意唱着那种歌的土本少尉。

我听到新兵在吟诗,吟诵得相当好,一片铿锵有力的吟诗声融入傍晚的草丛中,我真想听它好多遍。

八月十五日。

清晨,我们又背上了背包。道路很差。本来第十师团担负着修路任务,现在我们大队要接替他们。我们在没有海的朱家湾驻扎下来。第三小队奉命担任大队部的直接警戒,所以我们白天黑夜都要站岗放哨。

这个村庄很脏,除了阳光照耀的蓝天之外,几乎没有让人感到清洁的东西。

我们从室内扫到室外,路也扫得干干净净,把门板卸下来当床,并挂上了蚊帐。还是有很多苍蝇。

房屋的墙上时常爬有蝎子。一到夜晚,蝙蝠就黑压压的一片成群飞来。只有东边是个不太陡的山坡,其他便是一望无际的空旷田地。

这个村子的东边有个小小的门,它虽然有门的形状,但并不能防什么。我在这儿放了一整天哨。白天只是一个人,晚上要增加到五个人。我们每人都带有防蚊的蚊帐,这蚊帐的形状像桶,帐子的支架用的是铁丝。把它从头蒙到脚,手上戴着防水布做的手套,热得实在受不了。行军时把这个蚊帐叠起来,垛在背包上。

我们的样子就像虚无僧站在门口化缘一样。

其他小队每天挥汗修路。

“破锅”曹长得了少见的尿毒症，那是开封的支那妓女赏赐给他的。没注射麻药就开刀，痛得他直哼哼。听到呻吟声，大家都挖苦他：“哼！这时知道疼了？”

我站着放哨以及躺着睡觉时都在这样想：

我将努力奋斗，得到几百万元钱。可以给本家亲戚各几万，让他们中没一个穷人。我当然也会给兄弟们，我想首先给平太郎哥哥几十万。次郎也要多给些，其次就是茂君、初兄等。我要让他们全富起来。我还要拿出几十万用来发展尚不发达的家乡。

铁路是需要的，渔业也必须发展。为了家乡的发展，就是需要几十万，我也要拿出这笔钱。另外，为了家乡的穷人们，我也会毫不吝啬地把钱分给他们。我想那样做。如果我有了钱，我会为了亲人，为了家乡，为了穷人们，无止境地使用。

借钱的痛苦经历使我产生了这样的梦想，我在心中一个一个地描绘着这些梦想。我原以为八月十一日是盂兰盆节，听说是十四日。月亮开始变缺了。那些可怜的死去的战友们，今晚大概正在灯笼火光的迎接下，回到父母身边了吧！

啊！泷口光夫，一想起你，我心里就难受！

我无论如何都忘不了他。他的形象深深地烙在了我的心上。我多想和泷口一块儿行军、吃饭。

阅读村下少尉珍藏的《石原莞尔将军》一书。就像所有的传记一样，这本书也是仅写了他好的一面。

据说石原少将是有信念、自信心很强的人。

我也想成为有信念的人，人生一辈子就是修养，就是奋斗。战场上的痛苦也是修养。做一个战胜任何炎热、战胜任何痛苦的人，这就是我东史郎完成人格所要走的路程。在这个路程上，必须不断地反省，不断地提高。

作者西乡的功夫似乎还不够,文笔没有力量。我喜欢的评论家是冈土三四郎。

我们分队那个叫熊野的三十六岁的后备兵是个很讨厌的男人。大家都说他是个专靠外援的人。他的口头禅是“总会有办法的”。他总是指望难以企求的东西,即便是料想到结果,他也不会订计划来认真对待。即使他知道香烟抽完就不会再有了,他还是一个劲地抽,好像他还有很多似的。他只想靠别人,自己却不肯作丝毫的努力,总是巴望着有人说:“给你吧!”

这种人,如果他得不到所要的东西,就会加倍地恨你。

八月十七日。

第一、第二小队,为了修路终日都在挥动着圆锹。因为路不好,车辆的通行很困难。近藤部队(第四十联队)出现了五名霍乱患者,我们不称他们为近藤部队而叫“霍乱部队”。

八月十八日。

在朱家湾的入口处,死了一匹军马,不知是哪个联队的军马。苍蝇下的蛆像雪一样,尸体像充了气似的鼓鼓地肿胀起来。

这匹可怜的马,冒着酷暑,在艰难的路上耗尽了体力,它的主人为什么没有把它埋葬呢?难道是行军途中没有时间吗?我们供上了水,把它掩埋了。

没有海,却叫朱家湾。没有海的港,就是这个村子吗?

不知是谁提了个奇怪的问题:你们知道慈悲心鸟是什么鸟吗?大家不知所措,笑了起来。

八月二十日。

去朱家湾东门的岗哨。红红的高粱穗波浪起伏。在开封时我曾在信里写道:“高粱很多,快要成熟了。”现在正是到了收获的季节。这里到底是中支那,在北支那只看到小麦,而这里栽有水稻。这些水稻已经成熟。各处的水塘都干得见了底,这是士兵们为了捉鱼,把水都抽干了。塘里的鳟鱼有两尺多长。农民们用忧虑的眼光悄悄地前来偷看那没有一点水的池塘。农民,无论是哪个国家的农民,除了知道他自己以外,就是盼着播在土地上的种子能结出硕果。但是,水已干涸了,他们显得非常不安地离去了。在日本,茄子是栽在盆里的,颜色呈白色,而在这里却像黑的一样,个儿很大,栽在田里。山芋像萝卜一样雪白,起初我还以为是萝卜,仔细一看,才知是山芋。也许还不到成熟的时候,味道并不怎么样。我感到很稀奇。

八月二十一日。

据说大约十天前下了暴雨,担心津浦线的通行会有困难,联队总部在火车上设了五天。最近又连续是大热天,白天很热。但是,与在砀山和宁陵一带进攻的时候相比,再热也算不上什么。太阳光不算强,而到了夜晚,有些凉得发冷。如果在野外露宿,就会冷得发抖。凌晨两点,月牙儿冲破云层从高粱穗尖上升起。如果在日本,是从山顶上升起的。这是个很大的月牙儿,在朦胧月色下,凉风吹着高粱“沙沙”作响。太阳、月亮都是从地上升起又落入地面。太阳从东边田里的高粱穗尖上露出,而月亮落在西边的绿色田野中。辽阔的土地。多么悠然的土地!这片辽阔的大地远远落后于世界文化水平。打火石和火枪,近乎原始的农民生活。

北支那的农民住的屋顶是土造的,而这一带,可能是种稻的缘故,住在草屋顶的房子里。

昨晚,我看见蝎子用那两只像螃蟹一样的钳子夹住蟑螂,从头部吸血的过程。看来蝎子是吸虫子鲜血的。这一带,蝎子非常多,无论是湿地还是屋内,到处都能看到蝎子以那种奇异的姿态爬行着。

不知是从哪里拾来的“临时增刊”——《皇军占领的现场报导》,内容是事变一周年“史话”。

一周年,对了,已经一周年了,我出征已经一年了,但我却觉得好像过了好久似的。

一页一页地翻看这本杂志。“进攻南京战”倏地映入我的眼帘。回想进攻南京时的种种情景,不由得热泪盈眶。

我们抵达天津的时间,是去年的九月十六日。距卢沟桥七月七日的一声枪响,已经过去了两个月零八天。天津的街道,布满了铁丝网,轰炸过的废墟历历在目。街上已没有热闹的景象。邮局由外行们操办着业务。到达天津时的第一印象是极坏的。一点也看不出那里的侨民对拯救自己的军人表露出任何友好的谢意。据说如今的天津,由于平定北支那,已成为北支那的关口,正呈现出兴旺发达的景象。事变前在天津的日本人是一万一千人,事变后增加了一万人,已经有两万一千人了。尽管如此,从天津总人口的一百三十八万看来,还不到百分之二。在天津,从事旅馆、餐馆、艺妓等行业的人很多,据说旅馆已人满为患。说是就连事变前没有一个日本人的石家庄,现在也进驻了两千多个日本人。将来可能还会发展下去吧!我们每占领一个城市,一个月以后,肯定就会有几十、上百的日本人来开店,几乎都是妓院、餐馆和酒馆之类。那些商人的目标,就是瞄准了士兵们的钱包。他们这种应时的做法,不能不引起我的反感。彰德有一个日本人开的妓院,女掌柜的是单身从九州来到这里做生意。我佩服这个女人的胆识和干练。我们最早进入彰德是二月份,当时彰德这座城市老百姓很害怕我们。两个月之后,再去彰德,街上充满生气,一派繁荣景象,百姓们对我们表示友好,孩子们已经学了日语,甚至能只言片语地说上几句。仅仅才两个月时间!我不由得惊叹这两个月的变化。

八月二十三日。

无聊得难受。整整一天时间都躺在木板上描绘着自己的将来。像这样毫无意义地度过珍贵的一天又一天,真是太可惜了。当我想到今天这一天在一生中将不再来时,就感到不是滋味。如果有书看的话,我就会觉得今天一天是有意义的。人无论读点什么书,总会有提高。离开了读书,就意味着停滞不前或是退步。

忽然我被一种冲动所驱赶,想写点什么,我拿起笔,想专心写下去。但是最近我的头脑中没有产生任何思想和感触。近来我的脑子在睡大觉。

来到战场上,整整一年就要过去了。在这期间好像完全与铅字隔绝了。写信时,不起眼的汉字也会忘掉。我寄出的信中大概有不少错别字吧!看信的人肯定会想:唉呀!东史郎怎么这么不识字啊?今天我从杂志上挑出了汉字,做成字典。并为自己有那么多不认识的汉字而寒心,真是寒心极了。

战争与性病。最近性病患者变得非常多。战争越拖下去,患这种病的人越多。

我们出征的最初阶段,没有一个性病患者。倒可以说,我们是舍出性命,为了祖国参加圣战。绝对的矜持把我们造就成高境界的人,而对妓女是蔑视,甚至是厌恶的。可是随着战争岁月的延长,逐渐地散漫、懒惰、松垮、流氓习性等等野性就会在士兵——不仅是士兵,甚至军官——的脑海里滋长。其表现就是患了性病。战争时间一长,官兵的思想就变得什么也不顾了。尤其是士兵,他们没有任何目的,没有任何希望,所以越发严重。这是因为士兵们还没有认识到这是真正的圣战,还没有感受到进贡者、牺牲者的喜悦。圣战——是啊,我们还没有明确认识,还没有把握住它的意义。"要降服不服从者,让万民各得其所。"——还没有真正理解这一点。这是因为士兵们对自己是神的使徒的觉悟还不够。

据说在第一次世界大战中,德军的性病患者不断增加,最后竟达百分之四。这是个可怕的数字。刚才第一大队的军医说:"大概有百分之二的人患了性病。"

天津设立了性病专科医院,集中了这方面的专家,竭尽全力治疗。一等兵驹泽住在这所医院时,据说患了性病的官兵大约有一个联队。

在大队部营兵所遇见了工兵第十六联队第一中队第四小队队长松下少尉。少尉曾是军曹横山淳的小队长。工兵第一中队被分配到我们木村大队,前来修路,就住在我们宿舍隔壁的屋里。如果横山淳还健在的话,我们就能在朱家湾一块儿眺望着盂兰盆节的月亮,谈论着家乡的事了!可是现在却……一想到这里,就越发思念他,回想起他的很多事。松下少尉对我讲了横山淳最后的情况。

由于吃了败仗的支那兵破坏了黄河的堤防,河水滔滔地淹没了大片的土地。为了我光荣的第十六师团早日从大水中逃脱出来,增派了大批侦察兵。师团总部设在尉氏城内。这时我军第二十联队第一大队驻扎在尉氏城南三里之外的南曹集。六月十四日下午四点左右,军曹横山淳受命率领五名部下从尉氏城出发进行水路侦察。他们带去了轻便的帆布船。首先侦察了三里以外的五里集,接着又去侦察十八里集。五里集、十八里集是友军的交通要道,侦察这条要道是他们的任务。在洪水淹没之前，这些村子全是友军的交通要道，卡车频繁地行驶着。我想这些侦察兵思想上会不会因此有点麻痹？因为在大水之前这里没有敌人，他们仅仅带了五支步枪。

在陆军中，侦察时轻机枪班都被补充到步枪班里。这是因为步兵的侦察兵总是被安排在最前线，而且步兵始终在前线战斗，与其他兵种相比，警惕性应更高。即便再安全的地方，也决不疏忽大意。即使去的地方离部队的位置只隔上五六町[①]，枪也决不离手。辎重兵、工兵、炮兵们是干活的兵，所以警惕性都很淡薄，甚至不带武器就出去了。他们是那些“初生牛犊不怕虎”的人。步兵总是能撞上敌军，所以深知敌人会采取什么行动，深知敌人是怎样的家伙。不管他们是否意识到，脑中总是绷着攻防这根弦，这几乎成了步兵的第二天性。在这一点上，在火线干活的人和这些人之间存在着差异，这种差异决定了意外事故的多少。步兵去征用粮草时，可以说没人遭到土匪的残杀，但是辎重兵、炮兵由于不注意或无准备，很多人都白白地丧失了性命。

再说，给工兵部队只派了六名侦察兵，这是个很大的错误。如果没有轻机枪，应该多配备些，至少两个分队一块儿采取行动。横山淳他们从水路侦察到十八里集，完成了任务，准备返回。可是横山淳为了保险起见，又去了五里集。五里集已经侦察过一次，已经没有必要再去了。但不知为什么，他命令三人看守着船，自己率领另外两人去了五里集。当三名看守兵正在望着浮在水上的帆布船时，就听到五里集方向响起了枪声。尽管觉得奇怪，但又不能弃船而去，只好一个劲儿地祈祷横山淳他们的安全，等着他们回来。枪声刚停了一会儿，看守兵的身后就传来了吵嚷声。

---

① 日本的长度单位，1 町约等于 109 米。

一看,原来是土匪袭击过来,三人一边应战,一边乘上小船逃了回来。

那天是六月十五日。据少尉讲,是下午四点出发的,因为比较迟,住在了五里集。而士兵们讲是因为迷了路,才住在五里集的。

少尉把逃回来的三名士兵带到师团参谋那里,让他们报告情况。于是光荣的第十六师团,怀着对横山淳他们的感谢、哀悼之情,通过了经他们侦察过的水路,来进行前进中的后退。

根据三名士兵的报告,派出了搜索队,去搜索大概已成为尸体的横山淳他们。第一天、第二天都没发现,直到第三天,才在河里发现了坚持斗争到底的可敬的三人。卑鄙残暴的敌人已经把这些勇士屠杀了,惨状不堪入目。横山淳的肠子被拽了出来,手脚都被砍断了。

啊,亲爱的横山淳,你大概是眼里充满了懊悔的泪水,为了尊严而宁死不屈的吧!我因思念你而悲痛不已。

如果横山淳现在还健在的话,肯定会眺望着盂兰盆节的夜空,唠叨着家乡的事吧!

我祈祷着:远在阴间的横山淳啊,你安息吧!

虽然我们已相隔在阴阳两界,但每当想到你,我就会止不住对你的思念,一次又一次悲伤地流出泪水。

去年的这个时节可是我们同时激动地收到征兵令的日子啊!

八月二十四日。

朱家湾蝙蝠很多。一到夜晚,无数只蝙蝠就会从房顶下飞出。蝙蝠也像麻雀一样,在屋檐下造了窝。这些蝙蝠在我们头上屙了不少屎,像米粒大小的黑干屎。

去年的这个晚上举行了演出活动。那天在回去的路上去了静子的房间。她十二点多才回来。凌晨三点左右就听到屋外人们的嘈杂声,侧耳倾听,便听到“征兵令来了”的声音,四点多,离开了她的房间,来到镇公所跟前,只见人们早已黑压压的一片聚集在那里,就像抽财富签似的。那一群看上去好像抽了好签的人叽叽喳喳,有五六个艺妓在乘凉,那散发着白粉香味的脸上也显出了不安和好奇的神情:谁去参加这次战争呢?会有自己的“他”吗?已经等到五六点了,人群还没有散去,甚至连警察也来了。只听见人们谈论着:大概是在忙着挑选吧!想必八点左右会来吧!等等。因为事先有了预报,所以镇公所也点着灯,在等待着载有征兵令的汽车飞快地从纲野署开过来。等得不耐烦了,很多人便陆陆续续地回家了。我也因为一点儿没睡,就回家了。

二十五日上午八点左右,应征集合令终于到了。镇公所的勤杂工慌慌忙忙地对我说:“请在收据上盖章!”这时我激动地想:“来啦!”

来啦!终于来啦!但是我一点都不惊慌,绷在脑海的想法膨胀起来,刚才还发困,身体一振作,睡意一下子就没了。立刻向四面八方拍了电报,给中学时代的朋友杉浦岩次郎、木村让二、丹羽敬南、斋藤良次、中江精一写了信。我写道:

> 请原谅我最后一次给你们写信,我已光荣应召入伍。原来在学校零星学的剑道实际发挥作用的时刻来到了。弟兄们,请为我的应征高兴吧!

写完信,我很开心。在喜悦的同时又显得冷静起来。潼子姐姐和初枝来了,我身边全是别人送的纪念品和写有“万岁”的长条旗。二十八日柿本戴着宽边眼镜,穿着折有裤缝的裤子来了,那天晚上我们两人在吉野屋喝了酒。

谷区的少年时代的挚友,还有孩子们为我举行了盛大的声援会。我和他们在酷暑之后的海边游了最后一次泳。出发那天,他们在里边二楼为我饯行。母亲原本不喜欢孩子,但却请来了孩子们,这使我很高兴。母亲完全是为了让我高兴。

二十八日向静子作了最后的告别。这一天的告别之夜,是最令我难忘的。离出发还剩两天了,铁了心要走的我,对她丝毫不感到眷恋。因为三十日要去参拜神社,我忌讳在头天晚上因女人的关系弄脏了自己的身体,所以就没再去看望静子。

三十日不断地下雨。吉三家阿姨问我:“昨晚没来看她啊?”我说:“是啊,没来。”“来就好了。”她对静子很同情。想必静子一定哭得很伤心,令人疼爱吧！我也想过要是见见她就好了,可是因为要参拜神社,不能弄脏身体,所以就没去看她。出发的那天,风雨交加。我穿着雨衣,到各处去告别。阿音哭着结结巴巴地说:“祝你健康平安。”被她的泪水所打动,我也哭了。

美容院的胜小姐眼含着热泪从二楼向我打招呼。我冒雨去吉三家作最后的告别。吉三家阿姨站在院子里,我刚想要说“请多保重”,就觉得眼眶湿了,说不出话来。阿姨也感到心酸,把脸背过去,避开打招呼。“再见”这句话是非常重要的,它似乎使人感到,这一句话就能把两人分开,永远也见不到似的。我硬是没有说出来。谁都默不作声地背过脸去,满腹的离愁别绪。两人的热情在空中游荡,这是多么动人的真情！我因为这激动的热情被强忍住而感到心中热乎乎的。

我感觉到静子也有点儿控制不住了,但是又不能不同我打招呼,一打招呼的话,心中想说的换成语言,心里就感到堵得慌。静子在哭,可是我心中已下定了决心,所以没感到有什么哀切，反倒很泰然地安慰她。

出发的那天，我是被簇拥在很多送行人中间乘上卡车的。眺望周围到处都是送行的人。忽然听见“史郎，史郎”的喊声，一看，原来是节子姐妹俩跑了过来。我得到她俩最热情的告别，并由衷地感谢她们。

汽车越过山岭向前驶去。到了峰山车站，住在河边的姑姑和表妹加代前来送行。血缘关系是最宝贵的。

吉三家阿姨曾小声说过“我会代替她送你到峰山”，一想到这，我眼里便充满了感激的泪水。

我沉浸于对出发时的追忆之中，陷入思念。

八月二十五日。

最先离开朱家湾。上午七点出发。这是连微风都感受不到的炎热天气。强行军加剧了疲劳。夜晚很热，再加上蚊虫叮咬，睡不着觉，已筋疲力尽。道路极不好走，又没有水，只好用塘里的泥水做饭。一件不幸但值得感佩的事发生了。

一个叫山中的新兵，在急行军中，从正在泥泞道路上艰难行驶的辎重车辆间穿行，由于当时太疲劳了，他的脚步一踉跄，把作为军人灵魂的枪支碰在车上撞断了。他望着已断成两截的枪，深感到自己没有尽到责任，并想以死谢罪，决心在下一次战斗中毅然献身。他战胜了疲劳和口渴，拼命地走。仅凭着对自己的自责努力地走，最后终于倒下了，倒下时已经断气了。山中这位新兵最后死了，他一直走到死为止。这是多么悲壮的精神啊，直走到死要比中敌弹死难得多！

如果没有非同寻常的忍耐力和坚强的意志，是绝对做不到的。

换上普通人，说不定在倒下之前还会发出喊叫声。他的死当然被列为战死。

枪——肯定是物质性的，但是对于军人来说，它是精神性的。山中是日本军人。

我被他的可贵精神深深打动。

他的尸体被火化，圣火映照着夜空，他那顽强的精神又一次在我们的脑海中复苏。凌晨三点，大队长特地赶来，在圣火面前脱帽，称赞了他的可贵行为。

八月二十九日。

总算走到了庐州，这是个很脏的城市。没有一个老百姓。家家屋内都被破坏得一片狼藉，连下脚的地方都没有，而且士兵们随处大便，臭气熏天。发生霍乱了，令人放心不下。我们找到一间还说得过去的房子当宿舍，暂时就在这儿防守。拆来门板铺在土地上，赶快搞了间日式房间。

八月三十日。

庐州也叫合肥，是个较大的城市。城墙用城砖砌得很像样，道路也很宽，但如今没有一个老百姓通行。

我担任放哨，向小东门的哨位走去。小东门附近有一排脏兮兮的房子，遭到战争重创的庐州，充满了脏、乱、污垢和霍乱。我们整理了房屋，在屋里放了一张桌子，桌子前还摆了把长椅，设置了警卫。出小东门有个码头，码头上高高地堆放着压缩饼干、啤酒、汽水、菠萝罐头等食品。在二十多米宽的泥水般的河上，漂着几十艘内地用作渔船的十吨左右的船只，这些船满载着粮食，是上午九点和下午六点来到的。我听说家乡间人的机帆船也要到这条河的码头来，大概迟早还能见到冈松吧！我望着河水，高兴地期待着。

哨兵们有时会来偷些压缩饼干，夜里为了解困，“嘎嘣嘎嘣”地啃着。

有支那人驾着小帆船，把猪运到码头来。这儿是食品成堆的地方。

八月三十一日。

下岗回来，刚卸下装备，突然新左的主人、助右卫门的龟君、鬼头小二郎先生来访。我非常吃惊，因为做梦也没有想到能在战场上见到这些船员。我感到非常亲切，好像又呼吸到日本的空气一样。我得到一根正宗的金线、一盒香烟和罐装牛奶。

据说他们的合同是到十月底。他们对我说："一到十一月，就可以回内地了。多保重，好好干吧！"

"内地"这个词，听起来就像是在梦境，我觉得它在够不着的另一个世界。

九月一日。

无事可做，俯卧在毛毯上写信。写给佐佐木健一、斋藤良次、母亲、吉峰勇二郎、下户利三郎、藤原规久男、潼子姐姐、父亲、柿本文男、哥哥他们。

九月四日。

又轮到我去小东门放哨。带上子弹、枪、米和饭盒去了岗哨。因为我是步哨负责人，坐在办公桌前感到无聊，便看起了杂志。正在这时，有三个黑黑面庞的部队文职人员走过来说："想见第三中队的东。"

这一帮人是冈松他们，在这样一个陌生的地方意想不到地见到了朋友，这种喜悦令我振奋。

乍一见面，都有点认不出来了。冈松好像是船长，显得很稳重。约好晚上去船上拜访他。

夜幕降临了,我向码头走去。他的船拴在桥的下游。河面被暮色笼罩,对岸遭到破坏的房屋黑黝黝的,一片萧瑟景象。上船后,冈松问我:“吃完饭来的吗?”当我回答吃过时,他仿佛不满地说:“让你不要吃过了再来,可你……”接着又说:“虽说没什么好东西,还是一块儿吃点吧!”是啊,即便没好东西,还是一块吃好!在这支那的战场上,能在充满了怀念的亲切气氛中一块吃饭,该是多么开心啊!我真后悔,不该吃过饭再来。

他们的活干完后,饭送到船头的甲板上。是酱油饭,旁边只有一碗咸菜。

我还是被留下吃饭,把两碗泡上水的饭吃得精光。

船的周围一片漆黑,河面上寂静无声。

听说冈松有了女儿,他已经做父亲了。我大概等不到当上父亲就要死了吧!我想这可能是我的命。夜色萦绕在我的脚下。

这些船员们,仍是那么朴实,他们的语言直爽、粗鲁、简单,而对人的态度毫不做作,直来直去。与内地那种充满虚伪、疑心和做作的社交相比,这些人让我感受到人间的真情。他们告诉我,他们从九州的下关出发花了三天三夜,来到上海。他们又说,过去一直以为去遥远的外国是个梦想,去支那,是非常了不起的大事。可是仅仅三个昼夜就来到了。到支那来,已不算什么了,就感觉是到邻居家走了一趟。

由于这次事变,很多人都来到战场。并且所有这些人也都是这种感觉。它改变了日本人头脑中那种在狭小国土上生活的距离观。

住在乡间的人们到京都去四五个小时,都得又是打扮,又是带土特产。现在觉得十分可笑。四五个小时的旅行,对于我们来说,只不过是早晨的散步。

冈松问我:“怎么样？能得金鵄勋章吗？”

我回答:“不知道。”

也许我过去所起的作用还够不上金鵄奖,但是我绝对问心无愧,我为自己没有做过有愧的事而感到自豪。我相信自己可以堂堂正正地凯旋。这一点,是我最高兴的。夜深时,我们互祝健康平安后告别了。

九月五日。

最近士兵们的情绪变得虚无起来。自打入济宁以来,士兵们失去了紧张和热情。随着战争的延长,空虚、忧郁、破罐子破摔的情绪,渐渐有所抬头。没有任何希望,没有光明,没有积极性,没有活力的空虚的思想,每天在侵蚀着战士们的心。并且战友之间各自为政,筑起没有和睦、没有友爱的城墙,用生硬的、冷嘲热讽、带刺儿的话互相反驳着,好像根本就不在意谁要说什么,或者谁要做什么。这种气氛在人们的心里扎下了根。常常为鸡毛蒜皮的小事展开舌战,发生冲突。

在过去紧张的岁月里,大家曾是一个互助友爱的集体,而如今每人都暴露出各自的个性,年龄差异滋生的隔阂的心在互相撕咬。

在这种阴郁无味的颓废、厌倦、焦躁、不和的低气压中生活,是很不愉快、非常痛苦的。在我们的心中,已经没有新鲜感了,感觉都迟钝了。我已经感觉不到那种战场上应该置之度外的人生意义及种种真理。尽管我曾经努力想从一枚炮弹的弹穴中寻求出点什么。

随着战争——杀人、放火、将市镇夷为废墟的战争的持续,与其说是对战场的感觉已经迟钝,不如说是已司空见惯,对战场上所有事情已不再感到稀奇了。

九月八日。

时隔好久,接到了国内的来信。妹妹的信中还夹有照片。她变漂亮了,如同幼香鱼一样清纯美丽,洋溢着十九岁青春少女的美。啊!多么娴静可爱,我祝愿初枝妹妹幸福。久子姐姐和父亲也都来了信。

面对我们兄弟们的情况,父亲表现得非常坚强。壮年的豪气跃然纸上,六十五岁的父亲的确像是年轻了二十岁。

父亲把我们三个儿子都送上了战场,并为孩子们祈祷武运;他思念牵挂着孩子们的辛苦,还要用战场的精神鼓励自己,真是位可爱的父亲。他在信中写道:"正吉出征之后,直到今天,他一天都没有休息,始终在坚持干活。"

虽然父亲也常常因咳嗽夜晚睡不着觉,但他说大概是精神战胜了身体,总算没有生病,挺过来了。姐姐信中写道:"虽然父母让你们三个儿子都出征去打仗了,但他们毫不悲伤。"在此我向可怜的父母献上我的祝愿,祝愿他们宽心再宽心。

为了做到一接到出发命令就能毫无牵挂地出发,我们事先买好了香烟和点心。兵营的小酒店就在宽阔的道路边上,士兵们黑压压的一片,都争先恐后地大声嚷着,手里握着军票,挥动着胳膊,就像那些股票市场上对行情失去判断能力的人一样。

羊羹、桔子罐头、菠萝罐头、干点心、汽水,转眼间就卖掉了几十箱。

我们必须在战斗开始前考虑好该带几盒香烟,预测好下次战斗结束的天数,保证香烟够用,因为战场上不会有任何香烟铺。我估计攻打汉口要花两个月时间,于是买了六十盒香烟。

九日下午突然接到了出发命令,紧张地做好出发准备,入夜后乘上了卡车。

卡车在黑暗、恶劣的道路上喘着粗气行驶了一夜。第二天上午九点左右,刚到六安,就下车开始了尘土中的行军。右边高高耸立着城砖建造的坚固城墙。

城外有个小公园。六安是敌军将领李宗仁从徐州逃到这里进行指挥的地方。

本来是一条四间宽的、挺不错的道路,但同样也遭到了严重的破坏。

前进了一会儿,便看到一条宽阔、清澈的河流。很多工兵正在架桥,材料和辎重兵运的物资堆积如山。这个码头使人感觉到运送物资的水路已被切断。我们通过三尺宽的浮桥过了河。河水很清,在支那是很少见到的。河滩沙地比河面还要宽,卡车行驶在垫有圆木的河滩上。

路宽好走,但是行军仍旧很辛苦。九月的太阳还是火辣辣的,汗水不停地流淌,喉咙干渴得快要冒烟了。道路修在地势高的杂木林中,找不到饮用水。在前进的途中,常常遇见三五成群的赶往前线的士兵,他们两三人一组,也有一人独行的。他们是第十三师团的士兵,从医院出院后追赶部队的。他们只要在出院后四十天以内赶回所属部队就可以了,所以走得不慌不忙,很轻松。开始是三五成群,后来越往前走人越多。

我们沿着路左拐右拐,又是登山,又是下坡,吃尽了辛苦。从六安出发一直走到第三天下午,疲劳极了,在下午五点左右,到了一个村庄。讲起来是村庄,也只不过是几户七零八落的农家。我们第一分队走进了有大院子的人家。大家都疲劳到了极点,一到宿舍,便"噼噔扑通"地坐在地下,累得爬不起来了。小队长坐在院里的草堆上解鞋带。大家全都累得够呛,并不在乎小队长,仍旧坐着不动。由于嗓子渴得慌,就把昨天发的菠萝罐头打开,三人吃一听,小队长也只分到三分之一。由于我们没先递给小队长,而是自己先吃了,他好像非常生气,大声地训斥了值班兵大森。

大森一等兵骂了一句:“就这么馋啊?!”接着又小声地嘀咕道:“你不用闹了,剩下的一听罐头先让你吃吧!”

小队长蛮横地发了火。但是这件事并没能显示出小队长的任何威风,相反有损于他自己的威严,引起大家的鄙视。我们在心里瞧不起这位仅仅为了一点小事,而且是为了满足自己个人的胃口,便像对待犯了重大错误的人似的狠狠训斥值班兵的小队长。

小队长平时连自己的饭盒都要让值班兵拿,可是,谁不辛苦呢？我对他这样做很不理解。也许他认为,这样做是当官的特权吧！但这是一种不合理的优越感,是虐待。

他那种态度,只能说是穿着军官服装的新兵的胸怀。

距离目的地叶家集很近了,可以听得见枪炮声,战争仍在继续。十三日总算走到了叶家集。第十三师团的十名伤兵,全被放在门板上抬了过来,据说全都是迫击炮弹炸的。躺在门板上的伤员们,静静地闭着眼睛。血迹就像沾了泥水一样污染了军装,有的士兵看样子疼得要命,非常痛苦。

终于开战了,再次战争的刺鼻火药味,通过鼻、眼、耳,甚至皮肤渗透到每个人的心里。从这十副担架上,就能看出战斗中所有的残忍、悲惨和苦恼。叶家集充满了紧张、慌乱、紧迫的气氛。无数辆卡车扬起尘土不断地行驶着。运送弹药的辎重车,不断赶往步兵部队所在的火线。到处是马嘶声和马蹄声。兵站的士兵忙着烧毁房子赶造广场,用来堆弹药,堆粮食。铁锹发出响声,到处都是破碎的瓦片和砖块。烟雾弥漫,还能看到缠着带有新鲜血迹的代用绷带的步兵。这儿是兵站战场。

轰炸机发出隆隆的轰鸣声，成编队地展开银翅，向大别山脉飞去。大别山脉傲然地屹立在眼前。昨天还听得到的激烈的炮声，今天却听不见了。是不是转成追击战了？

狭窄道路两侧的所有脏屋里，挤满了伤病员。用家具和破麻秆垒成的墙，到处撒着剩饭和泥土。地上铺着麻秆，伤员缠着渗血的绷带，有趴在那儿的，有仰脸躺在那儿的，有横卧着的，也有死盯着一个地方看的。那么多伤病员睡在那里，就像往筐里倒进了一堆萝卜一样。白绷带上灰尘和苍蝇在飞舞，在这极不清洁的环境和刺鼻的恶臭当中，伤兵就像蛴螬似的，一动不动。他们大概在静静地怀念着什么，思考着什么吧。

通过这次痛苦的负伤，他们正在思念着家乡的父母和孩子吧！大家的脸色都是土黄色，毫无生气，像秋天的枯叶那样干瘪、枯萎，惟独眼睛在闪闪发光，那表情就像中了邪似的。

路两旁无论哪所房子里，都挤满了这样的伤兵。另外，路边横卧着极度疲劳的步兵，就像倒毙一样。他们背着背包，像个泥人似的，与其说是穿着军装，还不如说是披在身上，就像是死在路上的饿殍。他们的样子显得非常疲劳。看样子你如果要跟他们说话，他们要么恨不得上来乱骂你一顿或是咬你一口，要么根本不睬你。

他们仅仅因为太疲劳。

啊，火线，这是第一线。

我们在村头号了宿舍。

道路两边的房子全是破陋的农户人家。房子背后是田，栽着小青菜和萝卜。田的尽头是一条很深的小河，饮用水全是来自这条河里的水。这一带种了很多麻，家家墙壁的骨架不像日本使用竹子，而全使用麻秆。以前看到的支那房屋的墙壁几乎都是砖砌的，而这儿和日本一样，都是用泥糊的。

我们在后边的田里挖了散兵壕,如果敌人袭击,任何时候都能应战了。

九月十六日。

配置好警备,整顿好宿舍,忙了两天,终于一切准备就绪,今天就要出去讨伐兼征收了。名义上是讨伐,其目的就是征收。第一大队轻装出发了,一直前进到大别山脉的山脚下。那一带曾经发生过激战,炮弹打过的地方,留下了黑乎乎的弹坑。枪弹散乱着,横尸遍野,已腐烂得发黑。战壕里,有的支那兵,肉已经被蛆吃尽,几乎露出了骨头。

那些土黄色的军服已经发黑,里面的尸体像被丢弃的腐烂的鱼一样,发出刺鼻的恶臭。有的尸体已被野狗咬得七零八落,给人一种是什么东西的消耗品的感觉。抗日英雄们的死,真是太惨了。这里是地狱。这些人的死有什么意义呢?支那兵们是被抛弃的人。

村下少尉和驹泽一等兵,用手捂着鼻子,皱着眉头。战场嘛!当然会有尸体,我为他们至今还没有习惯感到纳闷。

我的头脑是麻木了吗?最近,什么思想也没有了,即便看到凄惨的尸体,也无任何感觉了,没有任何感伤,既不认为人生短暂,也不认为诸行无常,根本就不深思,只是无动于衷地观望这荒凉的战争遗迹。对这令人触景生情的秋天的山和风,我也只是知道景色很美,仅仅感到已经完全是秋天了,栗子长得快要能吃了。我们到处进行了搜索,没有找到一点粮食,一个老百姓也没有。猪发出凄凉的叫声,到处乱窜。池塘里有几十只鸭子在游,被风一吹,就像棉团一样。我们迅速地拿起木棒追猪,逮鸭子。好久也没有吃鱼了,于是把池塘水抽干,扔手榴弹捕鱼。

我们逮着了八十只鸭子、三头猪、三筐鲤鱼和鳟鱼,踏上了归途,大家开心地笑着说:“今晚可有好吃的了。”

我们喜气洋洋地回去了,可是没想到命令却在等着我们。又要转移、出发,多么混账啊!大家异口同声地说:“太遗憾了!”但没有办法,还是不得不扔下征收来的东西出发了。

向着叶家集南边的山脉前进。途中有山芋田。沿着山路,穿过田地,我们来到了开顺街。开顺街是我们的警备地。这是个小小的山村,四周都用壕沟和土墙围着。

进到村里,看到有一幢房子,搞不清是寺庙还是学校。从墙上挂有黑板这一点来看,好像是学校。我们小队的位置在门外,第一小队去山上放哨。为了把守道路以防敌袭,集中了所有的家具堆在了路上。据说离这个村子两千米的前边山上,大约有四百个敌人。据骑兵侦察报告,敌军有四门迫击炮,但是看上去一点儿都不像。

九月十八日。

来到开顺街以后,每天都下雨,周围一片潮湿和阴郁。左前方的大别山秋雨朦胧,化为灰烬的房屋废墟上,还没烧尽的大树的“红叶”纷纷飘零,让人感伤。那树叶是烧红的,看上去像是变色的秋叶透着秋意。才九月十八日,夜晚就已经感到冷了。去年九月十八日,是离开天津的日子,那时北支那还很热。大概这里是山区,地势高,秋天来得早吧!我感觉完全是秋天了。秋风宜人,树叶还没有变黄,但已经带有秋色,而且淅淅沥沥地下着雨,有小鸟在叫。

在这样的雨天,迎着秋风,走在山路上,眺望着山上的景色,耳闻小鸟的鸣叫,这时我想到了日本的秋祭。

我的分队住在街尽头那所房子里。有三间房,一间小队长占用了,当中的房间,正面墙上供着神。虽说是神,只不过在大红纸上用墨写了如下的字样贴在墙上。

并且在门口的柱子和门上都贴着红纸，上面写着“镜水鸳鸯暖共游”啦，“海楼翡翠间相语”啦，“花好月圆人寿”等等一句或对偶的诗句。这些都是各家按自己的想法写的。

我们宿舍对面就是田，我们在这儿挖了散兵壕，以防敌军袭击。

下士哨设在两百米前方的树林中一所房子里，说起来是一所房子，那也是徒有虚名，原来是很小的窝棚，防防雨露是足够了，战前，大概是茶摊吧！

有一天，发生了不可思议的事情，据说与熊野的梦不谋而合。

这是在叶家集时，有一个征收时带回的第五分队的苦力，在距离下士哨所百米左右的地方被杀了。那天后备一等兵熊野去岗哨时，看见那苦力临杀前被带走的场面。他与那个苦力没有任何关系，连手都没碰一下，只是看见被带走的场面。

当天夜里，熊野做了个梦。熊野纯一梦见自己站在杀害苦力的地方与人争论着。白天杀死的尸体没有了。已经杀死了，不可能又活了，不可能走着逃回去。战友们议论着：是谁把尸体取走了，还是给野狗或狼叼走了？

第二天早上，他把自己的梦讲给战友们听了，并建议最好去看看，以证实这梦是不是真的。大家商定由担当下士哨长的伍长去探个究竟。伍长带着两个兵，枪里装上子弹前去调查。结果怎么样？正如梦见的一样，尸体没有了。他们在附近找遍了，还是没找到。这真是不可思议。

据他们报告说,谁都感到奇怪。这附近没有一个老百姓,是谁来取走了尸体,完全不得而知,因为苦力被杀的场面,除了步哨以外,没有任何人看见。

为什么毫无关系的熊野会做这个梦,真是不可思议。

九月二十日。

我们每天光是警戒,无所事事。从早上起就下象棋消磨时光。在我们下棋期间,不断地传来情报。

第十三师团在叶家集附近的战斗中,损失相当惨重。有时为攻打一个山头,在一个山谷里都要付出很大牺牲,又连续出现了疟疾患者,战斗力骤减。于是由我们第十六师团上火线接防。据说仅我们师团就派出了第三十三联队、第三十八联队(第三十旅团)和第九联队(第十九旅团)战斗在第一线。只有我们第二十联队担任后方警备。

据说第十师团拉开了非常有利的战线,距信阳仅七八里,所以从山西南下的第二十师团、第十四师团才能有利地持续前进。另外扬子江南岸的进攻部队进展也很顺利,据说目前又进一步向汉口挺进。

我们联队现在的警备位置是:第一大队,目前所在地;第二大队,安庆附近;第三大队,联队总部和霍山。但是我们联队不久也要上火线。

九月二十二日。

由于补充兵到了六安,所以三名补充兵负责人出发了。

最近我晚上睡觉非常高兴,因为每夜都能梦见父母、兄弟和姐妹们,而且这些梦全是愉快的梦。我常常梦见特别疼爱我的祖母和养父。觉得他们任何时候都在守护着我。我坚信只要有祖母和养父的守护,我无论有多危险,也决不会死。每次钻进被窝时,一想到今宵又会见到祖母、父母和兄弟们,我就会激动得热血沸腾。

今夜能梦见谁呢?我期待着安稳的睡眠,我的亲人们会来到我梦中,和我交谈,疼爱我,鼓励我。

每天下雨,使运输的道路泥泞不堪,卡车的行驶更加困难,于是出现了粮食短缺。粮食短缺和行军困难同样都不再是稀奇的事了。

从今天起,每天只能吃三合米了,所以必须去征收粮食。栗子早已成熟落在地上。在微微的萧瑟秋风里,淋着小雨,踩在绒毯般的落叶上散步,使我忘记了战争,感到如同在家乡的野山上一样,不由得怀念起家乡。在这充满了恬雅和寂静的散步过程中,握在右手的枪,不让我从现实中离开一步。枪把我和现实牢牢地结合在一起,把我又拽回现实中。

离开祖国之后,好久没有吃过栗子饭了,今天是第一次。虽然忘记放盐了,还是很好吃。故乡的口味从舌尖渗透到战斗的体内。

雨淅淅沥沥地下个不停,敌兵也很辛苦,他们也不辞劳苦地淋着雨在两公里外的山上监视着我们。

九月二十三日。我去下士哨所。雨仍旧下个不停。

二十四日天刚亮,昨夜连续下的大雨骤然停止,秋天特有的湛蓝的晴空又展现出来。我呆在连马厩都不如的小屋里,草草躺着陷入沉思。

对于未来,我总是抱着成功的幻想,幻想着自己能富起来,把个人的财产分发给亲人们。我甚至被这愉快的空想缠得不能入睡。

但又想到,在实现这理想之前,必须首先提高自身的修养。不战胜自我就不能考虑显赫。必须积累起战胜自我的修养。在塑造自我的同时,道路才会豁然出现在你的面前。

我置身于战争最激烈的时刻,为什么还会抱有这种成功的幻想呢？这是因为我常常在空想中求得快乐。尽管我身处战场,说不定什么时候,或是今天,或是明天就会死去。人,不管面临什么样的危险,都应该想到惟独自己能活下去。

当人抱有某些希望时,一旦发生了什么特殊变故,就会和自己的希望联系起来,向有利的方面去解释。于是一些有希望的推理好像真的一样在自己的内心世界里传播开来,思想策略很容易在此乘虚而入。

据说补充兵要并到中队。于是后备兵们就推测:补充兵是为了替换后备兵而来的,后备兵留下守卫,并且不久就要凯旋。最后这事像真的似的被宣传开来,让后备兵们着实高兴。而且又发生了类似的事,使凯旋热火上浇油。传出风声说,现在下达了命令,从九月一日起,全军严禁邮寄包裹,今后一段时期内,内地寄来的包裹也停止发送,不再送到我们手上。

听到这个风声,大家立刻议论纷纷。各人的心中都认定,占领汉口后,不再需要以往那么庞大的野战部队了,所以将有部队回国,出于清理邮政包裹的方便,便下达了停止发送包裹的命令。

九月二十六日。

又是连续晴天,太阳仍然火辣辣地照着。这两三天好像秋天又躲了起来似的。

不知从哪儿来的两个留着辫发的支那人,拿着很多马粪纸一样的纸,来到了我们的村子。不知他们为何而来。按理,他们是知道这一带一直持续战争的,而且也该知道这个村里没有一个老百姓,这条开顺街已被日本军占领,战争当中没有任何治安,这些支那人是为了什么要拿着纸来呢？大概是敌人的便衣侦探吧！要么就是敌军所使用的农民。

我们小队决定杀死这两个支那人。支那人被绳子捆着，坦然得如同要去极乐世界——好像长期渴望的事终于如愿以偿似的——笑着被才入伍不满一年的新兵刺死在草丛中。

一般来说，是否能产生仇敌意识，与对方的衣着打扮是有某种联系的。如果对方穿着普通百姓的衣服，就会使杀意产生动摇。可是在我们中间有的人就认为："不能看他穿什么衣服，就判断他是敌人还是老百姓。"他们根本就不判断，若无其事地把人杀了，可是一旦到了战场上，却像个胆小鬼。也有的人懒于杀死在他们看来是老百姓的人，可是在战斗中，却勇往直前。还有一种人，无论是平时，还是战斗中，都表现出胆怯。

九月二十七日。

在北支那，白天热，但是到了夜晚，寒气逼人，必须要烤火。今天是二十七日，虽说是冷，但凌晨一点也还能忍受。

一点左右，这个村子着火了，好像是敌军趁着黑夜悄悄潜入村庄放的火。火势立即扩散开了，映照着夜空，向黑夜挑战，经久不灭。并且前面山上发射了信号弹。当敌袭临近时，我们都进入散兵壕警戒起来。火焰吞噬了一间又一间房子，由于没有水，无能为力，只好手抓棍棒敲打火头。

大家都睁着双眼紧张地凝视着夜空，紧握着枪杆，在等待着即将发生的变化。时间和寒冷同时在加剧，可是没有发生任何变化。

我和大森、藏田跟小队长一起去侦察。

这是个漆黑的夜晚，穿过麻田中的小路就是高粱地，我们钻进高粱中前进。出了高粱地，脚下便是沙土地，心想离河滩不远了。往下走，来到了干涸的河床。翻越河堤，穿过河滩，只见右边有两户农家。并且，野狗就在那附近狂吠。这些野狗,每到夜晚都要出来活动,嗅到人的尸体或是死猪就会聚集在一起,为争吃一块肉互相撕咬。白天根本见不到它们,从这点看来,说不定是一群饿狼。它们发出的瘆人的叫声,使人感到是敌军来了,顿时全身紧张起来。由于这帮东西在黑暗中不断地时远时近地狂吠,使我们的神经很疲劳。悄悄地朝狗叫的地方挨近,什么也没有。五六只野狗在草丛中徘徊吼叫着。我气冲冲地要杀它们,抽出刺刀追上去,这帮野狗退后几米,躲开刺刀又叫起来。我又追上去,但还是徒劳,只好低声地骂着:"这帮畜生!"用土块去砸。

走了一会儿,出现了一条清晰的路,这是通往岗哨的路,是沙土地,走路时靴子不发出一点声音。惟有一间房子,四周有高大柳树环绕,孤零零地伫立在夜色中,从屋里传出吵吵嚷嚷的说话声。

"这是谁在吵嚷? 像这样能放哨吗?"小队长骂道。

说话声戛然停止,又恢复了黑暗的寂静。

天黑得伸手不见五指,从未见过这样的黑暗。尽管边骂边问刚才说话的是谁,但是谁也不回答。问了两三遍仍是没有回话。虽然可以互相感觉到对方就在自己面前,但是根本看不见身影,就像对着黑暗一样。

终于小队长随便说了个名字。

"熊野,另外还有,是谁在说话?"

但是,甭说熊野了,没一个人答话。隔着寂静的漆黑的夜幕,分不清谁是谁,舌头伸出来,别人也看不见吧!

小队长想打开电筒,但又担心被敌人发现位置,只好不用。对于步哨们的持续沉默不语,小队长好像很生气,但又无可奈何。步哨们仗着天黑仍旧保持沉默,打算硬抗下去。

"必须再安静些!"小队长显得没有办法似的气哼哼地说。

房屋的尽头,是双岗。

“有没有可疑情况?”

“没有!”

“嗯！要充分警戒！我们去前方侦察!”

我们往前走去。不一会儿,听到潺潺的溪流声。是河。啊！有条河！我们高度警觉地来到了河滩。

脚下的石子骨碌骨碌地滚动着。我们停下来环视着周围,这时,感到河那边发出了悄悄的咳嗽声。

“也许潜藏着敌人吧?”

“去侦察吧!”

留下藏田和大森,小队长和我猫着腰,如同鼻涕虫一样,尽量静悄悄地往前走,就像不会动一样。砍过的高粱地里又长出来的短苗儿绊手绊脚,发出“叭喳叭喳”的短促而低沉的摩擦声。箍在身上的皮革制品当猫腰时也会“吱吱呀呀”地响个不停。刚前进了十四五米,忽然从草丛中飞出了小鸟,大概它刚才还正把头深深地偎在草丛里做着美梦吧！这小鸟起飞的声音,使我们立刻神经紧张起来,突然停止前进,侧耳倾听有什么动静。又恢复了原有的寂静,感觉不到任何声音。我感到耳朵中听到的“嗤——”的声音似乎就是宇宙的声音。我们继续向前走,发出“咔嚓咔嚓”的轻微脚步声。

眼睛和耳朵一起在高度紧张,而且,一有什么奇怪的现象,这两个触角便比电光还快地接收并迅速传至神经,立刻对紧握在手中的枪杆发出战斗命令。这种由感知到命令的过程时而发生。

“很像演习吧!”小队长小声嘀咕道。真的有那种感觉。

“好像没有敌人嘛!”我回答小队长说。

“继续前进!”

感觉又向前走了不少,还是没有任何的变化。距离下士哨的位置已经前进了两三百米了吧?

就在我们这样前进的过程中，开始感到自己就像是侦探小说中的主人公一样，有一种充满刺激饶有兴趣的心情。的确，这种危险的、富于冒险的刺激以及解决错综复杂疑团的兴趣，使我的好奇心得到满足。

由于没发现任何变化，我们"嗖"地站起来向河滩方向走了两三步。这时，发现十米左右的前方，站着两个黑色的人影。是人！是什么人呢？

我慌忙扯了一下小队长的上衣。

"什么？什么？什么？"小队长压低声音，急忙挪过身来。

"这前面的黑影子像是敌人。"我小声说道，但是小队长好像搞不明方向。

"哪儿？哪儿？"小队长急忙问，急得连话都说不完整了。

我们迅速趴下，两个奇怪的黑影子走得很快，像蟑螂一样。

"嗯，俘虏他们吗？上！"小队长悄声说着，正要前进。

"稍等一下，必须先告诉大森和藏田。"我建议说。

"是吗？"

我赶紧向草丛中爬去告诉他们："有敌人，要小心！"

"啊！"大森紧张而简短地回答。

"是……是……"藏田磕磕巴巴地答应道。

我带着他们又回到了小队长的身边。

我们焦急地爬着，向目标逼近。敌人大概也察觉到了，以退让的态度远远地离开我们。我们极其紧张，集中全身精力尽量不漏看或漏听一点细微的变化。我们只有一个担心：如果挨了手榴弹就完了。

随着我们的步步逼近，敌人在静悄悄地后退。我们停，敌人也停。不知为什么，我们似乎感到被人算计。感到在这个黑影的背后，好像敌人的部队正悄悄地等着我们。我们不安起来,微微的恐惧感掠过心头。黑暗遮挡了我们的视野,状况不明把我们拖进恐惧的深渊。而且,敌人丝毫不想逃走,我进他退,我停他也停。他们的行动像在暗示着什么。这更加令我们不安。无论在什么状况下,黑暗总是让人不放心的,记得幼儿时感到不安就会本能地抓住母亲的乳房。

仅仅四名侦察兵,和部队又隔得那么远,夜色如墨,地势不明,再面对不可捉摸的敌人,孤独感、困窘的紧张感,岩石般的沉默淹没了我们,怎么能不恐惧呢?

可是我们仍然步步向目标逼近。这是职责和任务令我们前进的。这时,感到右后方有吵闹的声音。半夜里,为什么会这么吵闹? 是谁来了? 不! 是谁潜到我们身边来了?

我把眼前这个施展计谋的黑影和吵闹的声音结合起来考虑,越发感到疑惑。我怀疑是不是我们被包围了。

我们四人的眼睛被这眼前的黑影,耳朵被右后方的声音吸引住了,更加感到不安。没有动静时,反而会更加恐惧。

"也许我们被包围了!"我说。

这句话紧扣每人的心弦,我们一下子恐慌起来。不知是谁,拼命地掉头就跑。既没有秩序,也不统一行动了,各自任意地跑着,发出了脚步声,就像恶魔追过来似的,再也没有静谧和隐蔽了,我们陷入了恐惧之中,不顾一切地逃跑了。

这是多么窝囊啊!

恐惧是随跑而产生的,而跑这一动作,可以淡化我们与敌人的距离感,使我们感到安全,恢复平静。我们后退到认为完全安全的地方,紧靠那里有一个下士哨所。

"小队长阁下,实在……"我心中有一种近乎自嘲的难为情的感觉。

"可是,听后边的声音的确像是有很多人,我确实感到被包围似的。仅我们四人的话,是很危险的。"小队长答道。

“真可怕。”藏田和大森小声嘟囔着。

可是,那天夜晚没有发生任何异常现象。

不久,天亮了。

几天以后,我们与补充兵作替换,离开了被炮火烧掉的、到处是瓦砾、焦木的凄凉阴沉的开顺街。

此间发生了我们还不知道的令人悲伤恸哭的事件。因此我们慌忙地出发了。随着时间的流逝,情况更加严重。

这是九月下旬末的一天。已经向后方退了二十五里,还必须再往山里前进十五里。当想到先退回后方,再出发到第一线的往返,必须要走八十里时,有人就发牢骚说:“为什么要采取这种愚蠢的行动?”甚至有人指责起长官的指挥来了。而且听说这四十里的路必须以最短的时间跑完,一想到要急行军,大家更不满了。

但是,在急行军的途中,知道了是怎么回事后,牢骚戛然而止,士兵的心里涌起了同情的热流,步伐迈得更大了。

士兵们惊愕、愤怒了,忘记了背包的沉重和脚下的疼痛,不知疲劳地走着。愤怒的队伍穿过初秋的山谷,就像熔化的铁水在奔流。

我们担心河原小队三十多人的命运,拼命地加快步伐。河原小队追击逃敌并占领了某个山头。但那是敌人的计谋。敌人边逃边引诱河原小队,在河原小队占领山头的那天夜里,彻底包围了他们。那山全被耸立的大树和齐人高的杂草所覆盖,士兵们连最重要的方向都无法辨认。

敌人绝对不会放过他们,一步一步逼近,缩小了包围圈,发起了猛攻。小队所有人都知道这是最后关头,已无法逃了。河原准尉很清楚,无论采取什么办法,都不可能逃出这重重包围。他下定了悲壮的决心,首先烧毁了机枪,然后把眼镜、地图以及其他重要的东西全都烧光。①

“想自杀的人就自杀，想在敌阵就义的人就冲向敌军，要脱险的人就逃吧！天皇陛下万岁！”河原小队长喊道。就这样，他们按照各自的想法选择了死亡。他们当中有三名士兵从敌军眼皮底下逃了出来。这三人经过三天的艰辛，战胜了饥饿和疲劳，终于归队，于是便展开了对河原小队的救援战。

我们听到这个消息，心中沸腾起对战友的爱，晃动着身后的背包拼命地行军。

渡过架在清澈河水上的浮桥，抵达六安。六安城是李宗仁担任汉口防卫前线总指挥时呆过的地方。城内设有哨卡。

“啊！”

“噢！”

是久别的木之下太郎君。我们为彼此平安而相庆。

“今晚我去看你！”木之下太郎嚷道，腋下夹着步枪继续上哨执勤。

“我等着你，一定来噢！”

我在背包和军帽的潮流中应答着进了城。在肮脏的街道上混杂着脏兮兮的马、车辆以及士兵们。绕过几条两间宽的石子砌的街道，进了宿舍。解开背包后，就想起了弟弟。

我从背包中取出两条羊羹、一罐蜜豆和香烟。自开封出发以来，我一直把这些带在身边，要送给最亲爱的弟弟。即使

① 作者原注：第一次出征凯旋后，我的战争日记就写到这儿。为了生活，为了社会上的各种繁杂事情，加上自己松懈，凯旋后整整过了三年多，最终也没能完成《支那事变战记》。我又必须再次出征了，完成战记需要付出相当的努力。昭和十九年(1944 年)三月十二日，我再次踏上征途，不到两年，遭到惨败，昭和二十一年(1946 年)一月，以落魄之躯回到一片废墟的祖国。今天，昭和二十一年四月十七日，偶然翻看这本日记，我决心要完成它，再次拿起了笔。

在非常疲劳和极度饥饿时,也只是一心想着给弟弟、给弟弟。我不吃也要给弟弟留着,一直背在身上。因为干渴难耐,无意之中,鲁莽地吃下蜜豆,豆子一下肚,便又后悔起来。弟弟大概比我更馋甜食吧!我愈来愈后悔,觉得这不是单纯吃了点东西,而是做了件对不起弟弟的事。我责备自己,好像做了什么坏事。

我们常常是出发去战场前,就预测这次进攻要花多少时间,在背包的各处塞上足够的香烟。这次进攻汉口,预计要两个月,于是带了六十盒香烟出发了。我的背包里,还剩三十盒。

听说通信部队在六安,这样,弟弟现在就会在这里。我忘记了疲劳,放弃休息,迈开了疼痛的双腿,带上剩下的羊羹和十五盒香烟,以及对已经带到这里才吃掉的蜜豆的辩解,到外面去找弟弟。在高高的瓦房之间,有条幽谷般的石路。拎着水壶的士兵们四处乱跑,大概在为明天一大早的出发准备做饭吧!据说六安这个地方霍乱病人很多。每天都有十几个士兵因霍乱死亡。道路很脏,到处都是粪便、垃圾和污泥。走过几条狭窄的脏路,来到通讯队,通过岗哨见到了弟弟。

弟弟虽然患过疟疾,但在我面前却显得很精神,平安无事的样子。我们为久别重逢,为了相互的健康互相祝贺,又谈论父母的情况,时间就过去了。不知从明天起还可以活到什么时候,我们恋恋不舍地告别了。弟弟说,就在前几天,他一直呆在我们马上就要进攻的霍山,敌机曾经来轰炸过,但他巧妙地保住了性命。

天快黑了,和弟弟告别后回到宿舍。正在做明早出发的准备时,木之下太郎君来看我了。他说:“辛苦了,这是很难对付的敌人。据说他们阵地很难啃啊!一定要相当小心啊!”他把自己珍藏了很久的、难得的一条羊羹、一盒烟和压缩饼干给了我。在前线,像羊羹之类的食品,大家都很想吃,所以我不肯收下,但他说了声“别介意”,放下东西就回去了。让我一人吃这些过于奢侈的东西实在可惜,我把其中的一半又拿给了弟弟。第二天一大早我们出发了。

道路被切得一段一段的。敌军这样不厌其烦、不惜劳力,也真叫人佩服。每隔十米,就挖一条宽一间、深一间的壕沟。他们为了防止我军的坦克、炮车通过,在道路上挖下了这样的壕沟,仅留下了只能一人通过的细长通道。我们排成一列纵队蜿蜒前进。

中午,来到了空无一人的山中小镇——霍山。老百姓不知逃到哪儿去了,没发现一个人。到底是建在山间小镇的房子,使用木材得天独厚,所有的房子都用了不少木材,很少使用支那特有的砖瓦。我的分队走进了一个商店,这可能是一个曾陈列过各种各样商品的大商店。接到了命令,夜里十点发起进攻。由于是夜间进攻,之前还有足够的时间,所以我和两三个战友一道去河里洗衣服。山涧的风景和日本的一样美,水很清澈,可看见小鱼从一个石影游向另一个石影。温暖的太阳照着我们赤裸的脊背,清凉的流水为我们冲洗着疲乏的双脚。洗了头,洗了脸,全身所有的污垢都洗掉了,在水里戏耍,一丝不挂地躺在沙子上,接受太阳的照射,享受着没有战争、和平安定的喜悦的生命时刻。只有这一刻没有任何忧虑,没有任何不安,保持了完全美好的心境。这是在一切都残酷的战场上难得的珍贵的东西。暖洋洋的太阳引起我的睡意,我不知不觉地在沙地上睡着了。大概过了两三个小时,猛地睁开眼,慌忙回到宿舍,有点轻微感冒的感觉。我后悔了,虽说是在温暖的中午,但不该泡在冷气逼人的山间溪流里,更不该睡着。身体有点倦怠,感到有点发烧。不一会儿,有点怕冷,瑟瑟发抖。傍晚,身体倦怠得连动的力气都没有,头痛得像挨了打似的。我把一块宽一尺五左右的厚门板架在两张桌子上,我睡在门板上一动都不动。

晚饭也不想吃了。战友们为了准备出发,在忙着什么。我全身皮肤都热乎乎的,一会儿恶寒,一会儿感到热。五脏六腑都在作祟,连开口讲话都嫌烦。真难受!但是比疾病的痛苦更加折磨我的是内心的痛苦。心灵和疾病的痛苦,都在我体内卷起漩涡。

内心的痛苦,是我想从耻辱中摆脱出来。我昨天、前天,不!直到今天,直到我来到这里的不久前还是相当健康、精神的,可是偏偏在马上就要进入敌阵的这一瞬间,突然身体动不起来了。由于这病来得太突然,我担心战友们会感到疑惑。小队长和战友们有可能会怀疑我是不是在装病。他们也许会说:“东这小子,利用装病逃避战斗。”装病脱逃是卑怯的行为。我在战场上还从来没有当过胆小鬼,一直是勇敢地作战,按说战友们也都会承认我这一点的。所以我在扪心自问:他们未必会认为我现在的痛苦是装病吧?我的身体像是被吸在门板上,一种深深沉下去的感觉越来越重。真是不可思议,盖了几条毛毯还感到冷。小队长尖利得要死的声音,对士兵的各种提醒,我听起来都很刺耳。小队长的挖苦、嘲笑的尖声,让我感到这是想让我听到才说的。我哭了,憾恨令我心痛,我恨透了这莫名其妙的疾病。

“敌人看来很顽强呀!”

“因为是夜袭,如果不注意,真的会被当成敌人噢!”

“胸前的白带是标记,大家都要注意啊!”

战友们相互的谈话,折磨着我的心。

对于知耻的士兵来说,再没有比在战场上被看成是胆小鬼更痛苦的事了。

要是被人那样误解的话,真不如死掉。

谁都不想死,但是更不愿意被认为是懦弱者。既不想死,又不甘当懦夫——这难道是矛盾的吗?

既然真正勇敢,按理就必须把死亡置之度外。但是一个活生生的人,真的能做到无视生命吗?而且是任何时候、任何场合都没有丝毫恐怖和踌躇?

倘若真有这种情况,那么这种人在当时的状态下,是受到了异常心理的控制。

想活,这种欲望对于生物来说,是强烈的本能。

被这种本能所控制是再痛苦不过的了。

不久,出发的时刻来到了,战友们轻装在路上集合。我蒙着毛毯睡着,一直很难受,连"让你们受累了"这句话都没说。我连抬头、说话都觉得厌烦。

门外响起了小队长低而严肃的声音:"前后要很好地保持联系!另外,绝不可以讲话,当然香烟也不许抽!分队长要掌握好自己的队员!"然后就是士兵报数。

"开步——走!"又是小队长的声音。军靴的脚步声渐渐远去了。我哆哆嗦嗦地还是抖个不停,有一种内脏破碎的感觉。过一会儿,胸部发闷,有要呕吐的苗头。尽管痛苦,我忍受着,但终于要忍受不住了,我陷入了绝望之中。

我会不会患上了可怕的霍乱?

霍乱,就是在呕吐的痛苦过程中死亡的。

呕吐——这是霍乱的特点。

患了霍乱,是绝对没有得救的希望的。

我感到我的寿命已经是屈指可数,不会活多久了。当我想到死亡已经临近时,我又受不了了。病死!死得毫无价值!我无法忍受。

我想中敌弹而死!

我究竟吃了什么呢?按说我没吃什么可疑的东西呀!六

安！霍乱街六安！在那里吃的全是和战友们一样的食物，餐具也在小棚子洗过的。和战友们分别后，没再吃过什么特别的食品，要说特别的食品，就是木之下太郎送的羊羹和压缩饼干，仅此而已，可是……

我支起难受的身子，踉踉跄跄地走到门外。

肠胃里的所有食物，全都吐了出来。

当胃里的酸液涌出，刺激到嘴里时，一种不安感袭上心头：霍乱！霍乱！死亡！白死！白死！

呕吐是霍乱的特有症状。

这里除了伤员、病号这些残弱者之外，没有一个支那的老百姓。寂寞和死一般寂静的黄昏又悄然降临到空荡荡的街上。

手表上的秒针就像在为我数着生命剩下的有限时间一样，“嘀嗒嘀嗒”地走着，死亡的不安在撕咬着我的心。

这是难以忍受的绝望！这是决没有救的霍乱！

我难受地扭动着身体。

在这一尺五寸宽的门板上躺着我的肉体，我的肉体以及载着肉体的门板，会一如原样地抬到墓地，这块门板就是我的棺木。

啊！怎么办？怎么办啊？

不过无法可想，无法可想！像一块巨石压在心头，想逃也逃不掉。

我的心在挣扎！挣扎！

头痛得像要裂开一样，内脏痉挛得厉害。接着浑身的水分都排到体外，血也好像被抽掉了似的。好意保护了我肉体的军装，好像活物一样，似乎因为我穿破了它，它便立誓要报复我的肉体似的，不断地吸干我身体的水分。咸咸的汗水，使军装湿漉漉的，就像穿着军装淋了个澡似的。不久，身体渐渐轻松了,产生出一种爽快的感觉,有些舒服了。此时我似乎从黑暗中又看到了光明。恢复的生机在胸中澎湃着,痛苦也消失了。这段过程极短,简直就不能令人相信。我起身来到门外,到那支着雨篷的屋后找火。士兵们正围着火堆在闲聊,我脱下了汗水湿透的军装,放在火上烘烤。这时我才知道是得了疟疾这种病。

围在火边的士兵告诉我,先是严重的恶寒、发抖和头痛,而且这时间一过,就会奇迹般地恢复。这种状态有固定的时间,周期性发作,这种病就是疟疾。我患的病不是霍乱,而是疟疾。

我总算放心了,并非常感激。幸好患的是疟疾!

后　记

昭和十二年八月二十六日，接到入伍通知书。

因北支事变出征（最初被称为上海事变、北支事变的局部战斗，后来扩大为全面战争，称为日支事变）。昭和十四年九月十六日返回日本。

昭和十九年三月十二日，接到入伍通知书。

参加大东亚战争。八月三日，英、法对德宣战，变成德、意对英、法、波兰、新西兰、奥地利等八国的战争。德、苏媾和签订互不侵犯条约。①

昭和二十一年一月十六日，回到战败的日本。

为完成《日支事变战记》，想再次执笔。但仍未写完，在上页就结束了。在编写《福知山步兵第二十联队三中队队史》时，记载了南京总进攻、潞王坟车站保卫战、徐州战、砀山战斗、尉氏水攻、从皂市到天门市的扫荡、襄东会战。虽然有当时的战地日记原件，但为生计所迫，始终未能继续整理，而放置在一边。如今四十多年过去了，尽管有原件，但已记忆不详。

是为识，略述其究竟。

東史郎

---

① 苏联与德国于1939年8月签订了《苏德互不侵犯条约》。1939年9月1日，德军进攻波兰。在此之后，英国、法国对德宣战。

附录:东史郎从军档案

原籍:京都府竹野郡间人町 2147 番地
姓名:东史郎(明治四十五年四月二十七日出生)
军阶等:

昭和八年一月三十一日	步兵二等兵
八年八月二日	步兵一等兵
九年一月三十日	步兵上等兵
十五年九月十五日	兵长(据敕令第五八一号)
十九年八月一日	伍长
二十年八月一日	军曹

昭和八年	一月三十一日,作为现役兵(兵役法施行令第九一条符合条件者)加入步兵第二十联队第三中队。四月九日结束第一期教育。
昭和九年	四月三日加入临时编队。同日配属第一中队留守。十一月三十日服役期满。
昭和十年	点名检查在役人数结束。
昭和十一年	自七月十六日起步兵第二十联队举行两天勤务演习。
昭和十二年	点名检查在役人数结束。 九月一日因补充兵源应召加入步兵第二十联队,同日编入步兵第二十联队第三中队。九月八日从大阪港出发。九月十四日在大沽港登陆。九月十六日抵达天津。九月十八日从天津出发。九月十八日至九月二十九日参加子牙河沿岸地区的战斗。九月三十日至十月

续表

	十九日参加石家庄及洛阳河会战。十月二十一日抵达宁晋,守备宁晋。十一月二日转移,从宁晋出发。十一月八日经过山海关。十一月九日经过关东州。十一月十二日从大连港出发。十一月十七日在浒浦镇登陆。十一月十七日至十一月二十六日从事后方勤务。十一月二十七日至十一月二十九日参加常州附近的战斗。十一月三十日至十二月三日参加丹阳附近的战斗。十二月四日至十二月六日参加句容附近的战斗。十二月六日至十二月八日参加汤山镇附近的战斗。十二月九日至十二月十三日参加攻克南京的战斗。十二月十三日攻陷南京。十二月十三日至十二月二十三日参加对南京市区和郊外的扫荡。十二月二十四日抵南京,守备南京。
昭和十三年	一月二十三日乘船离开南京。一月二十八日在大连港登陆。一月三十一日从大连出发。二月一日经过关东州边界。二月二日经过山海关。二月四日抵达邯郸。二月七日从邯郸出发。同日抵达磁县,守备磁县。二月十六日从磁县出发。同日抵达彰德。二月二十日从彰德出发。二月二十六日抵达新乡,守备新乡。二月二十七日至三月十日参加河北戡乱战斗。三月二十五日至四月十日参加黄河以北地区的战斗。四月十一日至四月十五日参加占领地肃敌战——彰德以西地区的战斗。四月二十一日从彰德出发。四月二十六日抵达齐村。四月二十六日至五月二十日参加徐州会战。五月二十一日至六月五日参加

续表

	归德附近的战斗。六月六日至六月二十三日驻留尉氏附近。六月二十四日参加尉氏西南方的战斗。六月二十五日至七月二日部队集结兰封。七月二日至七月十三日警备野鸡岗及民权附近。七月十四日至八月一日警备开封附近。八月二日至八月四日参加据街附近的讨伐。八月五日至八月六日警备开封附近。八月七日至八月十四日警备蚌埠朱家湾附近。八月十五日至八月二十四日修筑并警备朱家湾附近的道路。八月二十五日至八月二十八日部队集结庐州附近。八月二十九日至九月八日警备庐州。九月九日从庐州出发。九月十三日抵达叶家集。九月十三日至十月一日警备叶家集附近。十月二日至十月十一日参加霍山西南方地区的战斗。十月十二日至十月十九日警备方家集、武庙集附近。十月二十日至十月二十三日警备商城附近。十月二十四日至十月二十六日参加向河口镇方向追击敌人的战斗。十月二十七日至十月三十日参加向花园方向追击敌人的战斗。十月三十一日至十一月三日警备花园附近。十一月四日从花园出发。十一月六日抵达河口镇。十一月七日至十一月十二日警备河口镇附近。十一月十三日至十一月十六日向汉阳附近集中。十一月十七日至十二月二十二日警备汉阳附近。十二月二十二日从汉阳出发。十二月二十五日抵达皂市,警备皂市附近。

续表

昭和十四年	一月十五日至一月十七日参加攻克京山的战斗。一月二十三日至一月二十五日扫荡娄家口附近。一月二十六日至一月三十日扫荡天门附近。二月二十日至三月二十一日参加攻克安陆的战斗。三月二十四日至四月二十六日警备盛家濲附近。四月二十七日至五月二日在安陆北方地区集结。五月三日至五月二十日参加襄东会战。五月二十一日至七月十三日警备马家略附近。七月十一日接到复员令。七月二十八日从扬子港出发。七月三十日因患疟疾住进南京苏州陆军医院。九月十三日从南京下关出发。九月十七日在宁品港登陆。同日住进广岛陆军医院。十一月九日转入福知山陆军医院。十一月十五日病愈离开福知山陆军医院。十一月二十日根据陆普第八百七十七号令退役。
昭和十五年	四月一日编入后备役。
昭和十六年	点名检查在役人数结束。
昭和十八年	根据陆军省第一号令参加点名检查在役人数并见习。
昭和十九年	三月十三日应临时征召,加入步兵第一百二十八联队候补队。同日编入第一中队。三月十五日调入第四野战补充队第二大队。同日又被编入第六中队。三月十七日编制完成。三月二十一日从门司港出发。三月二十四日在青岛港登陆。三月二十九日抵达江苏省的镇江。四月七日从镇江出发。四月九日抵达

续表

	淮海省的阜宁县。八月一日任伍长,警备阜宁一带。
昭和二十年	一月二十二日从清安墩出发。同日抵达阜宁,警备阜宁一带。二月二十五日根据昭和二十年军令陆甲第十八号令调属独立步兵第六百三十三大队。同日编入第四中队。二月二十五日编制完成。三月二十八日开始在江苏省金坛县直溪桥镇附近。四月一日部队换防,从直溪桥出发。四月二十八日抵达浙江省慈溪县耶经头。同日起开始构筑浙东地区的阵地。八月十四日停战诏书发布。八月二十五日下令复员。九月二日停战协定缔结。八月十四日至九月五日驻留浙江省慈溪。九月七日从慈溪出发。九月三十日驻留浙江省萧山。十月二日从萧山出发。十月三日驻留上海。
昭和二十一年	一月七日从上海港出发归返内地。一月十日在佐世保港登陆。一月十日遣散。

图书在版编目（CIP）数据

东史郎日记/（日）东史郎著；张国仁等译.
—南京：江苏凤凰教育出版社，1999.6（2025.7重印）
ISBN 978-7-5343-3481-8

Ⅰ.①东… Ⅱ.①东… ②张… Ⅲ.①日本—侵
华—史料 ②东史郎—日记 Ⅳ.①K264

中国版本图书馆CIP数据核字（1999）第06144号

书　　名　东史郎日记
作　　者　［日］东史郎
责任编辑　徐念一
装帧设计　虞　刚
出版发行　江苏凤凰教育出版社（南京市湖南路1号A楼　邮编 210009）
苏教网址　http：// www.1088. com. cn
照　　排　南京前锦排版服务有限公司
印　　刷　江苏凤凰通达印刷有限公司
厂　　址　南京市六合区冶山镇牡丹村6号（邮编 211523）
开　　本　890毫米 ×1240毫米　1/32
印　　张　16.375
插　　页　4
版　　次　1999年6月第1版
印　　次　2025年7月第6次印刷
书　　号　ISBN 978-7-5343-3481-8
定　　价　59.90元
网店地址　http：// jsfhjycbs. tmall. com
公 众 号　苏教服务（微信号：jsfhjyfw）
邮购电话　025-85406265，025-85400774
盗版举报　025-83658579